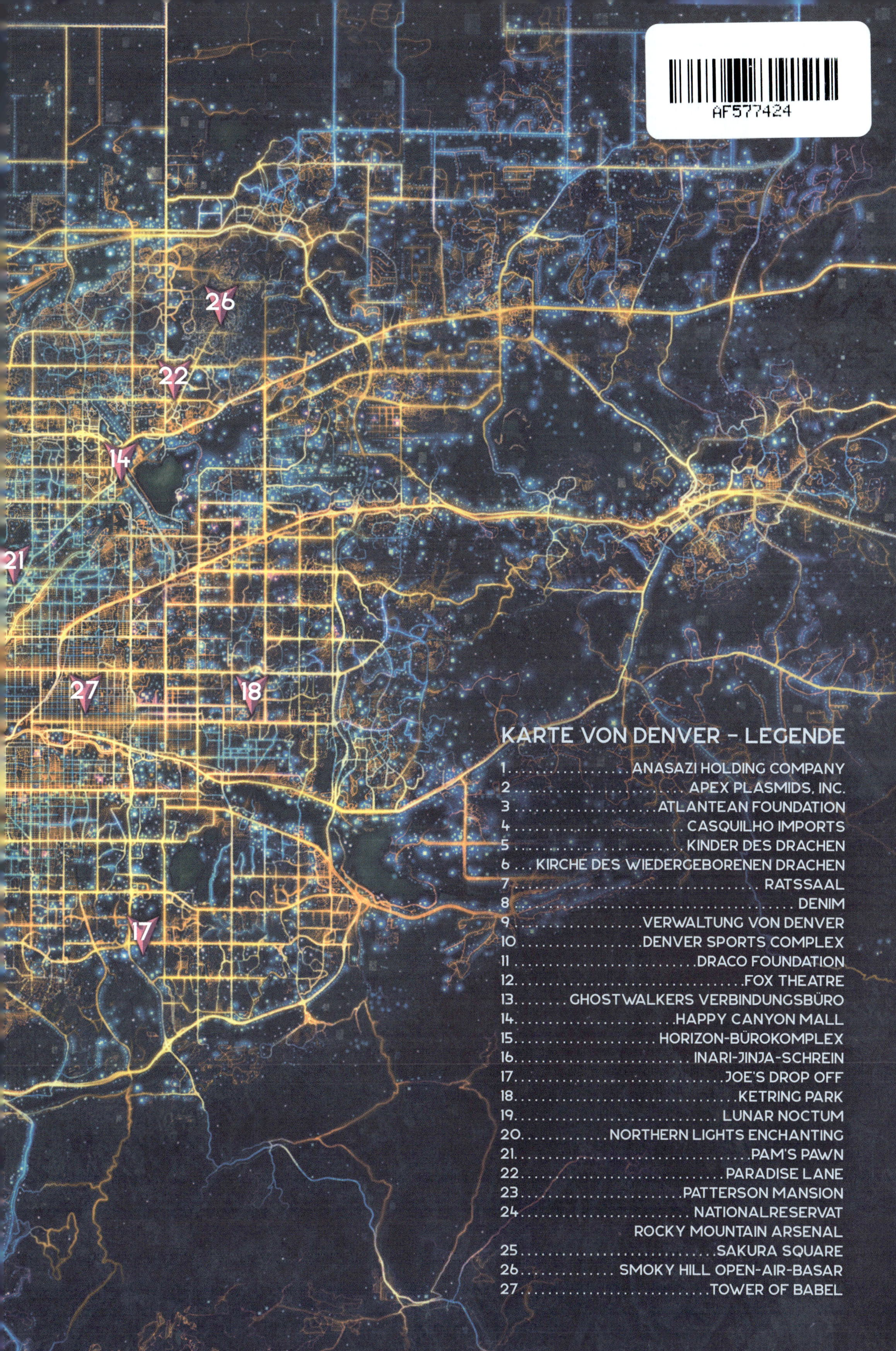
AF577424
26
22
14
21
27
18
17
KARTE VON DENVER – LEGENDE
1 .... ANASAZI HOLDING COMPANY
2 .... APEX PLASMIDS, INC.
3 .... ATLANTEAN FOUNDATION
4 .... CASQUILHO IMPORTS
5 .... KINDER DES DRACHEN
6 ... KIRCHE DES WIEDERGEBORENEN DRACHEN
7 .... RATSSAAL
8 .... DENIM
9 .... VERWALTUNG VON DENVER
10 .... DENVER SPORTS COMPLEX
11 .... DRACO FOUNDATION
12 .... FOX THEATRE
13 .... GHOSTWALKERS VERBINDUNGSBÜRO
14 .... HAPPY CANYON MALL
15 .... HORIZON-BÜROKOMPLEX
16 .... INARI-JINJA-SCHREIN
17 .... JOE'S DROP OFF
18 .... KETRING PARK
19 .... LUNAR NOCTUM
20 .... NORTHERN LIGHTS ENCHANTING
21 .... PAM'S PAWN
22 .... PARADISE LANE
23 .... PATTERSON MANSION
24 .... NATIONALRESERVAT
ROCKY MOUNTAIN ARSENAL
25 .... SAKURA SQUARE
26 .... SMOKY HILL OPEN-AIR-BASAR
27 .... TOWER OF BABEL

SHADOWRUN®

PARALLELE WIRKLICHKEIT

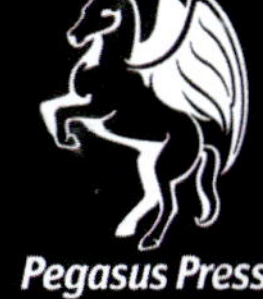

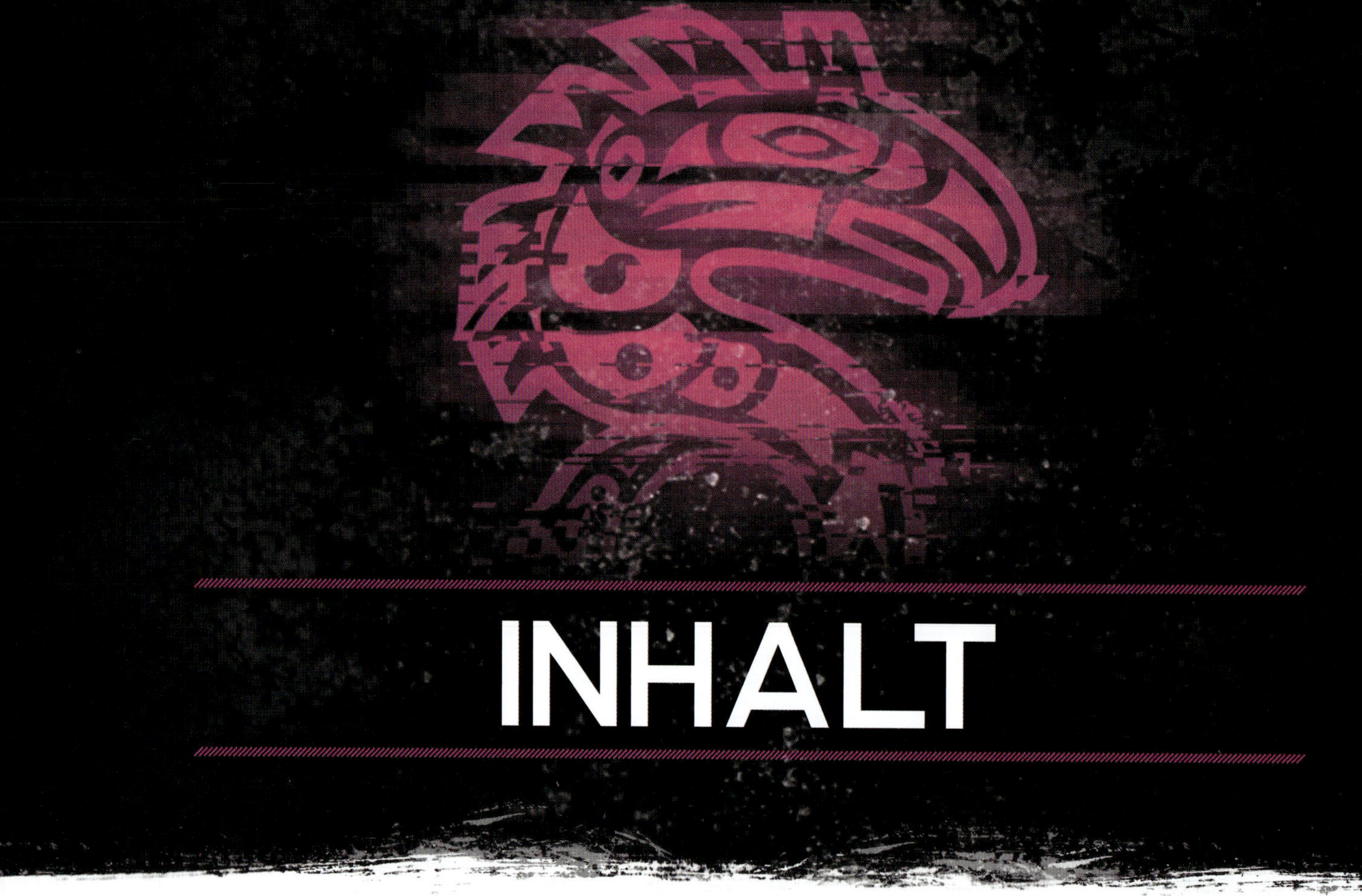

INHALT

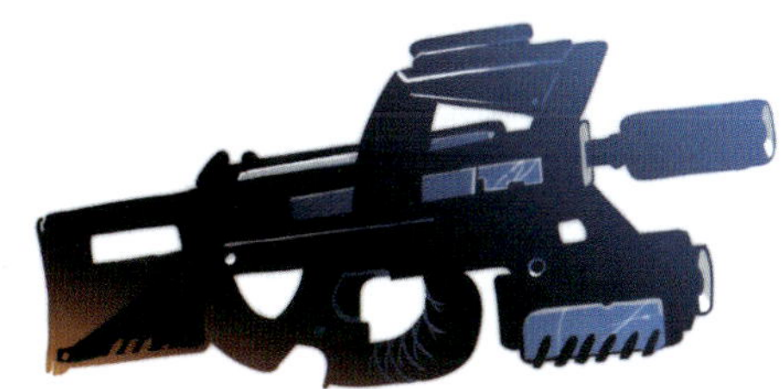

IMPRESSUM

Texte: Jeff Halket, Jason M. Hardy, J. Keith Henry, Romain Pelisse, Alexandra Pitchford, Louis Ray, Grant Robinson, Scott Schletz, RJ Thomas
Redaktion: Aaron Webber, Jason M. Hardy
Coverbild: Ben Giletti
Illustrationen: Bruno Balixa, Wagner Chrissante, Brent Chumley, Angga Dwipayana, Phil Hilliker, Lukasz Matuszek, Victor Moreno, Marco Pennacchietti, Júlio Rocha, Marc Sintes
Design & Production: Matt "Frostland" Heerdt
Art Direction: Ian King
Chefredaktion Shadowrun: Jason M. Hardy
Lektorat: J.M. Comeau, Bruce Ford, Jim Greene, Mason Hart, James O'Laughlin, Carl Schelin, Jeremy Weyand

Ein besonderer Dank an Romain Pelisse und Louis Ray für ihr außerordentliches Engagement bei der Erstellung dieses Buches. Danke auch an Pierre Michaud, Travis Theune und Mathieu Thivin.

Deutsche Chefredaktion: Tobias Hamelmann
Zusätzliche Illustrationen der deutschen Ausgabe: Andreas „AAS" Schroth
Übersetzung: Benjamin Plaga
Lektorat der deutschen Ausgabe: Lars Schiele
Errata der deutschen Ausgabe: Benjamin Plaga
Layout und Covergestaltung der deutschen Ausgabe: Ralf Berszuck

Pegasus Spiele GmbH, Am Straßbach 3, 61169 Friedberg, unter Lizenz von Catalyst Game Labs und Topps Company, Inc.

ISBN 978-3-96928-090-4
Druck und Bindung via JBconcept

Besuchen Sie uns im Internet:
WWW.SHADOWRUN6.DE
WWW.PEGASUS.DE
WWW.PEGASUSDIGITAL.DE

Topps

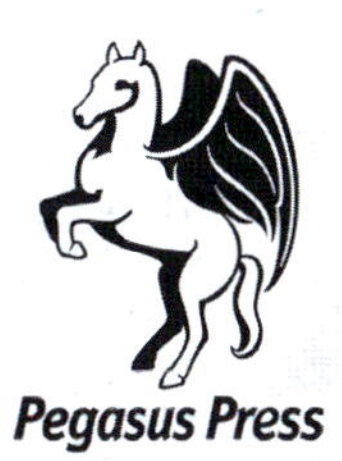

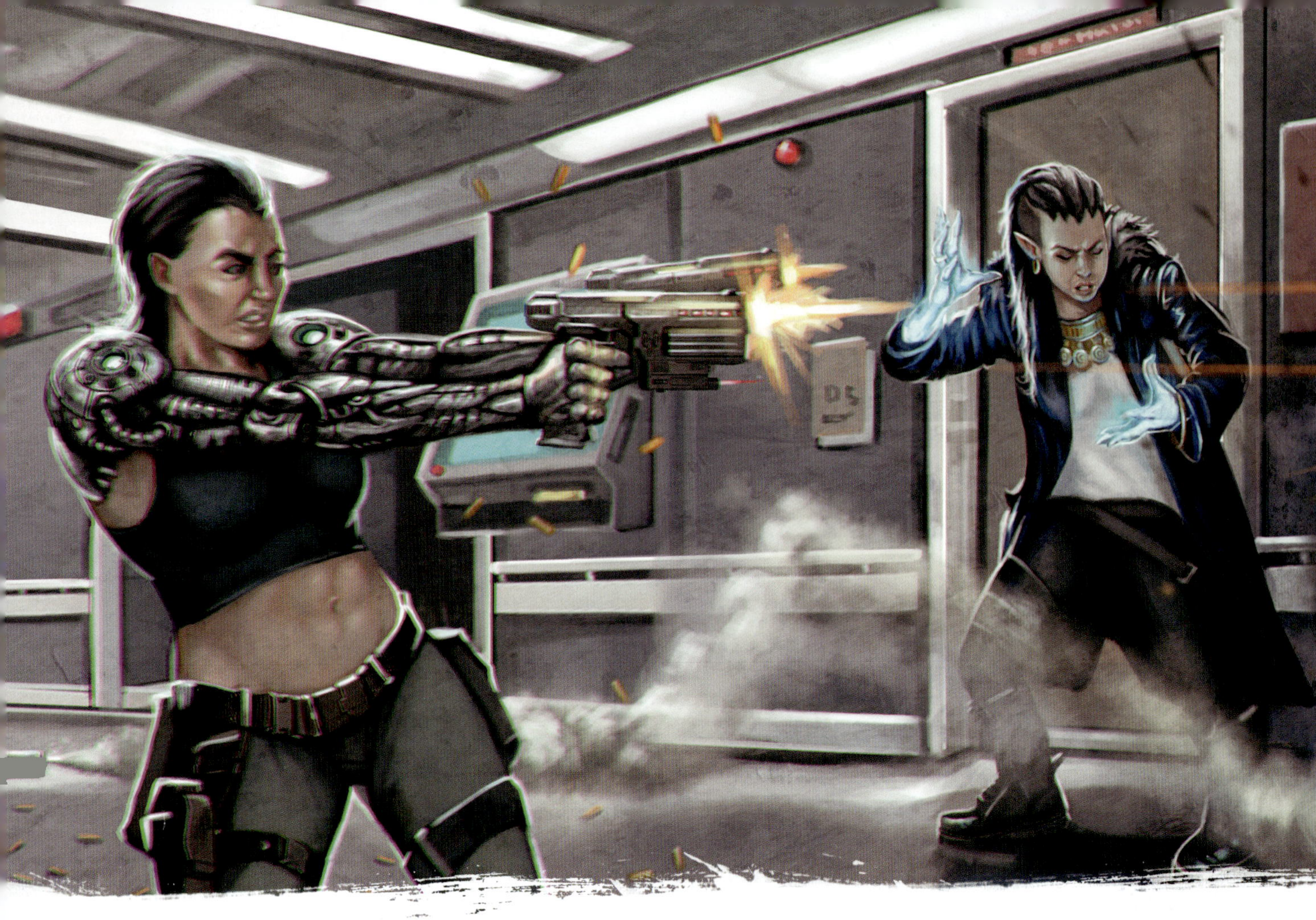

EIN BÖSES OMEN

VON ALEXANDRA PITCHFORD

Es hatte ein Milchrun sein sollen.

Bis jetzt lief alles reibungslos. Die Schaltpläne und Sicherheitsinformationen, die Lyfe über das Gebäude ausgegraben hatte, hatten sich als genau genug erwiesen, um ihnen den Zugang zu dem sicheren Host auf einer der unteren Etagen zu ermöglichen. Lyfe kauerte sich hin, um die Sicherheitstür zu knacken. Der Troll blinzelte hinter seinem massiven Sichtgerät, während eine digitale Anzeige über die Gläser lief.

„Die Sicherheitsvorkehrungen stimmen mit den Angaben in den Dateien überein, die uns Mr Johnson gegeben hat. Die Türsteuerungen sind vom Rest des Systems isoliert. Das hier ist ältere Tech, ziemlich hochklassiges Zeug aus den 50ern. Aber ich glaube, ich kann es knacken." Er wickelte ein Kabel aus seinem Nacken ab, pustete auf den Stecker, nickte und stöpselte sich in die Schalttafel ein. Kurz darauf öffnete sich die Tür mit einem metallischen Kreischen und gab den Blick auf die Dunkelheit dahinter frei, die nur von einer Handvoll blinkender Lichter durchbrochen wurde. „Meine Damen?"

Morgana grinste, als sich der massige Troll scherzhaft verneigte und ihnen bedeutete, hindurchzugehen. Striga schien weniger amüsiert. Die schlanke Frau hob ihre Waffe und schritt wortlos durch die Tür. Rose folgte ihr und befahl der seltsamen mechanischen Spinne, die sie bei sich hatte, an der Tür Wache zu halten.

„Habe ich was Falsches gesagt?", fragte Lyfe und schob sein Sichtgerät hoch.

„Mach dir keine Sorgen, Großer", sagte Morgana. „Das ist unser erster Run als Team, und Striga ... ist einfach Striga. Wenn noch nicht mal meine dummen Witze sie zum Lächeln bringen, dann gibt es wahrscheinlich nicht viel, was das kann." Sie klopfte dem muskulösen Decker auf den Rücken, bevor sie den beiden anderen in den Raum folgte. Striga hatte den Knoten bereits gefunden und stützte eine Hand aus matter Carbonfaser auf das Gehäuse, während sich der Blick ihrer Augen, die in der Dunkelheit unheimlich karminrot schimmerten, ihnen zuwandte.

„Lyfe. Lösch die Daten. Je schneller wir hier rauskommen, desto besser." Strigas Worte hatten einen leichten Akzent, irgendetwas Osteuropäisches, den Morgana jedoch nie hatte zuordnen können.

Der Troll nickte, ließ seinen überladenen Seesack wieder sinken und fischte ein weiteres zusammengeschustertes Stück Technik heraus. Er biss sich auf die Zunge, während er einen Metallkasten an die Seite des Servergehäuses klemmte und die Kabel, die davon ausgingen, mit den Anschlüssen an der Außenseite des Knotens verband.

„Bist du dir sicher, Striga?" Rose lehnte sich gegen eine weitere Serverreihe an einer der Wände, deren Lichter träge blinkten. „Wir bekommen eine Menge Nuyen und haben uns bis nach Dreks-Denver schleifen lassen, um alles zu löschen, was auf diesem Ding ist. Wenn das Preisschild fürs Leermachen so hoch ist, wie viel könnten wir dann wohl für eine Kopie davon bekommen?"

„Ich glaube nicht, dass das eine gute Idee ist", sagte Morgana. Die Elfe runzelte die Stirn und schaute die Riggerin an. „Wir haben unser Wort gegeben, dass wir die Daten löschen, ohne sie anzuschauen, oder?"

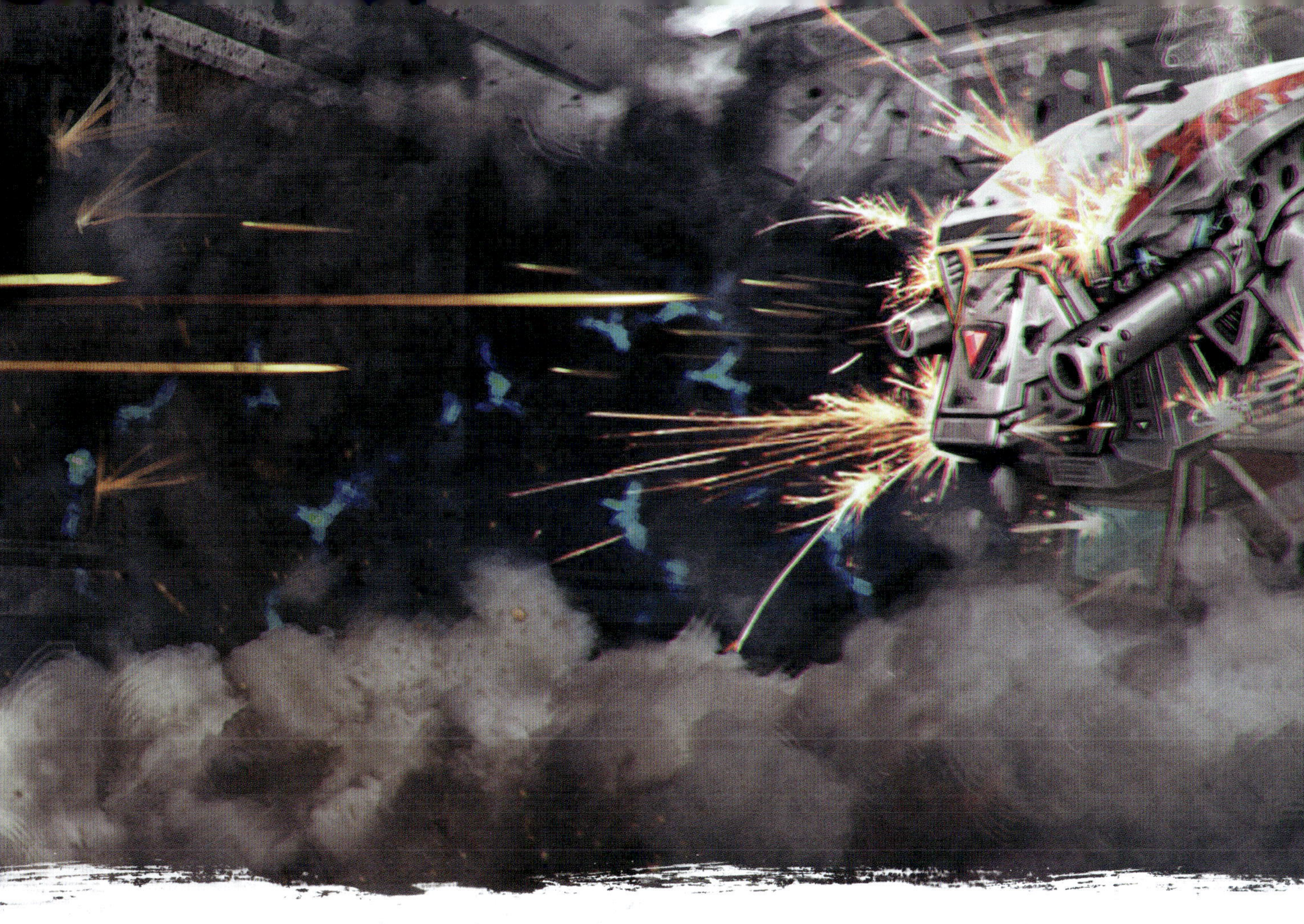

„Ist mir egal. Wir sind alle wegen des Geldes hier, oder?" Rose schnaubte, sah Striga an und verschränkte die Arme. „Warum hast du die Zauberschleuder überhaupt mitgebracht? Das ist ein Tech-Run. Wir hätten sie zu Hause lassen sollen – mehr Geld für die von uns, die wirklich nützlich sind."

Morgana bemerkte, wie sich Strigas Kiefer anspannte, ein leichtes Zucken des Muskels direkt unter ihrem Ohr.

„Und ich habe dir gesagt, dass es Morgana und mich nur im Paket gibt." Die Antwort war schroff, die Söldnerin sah nicht einmal zur Riggerin hinüber. „Und wenn du damit anfängst, dass sie einen kleineren Anteil bekommen sollte, stopfe ich dir die Spinnendrohne in den Hals. Haben wir uns verstanden?"

„Chillt mal, okay?", sagte Lyfe. Die Spannung brach, als sich alle Augen auf ihn richteten. „Ich mache einfach eine Kopie, und wir können das später klären. Wenn wir uns entscheiden, die Daten nicht zu verkaufen, löschen wir sie, okay? Ist doch simpel."

Striga atmete aus und nickte ihm zu.

„Mach weiter."

„Gebongt, Boss! Lass mich kurz die Verbindung herstellen und ..."

In dem Moment, in dem sich Lyfe einstöpselte, leuchtete der Serverknoten auf und seine Lichter flackerten wie verrückt. Für einen kurzen Moment glaubte Morgana, ein Muster in den flackernden Lichtern zu erkennen, aber genauso schnell war es wieder verschwunden. Der Troll krampfte, und sein Körper zuckte so stark zurück, dass das Kabel aus seinem Kopf gerissen wurde und Rauch aus der Buchse in seinem Nacken quoll. In die Decke eingelassene Lichter leuchteten rot auf und tauchten sie alle in ein höllisches Licht, während um sie herum die Alarme losheulten.

„Lyfe!" Morgana rannte zu ihm und fiel neben ihm auf die Knie, aber eine starke Hand packte ihre Schulter und zog sie zurück.

„Wir haben keine Zeit", sagte Striga und hob ihr Gewehr. „Er ist tot."

„Das kannst du nicht wissen! Vielleicht ist er auch nur bewusstlos geworden!"

„Striga hat recht", sagte Rose. „Tachi meldet, dass die Verteidigung der Anlage wieder online ist. Was auch immer dieser blöde Trog getan hat, es hat die Sicherungssysteme ausgelöst. Tot oder nicht, wir müssen los."

Sie ließen Morgana keine Zeit, zu reagieren. Striga zog sie aus dem Raum, während Rose und Tachi die Nachhut bildeten und die Drohne hinter ihrer Schöpferin her huschte. Als sie die schwere Tür des Serverraums passierten, lief Morgana ein Schauer über den Rücken. Irgendetwas war mit ihnen hier drin. Sie hatte Mühe, mit Strigas Tempo Schritt zu halten, als sie zum Aufzug am anderen Ende des Korridors rannten, während die Alarme stotterten und ausgingen und die Lichter über ihnen zu flackern begannen.

„Da stimmt was nicht!"

„Was du nicht sagst", schnauzte Rose und tippte auf das Display an ihrem Handgelenk. „Das gesamte Netz im Gebäude spielt verrückt. Sicherheitsdrohnen sind im Anflug, aber ... Scheiße!" Sie zuckte zusammen, als das Display in einem plötzlichen elektrostatischen Ausbruch erlosch und zersplitterte. Hinter ihr zuckte Tachi, stolperte und fiel mit einem metallischen Klirren leblos auf den Boden. „Das ergibt keinen Sinn!" Sie drehte sich um, als Striga auf den Aufzugknopf drückte, ließ sich neben Tachi auf die Knie fallen und öffnete eine Klappe im Gehäuse der Drohne.

„Lass das Teil liegen!", sagte Striga.

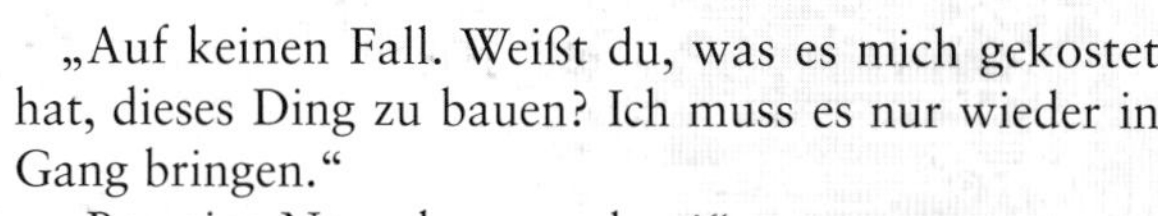

„Auf keinen Fall. Weißt du, was es mich gekostet hat, dieses Ding zu bauen? Ich muss es nur wieder in Gang bringen.“

„Bau eine Neue, komm schon!“

Rose warf Striga einen bösen Blick zu. Die Aufzugtüren öffneten sich mit einem Klingeln, und Morgana trat hinein und zog ihre Waffe, Striga direkt hinter ihr. Hinter der Riggerin zuckte und zitterte Tachi, seine Augenlinsen flackerten und blinkten weiß und rot. Rose stieß einen erleichterten Seufzer aus und stand wieder auf.

„Da haben wir's. Kommt, wir können hier verschwinden, und ich kann Tachi unterwegs gründlich unter die Lupe nehmen“, sagte sie. Die Drohne zuckte und stolperte, als sie wieder auf die Beine kam, und aus ihrem Panzer schoben sich zwei Läufe, während ihre Augen rot aufleuchteten. Plötzlich ertönte im Korridor das scharfe Rattern von Maschinengewehrfeuer, und Morgana warf sich zur Seite, während Striga auf den Fahrstuhlknopf drückte. Kugeln flogen vorbei und schlugen in die Rückwand des Fahrstuhls ein, während sich die Türen schlossen. Das Geräusch wurde dumpfer, aber die Drohne feuerte immer noch, als sie sich zu bewegen begannen. Das letzte Bild von Roses Gestalt, die unter einem Hagel von Schüssen zusammenzuckte, brannte sich in Morganas Gedächtnis ein, während sie sich an die Wand hockte und nach Atem rang.

„Es ... es hat sie getötet. Tachi hat sie getötet. Warum?“

Striga hockte still auf der anderen Seite des Aufzugs, direkt neben der Tür, und überprüfte das Magazin ihres Gewehrs, bevor sie es wieder einsteckte und die Waffe durchlud.

„Was auch immer die Systeme des Gebäudes zum Durchdrehen bringt. Sie war über ihr Deck mit der Drohne verbunden, und so hat es die Kontrolle über die Drohne übernommen. Wenn man bedenkt, wie sehr sie sich darüber ausgelassen hat, wie unknackbar ihr kleines Spielzeug ist, würde ich vermuten, dass dasselbe Ding auch die Sicherheitsdrohnen kontrolliert.“

Bei diesem Gedanken fühlte sich die Magierin nicht im Geringsten besser. Sie holte tief Luft, um sich zu sammeln. Tachi hatte es nicht in den Aufzug geschafft, aber die Anlage verfügte über eine kleine Armee von Drohnen, die fast genauso gefährlich waren. Lyfe hatte sich in das System gehackt und sie vom Netz genommen, zumindest bis er den Alarm ausgelöst hatte.

„Wenn also der oder das, was Tachi gehackt hat, die Kontrolle über die Drohnen hat ...“

„Das ändert gar nichts“, sagte Striga mit ausdrucksloser Stimme. „Sie würden so oder so auf uns schießen.“

„Das ist tröstlich.“

„Sollte es auch nicht sein.“

Der Aufzug ruckte, und das Bedienfeld blinkte, als er plötzlich zum Stillstand kam. Morgana streckte die Hand aus, um sich an der Wand abzustützen, aber Striga schien völlig ungerührt – sie stand auf und warf sich ihr Gewehr über die Schulter.

„Auf den Plänen war eine Treppe in den oberirdischen Stockwerken eingezeichnet, oder?“, fragte Striga und klemmte ihre Finger in die Fuge zwischen den Fahrstuhltüren. Morgana war sich nicht sicher, wie viel vom Körper der Söldnerin durch Bodytech ersetzt worden war, aber die am offensichtlichsten mechanischen Teile waren ihre Arme – Cyberware in Militärqualität, gepanzert mit Carbonfaserplatten. Striga musste sich noch nicht mal anstrengen, als sie die beiden Hälften der Tür aufriss. Der Aufzug hatte eine der Etagen nicht ganz erreicht, als er zum Stehen gekommen war, aber es war noch genug von der Außentür zugänglich, dass Striga auch diese aufreißen und sich aus dem Aufzug in die Etage über ihnen hieven konnte. Sie schwang ihre Waffe von einer Seite des Korridors zur anderen, bevor sie sich hinunterbeugte, um Morgana hochzuziehen.

„Ich glaube schon. Ich erinnere mich nicht mehr an den genauen Grundriss. Lyfe und Rose hatten die Gebäudepläne.“

„Dann finden wir heraus, auf welcher Etage wir uns befinden, und gehen von dort aus weiter. Wir sollten den Drohnen möglichst aus dem Weg gehen und hoffen, dass die Sicherheitsteams, die hier auftauchen, auch Probleme mit diesem Ding bekommen werden.“

„Und was ist mit dir? Du hast eine Menge Technik, und was auch immer das ist, es hat Roses Deck zerlegt und ihre Drohne übernommen.“ Morgana war vorsichtig, aber sie konnte einen Hauch von Sorge in ihrer Stimme nicht verbergen. „Kommst du zurecht?“

„Ich habe nicht die Angewohnheit, mich an irgendwelche drahtlosen Systeme anzuschließen“, antwortete Striga knapp, aber nach einem Moment wurde ihr Gebaren sanfter. „Ich komme schon klar. Versprochen.“

Das Stockwerk, in dem sie herausgekommen waren, war ein Großraumbüro, eine weite Fläche mit eleganten Arbeitsnischen, die während der normalen Geschäftszeiten voller Lohnsklaven gewesen wäre. Terminals knisterten und sprühten Funken, einige flackerten wie verrückt, andere waren durch die ständigen Stromstöße, die das Gebäude verwüsteten, komplett ausgebrannt. Die Beleuchtung war schummrig und flackerte wie alte, durchgebrannte Leuchtstoffröhren, dazu passend ertönte ein irritierendes Summen. Morganas Nacken kribbelte; das Gefühl, beobachtet zu werden, ließ ihren Magen verkrampfen, obwohl es kein Zeichen von Sicherheitsdrohnen oder -leuten gab. Die Ladung in der Luft fühlte sich an wie der Druck kurz vor dem Auslösen eines Zaubers, wie das Crescendo der Magie, das etwas Großem vorausgeht. Nicht ausgeschöpftes Potenzial.

„Es gibt hier auch noch etwas anderes ...“, sagte sie schließlich. „Ich kann es spüren. Es ergibt keinen Sinn, aber es ist da.“ Morgana schluckte. Ihre Kehle fühlte sich trocken an. „Ich glaube, wir haben es rausgelassen.“

Striga begann, sich einen Weg durch die Arbeitsnischen zu bahnen, wobei sie jede einzelne sorgfältig sicherte. Morgana folgte ihr auf dem Fuß.

„Glaubst du, es hat die Kontrolle über die Sicherheitssysteme und Roses Drohne übernommen?“

„Nein. Ich wüsste nicht wie. Magie und Technik vertragen sich nicht. Jedenfalls nicht so. Vielleicht ist es eine Sicherheitsspinne. Irgendjemand muss doch die Drohnen kontrollieren, oder?“

„Vielleicht.“ Striga hielt inne und nickte in Richtung einer Tür in der Wand rechts von ihnen. „Da. Dieses Stockwerk ist nicht das, auf dem wir auf dem Weg nach unten haltgemacht haben, aber der Grundriss ist ähnlich genug. Da sollte eine Treppe sein.“ Sie begann, zur Tür zu joggen, fluchte und ließ sich hinter die Wand einer der Arbeitsnischen fallen, als die Tür von der anderen Seite aufgerissen wurde. Morgana duckte sich neben sie und hielt ihre Pistole bereit, als sie Stimmen hörte.

„Ist mir egal, ob die Drohnen durchdrehen, biegen Sie das verdammt noch mal wieder hin!“, rief ein Mann, gefolgt von einer Reihe von Flüchen. „Die Kommunikation von Team B ist gerade ausgefallen. Es hörte sich an, als ob sie unter Beschuss stehen.“

„Die Eindringlinge, oder …?“ Die Stimme eines zweiten Mannes verstummte.

„Ich habe keinen blassen Schimmer. Einfach … egal. Wir haben Arbeit zu tun.“

Striga hob den Kopf so weit, dass sie über den Rand der Arbeitsnische spähen konnte, und zischte einen Fluch, den Morgana nicht ganz verstand, bevor sie sich wieder fallen ließ.

„Centurion“, flüsterte sie. „Entweder ist das hier eine S-K-Einrichtung, oder sie haben einen Vertrag mit ihnen abgeschlossen. Wir müssen in Deckung bleiben und auf die Tür zuhalten, durch die sie gekommen sind, dann können wir sie umgehen.“

Ein lautes Krachen lenkte ihre Aufmerksamkeit auf die gegenüberliegende Seite des Großraumbüros, wo eine schwebende Gestalt eine Wand aus Milchglas durchbrach, die die Arbeitsnischen vom Rest der Etage abgetrennt hatte. Die Sicherheitsdrohne wirbelte herum, und ihre Fotorezeptoren blitzten wie verrückt, während sie den Raum mit Kugeln eindeckte. Der plötzliche Beschuss brachte die beiden Frauen und die Sicherheitsleute in Bewegung. Striga und Morgana rannten zur Tür, gefolgt von einem Schrei der Überraschung, als eine der Wachen sie entdeckte. Striga öffnete die Tür und hielt kurz inne, als eine zweite Drohne von weiter oben im Treppenhaus herabschwebte und sich mit einem hohen Heulen darauf vorbereitete, das Feuer zu eröffnen.

„Runter!“

Striga zog Morgana mit sich, während sie sich zur Seite warf und ein weiterer Kugelhagel durch die offene Tür in den Raum schoss. Einer der Wachleute wurde überrascht und brach, durchlöchert von Kugeln, zusammen, aber der andere konnte sich gerade noch rechtzeitig hinter einen Schreibtisch ducken.

„Das reicht.“ Morgana stemmte sich hoch und nutzte die aufgeladene Energie, die die Luft um sie herum erfüllte. Funken knisterten um ihre Hände, und arkane Macht baute sich auf, bevor sie ihre Hand nach außen in Richtung der Drohne stieß, die aus dem Treppenhaus hereinflog. In dem Moment, in dem der Blitz ihre Hand verließ, hatte sie das Gefühl, als ob die Aufmerksamkeit dessen, was hier anwesend war, nur auf sie gerichtet war, aber sie verdrängte es. Der Blitz durchschlug die Drohne und holte sie aus der Luft. Ein einziger scharfer Schuss ertönte, und die andere Drohne fiel ebenfalls, während Rauch aus dem Lauf von Strigas Gewehr aufstieg.

„Wer A sagt“, murmelte die Söldnerin und stand auf. „Auf geht's.“

„Halt!“

Der zweite Wachmann hatte sich ebenfalls aufgerichtet und richtete seine Waffe auf die beiden. Er begann, sich zu nähern, aber in dem Moment, in dem er einen Schritt machte, verdichtete sich die Luft hinter ihm, kochte, und eine undeutliche Gestalt materialisierte sich – die Ladung in der Luft steuerte auf diesen einen Punkt im Raum zu. Ein geisterhaftes Gesicht verzerrte sich zu einer Fratze und stieß einen gellenden Schrei aus, der die Lichter um sie herum aufflackern und in einem Schauer aus Glas und Funken zerplatzen ließ. Der Wachmann hatte nicht einmal Zeit, sich umzudrehen. Eine grausige Ranke strich über seinen Körper und zerriss ihn in einer Gischt aus Blut, bevor sich der Blick des Wesens auf Morgana und Striga richtete.

Der Plan brauchte nicht ausgesprochen zu werden. Morgana und Striga rannten gemeinsam durch die Tür des Treppenhauses und stürmten nach oben. Die Markierungen an der Wand zeigten an, dass sie sich immer noch mehrere Stockwerke unter der Erde befanden. Als sie das Erdgeschoss erreichten, kam Morgana taumelnd und nach Atem ringend zum Stehen.

„Verdammt, Cass, wir haben keine Zeit“, schnauzte Striga, die zu Morganas Erschrecken einen anderen Namen als ihren Decknamen benutzte. Morgana nickte und folgte ihrer Gefährtin in die eigentliche Etage, die in einen langen Korridor mündete. Der seltsame hohle Schrei, der unangenehm nahe war, verfolgte sie. Sie hatten keine andere Wahl, als weiterzulaufen. Zumindest war ihnen dieses Stockwerk vertraut, und auf ihrem Weg zum Extraktionspunkt kamen sie an toten Wachen und zerstörten Drohnen vorbei. Drei weitere Drohnen kamen aus einem Nebenraum vor ihnen, und Morgana zwang sich, sich zu konzentrieren – diesmal floss Elektrizität aus ihren Fingerspitzen, die sich zwischen den Drohnen spannte und es Striga ermöglichte, sie abzuschießen, während sie bewegungsunfähig waren. Die beiden Frauen rannten an den Drohnen vorbei, während diese zu Boden krachten.

Die Außentür eines unbenutzten Sicherheitsraums war ihr Zugangspunkt gewesen. Während sie hineinstolperten, schlug Striga gegen den Schließmechanismus der Tür und knurrte einen Fluch, als die Anzeigetafel wie alle anderen Monitore und Anzeigen im Gebäude aufflackerte.

„Drek!“ Sie drehte sich um, schlug schnell die Tür zu, durch die sie gekommen waren, zog ihre Pistole und schoss in das Bedienfeld daneben. „Was zum Teufel ist das für ein Ding, Morgana? Ein paar Antworten wären jetzt wirklich toll, denn ich glaube nicht, dass ich einen verfraggten Geist mit einer Pistole töten kann!“

„Es ist kein Geist. Ich weiß nicht, was das war, Striga. So etwas … so etwas habe ich noch nie gesehen.“

In der Ferne hallte das Heulen wider, und Morgana erschauderte unwillkürlich. Jedes Mal, wenn sie das Geräusch hörte, bohrte es sich in ihre Seele. Außerhalb des Raums knallte etwas gegen die Tür und ließ sie in ihrem Rahmen erzittern. Striga kippte den Schreibtisch um, ging dahinter mit ihrem Gewehr in Position und starrte auf die Tür, als das, was auf der anderen Seite war, wieder dagegenschlug. Nebelschwaden begannen, an den Rändern der Tür hindurchzuwabern, und die Deckenlichter summten immer lauter. Was es war, war nicht so wichtig wie die Tatsache, dass es versuchte, die Tür aufzureißen und sie beide zu töten. Dann sollte es so sein.

Morgana spannte sich an und konzentrierte die Kraft, die sie noch hatte, in Kugeln aus arkanem Licht in ihren Händen, bereit, die geladenen Blitze auf das zu schleudern, was auch immer hindurchkäme, als die zitternde Tür schließlich nachgab.

Es kam nie.

Das Zittern hörte mit einem Quietschen von Metall auf. Die Magierin hörte in der Ferne Schüsse, ein scharfes Stakkato, das sich im Tempo steigerte, während ein Heulen die Luft durchschnitt und dann langsam verklang. Jemand anders – möglicherweise weitere Sicherheitskräfte – hatte die Aufmerksamkeit des Dings auf sich gezogen, und es klang sogar so, als würden weitere Drohnen auf sie schießen. Vor ihr atmete Striga aus, ließ ihre Waffe sinken und stand auf, um ihren Ausgang aufzustemmen.

„Scheiß auf Denver. Scheiß auf S-K. Wir gehen nach Hause.“

DIE SCHATTEN VON DENVER

GEPOSTET VON: PEREGRINE

Am 10. März 2079 hatte ich das letzte Mal Kontakt zu einer guten Freundin, die in Denver lebte. Ihr Name war Perri, und sie war ein Sysop für den Denver Data Haven, auch bekannt als Nexus. Vor ein paar Monaten erhielt ich eine Nachricht auf einem alten, verschlüsselten Kanal, die andeutete, dass Perri noch am Leben sein könnte. Ich war es ihr schuldig, dieser Spur nachzugehen (und ich hatte sowieso nichts anderes zu tun), also machte ich einen Ausflug in die Mile High City. Was ich auf dieser Reise über die Front Range Free Zone erfuhr, schien mir gutes Material für den JackPoint zu sein.

DIE GESCHICHTE DER FRONT RANGE

Wir beginnen mit etwas historischem Kontext, damit ihr euch zurechtfindet. Die Front Range Free Zone (FRFZ) wird seit Langem von Angehörigen verschiedener amerindianischer Stämme und Anglos bewohnt. Zu verschiedenen Zeiten in der Geschichte wurde die Region von amerindianischen Stämmen, Spanien, Frankreich und den USA beansprucht. Gegenwärtig hat Ghostwalker sie fest in seinen Klauen, ein Großer Westlicher Drache, der die Landschaft (wortwörtlich und im übertragenen Sinne) auf eine Weise verändert hat, die wir immer noch nicht ganz durchdrungen haben.

Zu den ersten Menschen, die das Gebiet besiedelten, zählten die Ute, die bis heute eine Rolle in seiner kulturellen Entwicklung spielen. Zu den Ute gesellten sich die Cheyenne, Lakota, Kiowa, Pueblo, Comanche, Sioux und Arapahoe. Die Spuren all dieser Stämme sind in der gesamten Region zu finden, und die Native American Nations gehören nach wie vor zu den wichtigsten kulturellen Kräften in der gesamten FRFZ. Der Pueblo-Konzernrat hat die größte gemeinsame Landgrenze mit der FRFZ und umspannt deren gesamte West- und Südgrenze sowie den größten Teil der Nord- und Ostgrenze.

Im frühen 19. Jahrhundert kamen die Anglos, angeführt von einem Mann namens Zebulon Pike. Ihr werdet seinen Einfluss auf die Region ebenfalls sehen. Der Pikes Peak wurde nach ihm benannt, und seine „Entdeckung“ der Region inspirierte eine Welle unabhängiger, freigeistiger Anglos, sich in der Gegend niederzulassen. Doch erst der Goldrausch von 1859 veränderte die Region wirklich bedeutend und unumkehrbar.

- 1864 kam es in der Nähe von Sand Creek zu einem Massaker, bei dem über 150 Angehörige der Stämme der Arapahoe und Cheyenne von amerikanischen Soldaten abgeschlachtet

wurden. Das war ein Wendepunkt in den Beziehungen zwischen Amerindianern und Anglos und führte zu Dutzenden von gegenseitigen Angriffen. Wenn ihr das Schlachtfeld besuchen wollt, solltet ihr spirituellen Schutz mitbringen – die Geister des Landes erinnern sich immer noch an das Massaker und dulden keine Anglos.
- Lyran

Die Gründung aller drei großen Städte der FRFZ steht im Zusammenhang mit der Goldindustrie, und so ist es nicht verwunderlich, dass in allen drei Städten Gewalt, Betrug und Mord tief verwurzelt sind.

Denver wurde 1858 von General Larimer gegründet, der sich neben einem bereits genutzten Goldvorkommen niederließ, es für sich beanspruchte und die Goldschürfer zwang, das Gebiet zu verlassen. Dort baute er den Larimer Square, der sich noch immer im Zentrum von Denver befindet. Nachdem die Goldminen erschöpft waren, musste die Stadt den Blick gen Zukunft richten und wurde zu einem Zufluchtsort für Software-Start-ups, Unternehmer und einen frühen Pionier der Matrix. Heute dient sie als Hauptstadt der FRFZ. An klaren Tagen kann man Ghostwalker auf seinem Turm in der Mitte der Stadt stehen sehen.

- In letzter Zeit sieht man Ghostwalker häufiger. Eine ganze Zeit lang nach der Räumung war Ghostwalker kaum noch zu sehen. Im Grunde war es nur Nicholas Whitebird, der allen erzählte, was Ghostwalker gesagt hatte. Aber in den letzten sechs Monaten oder so haben wir Ghostwalker viel öfter gesehen.
- Kay St. Irregular

Colorado Springs wurde ebenfalls 1858 gegründet, und obwohl es dort etwas Gold gab, war es nicht in denselben Mengen vorhanden wie in anderen Gebieten. Die Stadt wuchs dennoch und profitierte von den ergiebigen heißen Quellen, die den müden Reisenden und Arbeitern der Region Gesundheit und Läuterung des Geistes versprachen. Im 20. Jahrhundert war Colorado Springs eher für seine Militärbasen als für seine Kurhäuser bekannt, denn die Stadt beherbergte die Air Force Academy sowie fünf weitere Militäreinrichtungen. Es wird gemunkelt, dass sich in der McDermott-Bibliothek der Air Force Academy der Denver Data Haven befand, als sie noch existierte. Aber darauf werde ich später noch genauer eingehen.

Boulder hat eine etwas andere Geschichte. Es wurde ebenfalls 1858 gegründet und war das Gebiet des Arapaho-Häuptlings Niwot, der versuchte, die Anglo-Eindringlinge abzuwehren. Häuptling Niwot hatte eine Vision von einer Flut, die sein Volk auslöschen, die Anglos aber unversehrt lassen würde. So beschloss er, ihnen zu erlauben, zu bleiben, aber er sprach auch den Fluch des Boulder Valley aus: „Die Menschen, die die Schönheit dieses Tals sehen, werden bleiben wollen, und ihr Bleiben wird die Schönheit zunichte machen.“ Dieser Fluch ist noch immer in das Ankunftsgate des Flughafens Niwot eingraviert. Boulder wurde zwar aufgrund eines Goldvorkommens gegründet, aber der eigentliche Aufschwung begann erst, als sich die Universität von Colorado dort etablierte. Im Gegensatz zu vielen anderen Goldgräberstädten des Westens ist Boulder heute eher als künstlerisches und intellektuelles Zentrum bekannt. Wie Häuptling Niwot sagte, hatte die Schönheit des Landes die Leute zum Bleiben bewegt. In den letzten Jahren gab es große Anstrengungen, die natürliche Schönheit zurückzugewinnen und den Fluch aufzuheben.

- Unter Ghostwalker fließen die Mittel für Renaturierungsprojekte in Strömen. Das bedeutet natürlich auch, dass es immer mehr Leute gibt, die versuchen, diese Gelder zum eigenen Vorteil abzuschöpfen.
- Bifrost

2018 veränderte der Erste Vertrag von Denver die politische Landschaft Nordamerikas für immer. Die Vereinigten Staaten und Kanada gaben einen großen Teil ihres Territoriums zurück. Darauf gründeten sich die Native American Nations (NAN), und die FRFZ wurde zu einem politisch neutralen Gebiet. Dies führte zur Gründung der Vereinigten Kanadischen und Amerikanischen Staaten (UCAS) und der Konföderation Amerikanischer Staaten (CAS) sowie letztlich zur Balkanisierung Nordamerikas. Schließlich wurde der Vertrag von Denver überarbeitet, um der Abspaltung von Tsimshian, Aztlan und Tír Tairngire von den NAN sowie der Entwicklung der CAS Rechnung zu tragen.

An Heiligabend 2061 bekam Denver einen neuen Herrscher. Ghostwalker tauchte aus dem Watergate-Spalt auf und flog sofort nach Denver. Er griff Ziele in der gesamten Region an, wobei sich sein Amoklauf auf den aztlanischen Sektor konzentrierte. Dann warf er Aztlan aus der FRFZ und setzte sich selbst als deren Herrscher ein. Dies erforderte natürlich eine Neufassung des Vertrags von Denver. Der Zweite Vertrag von Denver wurde verfasst und begründete Ghostwalkers Herrschaft über den Hub. Der Pueblo-Konzernrat (PCC) übernahm zusätzlich den ehemaligen Ute-Sektor, und die Lage stabilisierte sich schließlich.

- Es war eine beängstigende Zeit in der Mile High City. Niemand wusste, was Ghostwalker wollte, nur dass er in der Gegend sein Unwesen trieb, Hunderte tötete und ganze Stadtviertel dem Erdboden gleichmachte. Erst später erfuhren wir, dass sich seine Angriffe auf Aztechnology konzentrierten, als er ankündigte, dass er alle Parteien außer Aztech entschädigen wolle.
- Kay St. Irregular

Ghostwalker legte 2073 eine kleine Pause ein und kehrte 2074 mit dem freien Geist Zebulon zurück. Zebulon war ein erstaunlicher Geist, der sehr viel Mitgefühl und Rücksichtnahme zeigte. Einige Gelehrte behaupteten, Zebulon habe Ghostwalker davon überzeugt, mehr als nur ein paar Metamenschen zu verschonen. Zebulon war jedoch auch der Grund dafür, dass Ghostwalker manchmal sehr merkwürdige oder geradezu herzlose Entscheidungen traf. So erteilte er beispielsweise einer Person eine Baugenehmigung und riss dasselbe Gebäude kurz nach seiner Fertigstellung wieder ab. Astralgelehrte haben gesagt, dass er dies tat, um die Manasphäre in Denver zu beeinflussen und sie für Zebulon besser zugänglich zu machen. Die ganze

Wahrheit ist immer noch unbekannt, und 2079 wurde berichtet, dass Zebulon vernichtet worden sei. Nicht nur verstreut oder verdrängt, sondern ausgelöscht.

Seit 2079 geht es drunter und drüber. Wie ich bereits sagte, wurde die Kommunikation mit der Region am 10. März eingestellt. Alle Städte wurden abgeriegelt, und Ghostwalkers Zone Defense Force (ZDF) vertrieb alle Regierungsvertretungen gewaltsam aus der FRFZ. Nicholas Whitebird, Ghostwalkers Stimme, erklärte, dass die ZDF auf Wunsch von Ghostwalker das Kriegsrecht in der Zone verhängt hatte. Ghostwalker hatte den verschiedenen Mitgliedsstaaten einen Monat Zeit gegeben, um zu evakuieren, und jeder, der danach noch da war, wurde von der ZDF als Freiwild behandelt. Das Ganze wurde unter dem Namen Ghostwalkers Landnahme bekannt, aber einige Leute auf der Straße bezeichnen es als die Große Räumung. Die Lage war einige Monate lang sehr angespannt, bis sich die Leute an die neue Normalität gewöhnt hatten.

ORTE IN DENVER

Die FRFZ ist viel mehr als nur Denver, Colorado Springs und Boulder. Sie ist auch mehr als nur der ganze Verkehr, die Politik und die Schattenspiele. Soweit ich weiß, ist Denver die einzige Stadt der Welt, die über eine eigene Metaebene verfügt. Außerdem hat sie eine übergroße Matrixpräsenz. Um diese beiden Themen zu erörtern, in denen ich kein Experte bin, habe ich mich an Bifrost und Voxel gewandt, zwei Einwohner von Denver, die eine Menge über die örtliche Astralebene beziehungsweise Matrix wissen. Ich habe auch einige Informationen von zwei Denveranern namens 14er und Mile High Mike eingeholt, die nützliche Informationen von den Straßen liefern können. Ich habe ihre Kommentare in die entsprechenden Abschnitte eingefügt, da sie keinen Zugang zum JackPoint haben.

Die FRFZ ist in mehrere halbautonome Bezirke unterteilt, die das Gebiet von Boulder im Norden bis Colorado Springs im Süden abdecken. Die Zone ist gigantisch: Sie umfasst 12.754 Quadratkilometer des ehemaligen US-Bundesstaates Colorado. Es gibt insgesamt 19 Bezirke, und eine demilitarisierte Zone (DMZ) verläuft um das Ganze herum. Die DMZ ist etwa einen Kilometer breit, mit Kontrollpunkten entlang der Hauptstraßen, die den PCC und die Sioux-Nation mit der FRFZ verbinden. Bei der Einfahrt in die DMZ müsst ihr euer Fahrzeug und die Passagiere scannen lassen, und auf der anderen Seite wird ein ähnlicher Scan durchgeführt. Trotzdem gibt es viel illegalen Verkehr, denn die Größe der FRFZ verhindert, dass die ZDF jeden Kilometer effektiv überwachen kann.

Um einen der Bezirke zu betreten oder zu verlassen, muss man einen Kontrollpunkt passieren. Die Kontrollpunkte sind ziemlich unauffällig und bestehen nur aus einem Tor, das die Straße absperren kann und eure SINs in Echtzeit scannt; der Zugang für Fußgänger erfolgt über dasselbe System. Man kann einfach durchfahren, ohne abzubremsen. Die ganze Sache ist automatisiert, aber wenn sie eine gefälschte SIN oder Schmuggelware in eurem Fahrzeug entdecken, wird die ZDF zu eurer Position geschickt, und ihr werdet fast sofort von Drohnen verfolgt.

Alle Bezirke haben einen Vertreter im Zonenrat, mit Ausnahme des Gap und Englewoods, die beide zu wenige Einwohner dafür haben. Die Mitglieder des Zonenrats werden kostenlos in Ghostwalkers Privatsuiten im Hub untergebracht. Obwohl sie auf dem Papier die Gesetzgeber und Vertreter des Volkes sind, bleibt es eine Tatsache, dass sie in bequemer Reichweite sind, falls Ghostwalker beschließt, sie zu zermalmen und ihre Familien zu fressen.

Aber dieses Thema zieht sich durch die gesamte FRFZ. Überall, wo ich hinsah, schienen die Leute fröhlich ihrem Alltag nachzugehen, als ob nichts wäre. Aber ein Blick in die Runde genügte, um all die Kameras, Drohnen und Agenten zu entdecken, die jede Bewegung der Leute beobachten. Das war die Art von Dingen, die einen sehr paranoid machen. Kein Wunder, dass die Leute lieber so tun, als wäre das alles nicht da.

ARVADA

ARVADA AUF EINEN BLICK

Fläche: 226 km²
Einwohnerzahl (2081): 152.000
- Elfen: 13 %
- Menschen: 65 %
- Orks: 15 %
- Trolle: 2 %
- Zwerge: 3 %
- Andere: 2 %

Bevölkerungsdichte: 673 pro km²
Pro-Kopf-Einkommen: 65.000 ¥
Krankenhäuser und Ambulanzen: 8
Bildung (2081):
- Weniger als 12 Jahre: 25 %
- Highschool-Äquivalent: 38 %
- College-Äquivalent: 23 %
- Weitergehende Studienabschlüsse: 14 %

Der nördlich und westlich des Stadtzentrums gelegene Bezirk Arvada erstreckt sich über etwa 230 Quadratkilometer überwiegend städtischen Raums. An den westlichen Rändern des Bezirks wird es ländlicher und weitläufiger, an den östlichen Rändern ist die Bebauung sehr dicht. Arvada ist im Grunde immer noch eine Schlafstadt für den Großraum Denver.

- Die Lohnsklaven, die in Arvada leben, sind vollgepumpt mit Chemikalien. All diese Aufputschmittel haben der Seele von Arvada und seinen Bewohnern ihren Tribut abverlangt.
- Bifrost

- Seid euch darüber im Klaren, dass hier Rudel wilder Wüstlinge herumlaufen. Für diejenigen, die nicht wissen, was das ist: Das sind emergente Waschbären. Wie normale Waschbären sind sie ein Ärgernis für alles, was nicht niet- und nagelfest ist. Der Unterschied ist, dass sie sich gerne durch eure Kommlinks wühlen und eure Daten durcheinanderbringen.
- Voxel

BÜROS DER ATLANTEAN FOUNDATION

Die Atlantean Foundation führt ihre Geschäfte von diesem hohen Gebäude aus. Die ersten beiden Stockwerke sind für Besucher zugänglich und der Reliktsammlung der AF, dem Werbematerial der Organisation und der Öffentlichkeitsarbeit gewidmet. Die übrigen fünf Stockwerke sind für die Öffentlichkeit nicht zugänglich und vermutlich für die Sitzungen der Atlantean Foundation, den Betreuerstab und vielleicht für noch sicherere Lagerräume reserviert. Über das Vorhandensein eines Kellergewölbes wird zwar gemunkelt, es konnte aber bis jetzt nicht bestätigt werden.

KMAG-HAUPTSITZ

Das einheimische Medienunternehmen KMAG mietet die beiden obersten Etagen dieses Gebäudes. Das oberste Stockwerk ist für Bühnenbilder, Sendeanlagen, Simsinn-Ausrüstung und andere Arbeitsmittel reserviert. Das darunterliegende Stockwerk beherbergt Managementbüros, Schreibräume und Platz für weiteres Hilfspersonal. Das Dach wird für Sendeausrüstung wie Satellitenverbindungen, Antennen und Repeater genutzt.

LAKESIDE-VERGNÜGUNGSPARK

Der Lakeside-Vergnügungspark ist ein ehemaliger Vergnügungspark, der verfallen und zu einem Casino umgebaut worden ist. Somit bietet er heute eher Unterhaltung für Erwachsene – der Vergnügungspark existiert immer noch, aber das eigentliche Geld und der Fokus liegen auf dem Casino und dem Bordell, die beide von der Chavez-Familie betrieben werden.

- Wenn ihr mit der Chavez-Familie Geschäfte machen müsst, ist die Wahrscheinlichkeit sehr hoch, dass es hier geschieht. Wenn sie euch an einem anderen Ort treffen wollen, handelt es sich wahrscheinlich um eine Falle. Sie ziehen es vor, ihre Geschäfte dort zu tätigen, wo sie das Geschehen kontrollieren können.
- 14er

MESAMETRIC-FABRIK

Mesametric ist eines der größten einheimischen Unternehmen in der Region. Sie bauen alles, von Baudrohnen bis hin zu leichtem Militärgerät. Aktuell haben sie einen Vertrag mit der Sioux-Nation über die Lieferung von Militärfahrzeugen.

GEFÄNGNISKOMPLEX TABLE MOUNTAIN

Dieses Ultra-Hochsicherheitsgefängnis befindet sich in ausgehöhlten Bereichen des Tafelbergs und gilt als fast vollständig ausbruchssicher. Ein paar schaffen es immer mal wieder, über das Hochplateau zu entkommen, aber die kalte Luft, die rauen Winde und der steile Abstieg führen zu einem kleinen Haufen von Leichen in der Nähe der Straßen darunter, der regelmäßig von der ZDF weggeräumt wird.

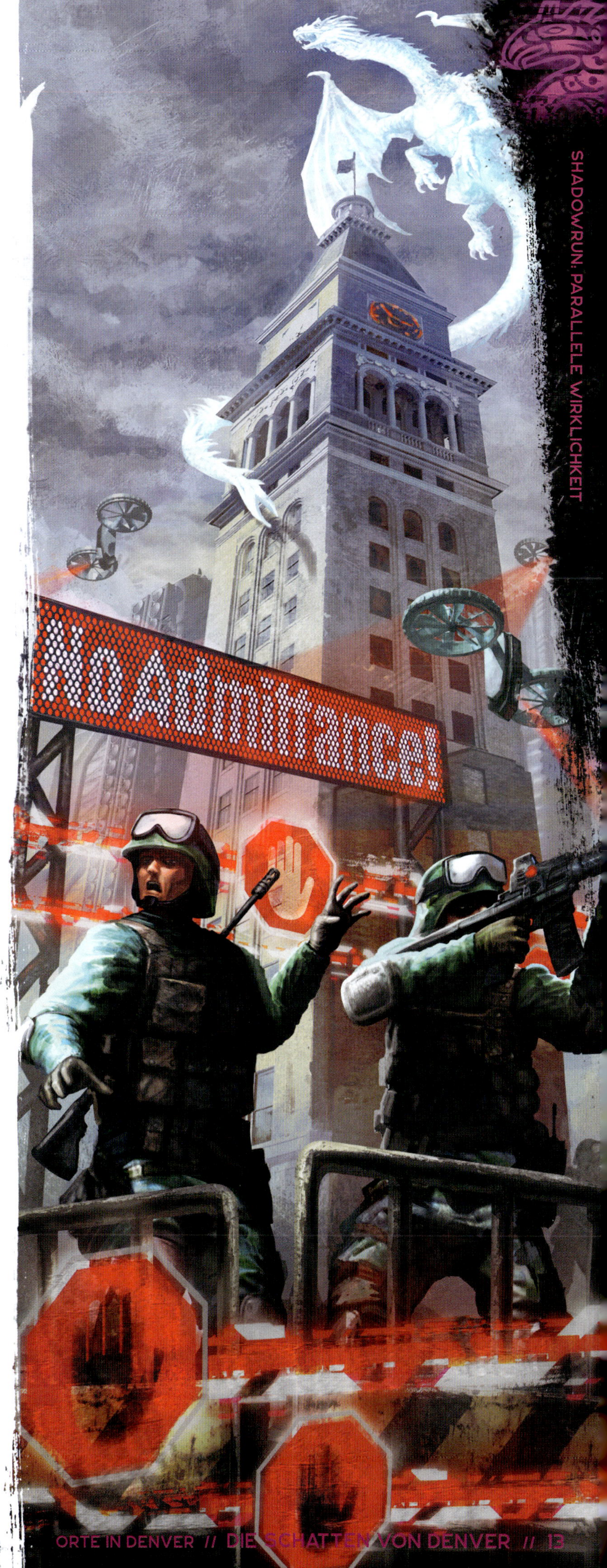

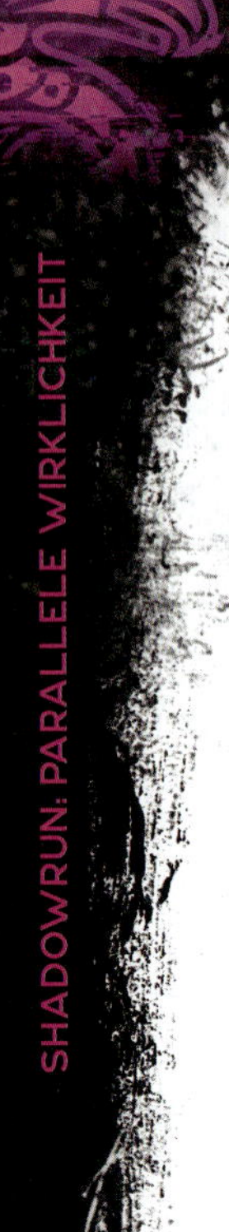

- Die Astralebene ist hier fast so schlimm wie in Aurora. Hunderte von Leuten haben versucht, aus diesem Gefängnis zu entkommen, nur um dann abzustürzen oder zu erfrieren. All diese Todesfälle in Verbindung mit dem völligen Mangel an Empathie seitens der Wachen machen es schwer, mit diesem Ort umzugehen. Trotzdem bringen sie keine Erwachten Gefangenen hierher. Sie wissen, dass Geister und magische Fähigkeiten mit den meisten ihrer Sicherheitsmaßnahmen kurzen Prozess machen würden.
- Bifrost

AURORA WARRENS

In den Aurora Warrens herrschen urbaner Verfall und Zerstörung. Die anderen Denveraner dachten, die Bewohner von Aurora würden sich wie Kaninchen vermehren, und so entstand der Name „Warrens" (Kaninchenbau). Viele, viele Jahre später ziehen es einige Bewohner vor, unterirdisch zu leben, verborgen vor Ghostwalkers neugierigen Augen. Dies hat die verunglimpfende Verwendung des Begriffs „Kaninchen" für die Einwohner wiederbelebt.

Mit Aurora ging es bergab, als das Gebiet nach dem Ersten Vertrag von Denver als Quelle von Reichtum, den man sich unter den Nagel reißen wollte, ins Visier genommen wurde. Wohlhabende Leute zogen weg, oft ins nahe gelegene Englewood, und die Häuser wurden durch eng gebaute Sozialwohnungen ersetzt. Die Grundstückspreise fielen ins Bodenlose, wodurch einige hofften, dass dies einen Entwicklungsschub in dem Gebiet auslösen würde, was jedoch nie geschah.

Die öffentliche Versorgung in den Warrens ist ein Witz. Die meisten Einwohner müssen ihr Wasser von den örtlichen Gangs kaufen, die es aus dem Quincy-Stausee beziehen. Für die Stromversorgung müssen die meisten Bewohner ihre eigenen Generatoren zusammenbasteln und sie über umgebaute Solarpaneele, fossile Brennstoffe oder sogar Handkurbeln betreiben. All das bedeutet im Wesentlichen: Meidet die Aurora Warrens, wenn ihr es könnt.

AURORA AUF EINEN BLICK

Fläche: 102 km²
Einwohnerzahl (2081): 503.000
- Elfen: 10 %
- Menschen: 58 %
- Orks: 20 %
- Trolle: 4 %
- Zwerge: 5 %
- Andere: 3 %

Bevölkerungsdichte: 4.931 pro km²
Pro-Kopf-Einkommen: 6.000 ¥
Krankenhäuser und Ambulanzen: 5
Bildung (2081):
- Weniger als 12 Jahre: 85 %
- Highschool-Äquivalent: 12 %
- College-Äquivalent: 2 %
- Weitergehende Studienabschlüsse: 1 %

- Vom astralen Standpunkt her ist dieser Ort genauso schlimm wie auf der physischen Ebene. Die Verzweiflung von Millionen von Seelen wiegt schwer auf der Astralebene. Aber wenn man genau hinschaut, sieht man gelegentlich einen Funken Hoffnung oder ein Licht in der Finsternis. Denn selbst an einem Ort wie diesem herrscht ein Geist der Freiheit und Unabhängigkeit.
- Bifrost

- Die Menschen und Sprites in Aurora sind sehr stolz auf ihre zusammengeschusterten Decks und Hacks. AR-Graffiti findet man überall im Bezirk.
- Voxel

SPORTMEDIZINISCHES ZENTRUM AURORA VILLAGE

Nehmt alles, was ich gerade über den alltäglichen Horror von Aurora gesagt habe, und vergesst es, wenn es um diesen einen Ort geht. Das Sportmedizinische Zentrum Aurora Village wurde 2072 gebaut, um die Olympischen Spiele in der Stadt zu unterstützen, und man wählte einen Ort direkt an der Grenze zwischen Aurora und Stapleton, weil hier die Grundstückspreise niedrig waren, der Ort aber nahe genug an den Sportstätten war, um sie noch bedienen zu können.

- Die ZDF ist hier ständig auf Streife, um sicherzustellen, dass Personal und Patienten sicher ein- und ausgehen können. Oh, und lasst euch hier auf keinen Fall blicken, wenn ihr kein vollwertiger Bürger seid.
- Mile High Mike

DER FLEISCHMARKT

Wenn ihr euch als Infizierte in Denver aufhaltet, solltet ihr den Fleischmarkt in Aurora kennen. Der Laden befindet sich in einem alten Einkaufszentrum im Norden des Bezirks, und es ist ein offenes Geheimnis, dass er von Tamanous betrieben wird. Er geht buchstäblich auf die besonderen Ernährungsbedürfnisse der Infizierten ein. Es ist ein großartiger Ort, um Käufer für jedes frische „Produkt" zu finden, das ihr möglicherweise verfügbar habt.

PARADISE LANE

Ehrlich gesagt hätte ich diesen Eintrag auch in sechs oder sieben separate Einträge aufteilen können. Es heißt, dass einige ehemalige Shadowrunner vor mehreren Jahren beschlossen, sich zur Ruhe zu setzen und Geschäfte zu eröffnen, die wichtige Dienstleistungen für die Schattengemeinschaft anbieten. Die als Paradise Lane bekannte Straße ist einer der wenigen Orte in den Warrens, an denen die Fronts und Zombies nicht direkt präsent sind. Die Geschäfte entlang dieser Straße sind verbarrikadiert und werden von diesem Team von ehemaligen Runnern, ihren Connections und einigen Anwohnern geschützt, die die Rolle der örtlichen Bürgerwehr übernommen haben. Das ist so ziemlich der sicherste Ort in den Warrens.

In der Paradise Lane gibt es einen Waffenladen namens **Dartguns 2 Smartguns**, der von einem Typ namens Rattler geführt wird, der zwei echt abgefahrene Cyberarme hat. Rattler kann euch fast jede Waffe beschaffen, die ihr haben wollt, und sie vor Ort sogar für euch anpassen. Er ist mit Trinket verheiratet, die auf der anderen Straßenseite einen Taliskramladen (mit dem kreativen Namen **Trinket's**) betreibt. Sie ist eine Waschbärschamanin, was ihr schnell erkennen werdet, wenn ihr ihren Laden betretet. Es sieht aus wie ein chaotisches Durcheinander, aber Trinket weiß immer, wo alles ist.

- Rattler lässt euch auch das Hinterzimmer seines Ladens für private Treffen nutzen, aber nur, wenn er beide Parteien kennt.
- Mile High Mike

Sam's Gadgets ist für die Warrens sehr ungewöhnlich – es richtet sich an Benutzer von elektronischen Geräten und Werkzeugen. Der Laden wird von einer Technomancerin namens Sam geführt und ist so ziemlich der einzige Ort auf der Welt, an dem ich ein altes RadioShack-Kommlink finden konnte. Neben Sam's Gadgets befindet sich **Allie Cats XXX**, ein Strip-Club, in dem man auch fast alle Drogen und Pathogene finden kann, die der Metamenschheit bekannt sind. Allie, die Betreiberin des Lokals, ist sehr stolz darauf, dafür zu sorgen, dass ihre Tänzerinnen und Tänzer sicher sind, und bietet auch spezielle Hinterzimmer für private Treffen mit Johnsons an.

- So kann man's auch ausdrücken.
- Bifrost

Grunt's Orkish Delights ist ein Restaurant, das sich auf die Zubereitung von scharf gewürzten und deftigen Gerichten spezialisiert hat, um den orkischen Geschmack zu treffen. Im Grunde ist es ein Szechuan-Restaurant, in dem es die besten Nudeln gibt, die ich je gegessen habe. Es wird von einem alten Ork namens Grunt geführt, der früher angeblich Koch im Big Rhino in Seattle war. **Hippocrates** ist eine Praxis gleich nebenan, die von einem Straßendoc namens Hippocrates geleitet wird. Soweit ich weiß, bekam er seinen Namen, als er die Gangmitglieder, die versucht hatten, ihn aus der Stadt zu vertreiben, wieder zusammenflickte – natürlich nachdem er sie niedergeschossen hatte.

Dracula's Coffins ist einer der seltsamsten Orte, den ich je gesehen habe. Es wird von einem Typ geleitet, der sich Dracula nennt und behauptet, ein Vampir zu sein. Um ehrlich zu sein, kann ich diese Geschichte nicht unabhängig überprüfen, aber er scheint auf jeden Fall in die Rolle zu passen. In seiner alten Werkstatt betreibt er ein Sarghotel, in dem er bis zu zwanzig Personen in sargähnlichen Behältern unterbringen kann. Seine wahre Leidenschaft scheint jedoch das Tunen von Autos zu sein. Der Rest der Werkstatt ist für die Arbeit an großen und kleinen Autos eingerichtet. Er kann euren Bulldog genauso gut auf Vordermann bringen wie euren Scoot, und während ihr wartet, könnt ihr euch in einem seiner Särge ausruhen. Natürlich nur, wenn ihr einem Vampir vertraut, dass er auf euch aufpasst.

Die letzte Station auf unserer Tour durch die Paradise Lane ist das **Hole in the Wall**. Es ist eine Bar wie die meisten Bars, aber mit dem gewissen Etwas. Der Ort wird von einem freien Feuergeist namens Frantic geführt. Nicht nur sind ihre Drinks legendär – wie zu erwarten, gibt es viele feurige Getränke –, sie kann auch ein astrales Tor öffnen und einen Gegenstand auf einer Metaebene verstecken, verborgen vor neugierigen Augen. Frantic ist die einzige Person, die weiß, wohin ihre Tore führen, und sie wird unter keinen Umständen darüber reden. Sie hat eine Art Geas geschworen, das sie daran hindert, jemals mit jemandem über die Metaebene zu sprechen.

- Das Hole in the Wall ist auch deshalb einzigartig, weil es auf die Bedürfnisse von Geistern eingeht. Es ist unklar, wie Frantic das macht, aber sie mixt „Drinks" für ihre Geisterkunden. Sie scheinen es zu lieben, und ich schwöre, dass ich einige von ihnen in einem Zustand gesehen habe, den ich nur als betrunken bezeichnen kann.
- Bifrost

QUINCY-STAUSEE

Der Quincy-Stausee ist der einzige Ort, an dem die Einheimischen zuverlässig sauberes Wasser bekommen. Verglichen mit dem Rest der FRFZ ist das Wasser giftig ohnegleichen, aber es ist die beste Option für die Kaninchen der Warrens. Verkauf und Sammlung werden exklusiv von den Fronts kontrolliert, einer Gang, auf die ich später noch näher eingehen werde. Natürlich kommt es immer wieder zu Auseinandersetzungen, wenn sich die Bewohner um ihren Anteil am Wasser streiten.

SMOKY HILL

Der ureigene Open-Air-Basar der Aurora Warrens. Man kann hier fast alles finden, vorausgesetzt, man hat kein Problem mit Dingen, die gebraucht sind. Und mit „gebraucht" meine ich „da sind immer noch Blutflecken des armen Trottels drauf, der das Ding zuletzt gekauft hat".

TÍR'RAE

Ein kleines elfisches Viertel im östlichen Teil der Aurora Warrens. Die Bewohner von Tír'Rae leben hauptsächlich unter der Erde, wo sie sich in eine Reihe alter Bergwerksstollen zurückgezogen haben. Sie verteidigen ihren Besitz mit aller Kraft und werden dabei von den Silver Thorns, einer rein elfischen Gang, beschützt.

BOULDER

Boulder ist die nördlichste Stadt in der FRFZ. Es ist wahrhaftig ein wunderschöner Ort. Die Einwohner haben viel dafür getan, die Stadt umweltfreundlich zu gestalten, und schreiben sogar vor, dass neue Gebäude so gebaut werden müssen, dass sie die Landschaft nicht verschandeln. Das bedeutet, dass es weniger Konzerngebäude in der Stadt gibt, aber die Einwohner sind der Meinung, dass sich dieser Kompromiss lohnt. Boulder beherbergt eine der ältesten Universitäten der Region und bringt einige der besten Künstlerinnen und Künstler und kreativen Talente Nordamerikas hervor.

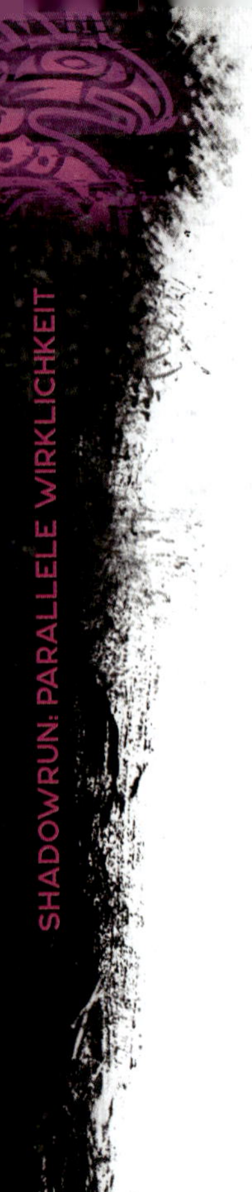

BOULDER AUF EINEN BLICK

Fläche: 1.440 km² (150 km² städtisch)
Einwohnerzahl (2081): 207.500 (200.000 städtisch)
Elfen: 19 %
Menschen: 50 %
Orks: 18 %
Trolle: 4 %
Zwerge: 6 %
Andere: 3 %
Bevölkerungsdichte: 144 pro km² (1.333 pro km² im städtischen Bereich)
Pro-Kopf-Einkommen: 90.000 ¥
Krankenhäuser und Ambulanzen: 10
Bildung (2080):
Weniger als 12 Jahre: 18 %
Highschool-Äquivalent: 45 %
College-Äquivalent: 25 %
Weitergehende Studienabschlüsse: 12 %

- Die ZDF in Boulder geht gegen Umweltdelikte (wie z. B. Vermüllen) aggressiver vor als in den meisten anderen Teilen der Zone. In den meisten Teilen der Zone würde man nur einen Strafzettel bekommen, aber in Boulder muss man damit rechnen, verhaftet und mindestens ein paar Stunden festgehalten zu werden.
- 14er

FOX THEATRE

Das Fox Theatre, ein seit Generationen bei den Studenten der Universität von Colorado beliebter Nachtclub, bietet einen Hauch von Retro-Coolness inmitten einer sich ständig verändernden Umgebung. Es ist auf Jazz und Indie-Rock spezialisiert und veranstaltet sogar Poetry Slams. Ein nicht näher genannter Ehemaliger erwarb das Fox Theatre 2068 und begann mit dem Umbau, um die Ästhetik zu erhalten und gleichzeitig die Einrichtungen zu modernisieren. Überall findet man AR-Elemente, die sorgfältig in den Art-Deco-Stil des Gebäudes eingearbeitet sind.

HALFERVILLE

Im Osten von Boulder gibt es ein kleines Gebiet, das liebevoll Halferville genannt wird. Hier lebt eine große Gemeinde von Zwergen, die ihre gemeinschaftliche Identität sehr betonen. Jede Woche veranstalten sie einen Bauernmarkt, auf dem man unter anderem von Zwergen hergestelltes Kunsthandwerk kaufen und allgemein an dem teilhaben kann, was sie als „Halfer-Kultur" bezeichnen. Das bedeutet, alles ist normal, aber die Preise sind überhöht, um die Touristen zu melken.

HERITAGE MUSEUM

Bevor die Ute-Nation vom PCC absorbiert wurde, gehörte Boulder zum Ute-Sektor. Die Region verfügt über eine große Anzahl historischer Ute-Stätten und -Artefakte, von denen die meisten im Heritage Museum ausgestellt sind. Das Museum zeigt auch andere Exponate, versucht aber, im Mainstream zu bleiben. Ihr werdet hier zum Beispiel kein einziges Bild von Daniel Howling Coyote sehen, weil er als zu „provokant" gilt.

- Das ist totaler Blödsinn. Ehrlich, jemand sollte dort einbrechen und einen Haufen seiner Kunstwerke und der alten Propagandaposter aufhängen. Das würde wahrscheinlich einige hohe Tiere im PCC verärgern – und das zu Recht!
- Lyran

- Hey, wenn du bezahlst, breche ich ein und baue eine improvisierte Kunstausstellung auf.
- Mika

- Lass uns offline reden.
- Lyran

HORIZON-BÜROKOMPLEX

Je nachdem, von welcher Seite ihr euch dem Gebäude nähert, könnt ihr die Ebenen im Osten oder die Berge im Westen sehen. Das liegt daran, dass Horizon diese Anlage mit einzigartigen Außenverkleidungen gebaut hat, die die Umgebung nachahmen: Dieses Bürogebäude ist ein architektonisches Wunderwerk, das sich der Landschaft anpasst. Gerüchten zufolge befindet sich in diesem Büro eine Zweigstelle von Horizon Internal Intelligence, der konzerneigenen Geheimpolizei, die interne Mitarbeiter für den Consensus überwacht. Wenn das stimmt, könnte es eine Goldgrube für einen unerschrockenen Eindringling sein, der Daten über Horizon-Aktivposten in die Finger bekommen möchte.

SPIRITECH-HAUPTSITZ

SpiriTech ist einer der einheimischen AA-Kons hier im Norden von Boulder. Die Firma beschäftigt eine große Zahl von Geistern und Schamanen, die alle von diesem Büro aus arbeiten. Daher ist dieses Gebäude in magischer Hinsicht natürlich gut bewacht. SpiriTech hat Ming Solutions für Beratung bezahlt, wie sich das Gebäude zugänglich und dennoch privat gestalten lässt. An der Außenseite des Gebäudes befindet sich kein lebendes Material, sodass Geister und astrale Wesenheiten ungehindert ein- und ausgehen können. Im Inneren jedoch befindet sich in jeder Wand lebendes Material, was die Privatsphäre wahrt und die Sicherheit der Unternehmensaktivitäten gewährleistet.

- Wie nicht anders zu erwarten, sind die magischen Verteidigungsanlagen an diesem Ort erstklassig. Doch im Gegensatz zu den meisten anderen Konzernanlagen ist die magische Sicherheit schamanischer Natur. Das bedeutet, dass ihr mit größerer Wahrscheinlichkeit auf Geister trefft, die mit Sicherheitsleuten zusammenarbeiten, die darin geschult sind, eurem magischen Einfluss zu widerstehen.
- Bifrost

UNIVERSITÄT VON COLORADO

Die Universität von Colorado wurde vor Kurzem massiv reformiert und umgebaut, was zum großen Teil der Universität von Denver zu verdanken ist. Manche mögen dies als Unterstützung eines Konkurrenten ansehen, aber beide Universitäten sahen in der Aufrechterhaltung ihrer Rivalität ein größeres Potenzial als in der Ausschaltung des Wettbewerbs. Die Universität von Colorado zieht eine beträchtliche Anzahl magisch aktiver Studenten an und verfügt über eine wachsende Technomantie-Abteilung, die die Auswirkungen der Resonanz untersucht.

BRIGHTON

BRIGHTON AUF EINEN BLICK

Fläche: 1.093 km²
Einwohnerzahl (2081): 37.800
Elfen: 6 %
Menschen: 84 %
Orks: 5 %
Trolle: 2 %
Zwerge: 1 %
Andere: 2 %
Bevölkerungsdichte: 35 pro km²
Pro-Kopf-Einkommen: 35.000 ¥
Krankenhäuser und Ambulanzen: 8
Bildung (2081):
Weniger als 12 Jahre: 24 %
Highschool-Äquivalent: 52 %
College-Äquivalent: 20 %
Weitergehende Studienabschlüsse: 4 %

Brighton liegt am äußersten nordöstlichen Rand der Zone und grenzt an die Sioux-Nation. Es ist unglaublich ländlich, vor allem im Vergleich zum Rest der FRFZ. Der Bezirk wurde nach der größten Stadt in der Region benannt, aber bei einer Einwohnerzahl von nur wenigen Tausend fällt einem kaum ein Grund ein, sie zu besuchen. Dennoch gibt es im Bezirk Brighton einige sehr interessante Orte, denen die ländliche Lage zusätzliche Privatsphäre und Sicherheit bietet.

- Brighton ist ein schöner Ort, um den Sonnenaufgang auf der Astralebene zu erleben. Man kann tatsächlich sehen, wie die Ebenen ausgesehen haben könnten, als die Welt noch jung war, bevor der Mensch auf ihr wandelte.
- Bifrost

- Wirklich jede Farm hier setzt im großen Stil Drohnen zur Bewirtschaftung ihrer Felder und Nutzpflanzen sowie für andere Arbeiten ein. Die meisten modernen Farmen sind technologisch sehr fortschrittlich und befinden sich in der Regel im Besitz eines Konzerns (oder werden zumindest von ihm bezuschusst).
- Voxel

SOLARPARK CHANGE THE RANGE

Einer der Vorteile einer großen, flachen, ländlichen Ebene ist, dass man dort Solarparks bauen kann. Der Solarpark Change the Range deckt fast den gesamten Strombedarf der Bezirke Brighton und Stapleton. Sollte dem Fusionskraftwerk Castle Rock etwas zustoßen, ist vorgesehen, dass dieser Solarpark den Hub auf Kosten aller anderen Bezirke mit Strom versorgen soll.

BÜROS VON CODEBLUE BIOTECH

Die meisten Leute wissen nicht, dass MCT einige seiner grenzwertigsten Forschungsarbeiten unter den Namen seiner Tochtergesellschaften durchführt. CodeBlue ist eine von ihnen. Es betreibt eine Forschungseinrichtung am äußersten Rand der Zone, die es sogar als Nullzone eingerichtet hat. Es muss sich um eine Art autarke Einrichtung handeln, denn die einzigen Dinge, die kommen und gehen, sind Drohnen mit Nachschublieferungen. Allerdings werden Versorgungsdrohnen in der Regel nicht von Kampfdrohnen eskortiert.

- Ich kannte einen Chummer namens Pike's Pete, der versucht hat, dort reinzukommen. Wir haben seine Leiche nie gefunden, also haben wir im Five by Five einen Gottesdienst für ihn abgehalten.
- 14er

HORSE TROT RANCH

Ein sehr großes Konzernresort im Besitz von Jarone „HammerJack" Falcone. Falcone hat die gesamte Anlage absichtlich so gebaut, dass sie geheime Treffen ermöglicht. Die Ranch wird heute von Konzerntypen genutzt. Keine Ahnung, wie es ihm unter der Herrschaft von Ghostwalker geht, aber zu meiner Zeit liefen seine Geschäfte verdammt gut. Schallschutz und Gegenüberwachung waren nur der Anfang. Er hat auch alle Wachen mit Gedächtnissperren ausgestattet, sodass sie nicht mehr wissen, wer die Gäste waren, sobald deren Besuch beendet ist. Er hat immer noch eine gewisse Sympathie für andere Runner, aber missbraucht sein Vertrauen nicht.

PEARSON PARK

Mannomann, ist das ein verrückter Ort. Ich war nur einmal dort und kann von Glück sagen, dass ich lebend wieder rauskam. Man erzählt sich, dass Fort Lupton früher ein Vorort von Denver war, dem es ziemlich gut ging. Nach dem Erwachen kam es dort jedoch zu einer Reihe seltsamer Phänomene. Es gab eine nicht näher bezeichnete „Naturkatastrophe" in der Stadt, die alle zur Evakuierung zwang – das war etwa zur Zeit des Ersten Vertrags von Denver, sodass es irgendwie damit zusammenfiel, dass die Anglos das neu geschaffene Gebiet der Sioux-Nation verließen. Schnellvorlauf nach heute, und der Ort ist von Pflanzen aller Art überwuchert. Es ist, als hätte die Natur die Stadt nicht nur zurückerobert, sondern komplett verschlungen. Niemand konnte bisher herausfinden, was hier genau passiert ist, aber es ist extrem gefährlich.

- Die Sache mit Pearson ist, dass das Mojo einfach falsch ist. Es ist nicht per se toxisch, aber es ist auch nicht wirklich sauber. Wenn ihr in diesem Bereich auf die Astralebene wechselt, werdet ihr spüren, was ich meine. Das Gefühl des Grauens ist greifbar. Und es wird schlimmer, je näher man dem eigentlichen Park kommt. Was auch immer da drin ist, es freut sich nicht über Besucher.
- Bifrost

SAFIYAS TIERKLINIK

Eine ganz gewöhnliche Tierklinik, die eine ländliche Gemeinde versorgt. Zumindest wäre sie das, wenn Safiya nicht eine begabte Genetikerin wäre. In dieser Klinik züchtet sie tatsächlich einige Chimären, was ihr auf dem Schwarzmarkt hübsche Summen einbringt. Wenn ihr während eures Aufenthalts in Brighton zusammengeflickt werden müsst, solltet ihr Safiya kennen. Zusätzlich zu ihrer Tierklinik arbeitet sie als ländliche Version eines Straßendocs.

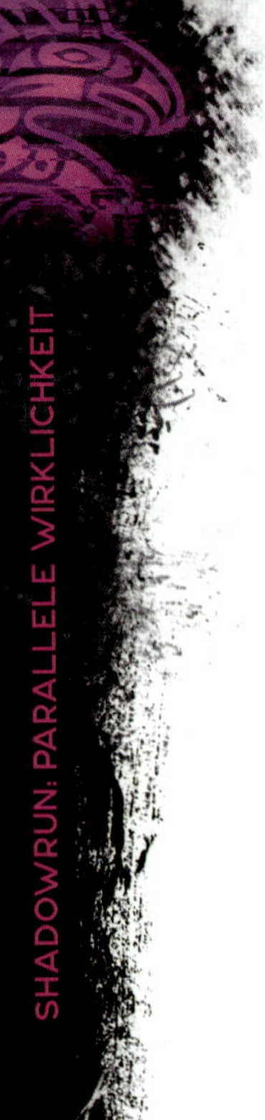

SCHIEẞSTAND SITTING BULL

Brighton gehörte früher zur militanten Sioux-Nation, und so ist es kaum verwunderlich, dass Selbstverteidigung dort immer noch hoch im Kurs steht. Auf diesem Schießstand können die Besucher ihre Fähigkeiten mit fast allen erdenklichen Waffen üben. Der Schießstand vermietet seine Waffen sogar zum Üben. Man wird euch dort nichts verkaufen, dessen Besitz illegal ist, aber sehr wohl vermieten. Wenn ihr mit einer Panther Sturmkanone üben wollt, nur zu. Außerdem verkauft man hier Munition in riesigen Mengen und in jedem Kaliber, das ihr euch vorstellen könnt.

BÜROS VON VOR ROBOTICS

Eine weitere MCT-Tochter, die sich im ländlichen Brighton versteckt. Im Gegensatz zu CodeBlue Biotech ist VOR Robotics nicht sehr geheimnistuerisch. Es ist auch keine Nullzone. VOR Robotics ist ein Drohnenhersteller, der sich auf Drohnen spezialisiert hat, die wie Tiere aussehen.

- Sie verwenden dieselben tierähnlichen Drohnen, um die Matrix und die Umgebung zu überwachen. Seid vorsichtig – jedes Tier, das ihr seht, könnte eine Drohne sein, die dem MCT-Sicherheitspersonal und den Spinnen vor Ort ein Live-Feedback gibt.
- Voxel

BROOMFIELD

BROOMFIELD AUF EINEN BLICK

Fläche: 277 km²
Einwohnerzahl (2081): 57.200
Elfen: 15 %
Menschen: 60 %
Orks: 16 %
Trolle: 3 %
Zwerge: 4 %
Andere: 2 %
Bevölkerungsdichte: 206 pro km²
Pro-Kopf-Einkommen: 85.000 ¥
Krankenhäuser und Ambulanzen: 8
Bildung (2081):
Weniger als 12 Jahre: 19 %
Highschool-Äquivalent: 43 %
College-Äquivalent: 26 %
Weitergehende Studienabschlüsse: 12 %

Dieser gemütliche Bezirk nordwestlich des Stadtzentrums von Denver weist einige der schönsten Immobilien der Region auf. Es ist ein wohlhabender Bezirk mit vielen Konzernenklaven. Das Pro-Kopf-Einkommen liegt im oberen Bereich der FRFZ, was dazu führt, dass die Reaktionszeiten der ZDF kürzer sind, die Kriminalitätsrate niedriger ist, die Bildungsrate höher usw. Alles, was man mit Privilegien und Geld kaufen kann, findet man in Broomfield.

- Stellt euch einen ganzen Bezirk vor, der von Karens bevölkert ist: Das ist Broomfield. Wenn ihr hier auf einen Nachtschatten oder einen negativen Geist stoßt, dann mit ziemlicher Sicherheit auf einen der Habgier oder des Geizes. Neid ist das vorherrschende Gefühl im Bezirk, und die Nachbarn sind mehr als bereit, einander für die nächste Beförderung oder den nächsten Schritt auf der Karriereleiter zu verraten.
- Bifrost

- Ich werde nicht einmal so tun, als wüsste ich, was eine „Karen" ist. Wenn ihr herausfinden wollt, welcher Chef mit welcher Sekretärin schläft, zapft einfach einen der lokalen Nachbarschafts-Chats an. Die Gerüchteküche ist ständig in Bewegung und liefert eine erstaunliche Menge an Informationen, die ihr für eure Runs nutzen könnt.
- Voxel

CEREBROTECH-FABRIK

Cerebrotech, eine Tochtergesellschaft von Ares, konzentriert sich stark auf Cyberware-Komponenten. In dieser Fabrik werden die meisten dieser Produkte für Ares Consumer Goods hergestellt.

- Diese Fabrik verfügt über mehr Matrix-Sicherheit, als sie sollte. Sie ist nur eine Produktionsstätte, wird aber wie eine F&E-Einrichtung geschützt. Ich habe dort Technomancer und traditionelle Spinnen Hand in Hand arbeiten sehen, was bedeutet, dass sie etwas schützen, das es wert ist, gestohlen zu werden. Ich würde gute Nuyen zahlen, um zu wissen, was da drin ist.
- Voxel

HYPERSENSE-HAUPTSITZ

Anfang der 2060er kaufte Renraku dieses einheimische Simsinn-Technologieunternehmen auf und machte es zu einer seiner Tochtergesellschaften. Seitdem hat Renraku seine Simsinn-Technologie regelmäßig weiterentwickelt, ihre Grenzen immer weiter ausgedehnt und neue Möglichkeiten für Sinneseindrücke eröffnet. Das alles verdankt Renraku der Arbeit in diesem Gebäude.

- Ein Kurier-Sprite hat mir gesagt, dass es hier einen Technomancer gibt, der die F&E leitet. Nennt sich Neuron. Das Letzte, was ich über Neuron gehört habe, war, dass er zu den Leuten gehörte, die aus dieser Horizon-Einrichtung in Las Vegas befreit wurden. Gut zu wissen, dass er wieder auf den Beinen ist, aber man munkelt, dass er einige der Techniken nutzt, die Horizon bei ihm angewendet hat.
- Voxel

NEWLIFE MEDICAL

Newlife Medical, eine erstklassige medizinische Einrichtung in Denver, versorgt die ZDF zu ermäßigten Preisen mit Upgrades, Implantaten und medizinischen Dienstleistungen. Daher ist die Sicherheit bei Newlife besser, als man erwarten würde, denn es gibt sehr viele Beamte, die den Ärzten dort buchstäblich ihr Leben verdanken. Wenn ihr es hineinschafft, könnt ihr davon ausgehen, dass ihr gut behandelt werdet und einen ausgezeichneten Service bekommt. Aber seid gewarnt: Es ist bekannt, dass die ZDF Beamte, die dienstfrei haben, zu Leuten schickt, die mit ihren Zahlungen im Verzug sind.

- Sie haben auch fantastische Einrichtungen für Erwachte Kunden.
- Marko

FLUGHAFEN SEDALIA

Sedalia wurde vom PCC gebaut, nachdem dieser sich die Ute-Nation einverleibt hatte, und ist einer der jüngeren Flughäfen in der FRFZ. Die hochmoderne Anlage wurde erst kurz vor den Olympischen Spielen 2072 fertiggestellt. Sedalia ist einer der beliebteren Flughäfen für die Anreise in die FRFZ, da seine Lage Touristen und Pendlern viele Möglichkeiten bietet, sich in der Zone fortzubewegen oder in andere Gebiete zu gelangen.

Leider ist er relativ klein und kann keine Interkontinentalflüge abwickeln. Deswegen versucht der Flughafen auch, das Land in seiner Umgebung aufzukaufen, um zu expandieren. Die Ghostwalker-Administration hat diese Käufe verhindert, was zu einem Rechtsstreit zwischen den Eigentümern des Flughafens und Ghostwalker führte. Ich glaube, sie hoffen auf eine Einigung, denn Ghostwalker wird sich wegen so etwas niemals vor Gericht blicken lassen.

Das ist eine großartige Gelegenheit für jemanden, hier einen Trickbetrug abzuziehen. Legt einfach gefälschte Papiere vor, aus denen hervorgeht, dass das Land zum Verkauf steht, nehmt das Geld und verschwindet. Das ist der alte Brooklyn-Bridge-Betrug.

- Ghostwalker zögert unter anderem deshalb so sehr, die Erweiterung des Flughafens zu genehmigen, weil eine der Eigentümerinnen Martha Kasten ist. Der Name kommt euch wahrscheinlich nicht bekannt vor; sie wurde früher Frostbite genannt. Damals war sie als Runnerin für Aztechnology tätig. Sie mag diese alte Identität aufgegeben haben, aber Ghostwalker hat damit noch lange nicht abgeschlossen.
- Voxel

TOWNE CENTER MALL

Obwohl Malls schon vor über einem Jahrhundert an Popularität verloren haben, ist die Towne Center Mall nach wie vor geöffnet und zu den meisten Tageszeiten gut besucht. Vielleicht mögen es reiche Leute, wenn sie die Waren anfassen können, bevor sie sie kaufen? Gerüchten zufolge sind die Eigentümer der Mall hoch verschuldet und stehen kurz davor, ihre Pforten für immer zu schließen. Aber im Moment können viel beschäftigte Eltern ihre Nuyen hier immer noch für nichtssagende Einkaufserlebnisse ausgeben, um sich zu erholen.

- Ich wurde einmal beauftragt, einen Geist der Verzweiflung zu beseitigen, der die Käufer in der Mall beeinflusste. Die Eigentümer setzten sich direkt mit mir in Verbindung, was sehr ungewöhnlich war. Ich fand den Nachtschatten, der sich an eine Gruppe mürrischer Teenager geheftet hatte, die in der Mall Trübsal bliesen. Am Ende wurde einer der Jugendlichen wegen des Nachtschattens ins Krankenhaus eingeliefert, aber ich bin ihn losgeworden. Es ist wichtig zu wissen, dass Ghostwalkers Dekret über Geisterrechte nicht mehr gilt, sobald ein Geist jemanden angreift.
- Bifrost

- Sekunde mal – willst du damit andeuten, dass du dem Geist erlaubt hast, den Teenager zu verletzen, damit du ihn ungehindert angreifen konntest?
- Lyran

CASTLE ROCK

CASTLE ROCK AUF EINEN BLICK

Fläche: 629 km²
Einwohnerzahl (2081): 54.600
Elfen: 15 %
Menschen: 63 %
Orks: 16 %
Trolle: 2 %
Zwerge: 2 %
Andere: 2 %
Bevölkerungsdichte: 87 pro km²
Pro-Kopf-Einkommen: 56.000 ¥
Krankenhäuser und Ambulanzen: 7
Bildung (2081):
Weniger als 12 Jahre: 31 %
Highschool-Äquivalent: 37 %
College-Äquivalent: 23 %
Weitergehende Studienabschlüsse: 9 %

Castle Rock, benannt nach der großen Felsformation östlich der I-25, ist nur dünn besiedelt, unterhält aber einige der wichtigsten Infrastrukturen für die gesamte FRFZ. Der Bezirk konzentriert sich stark auf den I-25-Korridor, der ihn in Nord-Süd-Richtung in zwei Hälften teilt. Die meisten wichtigen Gebiete liegen nur wenige Kilometer von der I-25 entfernt, was bedeutet, dass die ländlichen Gebiete im äußersten Osten und Westen praktisch ungenutzt sind.

- Diese Gebiete werden genutzt, nur nicht von Metamenschen. Es heißt, dass in den ländlichen Gebieten eine Gruppe von Feen lebt. Die Fae, denen ich bisher begegnet bin, sind in der Regel daran interessiert, den Rest von uns kennenzulernen. Wenn es dort draußen in den Wäldern also Fae gibt, dann sind sie eine Art von Fae, die ich noch nicht kennengelernt habe.
- Bifrost

- Mit Ausnahme von Stonegate gibt es dort nicht viel, was mich interessiert, außer dem, was unmittelbar an den Grenzen der I-25 liegt.
- Voxel

FUSIONSKRAFTWERK CASTLE ROCK

Das Fusionskraftwerk wurde in den Castle Rock hineingebaut und wird von der Shiawase-Tochter Fuzion betrieben. Es ist der wichtigste Stromerzeuger für die FRFZ. Es liefert sauberen Atomstrom für Millionen von Haushalten und Unternehmen, und der gesamte Betrieb wird hauptsächlich von Ghostwalker subventioniert. Shiawase unterhält hier eine starke militärische Präsenz, denn das Ganze ist eine riesige Fusionsbombe, die nur darauf wartet, hochzugehen.

- Shiawase verbringt jedes Jahr einige Zeit damit, das schlechte Mojo des Fusionskraftwerks loszuwerden. Wenn ihr bereit seid, etwas von diesem schlechten Mojo in euch aufzunehmen, bezahlt euch Shiawase gut. Ihr stellt euch einfach in den Bereich und lasst die Toxizität in eure Aura eindringen. Es dauert etwa ein Jahr, bis sie wieder verschwindet, und in dieser Zeit werdet ihr mindestens ein paar Monate lang eine

toxische Färbung eurer Magie bemerken. Sie zahlen extrem gut, aber sie neigen auch dazu, jeden, der den Job annimmt, genau im Auge zu behalten, damit er nicht süchtig danach wird.
- Bifrost

PRADERA RESORT

Habt ihr Lust auf eine Auszeit vom Trubel der Stadt im Western-Stil? Dann kommt nach Pradera. Das riesige 100-Hektar-Resort umfasst drei Golfplätze, zwei Pferderennbahnen, abgeschiedene Waldgebiete und mietbare Blockhütten.

Sorry für den Werbe-Sprech, aber das ist es, was Pradera in aller Kürze ist. Es ist ein Resort mit Western-Thema für reiche Typen, die mehr Geld als Verstand haben. Wenn ihr denkt, dass es leicht wäre, ein Ziel von dort zu extrahieren, während es fernab von seinen Konzernbossen weilt, dann hört lieber auf zu denken. Pradera bietet mit die beste Sicherheit und Privatsphäre, die man für Geld kaufen kann, ist aber auch in alle Großen Zehn und einheimischen Konzerne integriert und mit diesen verbunden. Sie haben Verbindungsleute und „Botschafter", die dafür sorgen, dass die Konzerntypen geschützt werden, wenn auch mit viel mehr Diskretion als sonst.

STONEGATE-JUSTIZKOMPLEX

Der Stonegate-Justizkomplex ist ein großes Gefängnis, in dem auch ein kleiner Justiztrakt für Gerichtsverhandlungen untergebracht ist. Obdachlose aus Englewood und Castle Rock versuchen im Winter manchmal, wegen Landstreicherei verhaftet zu werden. Während der harten Winter ist es besser, in einem ZDF-Gefängnis zu sitzen als auf der Straße.

- Ich habe einige Zeit in Stonegate verbracht, als ich eine schlechte Phase in meinem Leben hatte. Ich würde es nicht empfehlen, aber wie Peregrine sagt, ist es besser, als im Winter auf der Straße zu leben. Die Wachen, die hier arbeiten, sind nachgiebiger, als man in einem Gefängnis erwarten würde. Meine Abmachung erlaubte mir, im Gegenzug fürs Löschen der Spielschulden eines Wächters bei der Chavez-Familie ein paar Sprites zu kompilieren.
- Voxel

TERRACOTTA-ARMS-FABRIK

Die Renraku-Tochter Terracotta Arms unterhält eine kleine Fabrik in Castle Rock. Zusätzlich unterhält das Unternehmen hier ein Regionalbüro, um die Sioux-Nation und den PCC mit Waffen zu versorgen. Die überschüssigen Bestände der Fabrik landen meist auf der Straße, insbesondere in Aurora. Falls ihr allerdings eine Waffe in die Hände bekommen wollt, bevor sie registriert und getaggt wurde, braucht ihr eine Connection in der Fabrik.

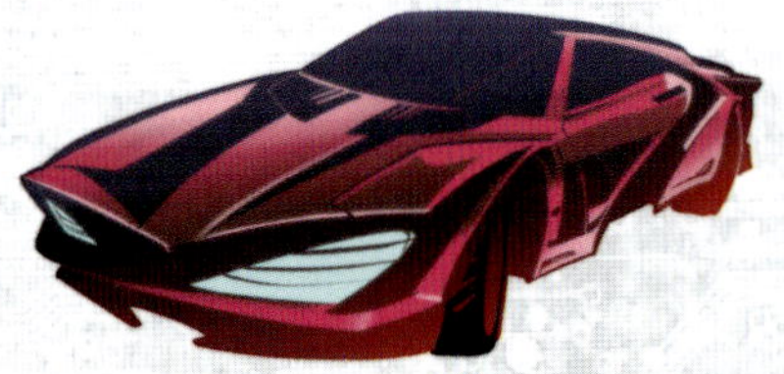

CENTENNIAL

CENTENNIAL AUF EINEN BLICK

Fläche: 156 km²
Einwohnerzahl (2081): 117.600
Elfen: 17 %
Menschen: 60 %
Orks: 15 %
Trolle: 1 %
Zwerge: 3 %
Andere: 4 %
Bevölkerungsdichte: 754 pro km²
Pro-Kopf-Einkommen: 115.000 ¥
Krankenhäuser und Ambulanzen: 11
Bildung (2081):
Weniger als 12 Jahre: 10 %
Highschool-Äquivalent: 33 %
College-Äquivalent: 36 %
Weitergehende Studienabschlüsse: 21 %

Centennial ist die Tech-Hauptstadt der FRFZ und hat vor Kurzem das, was von Englewood übrig geblieben ist, eingemeindet. Mehr dazu weiter unten. Hier findet ihr Unternehmen, die sich fast ausschließlich auf die Matrix konzentrieren, darunter viele kleine Konzerne ohne Einstufung, die darauf hoffen, von einem der Großen geschluckt zu werden. Centennial verwaltet auch die Universität von Denver, aus der genügend Tech-Gurus hervorgehen werden, um die gesamte Gegend auf Jahrzehnte hinaus am Laufen zu halten.

- Wenn ihr in diesem Gebiet astral projiziert und es von oben betrachtet, könnt ihr etwas wirklich Bemerkenswertes beobachten. Wenn jemand eine neue Idee hat, kann man den Blitz der Inspiration oder den Funken der Hoffnung tatsächlich sehen. Es ist ein bisschen so, als würde man Tausende von Supernovae in fernen Galaxien beobachten.
- Bifrost

- Wie nicht anders zu erwarten, gibt es in Centennial viele freie Sprites. Es gibt auch einige kleinere Unternehmen, die ausschließlich virtuell existieren und von freien Sprites geführt werden. Es ist in der Tat ein inspirierender Bezirk.
- Voxel

BÜROS VON AEGIS COGNITO

Man würde erwarten, dass die größte private Spionageorganisation der Welt in einer Stadt wie Denver einiges an Einfluss hat. Aegis Cognito hat ein öffentlich bekanntes Büro, das ihr wie eine Botschaft behandeln solltet – es ist voller Bürokraten und Spione, aber man kann sie nicht voneinander unterscheiden. Sie verfügen über einige Daten vor Ort, aber diese nutzen für sich genommen nicht viel. Es gibt eine Person in dem Büro, von der ich mit Sicherheit weiß, dass sie eine Spionin ist: Janice Valdes. Das ist eine komplizierte Geschichte, aber im Grunde haben wir uns früher gegenseitig für unsere jeweiligen Dienstherren ausspioniert. Wir haben einander oft erwischt, und daraus ist so etwas wie eine Beziehung entstanden. Ich habe Druckmittel gegen sie in der Hand, und ich bin sicher, dass sie über Druckmittel gegen mich verfügt. Wir respektieren einander, und ich bin nicht mehr hinter ihr her.

- Klingt, als wärst du immer noch hinter ihr her, indem du ihre Daten hier veröffentlichst und sie als Spionin entlarvst.
- Fianchetto

- Du kennst das Spiel. Wenn jemand hinter ihr her ist, könnte er meinen Namen fallen lassen. Dann kommt sie hinter mir her. Und so geht das Spiel weiter.
- Peregrine

FLUGHAFEN CENTENNIAL

Centennial ist einer der größeren Flughäfen in der Zone und bedient in erster Linie Konzerner. Er wird nicht für Freizeitflüge genutzt, unter anderem, weil er so weit von den Touristenattraktionen entfernt ist. Er befindet sich in der Nähe von Castle Rock am südlichen Ende von Centennial und ist für alle Arten von Flugzeugen geeignet. Einige der Wartungsmitarbeiter verdienen sich gern etwas nebenbei, indem sie Arbeiten an eurem T-Bird oder was auch immer ihr ihnen bringt in einem nicht ausgelasteten Hangar durchführen. Sorgt nur dafür, dass der Konzerneigentümer des Hangars nicht zurückkommt, solange die Arbeiten durchgeführt werden.

- Es gibt ein freies Sprite, das im Centennial wohnt. Er spielt den Leuten gerne kleine Streiche, tauscht manchmal ihre Sitzreservierungen aus oder lässt es so aussehen, als ob ihr Flug fünf Minuten zu früh wäre. Nichts allzu Schmerzhaftes, und alles lässt sich leicht lösen. Aber wenn er so weitermacht, wird der Flughafen vielleicht jemanden beauftragen, um ihn loszuwerden. Wenn ihr für diesen Job angeheuert werdet, seid bitte sanft. Er lernt gerade noch, mit seinen Fähigkeiten umzugehen, und weiß es wahrscheinlich nicht besser.
- Voxel

FLUGHAFEN CHAMBERLAIN

Der zweite Flughafen in Centennial, Chamberlain, ist wesentlich kleiner als der Centennial und im Grunde ein Pendlerhub für Skytaxis, Hubschrauber und ähnliche Fahrzeuge. Aufgrund seiner Nähe zur Universität wird er auch von superreichen Konzernkids genutzt, die dort zur Schule gehen. Der Flughafen kann keine Flugzeuge ohne Senkrechtstart- und -landefähigkeit abfertigen, aber wenn ihr einen Hubschrauber braucht und es schnell gehen soll, seid ihr hier richtig.

CHERRY CREEK COUNTRY CLUB

Früher wurde Centennial von der CAS regiert, und deren – nun ja: altmodische – Einstellung ist in der Gegend immer noch weit verbreitet. Der Country Club ist ein Hort von Rassismus und Frauenfeindlichkeit. Seit mehr als einem Jahrhundert dürfen dort nur menschliche Männer spielen, und menschliche Frauen gibt es dort ausschließlich als Trophäen und Kellnerinnen. Es überrascht nicht, dass das an der nahe gelegenen Universität von Denver Leute stört, und so werden Proteste immer häufiger.

DRONES, DRONES, DRONES!

Wie der Name schon sagt, ist dies die richtige Adresse, wenn ihr Drohnen, Drohnenteile oder Ratschläge zur Verwendung eurer Drohne benötigt. Da gibt es Behälter voller Teile, die alle von Drohnen eingesammelt und zur Ladentheke gebracht werden. Die Rigger vor Ort beraten jeden, der Fragen dazu hat, welches Modell welche Aufgaben erledigen kann. Dieselben Rigger bieten denjenigen, die bereit sind, ein wenig mehr zu zahlen, oft auch nach Feierabend Unterstützung an, wenn ihr versteht, was ich meine.

- Wenn ihr eine Hülle oder einen Körper für euren Sprite-Freund haben wollt, ist dieser Laden eine gute Anlaufstelle. Sprecht mit Candice Wise. Sie hat ein gutes Händchen dafür, Drohnen mit allen möglichen Teilen auszustatten, die man vielleicht nicht erwartet.
- Voxel

BÜROS VON FREE ZONE VOICE

Diejenigen unter euch, die vielleicht schon ein Jahrhundert alt sind, wissen, dass es früher etwas namens „öffentlich-rechtlicher Rundfunk“ gab, der für jeden und überall verfügbar war. Free Zone Voice ist diesem Konzept nachempfunden. Sie haben ihren Sitz an der Universität von Denver und kommen ohne viel Werbung oder Konzernsponsoring aus. Damit sind sie das, was einer freien und unabhängigen journalistischen Quelle in der Zone am nächsten kommt. Statt sich auf investigativen Journalismus zu konzentrieren, ziehen sie es aber vor, an sogenannten Mikronachrichten zu arbeiten, also an Themen, die nur einen kleinen Bereich betreffen, und häufig holen sie sich Meinungen des einfachen Metamenschen auf der Straße, die sie dann für alle hörbar machen.

HAUPTSITZ VON FTL TECHNOLOGIES

FTL ist momentan ein heilloses Durcheinander. Ich spreche in meinem Abschnitt über Matrix-Hotspots noch detaillierter über das FTL/Warpdrive-Fiasko. Wenn ihr genauere Informationen wollt, solltet ihr dort nachlesen. An dieser Stelle müsst ihr nur wissen, dass FTL einem Typ namens Charles Lightfoot gehört, der es wieder zu einem Privatunternehmen machen will. Momentan befindet es sich im Besitz von Spinrad Global, was für Lightfoot ein großes Problem darstellt. Außerdem holt ihn seine Vergangenheit ein – da FTL einige Male den Besitzer gewechselt hat, ist es ziemlich anstrengend, herauszufinden, wem was bei FTL gehört.

BÜROS VON NOVATECH MATRIX SERVICES

Dies ist ein weiteres Technologieunternehmen, das irgendwie in die Hände von NeoNET gelangt ist. Derzeit gehört es Spinrad Global, aber seine Zukunft ist äußerst ungewiss. Novatech gab nach Ghostwalkers Landnahme ein Gebot für die Bereitstellung von Dienstleistungen für das neue öffentliche Gitter ab. Dieses Gebot scheiterte, und damit stand Novatechs Auflösung so gut wie fest. Obwohl der Konzern nach außen hin gute Miene zum bösen Spiel macht und sich pflichtgemäß optimistisch gibt, wechselt das Personal in Scharen zu anderen Unternehmen wie Warpdrive.

THE TIPSY CHIP

Eine der coolsten Bars, die ich je besucht habe, ist das Tipsy Chip. Es ist in einem Keller untergebracht und erinnert an einen britischen Pub. Außerdem gibt es dort eine seltsame Sammlung aztlanischer Trophäen, die angeblich während der kurzen Besetzung des Gebiets durch die Aztlaner erbeutet wurden. Der Besitzer ist Papa Tepin, ein Hacker, der den Host der Bar ständig verbessert. Er veranstaltet nächtliche Hackathons, um zu ermitteln, welcher Hacker als Erster sein Tag auf dem Host anbringt. Wer gewinnt, bekommt Freigetränke und das Recht, das Maul weit aufzureißen.

- Bringt zu dieser Party nicht eure Sprites oder komplexen Formen mit, Leute. Wer damit erwischt wird, wird automatisch rausgeworfen. Ihr könnt eure Technomantie einsetzen, so viel ihr wollt, aber ihr müsst euch an die gleichen Regeln halten wie die anderen Hacker. Keine Agenten, keine Sprites, keine Teams und keine komplexen Formen. Möge der beste Hacker gewinnen!
- Voxel

UNIVERSITÄT VON DENVER

Die Universität von Denver ist die älteste Uni der Region und existiert seit 1864. Sie ist so stark gewachsen, dass sie seit Langem einen beträchtlichen Teil von Denver ausmacht. Nach Ghostwalkers Landnahme und der vorangegangenen Zerstörung von Englewood befindet sich das Universitätsgebiet nun im Bezirk Centennial. Nominell bedeutet das, dass die Subventionen jetzt eher von Technologieunternehmen als vom alten Geld kommen, aber tatsächlich hat sich nicht viel geändert. Die Unterbringung ist nach wie vor ein absoluter Albtraum, was dazu geführt hat, dass MCT ein dringend benötigtes Angebot für den Bau einer Mini-Arkologie in der Nähe vorgelegt hat. Die Universität hat das Angebot noch nicht angenommen.

HAUPTSITZ VON WARPDRIVE SYSTEMS

Die andere Seite von FTL. Das Wichtigste, was man über Warpdrive Systems wissen muss, ist, dass der CEO, Steven Ridgemont, ein sehr gut vernetzter Zwerg ist. Er muss aus irgendeiner Quelle Geld bekommen, die ich nicht ausfindig machen kann, weil er tiefere Taschen hat, als er eigentlich haben sollte. Was er mit dem ganzen Geld macht? Er heuert Shadowrunner an, um seine Konkurrenz auszuschalten.

WUXING CHERRY PARK

Der regionale Hauptsitz von Wuxing befindet sich nach mehreren Sabotageversuchen von Konkurrenten endlich im Bau. Mit Unterstützung seiner Tochtergesellschaft Ming Solutions hat Wuxing großartige Arbeit geleistet, indem es die natürliche Landschaft aufgewertet und gleichzeitig seine Gebäude auf respektvolle Art und Weise erweitert hat. Der Cherry-Park-Komplex dient als regionaler Hauptsitz für die Malaysian Independent Bank und die Prosperity Development Corporation, die Unternehmen und Start-ups in der Region finanzieren.

- Wuxing hat es geschafft, die gesamte Anlage auf einem Zusammenfluss von Leylinien zu errichten. Die Gebäude und die Landschaftsgestaltung verschieben die Leylinien so, dass sie einen Zusammenfluss bilden, auf dem ein Springbrunnen errichtet wurde. Der Brunnen sprudelt förmlich vor magischem Potenzial.
- Bifrost

- Sie haben sich zum Teil deshalb für den Cherry Park entschieden, weil er mit dem nahe gelegenen Viertel Chinatown verbunden ist und eine direkte Verbindung zum Technologiekorridor hat. Außerdem haben sie überall in ihrer Einrichtung Antennen versteckt, mit denen sie den Datenfluss in der Resonanz überwachen und kontrollieren können. Ich kann nicht mit Sicherheit sagen, ob sich geomantische Prinzipien tatsächlich auf Daten auswirken, aber es fühlt sich beruhigend und besänftigend an.
- Voxel

COLORADO SPRINGS

COLORADO SPRINGS AUF EINEN BLICK

Fläche: 1.891 km²
Einwohnerzahl (2080): 294.000
Elfen: 11 %
Menschen: 71 %
Orks: 15 %
Trolle: 1 %
Zwerge: 1 %
Andere: 1 %
Bevölkerungsdichte: 155 pro km²
Pro-Kopf-Einkommen: 59.000 ¥
Krankenhäuser und Ambulanzen: 6
Bildung (2081):
Weniger als 12 Jahre: 25 %
Highschool-Äquivalent: 48 %
College-Äquivalent: 21 %
Weitergehende Studienabschlüsse: 6 %

Colorado Springs, die dritte und südlichste Stadt in der FRFZ, hat in den letzten Jahren eine Art Exodus erlebt. Zu unterschiedlichen Zeitpunkten wurde die Stadt von Aztlan, der CAS, dem PCC und nun von Ghostwalker beansprucht. Der ständige Wechsel der Machthaber hat dazu geführt, dass die Stadt schlecht verwaltet wird und viele Einwohner in grünere Gefilde abwandern. Dennoch gibt es einige Sturschädel, die nicht aufgeben wollen und darauf hoffen, der Stadt wieder zu ihrem früheren Glanz zu verhelfen.

CHEYENNE MOUNTAIN

Die Anlage in Cheyenne Mountain, die früher die NORAD-Operationsbasis des US-Militärs beherbergte, ist ein riesiger Bienenstock aus Tunneln und Aufzugsschächten. Niemand weiß genau, wie tief der Komplex in den Berg hineinreicht. Seit dem Ersten Vertrag von Denver liegt er verlassen da, doch in letzter Zeit werden immer wieder Leute in der Umgebung vermisst, und Verschwörungstheoretiker glauben, dass etwas im Cheyenne Mountain Leute entführt.

- Die Fae, mit denen ich gesprochen habe, meinten alle, dass Cheyenne Mountain ein Hotspot für den Unseelie-Hof sein könnte. Wenn das der Fall ist, werden wir wohl einige Aufträge sehen, dorthin zu gehen und die Bedrohung aufzuklären oder zu beseitigen. Aber wie bei allen Dingen, die mit den Fae zu tun haben, solltet ihr vorsichtig sein, wem ihr vertraut und was ihr sagt.
- Bifrost

KIRCHE DES HEILIGEN WORTES

Trotz Ghostwalkers Landnahme setzt die Kirche des Heiligen Wortes ihre Mission fort, ihre einzigartige Form des Christentums zu verbreiten. Die Kirche zeigt der Öffentlichkeit eine gut finanzierte und organisierte Fassade mit einem militanten Arm, der sich Jünger des Heiligen Schwertes nennt. Man munkelt, dass sie Verbindungen zur Human Nation hat.

- Die Jünger des Heiligen Schwertes sind nur die Erweiterung einer typischen Hassgruppe. Es schockiert mich, dass Ghostwalker nichts gegen diese Burschen unternommen hat, während er all die anderen Leute rausgeschmissen hat. Ehrlich gesagt macht es mich richtig wütend. Die Jünger haben ihre Angriffe in diesem Gebiet verstärkt. Sie sind bis auf den letzten Mann feige, aber gut bewaffnet und gefährlich.
- 14er

COLORADO COLLEGE

Ein kleines College, das sich früher auf Kunst und ähnliche Fächer konzentriert hat. Nach dem Erwachen nahm es einen wissenschaftlichen Lehrplan für Magie hinzu. Die magischen Studien hier umfassen alle großen Traditionen, aber Hermetiker und Schamanen sind bei Weitem am beliebtesten. Das Gebiet wird streng von Lone Star überwacht, um die wertvollen „Ressourcen" (Studenten, Lehrkräfte, Materialien usw.) zu schützen.

- Die Studenten sind gerne bereit, bei Forschungsinitiativen mitzuhelfen, um sich ein wenig Taschengeld dazuzuverdienen.
- Bifrost

RUINEN DES DENVER DATA HAVEN

Der in der McDermott-Bibliothek der ehemaligen US Air Force Academy untergebrachte Denver Data Haven hatte Zugang zur Cyberkriegsführungs-Suite der US Air Force, extrem starke Datenverbindungen in die ganze Welt und viele redundante Systeme, um den Betrieb auch im Fall einer Katastrophe aufrechtzuerhalten. Leider gab und gibt es keinen Ort, der den Angriffen von Ghostwalker standhält. Nachdem Ghostwalker den Denver Data Haven dem Erdboden gleichgemacht hatte, galt das gesamte Personal als im Kampf gefallen.

SOLARPARK ENERGIA VIVA

Als die US Air Force Academy noch in Betrieb war, versorgte dieser Solarpark die gesamte Akademie mit Strom. Der Aztechnology-Tochter Energia Viva gelang es vor der Landnahme, einen Teil der Infrastruktur zu erwerben und dem PCC das Grundstück abzukaufen. Aufgrund ihrer Bedeutung für die Infrastruktur durften sie ihren Betrieb fortsetzen, wenn auch unter strenger Aufsicht der Ghostwalker-Administration.

FORT CARSON

Fort Carson, ein ehemaliger Stützpunkt der US-Armee, gehört jetzt Ghostwalker und wird hauptsächlich für die Ausbildung seiner Elitesöldnertruppe, der Schwarzen Klauen, genutzt. Sie verfügen über einen Schießstand für Handfeuerwaffen, eine simulierte städtische Umgebung und üben Luftmanöver für Operationen zum Eindringen und Extrahieren. Fort Carson verfügt auch über eine erstklassige medizinische Einrichtung, die jedoch nur den Schwarzen Klauen zur Verfügung steht.

GARTEN DER GÖTTER

Dieser riesige, etwa 5,2 Quadratkilometer große Park aus natürlichen Sandsteinformationen war bis zum Tod seines Besitzers in Privatbesitz. Danach ging er wieder in den Besitz der nahen Gemeinde über. Der Park ist heute der Öffentlichkeit zugänglich und wird zum Wandern, Zelten und für Ritualmagie genutzt.

- Während der kurzen Zeit, in der die Azzies diese Region übernommen hatten, versuchten sie, die Energie des Gartens für einige ziemlich abscheuliche Rituale zu nutzen. Ghostwalker hat seither viel Zeit und Geld investiert, um den Garten wieder in seinem ursprünglichen Glanz erstrahlen zu lassen.
- Bifrost

FLUGHAFEN PETERSON

Der auf dem ehemaligen US-Luftwaffenstützpunkt Peterson gebaute Flughafen Peterson wird heute fast ausschließlich für den gewerblichen Verkehr genutzt. Er ist eine der besten Möglichkeiten, um nach Colorado Springs zu gelangen, und obwohl er im äußersten Osten der Stadt liegt, ist er gut an alle wichtigen Highways und Straßen angebunden.

SCHREIN DER SONNE

Ich bin nicht allzu nah an diesen Ort rangekommen. Sobald ich in der Nähe war, schien es, als würde der Wind stärker wehen, um mich vom Berg zu stoßen.

Der Schrein sieht aus wie ein Steinhaufen auf dem Cheyenne Mountain, aber in Wirklichkeit ist er eine kleine Kirche mit einem sehr hohen Turm. Der Schrein der Sonne wurde zum Gedenken an den Komiker Will Rogers errichtet. Als der Schrein in den 2050ern für kurze Zeit von Aztlan übernommen wurde, wurde er dem aztekischen Sonnengott Huitzilopochtli gewidmet. Seitdem ist der Turm für alle, die nicht dem aztekischen Glauben angehören, ungastlich, und Geister versperren aktiv jedem den Weg, der sich ihm zu nähern versucht.

TESLA-VERSUCHSSTATION

Der Legende nach führte Nikola Tesla hier einige seiner berühmtesten Experimente mit Elektrizität durch. Das Gebäude selbst wurde vor langer Zeit abgerissen, aber die Restenergien scheinen eine Alchera geschaffen zu haben, die sich dort jeden Monat manifestiert. Wenn man besonders viel Glück hat, kann man auf einen mächtigen Luftgeist treffen, der sich als Nikola Tesla manifestiert und Fragen zu seinem Leben beantwortet. Wie zutreffend seine Antworten sind, wurde noch nicht überprüft.

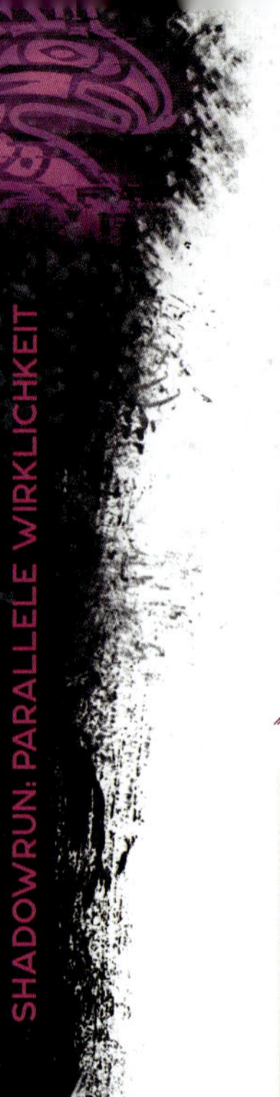

SHADOWRUN: PARALLELE WIRKLICHKEIT

ZEBULON'S REVENGE

Zeb's Revenge ist eine Kneipe, die es schon seit einigen Jahren gibt und die bei den Studenten des Colorado College sehr beliebt ist. Es gibt Gerüchte, dass der Geist von Zebulon Pike (nicht zu verwechseln mit Zebulon, dem Geist, für den Ghostwalker schwärmte) eines Nachts hereinspazierte und allen eine Runde ausgab, bevor er verschwand und die Zeche prellte. Die Geschichten werden immer fantastischer, je länger man dabei ist und je mehr man getrunken hat.

COMMERCE CITY

COMMERCE CITY AUF EINEN BLICK

Fläche: 57 km²
Einwohnerzahl (2081): 50.400
- Elfen: 11 %
- Menschen: 65 %
- Orks: 19 %
- Trolle: 2 %
- Zwerge: 2 %
- Andere: 1 %

Bevölkerungsdichte: 884 pro km²
Pro-Kopf-Einkommen: 32.000 ¥
Krankenhäuser und Ambulanzen: 7
Bildung (2081):
- Weniger als 12 Jahre: 30 %
- Highschool-Äquivalent: 42 %
- College-Äquivalent: 26 %
- Weitergehende Studienabschlüsse: 2 %

Commerce City ist ein dicht besiedelter Arbeiterbezirk nördlich des Stadtzentrums von Denver. Die Region war schon immer so eine Art ewiger Zweiter hinter anderen Gegenden, was bei vielen Bewohnern zu einem gewissen Komplex geführt hat, insbesondere gegenüber den wohlhabenden Bezirken.

RAFFINERIE VON KRUPP CHEMICALS

Einer der größten Arbeitgeber im Bezirk, Krupp Chemicals, unterhält eine große Raffinerie, die sich auf beiden Seiten der Brighton Road erstreckt. Dort werden Industriechemikalien hergestellt und veredelt. Der größte Teil der Bevölkerung von Commerce City ist bei Krupp Chemicals beschäftigt, daher wird das Unternehmen nicht so bald wegziehen, aber Umweltaktivisten äußern seit Langem Bedenken hinsichtlich der Sicherheit des Werks.

THE SOLUTION

Eine Bar, die in der Nähe der Raffinerie von Krupp Chemicals liegt. Man erzählt sich, dass sie von einem Chemiker eröffnet wurde, der früher für Krupp Chemicals gearbeitet hatte und eine ausgefallene Bar mit vielen Chemie-Wortspielen eröffnen wollte. Leider wollte niemand eine solche Bar, und er war bis über beide Ohren verschuldet, als er sich umbrachte. Die jetzigen Besitzer scherzen, dass er am Ende eine Lösung gefunden hat. Heute ist das Solution eine Arbeiterbar, in der man Einheimische findet, die ihre Sorgen in Alkohol ertränken. Es ist ein großartiger Ort, um Informationen zu erhalten, wenn man sich einschmeicheln kann. Aber wedelt nicht mit eurem Geld oder Einfluss herum – das funktioniert bei diesen Leuten nicht. Wenn ihr euch wie richtige Prolls benehmt, seid ihr dabei.

BÜROS VON TRUMAN DISTRIBUTION NETWORKS

Truman Distribution Networks (TDN) ist das größte Medienunternehmen in der Region. Es wurde groß genug, um die Aufmerksamkeit von Horizon und Ares zu erregen. Ares kaufte TDN auf und überließ es später Horizon für dessen PR-Arbeit nach Ares' Excalibur-Fiasko. Es gab einige Diskussionen über die Integration von TDN in die Horizon-Niederlassung in Boulder, aber man entschied, dass diese Einrichtung immer noch wertvoll genug war, um sie hier zu behalten.

LAGERHAUS VON TSURUGA INTERNATIONAL

Ihr werdet den Namen Tsuruga International nicht auf vielen der Pakete sehen, die ihr geliefert bekommt, aber die meisten von ihnen durchlaufen irgendwann dieses Lager. Es handelt sich um ein Zolllager für alle Waren, die in die FRFZ kommen oder sie verlassen, und Tsuruga International ist das glückliche Unternehmen, das diesen Vertrag erringen konnte.

- Evo ist Eigentümer von Tsuruga International und hat eine Menge Nuyen in die Matrix-Sicherheit investiert. Angesichts der Bedeutung dieser Einrichtung für die Wirtschaft der Region ist das keine große Überraschung.
- Voxel

ELBERT

ELBERT AUF EINEN BLICK

Fläche: 1.792 km²
Einwohnerzahl (2081): 25.700
- Elfen: 2 %
- Menschen: 81 %
- Orks: 4 %
- Trolle: 1 %
- Zwerge: 9 %
- Andere: 3 %

Bevölkerungsdichte: 14 pro km²
Pro-Kopf-Einkommen: 34.000 ¥
Krankenhäuser und Ambulanzen: 5
Bildung (2081):
- Weniger als 12 Jahre: 25 %
- Highschool-Äquivalent: 52 %
- College-Äquivalent: 18 %
- Weitergehende Studienabschlüsse: 5 %

Elbert ist einer der größten Bezirke und umfasst im Wesentlichen das gesamte ländliche Flachland östlich der I-25 zwischen Denver und Colorado Springs. Es gibt nomadische „Stämme", die durch die Gegend ziehen, ihr Lager aufschlagen, wo immer sie wollen, und ansonsten ähnlich wie Go-Gangs vorgehen. Es gibt nicht viele Orte, die hier von Dauer sind, aber wenn ihr einen dieser Stämme findet, könnt ihr sie vielleicht dazu bringen, dass sie euch in die Zone bringen oder euch da rausholen.

GRASSY KNOLL RANCH

Die Grassy Knoll Ranch, die von einem Zwerg namens Jeb Johnson geführt wird, ist eine der wenigen verbliebenen Pferderanches in der Gegend. Jeb betreibt außerdem ein einzigartiges Nebengeschäft: Er züchtet Höllenhunde. Neben der beträchtlichen Gewinnspanne haben Höllenhunde auch den Vorteil, Pferdediebe fernzuhalten.

PFLANZENSCHULE LITTLE WOLF

Die Lage im ländlichen Elbert hat einige Vorteile. Man kann zum Beispiel mit Erwachten Pflanzen herumspielen, ohne Gefahr zu laufen, eine Fort-Lupton-Situation zu schaffen. Genau das hatte Luna Cochran im Sinn, als sie ihre Gärtnerei eröffnete.

- Ich habe mehrfach gehört, dass Luna eine Gestaltwandlerin ist. Ich kann das nicht unabhängig verifizieren, aber ich weiß aufgrund ihrer Aura, dass sie Erwacht ist. Wenn sie eine Magierin ist, habe ich noch nie gesehen, dass sie einen Zauber oder einen Geist benutzt, aber sie hat definitiv eine gewisse Affinität zu ihren wunderschönen kleinen Pflanzen.
- Bifrost

ENGLEWOOD

ENGLEWOOD AUF EINEN BLICK

Fläche: 104 km²
Einwohnerzahl (2081): 378, die meisten in Ketring Park
Elfen: 7 %
Menschen: 65 %
Orks: 18 %
Trolle: 5 %
Zwerge: 3 %
Andere: 2 %
Bevölkerungsdichte: 4 pro km² (die meisten Einwohner leben innerhalb desselben Quadratkilometers)
Pro-Kopf-Einkommen: 2.305 ¥
Krankenhäuser und Ambulanzen: 0
Bildung (2081):
Weniger als 12 Jahre: 53 %
Highschool-Äquivalent: 46 %
College-Äquivalent: 1 %
Weitergehende Studienabschlüsse: 0 %

Früher war Englewood einer der reichsten Bezirke der Zone. Aber das änderte sich im Laufe weniger Tage Ende Oktober 2074. Aztlan nutzte die Gelegenheit und verlegte Truppen nach Englewood, um sich dort niederzulassen. Aus einem unbekannten Grund ließ Ghostwalker dies ganze vier Jahre lang zu. Als Katalysator für die Landnahme traten Ghostwalker und die ZDF dann die Hölle in dem Bezirk los. Ausgehend vom Gebiet südlich der Universität von Denver bombardierten und verbrannten ZDF-Truppen systematisch alle Gebäude und Wohnhäuser, bis sie die südliche Grenze von Englewood erreichten. Zu diesem Zeitpunkt waren die Azzies zusammen mit dem Rest von Englewood ausgelöscht worden. Offiziell hat Englewood keinen Sitz im Stadtrat. Ich erwähne es nur deshalb, weil es hier immer noch Leute und interessante Orte gibt.

- Der Ort quillt von üblen Geistern schier über. Wer hier lebt, ist so verzweifelt, dass er nicht einmal nach Aurora geht. Und die Nachtschatten, die sich an einem Ort wie diesem festsetzen, haben viel Elend, von dem sie sich jahrelang ernähren können. Es wird enorme Anstrengungen erfordern, die Leute zu vertreiben, sie gehören zu den zähesten Viechern in der Stadt. Und als ob das nicht schon genug wäre, gibt es hier auch noch Shedim, die sich allmählich ausbreiten.
- Bifrost

KETRING PARK

Als einer der wenigen Orte in Englewood, die den Angriff weitgehend intakt überstanden haben, wurde Ketring Park fast über Nacht zu einer Flüchtlingsstadt. Die Hütten der Barackensiedlung bieten kaum Schutz, und jeden Winter leiden die Leute, die hier kampieren, immer mehr. Seit mehr als drei Jahren warten die Flüchtlinge hier auf ihre Umsiedlung. Mit der Öffnung der Staatsbürgerschaft durch Ghostwalker werden einige von ihnen womöglich hier rauskommen, aber wahrscheinlicher ist es, dass jemand die Leute nach Aurora zwangsumsiedeln wird.

- Dies ist der Ort, von dem die Nachtschatten von Englewood den größten Teil ihrer Nahrung beziehen. Alle Vorräte sind knapp, und die Leute sind bereit, schreckliche Dinge zu tun, um einen weiteren Tag zu überleben. Orte wie dieser sind Brutstätten für Geister der Wut, des Neids, der Lust, der Gier und natürlich der Verzweiflung.
- Bifrost

- Es gibt Arbeit, um die Leute aus dem Park umzusiedeln. Einige dieser Leute waren früher gut vernetzt, und obwohl sie jetzt bloß noch arme Schlucker sind, können sie hartnäckig die richtigen Fäden ziehen, bis sie eine Eskorte heraus bekommen. Stellt euch darauf ein, dass ihr die Leute abwehren müsst, die nicht mitgenommen werden.
- Mile High Mike

KNIGHT-ERRANT-AUSBILDUNGSZENTRUM

Knight Errant, der ewige Opportunist, hat in den Ruinen von Englewood ein Ausbildungszentrum eingerichtet. Sie führen Schießübungen mit scharfer Munition durch und haben Häuser aufgebaut, um für Angriffe in städtischen Umgebungen zu trainieren. Ich habe gehört – und ich hoffe, dass es sich dabei nur um urbane Legenden handelt –, dass die Truppen von Knight Errant nach Ketring gehen und sich Gruppen von Flüchtlingen schnappen, die als „gegnerische Truppen" dienen.

FRONT RANGE

FRONT RANGE AUF EINEN BLICK

Fläche: 2.445 km²
Einwohnerzahl (2081): 42.600
Elfen: 18 %
Menschen: 63 %
Orks: 10 %
Trolle: 2 %
Zwerge: 5 %
Andere: 2 %
Bevölkerungsdichte: 17 pro km²
Pro-Kopf-Einkommen: 38.000 ¥
Krankenhäuser und Ambulanzen: 10
Bildung (2081):
Weniger als 12 Jahre: 22 %
Highschool-Äquivalent: 53 %
College-Äquivalent: 21 %
Weitergehende Studienabschlüsse: 4 %

Front Range ist der mit Abstand größte Bezirk der Zone und umfasst 2.500 Quadratkilometer des gebirgigsten und zerklüftetsten Geländes in der Region. Es ist der am westlichsten gelegene Bezirk der Zone und erstreckt sich von Boulder bis nach Colorado Springs. In diesem Bezirk gibt es einige dicht besiedelte Gebiete, die sich um Ferienanlagen und Casinos in den Bergen gruppieren.

- Wenn ihr schamanisch veranlagt seid, könnt ihr vielleicht Arbeit finden, um Hüter zu errichten und Geister zu vertreiben, die aus den Bergen herunterwandern.
- Bifrost

BLACKHAWK RESORT AND CASINO

Das Blackhawk Resort and Casino schöpft das Geld der Touristen mit einer Leichtigkeit und Anmut ab, wie man sie außerhalb von Las Vegas selten findet. Aber im Gegensatz zu Las Vegas bietet das Blackhawk einem von seinem beheizten Infinity-Pool aus einen Blick auf die Rocky Mountains. Das zehnstöckige Resort verfügt über mehr als zweihundert Zimmer, bei denen für jeden Geldbeutel etwas dabei ist.

ECHO MOUNTAIN

Der von Menschenhand geschaffene Echo Mountain wurde in den 1960ern erbaut und hat schon viele Male den Besitzer gewechselt. Er ist das einzige Skigebiet in der Region, das noch nicht von der Natur übernommen wurde. Die Sicherheit hier ist erstklassig: Überall fliegen Drohnen herum und sorgen dafür, dass nur befugte Skifahrer anwesend sind.

- Wenn von einem „von Menschenhand geschaffenen" Berg die Rede ist, heißt das in Wahrheit, dass der vorhandene Wald abgeholzt und die Bäume verwendet wurden, um die Hänge höher zu machen. Diese Verhöhnung der Natur ist meiner Meinung nach der Grund für die Unfähigkeit des Gebiets, mehr als ein Jahrzehnt denselben Eigentümer zu haben. Es scheint, als ob dieser Ort vom Pech verfolgt wird, aber die jetzigen Besitzer scheinen zu glauben, dass sie dem Fluch ein Schnippchen schlagen können.
- Bifrost

RED ROCKS AMPHITHEATER

Das Red Rocks Amphitheater ist eines der erstaunlichsten Bauwerke, die je errichtet worden sind. Was als natürlich entstandenes Amphitheater begann, wurde vom US Army Corps of Engineers verschönert und vollendet. Im Amphitheater waren schon alle großen Musikacts zu Gast, von den Beatles bis hin zu Maria Mercurial.

- Seit dem Erwachen hat das Amphitheater ein neues Publikum aus den Geistern gewonnen, die hierherkommen, um die erstaunlichen astralen Darbietungen zu erleben, die entstehen, wenn Tausende von Metamenschen gemeinsam zu einem Lied grooven.
- Bifrost

ZDF-REVIER FRONT RANGE

Normalerweise würde ich nicht über ein ZDF-Revier berichten – kennt man eins, kennt man alle. Dieses jedoch ist einzigartig und verdient daher einen eigenen Eintrag. Wegen des extrem gebirgigen Geländes des Front-Range-Bezirks sind die ZDF-Beamten hier in Überlebenstechniken geschult, die ihre Kollegen aus der Stadt nicht beherrschen. Darüber hinaus verfügt Front Range über eine überdurchschnittlich hohe Präsenz von Drohnenpatrouillen, die für die Grenzsicherung und die Bekämpfung von Schmuggel ausgebildet sind.

- Sie setzen regelmäßig Drohnen als Repeater zur Signalverstärkung ein. Wenn ihr herausfinden könnt, welche Drohne der Repeater ist, und sie ausschaltet, könnt ihr praktisch die gesamte Flotte ausschalten.
- Voxel

LAKEWOOD

LAKEWOOD AUF EINEN BLICK

Fläche: 306 km²
Einwohnerzahl (2081): 168.000
Elfen: 14 %
Menschen: 65 %
Orks: 14 %
Trolle: 2 %
Zwerge: 3 %
Andere: 2 %
Bevölkerungsdichte: 549 pro km²
Pro-Kopf-Einkommen: 64.000 ¥
Krankenhäuser und Ambulanzen: 9
Bildung (2081):
Weniger als 12 Jahre: 26 %
Highschool-Äquivalent: 39 %
College-Äquivalent: 23 %
Weitergehende Studienabschlüsse: 12 %

Lakewood, in der südöstlichen Ecke der Metropolregion Denver gelegen, ist Arvadas südlicher Nachbar. Zwischen den beiden herrscht eine Art freundschaftliche Rivalität. Die beiden Regionen haben viel gemeinsam: Beide sind Schlafstädte für Vorstädter, und beide haben den Ruf, mittelmäßig zu sein. Allerdings beherbergt Lakewood etwas mehr Arbeiter als Arvada und behauptet von sich, dass man harte Arbeit hier mehr zu schätzen weiß.

- Lakewoods Nähe zu Englewood stellt die örtliche magische Gemeinschaft vor einige Herausforderungen. Die ZDF heuert regelmäßig freie Mitarbeiter an, um die Nachtschatten in Englewood einzusperren und Lakewood von ihnen frei zu halten. Seid vorsichtig, wenn ihr dort mit Geistern zu tun hat, insbesondere in der Nähe der Grenze. Ich habe gehört, dass einige der Nachtschatten lernen, ihre Auren zu verschleiern.
- Bifrost

ALL THE WORLD'S A STAGE

Dieser Ort ist ein absolutes Drecksloch von einer Bar. Der einzige Grund, warum ich sie überhaupt erwähne, ist, dass sie mit den Ghost Riders, einer Go-Gang, verbunden ist, und die sind irgendwie merkwürdig. Ich überlasse es Bifrost, das zu erklären.

Die Ghost Riders sind eine Go-Gang, die sich gerne auf der 470 herumtreibt. Das Besondere an ihnen ist, dass sie Magie einsetzen, damit ihre Motorräder so aussehen, als ob sie flammende Pferde wären, von Gewitterwolken verfolgt werden, aus denen Blitze zucken, und dergleichen mehr. Wenn ihr so etwas auf euch zukommen seht, dann macht, dass ihr von der Straße kommt. Die Ghost Riders sind nicht die gewalttätigste Go-Gang, aber definitiv die stilvollste. Ich behandle sie etwas ausführlicher im Abschnitt *Leute, die man treffen sollte*.

FABRIK VON ARES ARMS

Als weltgrößter Einzelhersteller von Waffen und Munition hat Ares Arms überall auf der Welt Fabriken. Dies ist nur eine weitere davon. Die Waffen sind zwar so leicht zu bekommen, dass man sie nicht unbedingt stehlen muss, aber eines der Dinge, die die Fabrik zu einem interessanten Ziel machen, ist, dass man Blaupausen für Waffen bekommen kann, die noch nicht auf dem Markt sind.

CASA BONITA

Gemäß der Ute-Tradition des grundlosen Überflusses gedeiht das Casa Bonita an diesem Ort seit mehr als einem Jahrhundert. Das Casa Bonita ist bekannt für sein spottbilliges All-you-can-eat-Essen, seine geschmacklose Deko und seine kitschigen Live-Shows und ist nach wie vor ein beliebter Treffpunkt für Familien und Vielfraße.

- Jedes Mal, wenn ich Denver besuche, muss ich mindestens einmal ins Casa Bonita pilgern. Irgendwie hat es auch nach all den Jahrzehnten noch seinen Charme behalten.
- Red

- Wieso? Du isst keine Enchiladas und Sopapillas – warum gehst du dahin?
- /dev/grrl

- Weil ich immer noch den Schatz von Black Bart finden muss.
- Red

COMPRI HOTEL

Das berühmte Compri Hotel hat den wohlverdienten Ruf, die Privatsphäre seiner Gäste zu wahren. Das macht es zu einem Hotspot für alle möglichen Leute, denen Diskretion wichtig ist. Regierungsangestellte, Megakonzern-Execs, Johnsons, Schieber, Runner, Spione – sie alle kommen ins Compri, wenn sie in der Stadt sind. Aufgrund der strengen Regeln von Ghostwalker, die Spionage verbieten, werden alle aufgedeckten Fälle von Spionage der ZDF gemeldet.

DENIM

Dies ist ein Nachtclub mit Hopi-Thema, den das Koshari-Verbrechersyndikat betreibt. In der Regel lassen sich hier Geschäfte machen, vorausgesetzt, ihr erledigt sie diskret. Die ZDF weiß, dass es sich um einen Koshari-Nachtclub handelt – sie kann aber nicht beweisen, dass hier etwas Illegales vor sich geht. Die Tatsache, dass die meisten ZDF-Mitarbeiter in diesem Gebiet ehemalige PuebSec-Beamte sind, trägt wahrscheinlich dazu bei, dass die Beweise nicht ausreichend gewürdigt werden.

- An den Wochenenden arbeitet hier ein freier Geist als Rausschmeißer. Sein Name ist Tawa, und er erscheint oft als großer Hopi-Mann mit einem langen schwarzen Pferdeschwanz und muskulösen Armen. Ihr wollt euch nicht mit ihm anlegen.
- Bifrost

JOE'S DROP OFF

Diese Bar ist seit Langem ein Treffpunkt für Runner und auch bei der lokalen Schmugglergemeinde sehr beliebt. Wenn ihr einen T-Bird-Piloten sucht, werdet ihr hier wahrscheinlich ein bis drei finden. Wenn ihr ein Anglo seid, könntet ihr es schwer haben, denn die Ute-Wurzeln des Ortes kommen an vielen Stellen ans Tageslicht.

JUSTIZVOLLZUGSANSTALT LAKEWOOD

Teils Gefängnis, teils Psychiatrie, ganz und gar unheimlich. Es werden Experimente an den Insassen durchgeführt, die die ethischen Grenzen zwischen skrupelloser Wissenschaft und reiner Folter ausreizen. Im Mittelpunkt der jüngsten Versuchsreihe steht die BTL-Sucht. Der leitende Forscher dort, Dr. Richard Hutton, vertritt die Theorie, dass Süchtige nie nach einem noch härteren Kick suchen müssten, wenn BTLs nur genug Suchtpotenzial hätten. Seiner Theorie nach würde dies die Kriminalität lähmen, da die Süchtigen nicht mehr gezwungen wären, Straftaten zu begehen, um ihre Sucht zu stillen.

- Ja, es gibt ein Buch über eine Form des Entertainments, die so süchtig macht, dass die Leute nach nichts anderem mehr streben. Spoiler-Alarm: Es geht für niemanden gut aus.
- Sonnenschein

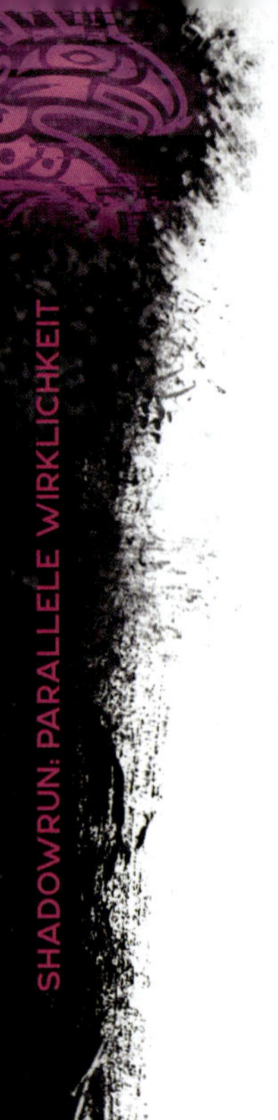

- Ich glaube, dass Horizon der Eigentümer der Justizvollzugsanstalt Lakewood ist und dass die Probanden dort aus anderen Einrichtungen auf der ganzen Welt stammen. Es gibt viele Ähnlichkeiten zwischen dieser Anlage und der in Las Vegas, aber es ist enorm schwierig, diese hier zu enttarnen. Hutton ist sich bewusst, dass die Technomancer-Gemeinschaft in der Zone nichts lieber täte, als seine Gräueltaten an die Öffentlichkeit zu bringen, und deshalb hat er unfassbare Sicherheitsvorkehrungen ergriffen.
- Voxel

LOWRY

Lowry ist ein kleiner Bezirk der unteren bis mittleren Mittelschicht am östlichen Rand des Hubs und seit mehr als einem Jahrhundert das pulsierende Herz der Industrie in Denver. Als ehemaliger US-Luftwaffenstützpunkt ist der Bezirk bekannt für schwere Arbeit und stählerne Härte. Als der Stützpunkt geschlossen wurde, fanden die Mechaniker und Industriellen andere Geschäftspartner. Daher hat der Bezirk den Ruf, eine Affinität zu Maschinen zu erzeugen.

LOWRY AUF EINEN BLICK

Fläche: 48 km²
Einwohnerzahl (2081): 12.600
Elfen: 12 %
Menschen: 63 %
Orks: 17 %
Trolle: 3 %
Zwerge: 4 %
Andere: 1 %
Bevölkerungsdichte: 263 pro km²
Pro-Kopf-Einkommen: 36.000 ¥
Krankenhäuser und Ambulanzen: 5
Bildung (2081):
Weniger als 12 Jahre: 32 %
Highschool-Äquivalent: 44 %
College-Äquivalent: 22 %
Weitergehende Studienabschlüsse: 2 %

Neben all den Arbeitervierteln von Lowry ist der südliche Teil des Bezirks als Chinatown bekannt, da es hier viele asiatische Gebäude und Geschäfte gibt. Da Chinatown nicht groß genug war, um als eigener Bezirk zu gelten, wurde es bei der Landnahme mit Lowry zusammengelegt. Deswegen gibt es ein paar Spannungen, da der Bezirk beide Gruppen repräsentieren soll, sie aber nicht in gleicher Weise vertritt.

- In Lowry gibt es viele Werkstätten, was vielleicht auch der Grund dafür ist, dass ich in letzter Zeit vermehrt Gremlins gesehen habe. Formlose Geister, die einen mechanischen „Körper" brauchen, um zu bleiben, machen oft Geschäfte mit Rennfahrern und Tunern, um eine Maschine zu übernehmen und sie im Gegenzug zu „verbessern". Das endet selten gut für die Person, die einem Gremlin erlaubt, ihre Maschine zu übernehmen, da der Gremlin früher oder später eine Bezahlung in Karma verlangt, um die Maschine überhaupt am Laufen zu halten.
- Bifrost

- Außerdem habe ich festgestellt, dass die Abhängigkeit von Matrixgeräten in diesem Gebiet dazu führt, dass freie Sprites angelockt werden, die Maschinen lieben. Sie versuchen oft, eine Maschine zu übernehmen und zu verbessern, allerdings niemals auf Kosten der Kernfunktionen des Geräts. Manchmal sind die Besitzer mit den Upgrades unzufrieden, aber diese Sprites sind nicht bösartig. Normalerweise.
- Voxel

ASCENDING STAR

Das von der Triade des Goldenen Dreiecks betriebene Ascending Star, das Lieblingsprojekt von Logenmeister Li Zicheng, wirbt damit, dass es alle Bedürfnisse von Sararimännnern und Geschäftsreisenden erfüllt. Sex ist zwar auf Wunsch erhältlich, aber die Hauptaufgabe der Frauen besteht darin, die Klienten in allgemeinen Lebensfragen zu beraten und ihnen bei schwierigen Herausforderungen zur Seite zu stehen. Wie ihr vielleicht schon vermutet habt, nutzt Li das Etablissement, um den Geschäftsleuten Geheimnisse und Informationen zu entlocken und diese für Erpressungen zu nutzen.

HAPPY CANYON MALL

Ein gigantischer Einkaufskomplex, der fast alle erdenklichen asiatischen Waren anbietet. Die Mall befindet sich im gemeinsamen Besitz der Triaden des Weißen Lotos und des Goldenen Dreiecks und dient den beiden als neutraler Ort, an dem sie sich treffen und Geschäftliches besprechen können. Im Inneren der Mall befindet sich der Tempel des Inneren Lichts, den beide Triaden für religiöse Zwecke nutzen.

FLUGHAFEN LOWRY INTERNATIONAL

Lowry International liegt in der Nähe des ehemaligen Luftwaffenstützpunkts Lowry und ist ein kleiner Flughafen, der aufgrund seiner kurzen Start- und Landebahn nur für semiballistische, suborbitale und HSCT-Flüge zugelassen ist. Es gibt auch Einrichtungen für VTOL-Flugzeuge wie Hubschrauber und Skycabs. Einige behaupten, dass sich unter den Anlagen früher Raketensilos und ein Führungsbunker befunden haben. Niemand hat je Beweise dafür gefunden, aber die Gerüchte halten sich hartnäckig.

KLUB KARMA

Der Klub Karma, der früher von der Triade des Weißen Lotos betrieben wurde, wird heute von der Casquilho-Familie geführt. Dort ist es zwar erlaubt, über Geschäfte zu sprechen, aber Gewalt ist verboten. Im Obergeschoss gibt es Räume für diskrete Treffen. Um Zugang zu einem der Privatzimmer zu erhalten, müsst ihr mit dem Manager sprechen und ihn davon überzeugen, euch hineinzulassen.

- Der Weiße Lotos will nichts lieber, als den Klub Karma zurückzubekommen. Die Triaden sehen die Casquilho-Familie als Eindringlinge, die nur vorübergehende Pächter sind. Es wird eine Abrechnung geben.
- 14er

BÜROS VON MING SOLUTIONS

Das örtliche Büro von Ming Solutions, einer Tochtergesellschaft von Wuxing. Die Forscher und Geomanten in diesem Büro waren für die Koordinierung des Baus des Wuxing Cherry Park verantwortlich. Jetzt, da der Cherry Park vollendet ist, haben viele befürchtet, dass Ming in die neue Einrichtung verlegt würde. Es scheint jedoch, dass Wuxing einen gewissen Einfluss auf Chinatown behalten möchte und Ming Solutions auch in nächster Zeit vor Ort sein wird.

NU SHEN MASSAGE

Ein Bunraku-Salon, der sich an Konzerner aus Centennial wendet. Nu Shen wird von einer Elfe (?) namens Da-xia „Daisy" Wu geleitet, die ständig in andere Körper schlüpft. Heute kann sie im Körper eines Menschen stecken, morgen ist sie eine Trollin.

- Ich bin der Meinung, dass Daisy eine sehr gefährliche künstliche Intelligenz ist, die bei Bedarf einfach in die Körper von Marionetten springt. Die Gefühllosigkeit einer solchen KI ist nur ein Teil der Gefahr, die von ihr ausgeht. Sie erfreut sich gut erkennbar am Leid anderer und hat Vergnügen daran, zu sehen, wie Menschen einander schaden. Ich kann mir nicht einmal ansatzweise vorstellen, was eine KI dazu bewegen könnte, so hasserfüllt zu sein.
- Voxel

- Kein Kommentar.
- Clockwork

RUSTY'S GARAGE

Rusty ist ein alter Hase im ehemaligen CAS-Sektor. Er hat den dazu passenden ausgeprägten Südstaaten-Akzent, und ihm fehlen schon seit Jahren deutlich sichtbar mehrere Zähne. Außerdem fehlt ihm ein Arm, der durch etwas ersetzt wurde, das man am ehesten als selbstgebauten Cyberarm bezeichnen kann. Trotzdem ist Rusty immer noch der beste Mechaniker des gesamten Sektors. Seine Drohnen helfen ihm, sein Arbeitspensum zu bewältigen.

- Rusty ist ein Maschinisten-Technomancer, aber er scheint es nicht zu wissen; vielleicht ist es ihm auch egal. Seine Affinität zu Maschinen befähigt ihn zu Dingen, die kein anderer Mechaniker tun kann, aber er selbst führt dies auf jahrzehntelange Erfahrung zurück.
- Voxel

THREE DELIGHTS

Das Three Delights ist ein Dauerbrenner, wenn es um authentische Küche aus Taiwan und Hongkong geht. Die Auslandsasiaten, die im umliegenden Chinatown leben, strömen jeden Abend in dieses Restaurant. Wenn ihr kein Mandarin oder Kantonesisch sprecht, werdet ihr nicht bedient. Wenn ihr zumindest eine Linguasoft einwerfen könnt, sind die betrunkenen Nudeln die Mühe wert.

LUFT- UND RAUMFAHRTMUSEUM WINGS OVER THE ROCKIES

Das Luft- und Raumfahrtmuseum gilt seit Langem als hervorragend. Hier zeigt man Nachbauten und Originale von Flugzeugen aus fast allen Epochen der Luftfahrt. Von klassischen Propellerflugzeugen über moderne T-Birds bis hin zu Militärflugzeugen aller Art ist hier alles zu finden. Nichts davon ist mehr funktionstüchtig, aber wenn ihr einen ruhigen Ort für ein Treffen braucht, der nicht total angeberisch wirkt, könnte das Museum etwas für euch sein.

STAPLETON

Der östlichste Bezirk von Denver, Stapleton, nimmt eine große Fläche ein, ist aber eher dünn besiedelt. Die meisten dieser Flächen werden für große Konzernanlagen genutzt und sind größtenteils tabu. Es gibt ein kleines Gebiet in Stapleton, in der Nähe der Stadt, das sich eher wie „typisch Denver" anfühlt.

STAPLETON AUF EINEN BLICK

Fläche: 1.241 km²
Einwohnerzahl (2081): 21.000
Elfen: 14 %
Menschen: 72 %
Orks: 11 %
Trolle: 1 %
Zwerge: 1 %
Andere: 1 %
Bevölkerungsdichte: 17 pro km²
Pro-Kopf-Einkommen: 58.500 ¥
Krankenhäuser und Ambulanzen: 10
Bildung (2081):
Weniger als 12 Jahre: 21 %
Highschool-Äquivalent: 34 %
College-Äquivalent: 33 %
Weitergehende Studienabschlüsse: 12 %

- Stimmt schon, die Gegend dort ist ziemlich vorstädtisch langweilig. Natürlich gibt es auch hier einiges zu tun, aber die interessanten Sachen befinden sich alle in den ländlichen Gebieten. Dort bewahren die Kons ihre Geheimnisse auf, und deshalb geht dort auch die Action ab.
- Voxel

BÜROS VON BRAINWAVE, INC.

Das örtliche Büro von Brainwave, Inc., einer Tochtergesellschaft von Mitsuhama Computer Technologies (MCT). Es handelt sich hier um eine Forschungseinrichtung am Rand von Stapleton, die sich sehr bedeckt hält. Ich habe noch nie jemanden getroffen, der dort hineingegangen ist, aber Voxel schon.

- Brainwave, Inc., ist auf neuronale Schnittstellen spezialisiert. MCT setzt Brainwaves Technologie gerne in Cyberdecks, Simsinn-Spielern usw. ein. Der Preis für diese Fortschritte sind oft Experimente an Metamenschen. Ich hatte einen Freund, der im Rahmen eines Auftrags in die Brainwave-Anlage ging – nichts Kriminelles, er war eine bezahlte Testperson. Als er eine Woche später herauskam, erkannte er

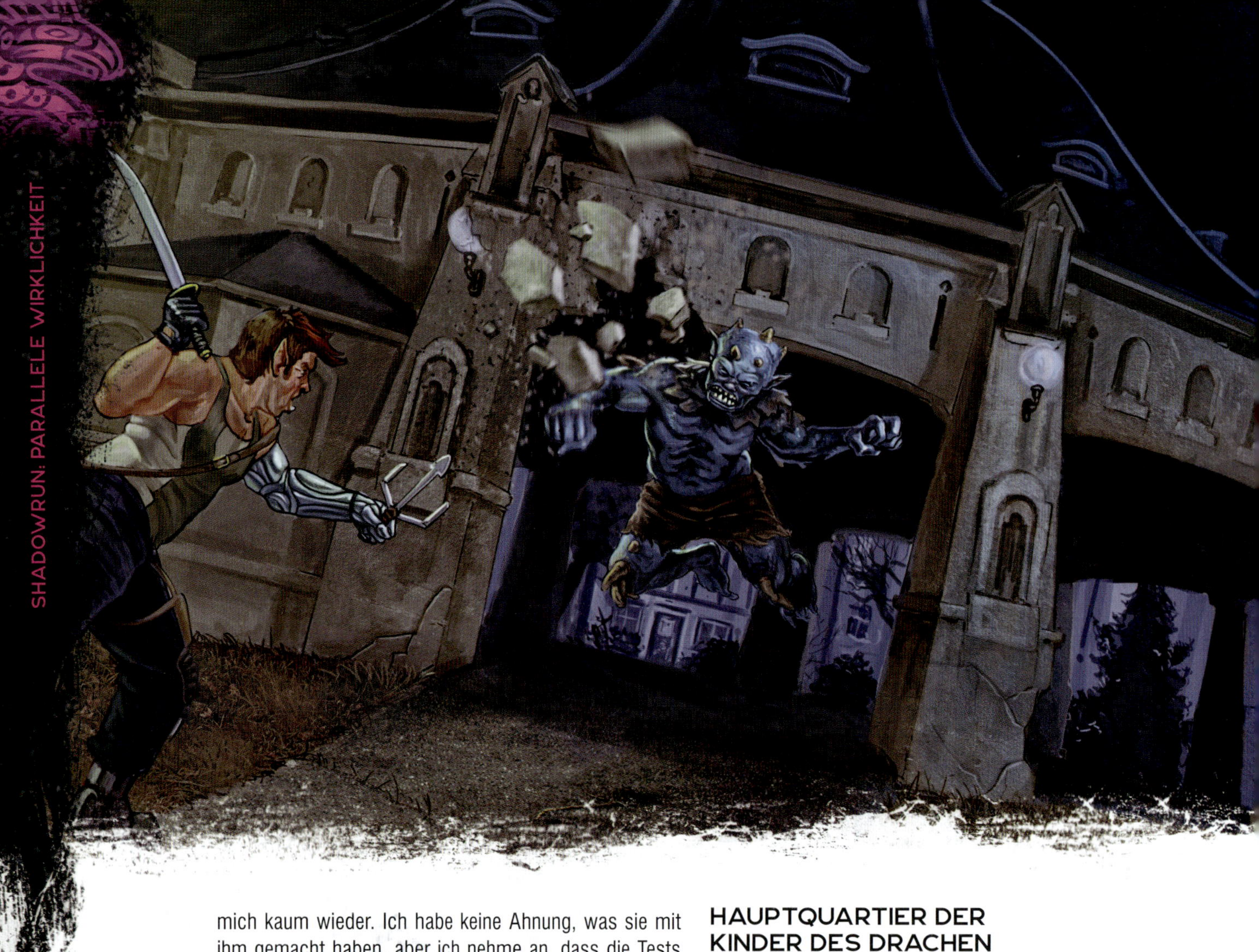

mich kaum wieder. Ich habe keine Ahnung, was sie mit ihm gemacht haben, aber ich nehme an, dass die Tests fehlgeschlagen sind.

- Voxel

LUFTWAFFENBASIS BUCKLEY

Hier war einst ein stolzes Geschwader von UCAS-Kampfpiloten stationiert, die ihre Fähigkeiten in der Luft gerne unter Beweis stellten, aber seit Ghostwalker das Gebiet übernommen hat, wird die Luftwaffenbasis Buckley von der ZDF geführt. Die ZDF nutzt die Basis für die Ausbildung ihrer Streitkräfte für Luft- und Bodeneinsätze sowie für Überwachungsoperationen.

- Es gibt auch ein Kontingent von Offizieren von Ares Global Commsat in Buckley. Nach allem, was ich gehört habe, haben sie Ghostwalker geholfen, sein Kontrollnetz über die Stadt zu erweitern. Angeblich kann er jede Drohne, die er will, direkt kapern und kontrollieren, aber das könnte auch nur Gewäsch sein.
- Mile High Mike

CASQUILHO IMPORTS

Die Casquilho-Familie betreibt ihre Mafia-Geschäfte von diesem Laden aus. Natürlich kann die ZDF das nicht beweisen, aber es ist ein offenes Geheimnis. Im hinteren Teil des Gebäudes befindet sich ein großes Lagerhaus, in dem Schnickschnack aus Kalifornien gelagert wird. Von diesem Lagerhaus aus betreibt die Casquilho-Familie ihre Schmuggelgeschäfte, wobei sie die legalen Waren nutzt, um die illegalen zu verstecken.

HAUPTQUARTIER DER KINDER DES DRACHEN

Die Kinder des Drachen glauben, dass Dunkelzahn ihr Messias war. Nach dem Erscheinen von Ghostwalker spaltete sich eine Splittergruppe ab und nannte sich Kirche des wiedergeborenen Drachen. Die beiden Kirchen sind seither zerstritten. Da sie in enger Nachbarschaft stehen, kommt es häufiger vor, dass die beiden Kirchen einander Mitglieder abzujagen versuchen. Letztendlich ist es ein sehr unbedeutender Kampf zweier Splittergruppen – alle vernünftigen Leute wissen, dass Jibbers unser Herr und Heiland ist.

FLUGHAFEN DENVER INTERNATIONAL

Denver International (DIA) war einst einer der verkehrsreichsten Flughäfen der Welt. Im Vorfeld der Olympischen Spiele 2072 wurde er in aller Eile renoviert. Seitdem gibt es nur noch wenige Renovierungsarbeiten, und heute wirkt die Anlage heruntergekommen. Durch finanzielles Fehlverhalten des früheren Managements hat der Flughafen sehr viel Kundschaft verloren. Nach der Landnahme ersetzte Ghostwalker das gesamte Management und begann, Geld in den Flughafen zu stecken, um ihn wieder nach vorn zu bringen.

- Gerüchte über alle möglichen verrückten Dinge verfolgen den Flughafen schon seit Jahrzehnten. Eines dieser Gerüchte besagt, dass es unter ihm Tunnel und Bunker gibt, in denen eine globale Kabale reicher Leute einer nuklearen Apokalypse entgehen will. Ein anderes besagt, dass sich in den Tunneln alles Mögliche befindet, von der Bundeslade bis hin zu den

Kronjuwelen des Vereinigten Königreichs. All diese verrückten Verschwörungstheorien haben einige dazu veranlasst, zu glauben, dass es einen freien Geist geben könnte, der Einfluss- und Illusionsmagie benutzt, um seit Jahren einen ausgedehnten Streich durchzuziehen. Ich persönlich halte das nur für eine weitere verrückte Theorie.
- Mile High Mike

DENVER SPORTS COMPLEX

Der Denver Sports Complex – eine der stolzesten Errungenschaften der Stadt – ist ein mehrstöckiges Sportstadion, in dem mehrere Denveraner Teams ihre Heimspiele bestreiten und in dem das ganze Jahr über Dutzende von Veranstaltungen stattfinden. Auf der obersten Ebene befindet sich das Broncomania-Stadion, das zum Himmel hin offen ist. Darunter befindet sich die Vertex-Arena, die Heimat des einheimischen Basketballteams, der Nuggets. Und darunter befindet sich das Century Centre, benannt nach dem hundertjährigen Bestehen des Eishockeyteams Colorado Avalanche. In dem Komplex werden zwar keine Urban-Brawl-Spiele ausgetragen, aber die Thunderheads unterhalten hier ein Büro, das ihnen als Hauptquartier dient.

RAUMHAFEN FRONT RANGE

Ghostwalker hat Geld in den Bau eines Raumhafens in den Weiten von Stapleton, östlich von Denver International, gesteckt. Die Idee ist nicht neu, aber es ist beeindruckend, einen Drachen zu sehen, der sich für die Raumfahrt interessiert. Er versucht, mit Anlagen wie dem Massebeschleuniger in Kenia zu konkurrieren. Wenn er damit Erfolg hat, könnte dies ein neues Zeitalter der technischen und wirtschaftlichen Innovation für die FRFZ bedeuten.

- Das Projekt wird von Verzögerungen heimgesucht. Noch nicht einmal der erste Spatenstich ist geschafft. Ich glaube, Ghostwalker nutzt dieses Projekt vor allem, um Vermögenswerte zu verlagern, damit niemand verfolgen kann, wohin sie verschwinden.
- 14er

MARCEL'S

Oberflächlich betrachtet handelt es sich um ein normales italienisches Restaurant, aber es ist im Besitz der Casquilho-Familie und wird von deren Angehörigen häufig besucht. Außerdem ist das Servicepersonal seltsam: Es besteht aus Transformierten und Leuten mit radikalen Körpermodifikationen. Es gibt eine Reihe von Einwegspiegeln, von denen aus die Casquilho-Familie die Besucher überwacht.

NATIONALRESERVAT ROCKY MOUNTAIN ARSENAL

Rocky Mountain Arsenal war in den 1940ern eine Chemiewaffenfabrik. In den 1990ern wurde sie geschlossen und in ein Naturschutzgebiet umgewidmet – gerade noch rechtzeitig, bevor die Vereinigten Staaten ein paar Jahrzehnte später den Bach runtergingen. Unter der Leitung von Ghostwalker florierte das Nationalreservat. Die Tierwelt hat sich in dem Gebiet wieder angesiedelt – einschließlich einiger seltener Tiere.

- In der Tat selten. Ein solches Tier ist ein weißer Büffel, den die einheimischen Amerindianer verehren. Sie glauben, dass er ein Symbol für Reichtum und kommende gute Zeiten ist, und die Sioux schützen ihn besonders. Das PR-Team von Ghostwalker betonte sofort, dass der weiße Büffel natürlich nur unter Ghostwalkers Schutz sicher sei. Das führte zu einem Zustrom von Konvertiten zur Kirche des wiedergeborenen Drachen.
- Bifrost

FLUGHAFEN STAPLETON

Dies ist der älteste zivile Flughafen des gesamten Sektors. Er wurde in den 1990ern stillgelegt, als Denver International gebaut wurde. Stapleton wurde bei der Teilung der Sektoren neu aufgebaut, sodass die Gebäude trotz ihres Alters relativ wenig benutzt und in gutem Zustand sind. Mit der Aufstockung der Mittel für den Flughafen Denver International steht Stapleton wieder auf der Kippe. Der einzige Verkehr hier sind kommunale Kurzstreckenflüge von Commutern, Skycabs und Hubschraubern.

THE GAP

THE GAP AUF EINEN BLICK

Fläche: 585 km²
Einwohnerzahl (2081): 250
Elfen: 27 %
Menschen: 40 %
Orks: 23 %
Trolle: 4 %
Zwerge: 5 %
Andere: 1 %
Bevölkerungsdichte: <1 pro km²
Pro-Kopf-Einkommen: 780 ¥
Krankenhäuser und Ambulanzen: 0
Bildung (2081):
Weniger als 12 Jahre: 95 %
Highschool-Äquivalent: 4 %
College-Äquivalent: 1 %
Weitergehende Studienabschlüsse: 0 %

The Gap ist ein Gebiet zwischen den Bezirken Castle Rock und Colorado Springs, in dem fast niemand lebt. Es ist sogar noch ländlicher als die benachbarten Bezirke Elbert und Front Range. Der Ort besteht größtenteils aus Highways. Die I-25 verläuft in Nord-Süd-Richtung durch die Mitte des Ortes, daher hat er fast keinen kommerziellen oder Wohnwert.

- Die Geister hier sind wild. Es gibt freie Geister, die diese Gebiete durchstreifen und Leute angreifen, sobald sie sie bemerken. Es ist ein sehr gefährlicher Ort, sobald man von der I-25 abfährt, und es scheint, dass Ghostwalker sich entweder nicht darum kümmert oder es aktiv fördert.
- Bifrost

- Auf der I-25 tummeln sich kleine Go-Gangs, die den Gap für jede Art von Verkehr gefährlich machen. Jeder, der sich entscheidet, über Land zu reisen, wird einer Go-Gang begegnen, die behauptet, der Gap gehöre ihr.
- Voxel

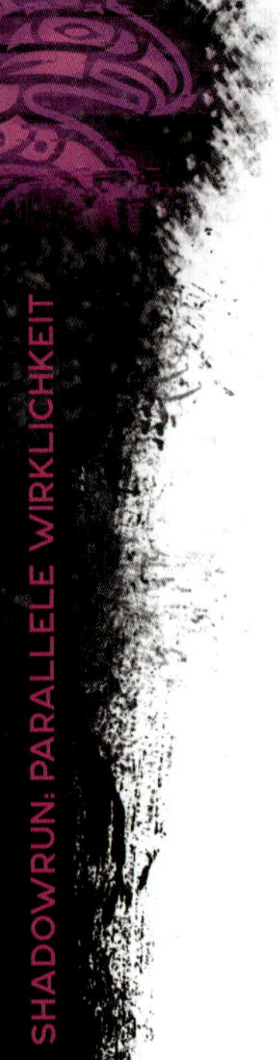

DER HUB

DER HUB AUF EINEN BLICK

Fläche: 68 km²
Einwohnerzahl (2081): 42.000
Elfen: 20 %
Menschen: 45 %
Orks: 18 %
Trolle: 4 %
Zwerge: 7 %
Andere: 6 %
Bevölkerungsdichte: 618 pro km²
Pro-Kopf-Einkommen: 140.000 ¥
Krankenhäuser und Ambulanzen: 8
Bildung (2081):
Weniger als 12 Jahre: 10 %
Highschool-Äquivalent: 38 %
College-Äquivalent: 35 %
Weitergehende Studienabschlüsse: 17 %

Der Hub ist das lebendige, schlagende Herz von Denver und dient als Ghostwalkers persönliche perfekte Enklave. Während des Ersten Vertrags von Denver war dies neutrales Gebiet für alle Nationen, die über Sektoren verfügten. Jetzt ist es der Turm, von dem aus Ghostwalker die Region beherrscht. Am Himmel des Hubs tummeln sich Skytaxis, Drohnen und Geister. Der Boden ist voller Fußgänger und Autos. Hier ist es dicht gedrängt, vollgestopft, und man spürt ein elektrisierendes Gefühl, das sich nur schwer wiedergeben lässt.

Im Hub sind mehr Konzerne angesiedelt als in jedem anderen Bezirk der Zone. Hier befinden sich die Büros von Architectural Dynamics, Awakened World Research, dem Spellweaver Consortium und UnlimiTech. Die anderen Konzernanlagen sind so einzigartig, dass sie einen eigenen Eintrag verdienen.

- Der Hub ist mein Lieblingsort in der FRFZ. Der Astralraum dort wird von der kosmopolitischsten Gruppe von Geistern und Wesenheiten bewohnt, die ich je gesehen habe. Unter Ghostwalkers Herrschaft ist die FRFZ für Geister der sicherste Ort auf Erden, und alles dreht sich um den Hub. Tatsächlich traf ich erst letztes Wochenende Touristen aus Dis, einen königlichen Gentleman aus Celephaïs und sogar einen Tsuchigumo aus Metabeles. Den weltstädtischen Charakter von Denvers Hub kann man gar nicht deutlich genug betonen.
- Bifrost

HAUPTSITZ DER ANASAZI HOLDING COMPANY

Die Anasazi Holding Company verdient einen eigenen Eintrag, denn sie ist (soweit wir wissen) das einzige Unternehmen, das sich vollständig im Besitz von Ghostwalker befindet. Das Unternehmen hält Ghostwalkers sonstige Immobilien und Vermögenswerte, die nicht meldepflichtig oder öffentlich bekannt sind. Unter der Erde befindet sich ein Gewölbe, in dem angeblich viele Artefakte aufbewahrt werden, die gefunden wurden, nachdem Ghostwalker 2061 Aztlan rausgeschmissen hatte.

- Wenn das Gerücht wahr ist, ist es sehr wahrscheinlich, dass diese Artefakte ungeheuer mächtig und gefährlich sind. Dort sollen sich auch einige Artefakte befinden, die aus Englewood geborgen wurden. Es ist unklar, warum Ghostwalker aztekische Artefakte aufbewahren will, aber wenn ich raten müsste, glaubt er, dass er die Welt vor der Gefahr schützt, die sie darstellen.
- Bifrost

- Ich kann euch viel über die Matrix bei Anasazi erzählen, ihr findet es unten im Abschnitt über Matrix-Hotspots.
- Voxel

ARES-MCAULIFFE INTERNATIONAL SCHOOL

Einst war McAuliffe eine öffentliche Schule, heute ist es eine hundertprozentige Tochter von Ares Macrotechnology. Ares holt Dozenten aus der ganzen Welt, die ihren Schülern das Neueste in Sachen Selbstverteidigung, Militärtheorie und Geschäftsstrategie beibringen. Es ist eine Kombination aus militärischer Ausbildung und Wirtschaftsschule, trifft also den Kern von Ares sehr gut. Die Absolventen erhalten in der Regel schnell Führungspositionen bei Ares.

ARES SPIRE

Ares verfügt über zahlreiche Produktionsstätten in der Region. Arthur Vogel wollte jedoch einen Weg finden, um Ares in der FRFZ wirklich herausstechen zu lassen, und so gab er den Bau dieses schmalen fünfzigstöckigen Wolkenkratzers in Auftrag. Kurz darauf verlegte die Abteilung Ares Consumer Products ihren Hauptsitz in die Spire.

Weil Aztechnology aus der Region verdrängt wurde, beschloss Ares Consumer Products, Denver als Testgebiet für Produkte aus allen Ländern der Welt zu nutzen. Das hat bis zu Ghostwalkers Landnahme gut funktioniert. Die Büros von Ares Consumer Products und anderen Abteilungen sind alle oberirdisch, und gelegentlich hat Vogel sie selbst besucht. Die F&E-Labore hingegen liegen alle unter der Erde. Ares ist stolz darauf, Zwerge für die Arbeit in der Spire zu rekrutieren, und rühmt sich, mehr Zwerge auf seiner Gehaltsliste zu haben als jedes andere Unternehmen in der FRFZ.

BROWN PALACE HOTEL

Das ursprüngliche Brown Palace Hotel wurde 1892 in Denver gebaut. Seitdem stand es immer offen, wurde aber im Laufe seiner fast 200-jährigen Geschichte mehrfach umfassend renoviert. Der Brown Palace Club, eine Bar mit dreieckigem Grundriss im Hotel, wurde während der Prohibition in eine Flüsterkneipe umgewandelt und war in den Jahrzehnten danach wieder eine beliebte Bar.

- Sowohl im Club als auch im Hotel soll es spuken. Gäste berichten, dass sie spüren, wie sich der Teppich bewegt, oder dass sie sogar einen Zugschaffner in der Tür stehen sehen. Wegen seiner magischen Bedeutung ist das Hotel bei Geistern beliebt. Von den Gästen wird erwartet, dass sie jeden Geist wie einen anderen Gast behandeln.
- Bifrost

IDYLL GENESUNGSZENTRUM

Das Idyll Genesungszentrum ist eine der effektivsten Genesungseinrichtungen in der gesamten Region. Hier werden Suchtkrankheiten, psychische Erkrankungen und Hirntraumata behandelt. Der Leiter ist ein junger Arzt namens Dr. Paul McKnight, der sich bei der Behandlung von Geisteskrankheiten als Wunderkind erwiesen hat. Seine Techniken sind umstritten, aber äußerst effektiv.

- Okay, das ist eine kleine Verschwörungstheorie, aber bitte lest bis zum Ende. Ich habe Gerüchte gehört, dass Leute, die ins Idyll gehen, manchmal als Technomancer wieder herauskommen. Und dass sie später von Ghostwalker angestellt werden. Ich habe keine Ahnung, ob das wahr ist, und es klingt völlig verrückt, aber wenn es wahr ist, dann bedeutet das, dass jemand einen Weg gefunden hat, Emergenz zu erzwingen. Und es *würde* erklären, woher Ghostwalker seine kleine Armee von Technomancern rekrutiert.
- Voxel

INARI-JINJA-SCHREIN

Dieser kleine Tempel wurde von Shiawase gegründet, um den Shintoismus in der Region zu verbreiten. Die Priester, die hier arbeiten, sind hochrangige Shinto-Priester. Sie dienen als Augen und Ohren für Shiawase und halten darüber hinaus die ihnen zugewiesenen Gottesdienste ab. Der Schrein ist Inari, dem fuchsähnlichen Boten-Kami, gewidmet. Er verfügt über einen kleinen Wanderweg, der mit Torii bebaut ist, ähnlich wie der Fushimi-Inari-Schrein in Japan.

- Legt euch nicht mit den Priestern an. Das sind alles hoch initiierte Zauberer mit viel mehr magischem Mojo als ihr. Und da das Gebiet stark auf den Shintoismus ausgerichtet ist, haben sie in einem Kampf alle Vorteile auf ihrer Seite. Glücklicherweise musste ich noch nie gegen sie kämpfen, aber ich habe einmal gesehen, wie sie einen Shedim erledigt haben, und das war eine äußerst erhellende Erfahrung.
- Bifrost

LUNAR NOCTUM

Dies ist ein Treffpunkt für Magier, deswegen kann ich nicht viel darüber sagen. Die Beschreibung der magischen Dinge überlasse ich Bifrost. Das Lunar Noctum ist von einem verankerten Dunkelheitszauber umhüllt. Um sich im Club zurechtzufinden, ist astrale Wahrnehmung erforderlich, was die Mundanen fernhält. Einmal im Monat, in der Regel am Tag vor dem Neumond, wird die Bar geschlossen, um die Oberflächen mit einer dünnen Schicht neutralisierter FABs zu bedecken, damit Magier sich hier ordentlich zurechtfinden können. Bei Neumond findet eine riesige Party statt, die Geister und Magier in Scharen anzieht. Der Club gehört einer zwergischen Magierin namens Brandi „Bam Bam" Bautista.

MILE HIGH LIMOUSINEN- UND TAXISERVICE

Die schwarz-weißen Mile-High-Taxis, die von dieser Garage aus den Hub und die umliegenden Stadtteile bedienen, sind für die Gegend typisch. Der Besitzer, Viktor Ivanov, ist ein Auslandsukrainer mittleren Alters, vermutlich mit Verbindungen zu den Vory. Als Denver noch eine geteilte Stadt war, unterhielt Viktor ein aktives Schmugglernetzwerk, das Leute und Material zwischen den Sektoren transportierte, aber heute betreibt er sein Geschäft größtenteils legal.

- Im Obergeschoss des Garagengebäudes arbeitet und wohnt Dr. Rutherford Kaine (nebst Beratungsbüro) zur Miete. Er ist ein bekannter Arkanarchäologe und Spezialist für alte Sprachen.
- Bifrost

MITSUHAMA TOWER

Dieser dreißigstöckige Turm beherbergt drei große MCT-Tochtergesellschaften: HermeTech, Parashield und Mitsuhama Media. HermeTech hat sich auf Sicherheitslösungen für Mundane gegen magische Bedrohungen spezialisiert. Parashield bietet duale Paracritter für Sicherheitsverträge sowie die berüchtigte Parashield-Pfeilwaffen-Serie an. Mitsuhama Media ist die kleinste dieser Tochtergesellschaften und konzentriert sich auf Simsinn- und Trideo-Produktionen.

ONE-UP BAR AND ARCADE

Der Hauptraum dieses in drei Bereiche unterteilten Vergnügungsetablissements ist die One-Up Bar and Grill, eine typische Bar im modernen Stil, in der Getränke und Speisen serviert werden und gelegentlich Live-Musik gespielt wird. Die One-Up Arcade bietet Reproduktionen von Videospielgeräten des letzten Jahrhunderts sowie eine Auswahl an modernen AR-Spielbereichen. Der One-Up Back Room ist ein dunkler und verrauchter Privatclub, tatsächlich aber ein Treffpunkt für Runner – die einzige Voraussetzung für eine Mitgliedschaft ist ein guter Straßenruf. Die Besitzerin der Bar, Carol „Cat" McTavish, ist eine ehemalige Runnerin und bekannte Schieberin, die gelegentlich auch als Ms Johnson in der Denveraner Schattenszene aktiv ist.

PAM'S PAWN

„Second Hand" Pam ist eine süße alte Orkin mit einem Herz aus Gold. Sie wird euch extra für eure Waren zahlen, wenn ihr daran hängt. Na gut, eigentlich nicht: Sie ist eine knallharte Orkin, die schon zu viel von dem Bulldrek gesehen hat, mit dem ihr hausieren geht. Und eine kluge Geschäftsfrau, die ihren Job ernst nimmt. Pam's Pawn bietet eine breite Palette von Waren und Waffenbau-Dienstleistungen. Wenn ihr euch gut mit ihr stellt, zeigt sie euch vielleicht ihr Lager mit illegalen Schusswaffen, Sprengstoff und Panzerungen, das sie im Hinterzimmer eingerichtet hat.

PATTERSON MANSION

Diese Villa wurde 1890 von einem gewissen Thomas Croke erbaut und 1893 an Thomas Patterson verkauft. Während einer Renovierung in den 1970ern suchten Vandalen das Gelände heim und klauten Dinge. Die Baumannschaft schaffte sich ein paar Wachhunde an, aber am nächsten Tag wurde es merkwürdig: Die Hunde waren aus einem Fenster im zweiten Stock in den Tod gesprungen.

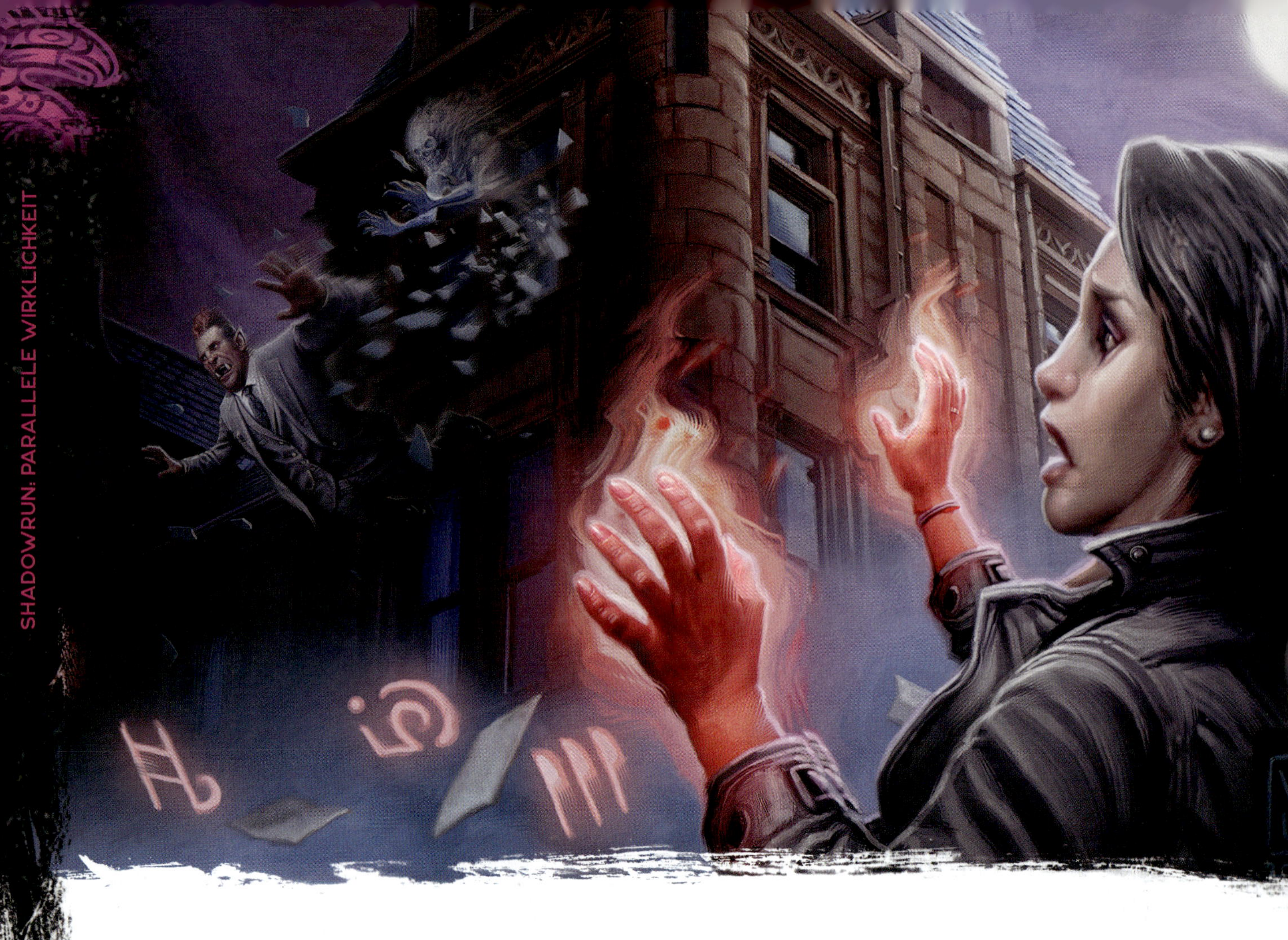

Seitdem heißt es, dass es in der Villa spukt, und niemand will dort mehr wohnen. Sie wurde in ein Bed & Breakfast umgewandelt, und ein paar Jahrzehnte lang war der Status als Spukhaus sogar gut fürs Geschäft. Aber beim Erwachen gelang es den Geistern des Hauses, alle Anwesenden zu verjagen, und seither widersetzen sie sich energisch jedem Versuch von Metamenschen, sich auf dem Gelände niederzulassen.

- Niemand konnte die Geister bisher austreiben, und nun steht das Haus leer und starrt wie ein Totenkopf auf die Millionaire's Row hinaus. Der mächtigste Geist des Hauses lebt im Keller und nimmt die Gestalt eines kleinen Mädchens namens Emma an. Es stört sie sehr, wenn Lebende ihr Grundstück betreten. Ironischerweise dürfen sich freie Geister hier ungestört versammeln. Es gibt sogar Berichte über Partys und Feste auf dem Gelände, die nur für Geister bestimmt sind.
- Bifrost

HAUPTSITZ DER ROCKY MOUNTAIN POST

Die Rocky Mountain Post ist ein einheimisches Medienunternehmen, das sich auf Nachrichten im Zusammenhang mit Ghostwalker konzentriert. Die meisten Leute gehen davon aus, dass sie Ghostwalker gehört und er sie für seine PR nutzt, aber die Mitarbeiter und Herausgeber bestehen darauf, dass sie unabhängig sind und jede vermeintliche Tendenz unbeabsichtigt ist.

SAKURA SQUARE

Seit 1973 ist der Sakura Square das Zentrum der japanischen Kultur in Denver. Das Herzstück ist der Tri-State Denver Buddhist Temple, der seit 1947 an dieser Stelle steht. Seitdem wurde der Platz um ein kleines Einkaufszentrum erweitert, und er kann für Veranstaltungen gemietet werden. Da der Platz sowohl kommerzielle als auch religiöse Aspekte aufweist, hat es schon umfangreiche Rechtsstreitigkeiten über die Privatsphäre der dort stattfindenden Veranstaltungen gegeben. Wenn es nicht gerade eine direkte Anweisung von Ghostwalker gibt, lässt die ZDF die Betreiber dort in Ruhe, wenn es keinen klaren Grund gibt. Infolgedessen nutzt der Karemasu-Clan den Sakura Square intensiv.

SAL'S CHEAP SLEEPS

Überall in Denver gibt es Sarghotels, aber dieses hier ist wirklich einzigartig. Es genießt einen hervorragenden Ruf als diskreter und komfortabler Schlafplatz, wo man für sein Geld echten Gegenwert erhält. Es wird von einem freien Geist namens Sal geleitet, der ein ungemein mächtiger Geist des Menschen ist. Noch jeder, der jemals bei Cheap Sleeps Ärger gemacht hat, wurde ein paar Tage später mit dem Gesicht nach unten im nahe gelegenen Cherry Creek gefunden.

THE CHURCH

The Church ist einer der ältesten Nachtclubs in Denver. Das Gebäude ist viel älter als der Nachtclub – ursprünglich war es eine Kathedrale, die 1865 erbaut wurde. Hier finden jeden Abend Live-Auftritte statt, die von klassischem EDM bis hin zu modernem

Trog-Rock reichen. Als das Weekday Eclipse in Brand gesteckt wurde, hielt die Church für die Opfer eine große Mahnwache bei Kerzenlicht ab. Es gibt Gerüchte, dass die Church ebenfalls im Besitz von Perianwyr ist, aber das wird als bösartige Erfindung bestritten, die den Geschäften schaden soll.

THE GRIND

The Grind ist eine Biker-Bar, die bei den Orks und Trollen beliebt ist, die das Pech haben, im ehemaligen CAS-Gebiet zu leben, und es ist ein idealer Treffpunkt. Es gibt genügend Besucher, um von schlechtem Verhalten abzuschrecken, aber nicht so viele, dass die Diskretion gefährdet wäre. Gibson, manchmal auch „Sarge" genannt, ist der Besitzer und Betreiber des Grind.

- Sarge ist ein echt toller Typ. Er war Sergeant bei Lone Star und war gezwungen, seine Hörner abzuschleifen, um reinzupassen. Nach einer Weile beschloss er, dass er genug von dem ganzen Rassismus hatte, und kündigte. Jeder, der Verbindungen zur Polizei oder zu Strafverfolgungsbehörden hat, wird es in dieser Bar schwer haben, genauso wie jeder mit rassistischen Ansichten. Sarge hat immer noch Freunde aus seiner Zeit bei Lone Star, was Organisationen wie die Human Nation davon abhält, zu versuchen, ihn zu beseitigen. Aber Sarge wird älter und könnte etwas Hilfe gegen Idioten gebrauchen.
- 14er

TOWER OF BABEL

Vor Ghostwalkers Landnahme war der Tower of Babel ein berüchtigter Nachtclub. Dann kam ans Licht, dass die CAS das Etablissement genutzt hatte, um den drahtlosen Datenverkehr im gesamten Hub abzuhören. Ghostwalker beendete diesen Unsinn ziemlich schnell, und heute ist der Club wieder für die Öffentlichkeit zugänglich. Um hineinzukommen, muss man in einen Aufzug steigen, der einen zwanzig Stockwerke hoch in den Club selbst bringt. Lasst euch nicht rausschmeißen, denn der Aufzug ist nicht der schnellste Weg, um rauszufliegen.

TRUMAN TECH TOWER

Als Horizon die Kontrolle über Truman Distribution Networks erlangte, gelangte es auch in den Besitz des Truman Tech Tower. Horizon hat einen Teil des Gebäudes an Pathfinder Multimedia übergeben, aber der größte Teil des Gebäudes wird von der Horizon-Tochter Singularity betrieben.

- Die Fusion zwischen TDN und Horizon ist nicht so reibungslos verlaufen, wie Horizon es sich gewünscht hätte. Es gibt immer noch gewisse Personen bei TDN, die der Meinung sind, dass das Unternehmen hätte privatisiert werden sollen, statt sich von Ares aufkaufen zu lassen, und sie versuchen, die Fusion als eine weitere Gelegenheit zu nutzen, um wieder privat zu werden. Horizon wird am Ende gewinnen, aber es stellt sich die Frage, was für sie übrig bleiben wird.
- Mile High Mike

UNION STATION

Union Station ist der Hauptbahnhof für den gesamten Magnetschwebebahn- und U-Bahn-Verkehr in der Zone. Es gibt eine Magnetschwebebahn, die Boulder, Denver und Colorado Springs verbindet, und U-Bahnen, die alle Bezirke des Großraums Denver miteinander verbinden. Denkt immer daran, dass ihr, wenn ihr einen Zug in Richtung PCC oder Sioux-Nation besteigt, durch den Zoll müsst, als ob ihr die DMZ durchqueren würdet.

WEEKDAY ECLIPSE MEMORIAL

Wo einst der berühmteste Nachtclub von Denver stand, befindet sich heute ein Mahnmal. Das Weekday Eclipse, das früher dem Drachen Perianwyr gehörte, wurde 2076 von Unbekannten in Brand gesteckt. Bei dem Feuer starben 74 Leute. Viele nahmen an, es handele sich um eine drachische Vergeltung dafür, dass Perianwyr einige Jahre zuvor Ghostwalkers Pläne durchkreuzt hatte. Die Angreifer wurden nie gefasst, und Perianwyr errichtete dieses Mahnmal.

THORNTON

THORNTON AUF EINEN BLICK

Fläche: 227 km²
Einwohnerzahl (2081): 126.000
Elfen: 16 %
Menschen: 60 %
Orks: 18 %
Trolle: 2 %
Zwerge: 2 %
Andere: 2 %
Bevölkerungsdichte: 555 pro km²
Pro-Kopf-Einkommen: 57.000 ¥
Krankenhäuser und Ambulanzen: 9
Bildung (2081):
Weniger als 12 Jahre: 30 %
Highschool-Äquivalent: 37 %
College-Äquivalent: 24 %
Weitergehende Studienabschlüsse: 9 %

Thornton, ein Vorort von Denver zwischen Westminster und Brighton, wurde einst von den Sioux verwaltet und hat sich noch immer etwas von deren Einstellung bewahrt. Es ist nicht ungewöhnlich, dass Leute offen Waffen unterschiedlichster Art, Größe und Gefährlichkeit mit sich führen.

- Viele der ZDF-Soldaten in diesem Gebiet waren früher Offiziere der Sioux Defense Force. Das führt zu Problemen, wenn ihre Loyalität zu ihrem Stamm und ihre Loyalität zu Ghostwalker in Konflikt geraten. Aber es bedeutet auch, dass man, wenn man clever ist, die IFF-Informationen in ihren HUDs manipulieren kann, um den Eindruck zu erwecken, man gehöre zur Sioux-Nation. Achtet aber darauf, dass ihr die Nummer überzeugend durchzieht.
- Voxel

APEX PLASMIDS

Apex Plasmids ist der größte Lebensmittelhersteller in der FRFZ. Das Unternehmen produziert fast das gesamte Soja, Mykoprotein und fast alle Algen, die im Sprawl verzehrt werden. Daher besitzt Apex riesige Flächen, auf denen es hydroponische Anlagen betreibt. Der Nebeneffekt dieser ganzen Produktion ist, dass die Umgebung des Komplexes ekelhaft stinkt. Deswegen gibt es in der Gegend nicht viele Geschäfte, abgesehen vom Hardpan, der rauen Bar, in der sich viele der Beschäftigten treffen.

CARNIMORE

Dieses Lokal gehört zu einer sehr beliebten Restaurantkette, die auf eiweißreiche Ernährung und großen Appetit ausgerichtet ist. Das Carnimore-Franchise bietet ein riesiges Buffet, das auf fleischartige Geschmacksrichtungen und Texturen spezialisiert ist. Sie sind in Gebieten mit hoher Ork- und Trollpopulation sehr erfolgreich, und die Werbung spiegelt das wider. Es ist nicht so offensichtlich wie das Big Rhino in Seattle, aber es ist immer noch ziemlich klar, dass man hier hingehen kann, wenn man neun hungrige Kinder und nur ein kleines Budget zur Verfügung hat.

- Ihre Werbung ist schlichtweg beleidigend. Ich bin nicht in einem „Wurf" mit einem Haufen anderer Orks aufgewachsen, und ich kannte meine Mutter und meinen Vater sehr gut. Dieser neue Werbespot, in dem sich die alleinerziehende Mutter mit sechs Ork-Babys fragt, wo der Vater abgeblieben ist, und beschließt, die Kinder ins Carnimore zu bringen? Widerwärtig. Allerdings muss ich sagen, dass ihr Bruststück all das beinahe wiedergutmacht.
- 14er

HARDPAN

Als einziges Etablissement, das bereit war, sich in der Nähe der Algentanks von Apex Plasmids niederzulassen, versorgt das Hardpan seit langer Zeit die Arbeiter in diesem Gebiet. Die Besitzerin, eine menschliche Sioux-Frau namens Susan „Banshee" Johnson, führt eine Liste derer, die rausgeworfen wurden, und hängt Bilder von deren zerschlagenen Gesichtern wie Trophäen an die Rückwand der Bar.

- Ihr seid im Hardpan stets willkommen, auch wenn ihr Anglos seid. Seid euch einfach nur der Traditionen der Sioux bewusst, zum Beispiel Herausforderungen und Wettkämpfe der Stärke, des Willens und der Intelligenz. Und lasst euch nicht dazu verleiten, als Erste zuzuschlagen – denn dann werdet ihr rausgeschmissen und kriegt Hausverbot auf Lebenszeit.
- Mile High Mike

OVERMON-ABERNY

Lasst euch nicht von der Blockhüttendekoration täuschen – dieses konzernfreundliche Hotel verfügt über einige der besten physischen Sicherheitsvorkehrungen im Sektor. Die meisten Sicherheitskräfte hier sind ehemalige Angehörige der Sioux Defense Force, und das Management sorgt dafür, dass ihre Fähigkeiten auf dem neuesten Stand bleiben, indem es ihnen jedes Jahr einen Monat Zeit zum Training gibt. Außerdem setzen sie hier in großem Umfang Fallen und Alarme ein, um ihr Personal zu unterstützen und rasch auf Bedrohungen reagieren zu können.

- Ihre Matrixsicherheit ist allerdings ziemlich schwach. Diese Jungs konzentrieren sich so sehr auf den traditionellen Kampf, dass sie vergessen, wie verwundbar sie bei einem Matrixangriff sind. Ein guter Hack, und ihr könnt in ihrem PAN sein und ihre Systeme durcheinanderbringen, bevor sie wissen, was geschieht.
- Voxel

- Sie haben einige Geister vor Ort, aber ihre magische Sicherheit könnte besser sein.
- Bifrost

SHIAWASE PLAZA

Das Plaza ist der Hauptsitz von Shiawase in der FRFZ und ein großer Campus, der sich über ein weites Gebiet erstreckt. Die Gebäude sind so angeordnet, dass sie die Harmonie zwischen den verschiedenen Tochtergesellschaften auf dem Campus unterstreichen. Zu diesen Tochtergesellschaften gehören Arboritech, das sich auf landwirtschaftliche Produkte konzentriert, Shiawase Fuzion, das Denver und einen Großteil der Zone mit Energie versorgt, und Shiawase City Services, das in Denver für Infrastruktur, Wasserversorgung und Abfallmanagement zuständig ist.

WESTMINSTER

WESTMINSTER AUF EINEN BLICK

Fläche: 67 km²
Einwohnerzahl (2081): 105.000
Elfen: 15 %
Menschen: 60 %
Orks: 17 %
Trolle: 3 %
Zwerge: 3 %
Andere: 2 %
Bevölkerungsdichte: 1.567 pro km²
Pro-Kopf-Einkommen: 60.000 ¥
Krankenhäuser und Ambulanzen: 8
Bildung (2081):
Weniger als 12 Jahre: 28 %
Highschool-Äquivalent: 40 %
College-Äquivalent: 22 %
Weitergehende Studienabschlüsse: 10 %

Westminster, der letzte Bezirk auf unserer Rundfahrt durch die Zone, ist ein kleines Vorstadtgebiet nördlich und westlich des Hubs. So geschäftig wie der Hub ist, schwappt er manchmal nach Westminster über. Daher ist die ZDF hier stets wachsam, und ihr werdet in der FRFZ schwerlich eine aggressivere Polizei finden.

- Die Geister hier scheinen Ruhe und Frieden zu genießen. Das ist einer der Gründe, warum viele der freien Geister bereit sind, mit der ZDF zusammenzuarbeiten, um Eindringlinge zu melden, vor allem wenn sie Chaos verursachen. Bleibt diskret, dann sollte euch nichts passieren. Wenn ihr eine Szene macht, bekommt ihr, was ihr verdient.
- Bifrost

- Von Drohnen und Geräten wird erwartet, dass sie jederzeit ihre Identifizierungsdaten übermitteln. Das kann einem das Leben als Technomancer in Westminster schwer machen, aber mit einem Kommlink kommt man problemlos zurecht.
- Voxel

BÜRO VON IRIS FIRMWARE

Das Denveraner Büro von Iris Firmware, einer Renraku-Tochter, konzentriert sich auf die Entwicklung neuer Software für den Betrieb kybernetischer Komponenten. Wenn ihr irgendeine Art von optischer Cyberware verwendet, ist die Wahrscheinlichkeit groß, dass die Software dafür hier entwickelt wurde. Iris ist der führende Anbieter von Software und Firmware für optische Geräte.

- Das heißt, wenn man hier reinkommt, kann man Zugang zu Programmcode bekommen, bevor er auf den Markt kommt, und möglicherweise einige Zero-Day-Exploits finden. Das ist eine knifflige Angelegenheit. Wenn ihr so etwas vorhabt, solltet ihr ein kompetentes Team mitbringen.
- Voxel

NATIVE AMERICAN BROADCAST SERVICE (NABS)

Als eines der ältesten Medienunternehmen in der Region ist der NABS für seinen knallharten investigativen Journalismus bekannt. Er gilt außerdem als äußerst fair und schützt seine Quellen gut. Wenn also jemand einen Exklusivbericht über eine Story bekommt, die den politischen Ambitionen einer Person schaden könnte, ist es der NABS.

- Sie machen auch ausgiebig Gebrauch von Geistern als Zeugen und haben ein paar Schamanen im Team, die die Rückstände jeglicher Art magischer Aktivität analysieren, um die Ursache zu finden.
- Bifrost

- Außerdem haben sie ein Team von engagierten Hackern, die sich gerne in das persönliche Kommlink von jemandem einklinken und es nach Daten durchsuchen. Der NABS ist skrupellos und zahlt gut, was ihn zu einer hervorragenden Quelle für Schattenarbeit macht.
- Voxel

NORTHERN LIGHTS ENCHANTING

Northern Lights wird von einem sehr großen einäugigen Mann geleitet, der glaubt, er sei die Verkörperung von Odin. Er nennt sich Northman und hat sogar einen Rabenvertrauten namens Hugin. Er behauptet, der andere, Munin, sei weg und führe nichts Gutes im Schilde. Trotz der Tatsache, dass Northman der nordischen Tradition etwas arg wörtlich folgt, ist seine Arbeit absolut erstklassig. Er kann fast alles verzaubern, aber besonders gut beherrscht er die Arbeit mit Runen und die Herstellung von Qi-Foki.

RATTLESNAKE GRILL

Der Rattlesnake Grill ist ein familienfreundliches Restaurant mit südwestlicher Küche. Das Essen ist anständig, weshalb der Grill bei Einheimischen und Touristen hoch im Kurs steht. Ein familienfreundliches Restaurant mag zwar wie ein seltsamer Ort für ein Treffen wirken, aber die vielen Augen um euch herum werden dafür sorgen, dass alles freundlich bleibt.

DIE METAEBENE VON DENVER

GEPOSTET VON: BIFROST

Wie inzwischen jeder wissen sollte, wird die Astralebene von der physischen Welt geformt. Emotionen sind wie Echos, die sich auf der Astralebene ausbreiten und die Welt der Geister formen. Ghostwalker interessiert sich sehr für die Welt der Geister und hat sich sogar in einen Geist namens Zebulon verliebt. Einige meiner Quellen auf der Metaebene sagen mir, dass Ghostwalker dort viel Zeit mit Zebulon verbracht hat, bis dieser gestorben ist. Die Metaebene von Denver besteht aus mehreren Hypermetaebenen, die bis zu Zebulons Tod alle so angeordnet und miteinander verbunden waren, dass sie metaplanare Reisen durch das Gebiet ermöglichten.

Seit Zebulons Tod driften die Hypermetaebenen langsam auseinander. Es gibt eine verbreitete Theorie unter den Bewohnern, dass dies letztendlich zum Ende der Metaebene führen könnte. Ghostwalker wurde seit Zebulons Tod mehrmals hier gesichtet: Einige vermuten, dass er entweder versucht, den Schaden zu reparieren, oder aber darauf aus ist, die Metaebene vollständig zu vernichten.

Früher war das Reisen zwischen den Hypermetaebenen so einfach wie ein Spaziergang über eine Grenze. Heute müsst ihr eine Transportmöglichkeit finden, die euch verbinden kann. Jede Hypermetaebene hat ein thematisches Element, und wenn ihr findet, dass dieses thematische Element in eurer Hypermetaebene fehl am Platz ist, ist die Wahrscheinlichkeit groß, dass es das Transportmittel ist, das ihr braucht. Wenn ihr zum Beispiel im Black Canyon seid, der für seinen Urwald bekannt ist, und ein Motorrad seht, das schwarzen Rauch ausstößt, ist die Wahrscheinlichkeit groß, dass ihr auf dieses Motorrad aufspringen und in die Iron Horse Nation fahren könnt.

Bislang wissen wir von vier Hypermetaebenen. Es ist sehr wahrscheinlich, dass es noch weitere gibt, aber wir kennen sie einfach nicht. Das Reisen zwischen den Hypermetaebenen ist äußerst schwierig, was die Überprüfung der Existenz anderer Ebenen bestenfalls kompliziert macht. Ich werde hier auf die vier bekannten Hypermetaebenen eingehen und einige Gerüchte hinzufügen, die ich gehört habe. Ihr könnt die Gerüchte gerne um weitere Details ergänzen, wenn ihr möchtet.

BLACK CANYON

Der Black Canyon ist eine der ältesten Hypermetaebenen. Er scheint ein riesiger Urwald zu sein, dessen Bäume den Himmel verdecken. Die Bäume bergen ungeahnte Gefahren, aber auch unvorstellbare Möglichkeiten. Wenn man in die Dunkelheit blickt, starren ein Dutzend oder mehr Augen aus der Tiefe zurück. Diese Augen könnten eine optische Täuschung sein, oder eines der Raubtiere, die im Black Canyon ihr Unwesen treiben. Den Black Canyon betritt man nicht leichtfertig, denn er steht für die isolationistischen Ansichten der Leute hier. Daher werden die Bewohner des Black Canyon euch auch nicht zu Hilfe kommen. Niemals.

DIE ZERSPLITTERTEN LANDE

Die Zersplitterten Lande sind eine trostlose, fast leere Region aus grauem Gestein und Sand und ein deprimierendes Scheinbild der Realität. Die Landschaft ist übersät von Siedlungen, die alle von Ereignissen, Leuten und Orten aus Denvers Vergangenheit inspiriert sind. Einige dieser Siedlungen könnten die Minenstädte des Gold- und Silberrauschs darstellen, andere kleine Enklaven amerindianischer Stämme, und ich habe auch eine gesehen, die wie eine kleine aztekische Gemeinde aussah, die, wie ich festgestellt habe, im Laufe der Jahre gewachsen ist. Die Zersplitterten Lande sind leer und zugleich voller Verheißungen. Die Region ist gesetzlos und chaotisch, aber sie steckt auch voller Potenzial und Möglichkeiten. Hier kann man eine Chance finden, wenn man weiß, wie man sie nutzen kann.

IRON HORSE NATION

Die Iron Horse Nation sieht aus wie ein altes postapokalyptisches Actiontrid. Man nehme die Wildwest-Attitüde von Denver, mit all der Wildheit und Intensität, die das mit sich bringt, und gebe ihr zerstörerische Waffen und Fahrzeuge. Die Region ist von schwarzem Rauch aus tuckernden Motoren vernebelt, und die Landschaft ist mit Hülsen von Millionen von Schuss Munition übersät. Gangs durchstreifen die Gegend auf Motorrädern, Autos und sogar in T-Birds. Sie greifen einander an und kämpfen um knappe Ressourcen wie Wasser, Kugeln und Treibstoff. Niemand weiß, woher die Ressourcen kommen, aber sie werden immer gerade so weit nachgefüllt, dass die Gewalt auf einem gleichbleibend hohen Niveau bleibt – genug, um die Dinge am Laufen zu halten, aber nicht so viel, dass sie außer Kontrolle geraten.

DIE STADT AUS STAHL

Eine der interessanteren Hypermetaebenen ist die Stadt aus Stahl. Dieser Ort hat sich stark verändert, seit Ghostwalker alle anderen aus der FRFZ rausgeschmissen hat. Früher war sie ein Spiegelbild von Denver, aufgeteilt in verschiedene Sektoren, die jeweils ihren realen Gegenstücken ähnelten. Aber wie in der realen Welt gibt es jetzt auch hier keine Sektoren mehr, sondern nur noch eine einzige, einheitliche Institution namens Behörde. In der Stadt aus Stahl nimmt die Behörde den Einwohnern alle Entscheidungen ab. Der freie Wille ist hier eine – gut gemachte – Illusion.

GERÜCHT: DIE HÖHLE DES DRACHEN

Die Höhle des Drachen mag eine echte Hypermetaebene sein oder auch nicht. Man munkelt, dass Ghostwalker hier die meiste Zeit verbringt, wenn er die Metaebenen besucht. Diejenigen, die behaupten, den Ort gesehen zu haben, sagen, dass er ein riesiger Berg sei, der fast ausschließlich von Zwergen bewohnt wird. Sie sprechen auch über Fantasiewesen, die wir noch nie gesehen haben, wie Menschen aus Stein und seltsam angeberische Echsenmenschen. Ich habe noch niemanden getroffen, der dort war – alle Informationen, die ich über diesen Ort erfahren habe, stammen von Bekannten von Bekannten. Und natürlich sind diese Bekannten einige Zeit später verschwunden. All das spricht dafür, dass es diesen Ort wirklich geben könnte.

- In letzter Zeit zeigt die Metaebene von Denver ein sehr merkwürdiges Verhalten. Wir wissen, dass die Hypermetaebenen aufgrund ihres zersplitterten Wesens mühsam zu durchqueren sind, aber jetzt sehe ich, dass Tore auftauchen, durch die Leute hinein- und hinausgehen. Ich habe keine Ahnung, wohin diese Tore führen, und auch nicht, wer diese Leute sind (oder ob es überhaupt Leute sind), aber es hat mich und meine Geister ziemlich erschreckt.
- Lyran

- Das klingt sehr nach den Toren, die die Fae benutzen, um ihre Reiche zu durchqueren. Was ich sagen will: Über die magische Fähigkeit, Metaebenen und Hypermetaebenen durch ein Tor zu durchqueren, verfügen nicht nur die Fae. Ich würde sogar behaupten, dass der Übergang zwischen den Hypermetaebenen in Denver auf ähnliche Weise funktioniert.
- Bifrost

- Einige verfügen darüber, aber das Ziel des Portals ist genauso wichtig wie das Talent, das man braucht, um es zu erschaffen, zu betreiben oder zu zerstören.
- Marko

MATRIX-HOTSPOTS IN DENVER

GEPOSTET VON: VOXEL

Während der Ereignisse von Ghostwalkers Landnahme wurde enthüllt, dass Ghostwalker den Denver Data Haven, auch bekannt als Nexus, ins Visier genommen hatte, weil er den Eindruck hatte, die Leute dort hätten ihn zuerst angegriffen. Denn Ghostwalker hat nicht nur einen physischen und einen magischen Hort. Er hat auch einen digitalen Hort, der offenbar *gehackt* wurde.

Soweit ich weiß, wurde die Beute aus diesem Hack nie veröffentlicht. Aber es muss sich um etwas sehr Interessantes gehandelt haben, denn Ghostwalker hat alle Brücken in die Tech-Community abgebrochen. In den letzten Jahren hat er versucht, einige dieser Brücken wieder aufzubauen und neue zu errichten. Er hat eine Armee von Technomancern angeheuert – vermutlich fühlt er sich wohler, wenn ihm die Matrix mit einem gewissen Maß an Mystik präsentiert wird.

Wir sollten uns aber fragen: Wo hat er seine Technomancer in so kurzer Zeit her? Er hat wohl kaum eine Suchanzeige aufgegeben, auf die hin sich Hunderte von arbeitslosen Hackern meldeten. Oder vielleicht hat er genau das getan, aber es hinter so vielen Schichten von Geheimhaltung versteckt, dass niemand rechtzeitig bemerkt hat, dass Ghostwalker dahintersteckt. Jedenfalls verfügt er über eine Menge Matrix-Feuerkraft, und ihr könnt davon ausgehen, dass fast alle öffentlichen Gitter und Hosts in der Gegend von Technomancer-DemiGODs überwacht werden.

Der Heilige Gral der Matrix in der Zone ist der Standort des Denver Data Haven. Aus diesem Grund hat sich Peregrine überhaupt erst an mich gewandt. Ich werde nicht ins Detail gehen, aber ich wusste, dass er danach suchte, und er hat es geschafft, meine Neugierde so weit zu wecken, dass ich nachgeforscht habe.

Ich möchte die Ergebnisse unserer Untersuchung nicht verraten, aber wir haben einige Überlebende des Denver Data Haven gefunden. Sie befinden sich derzeit in den tiefsten Löchern, die sie finden konnten, aber es gibt sie noch. Und bevor ihr fragt: Ich weiß nicht mehr, wo sie sind. Nachdem wir uns mit ihnen getroffen hatten, verschwanden sie wieder.

Eine wichtige Arbeitsquelle für Tech-Typen ist der laufende Schattenkrieg zwischen Warpdrive Systems und FTL Technologies. Der CEO von Warpdrive Systems, Steven Ridgemont, gründete FTL im Jahr 2038. FTL war so erfolgreich, dass es Opfer einer feindlichen Übernahme durch Fuchi und Ridgemonts ehemaligen Partner Charles Lightfoot wurde. Lightfoot verriet Ridgemont und bekam die Geschäftsführung von FTL, nachdem die Übernahme abgeschlossen war. Vor Kurzem wurde FTL während der ganzen Affäre um NeoNETs Zusammenbruch von Spinrad Global aufgekauft, aber Lightfoot ist weiterhin für die Tochtergesellschaft verantwortlich. Er möchte FTL wieder in seinen Privatbesitz überführen, aber Ridgemont wird ihm das auf keinen Fall erlauben. In dieser Fehde gibt es jede Menge großartige Schattenarbeit zu erledigen.

Und schließlich möchte ich der Vollständigkeit halber erwähnen, dass Ghostwalker seinen digitalen Hort wahrscheinlich wiederaufgebaut hat. Er befindet sich wahrscheinlich irgendwo auf einem Host, aber niemand hat ihn je gefunden. Wenn ich eine Vermutung anstellen müsste, würde ich sagen, dass es hinter den Firewalls der Anasazi Holding Company wahrscheinlich Informationen darüber gibt. Ghostwalker hat diese Firma gegründet, um alle von ihm erworbenen Immobilien zu verwalten, und sie hat zweifellos die ausgeklügeltsten Sicherheitsvorkehrungen in der gesamten Zone. Der Host ist so gestaltet, dass er wie eine alte Anasazi-Felsbehausung aussieht. Die Häuser, Türen und Fenster sind in Wirklichkeit Eingänge zu Tunneln, die tief in den Berghang führen. All diese Tunnel überschneiden sich, sind miteinander verbunden und greifen ineinander, sodass es fast unmöglich ist, sich zu rechtzufinden.

Hier wimmelt es nur so von Agenten in Gestalt einheimischer Stammesangehöriger. Sie lassen Akten in Form von verschiedenen Schmuckstücken und Waren oder in Form von Wasserbecken hin und her laufen. Sie werden nicht mit euch interagieren, was nur das Gefühl verstärkt, dass ihr ein Außenseiter und falsch hier seid. Aber das Schlimmste? Jeder von ihnen und jedes der Elemente hier kann ohne Weiteres ein IC oder eine Spinne sein, ohne dass man es merkt. Welche Technik oder Technologie sie auch immer verwenden, um ihre Icons zu verstecken, es ist die Beste, die ich je gesehen habe.

LEUTE, DIE MAN TREFFEN SOLLTE

Nachdem wir die wichtigsten Orte abgedeckt haben, die ihr auf eurer Reise nach Denver besuchen solltet, wollen wir uns mit den großen und kleinen Akteuren beschäftigen. Alle Leute und Organisationen, über die ich hier spreche, sind für die Szene in Denver wichtig oder haben in meiner persönlichen Geschichte, Perri zu finden, eine Rolle gespielt. Daher haben sie einen Platz auf meiner Liste verdient.

Zunächst einmal müssen wir über die Verbrechersyndikate sprechen, die die Stadt beherrschen. In den meisten Megasprawls wimmelt es von Gangs, aber in Denver nicht. Die kriminellen Elemente sind größtenteils organisiert, was darauf zurückzuführen ist, dass Ghostwalker es nicht mag, wenn kriminelle Aktivitäten offensichtlich sind. Er mischt sich selten ein, vorausgesetzt, man regelt seine Angelegenheiten diskret.

KOSHARI

Die Koshari sind ein amerindianisches Verbrechersyndikat aus dem PCC. Sie sind lose in Kreisen organisiert, wobei sich jeder Kreis auf eine bestimmte Art von kriminellen Aktivitäten spezialisiert. In Denver gibt es zwei kleinere und zwei größere Kreise. Die Koshari sind auf ihren unteren Ebenen sehr offen und nehmen jeden auf, unabhängig von Geschlecht, ethnischer Zugehörigkeit oder Talenten. Die obersten Ränge jedoch bestehen ausschließlich aus Hopi und Zuni, und das wird sich wohl nie ändern. Die Koshari-Führung operiert hauptsächlich vom Denim aus, dem Nachtclub in Lakewood mit dem Hopi-Thema.

DIE SPRACHE DER KOSHARI

Kachina: Herkunft: Hopi, Zuni; Substantiv, das sich auf bestimmte Geister bezieht, die oft mit Tanzzeremonien herbeigerufen oder umworben werden.

Nahmana: Herkunft: Dakota; Adjektiv mit der Bedeutung „geheim" oder „arkan".

Ohanzee: Herkunft: Lakota; Substantiv mit der Bedeutung „Schatten".

Wahchinksapa: Herkunft: Hopi, Zuni; Adjektiv mit der Bedeutung „weise".

NAHMANA-KREIS

Der Nahmana-Kreis ist für die Verwaltung der magischen Aktivposten der Koshari und für ihre magischen kriminellen Unternehmungen zuständig. Er kümmert sich um biotechnologisch hergestellte Erwachte Drogen (BADs), Talisschmuggel und die Herstellung illegaler Telesma. Der Nahmana-Kreis wird von einer Amerindianerin namens Majenda geleitet. Sie begann ihre Laufbahn im Tempo-Handel und überlebte zwei Attentate und einen Anschlag, der den Wohnkomplex, in dem sie damals lebte, dem Erdboden gleichmachte. Man schätzt, dass sie im Alleingang Einnahmen von über 600 Millionen Nuyen erwirtschaftet hat. Die meisten glauben, dass sie das nächste Mitglied im Wahchinksapa-Kreis wird.

OHANZEE-KREIS

Der Ohanzee-Kreis ist für die Anwendung rücksichtsloser und effektiver Gewalt verantwortlich. Man könnte sie als Soldaten bezeichnen, aber vielleicht wäre es zutreffender, sie als „Machtmultiplikatoren" zu bezeichnen. Jeder aus dem Ohanzee-Kreis weiß genau, wie man einen Feind nicht nur vernichtet, sondern auch die Moral seiner Mitstreiter zerstört. Ein einziger Ohanzee-Soldat kann so effektiv sein wie fünf Triaden-Soldaten.

Der Anführer des Ohanzee-Kreises ist ein Ork namens Tahahum Soyoko. Er hat viel von Makawi Jameson gelernt, bevor sie dem Wahchinksapa-Kreis beitrat. Er lernte, wie man Ereignisse subtil manipuliert, indem man Muster ausfindig macht und Gelegenheiten erkennt. Er führte seinen Neffen Nata-aska in den Kreis ein, der ihm als Leutnant dient. Nata-aska mag angesichts seiner Indiskretionen und seiner Neigung zur Gewalttätigkeit eine ungewöhnliche Wahl als Leutnant sein, aber Tahahum setzt ihn eher wegen seines Talents für Einschüchterung ein. Mit einer gesunden Dosis an Einschüchterung und Zwang hat Tahahum viel erreicht und dabei sehr wenig offene Gewalt angewendet.

WAHCHINKSAPA-KREIS

Der Wahchinksapa-Kreis, der die beiden anderen Kreise in Denver verwaltet, ist eine Gruppe von fünf Häuptlingen. Dies sind die Anführer, die dem Rest der Koshari in Denver sagen, wo es langgeht. Bei Streitigkeiten oder Unstimmigkeiten werden die Wahchinksapa als Vermittler und Friedensstifter hinzugezogen. Im Einklang mit der Kachina-Tradition übernimmt jeder der Häuptlinge im Kreis einen Aspekt oder ein Totem, auch wenn er nicht magisch aktiv ist. Diese Totems weisen ihnen eine klare Rolle in Debatten, Diskussionen und Verhandlungen zu.

Der Anführer ist Mark Longfeather, der sein Totem als der Rabenschwindler etwas sehr ernst nimmt.

Der Bärenhäuptling ist Doba Standing Kodiak, der eine Stimme der Ruhe und der Widerstandsfähigkeit gegenüber Herausforderungen ist. Der am meisten respektierte Häuptling ist James Greytail, der Kojote als sein Totem angenommen hat. Wie Kojote ist James ein großer Geschichtenerzähler, der weiß, dass die Weisheit der Vergangenheit in der Zukunft helfen kann.

Das jüngste und neueste Mitglied des Ältestenkreises, Makawi Jameson, ist oft der entscheidende Faktor, wenn sich die übrigen Häuptlinge nicht einigen können. Sie ist zwar eine Gnomin, aber sie war früher bei der PuebSec und leitete viele Jahre lang den Ohanzee-Kreis. Sie ist listig und gefährlich, auch wenn sie das oft übersehene Totem Kaninchen repräsentiert.

Der letzte Häuptling im Ältestenkreis ist Kimo Taaho, der das Totem Schlange repräsentiert. Er ist ein schrulliger alter Sack, der in der Vergangenheit feststeckt und stolz auf seine konservativen Werte und Ratschläge ist. Seid auf der Hut, falls ihr Kim treffen müsst – er wird sich höchstwahrscheinlich weigern, mit „Kolonisten" zu sprechen.

- Man munkelt, dass Kimo Taaho nicht immer so war. Angeblich war er Leadsänger und Gitarrist einer Band namens Wild Cards, als er noch den Künstlernamen Richard Diamond trug. Erwähnt das ihm gegenüber nicht – er wird das Gerücht nie bestätigen, und er hasst es, dass es überhaupt im Umlauf ist.
- Voxel

ÄUẞERER KREIS

Der Äußere Kreis ist die Führung der Koshari in ganz Nordamerika. Jeder der großen Koshari-Märkte hat eine eigene Stimme im Äußeren Kreis. Denver, Las Vegas, Los Angeles, Phoenix und Santa Fe haben jeweils einen Vertreter, und der Vertreter von Denver ist Joshua Kawaibatunya. Joshua ist ein Amerindianer in den Fünfzigern, der es vorzieht, den direkten Kontakt mit den anderen Kreisen so weit wie möglich zu vermeiden.

KOMUN'GO

Die Komun'go sind ein kleines Syndikat, das auf der koreanischen Halbinsel entstanden ist und in Denver gerade erst Fuß fasst. Sie operieren meist an den Rändern und halten sich an die nördlichen Grenzen. Sie führen Schmuggeloperationen über den Salish-Shidhe-Rat und den Pueblo-Konzernrat durch und arbeiten eng mit den Dogmen und den First Nation zusammen, um ihre Zahl zu erhöhen. Angeführt werden sie von einem Troll namens Jesse Feldspar, der lieber durch Angst als durch Inspiration herrscht. Er neigt dazu, ein Hindernis für das Wachstum der Komun'go zu sein, was bedeutet, dass seine Position irgendwann in Gefahr geraten könnte.

MAFIA-FAMILIEN

Mafia-Familien zeichnen sich in der Regel durch ihre Verschwiegenheit aus. Sie werden nie zugeben, dass es so etwas wie eine Mafia überhaupt gibt, und sie werden sich ständig auf der Grenze zwischen legalen und illegalen Geschäften bewegen. Die beiden Mafia-Familien, die in Denver aktiv sind, sind ähnlich strukturiert, mit einem Don an der Spitze und einem Consigliere, der den Don berät. Außerdem gibt es viele Sottocapi und Capi, die jeweils für bestimmte Arten von kriminellen Aktivitäten verantwortlich sind. Die Hauptstreitmacht der Familien sind die Soldati, die als Schläger und Schutzgeldeintreiber dienen, und die Picciotti, Spezialisten für alle nicht gewalttätigen Aufgaben.

CHAVEZ-FAMILIE

Die Chavez-Familie betreibt vor allem die klassischen Mafia-Geschäfte: Drogen, Prostitution und Glücksspiel. Sie operiert hauptsächlich vom Lakeside-Vergnügungspark aus und wird von Miguel „Caesar" Chavez angeführt, der die Geschäfte von Dallas aus leitet. Die Geschäfte vor Ort werden von Carlos Chavez geleitet. Als Carlos' Vater Omar getötet wurde, hätte eigentlich Carlos' Bruder Emilio den Posten übernehmen sollen, aber Carlos schaffte es, Emilio ins Exil zu schicken, was zu einigen verdeckten Aktionen Emilios führte, der sich an seinem Bruder rächen wollte.

CASQUILHO-FAMILIE

Die ursprünglich aus dem Freistaat Kalifornien stammende Casquilho-Familie repräsentiert die neue Garde der Mafia. Ihr Hauptprodukt sind Informationen. Ihre Hacker kaufen, verkaufen und handeln mit Paydata. Die Familie handelt auch mit BTLs, vor allem mit CalHots, die sie über ihre Geschäftsfassaden einschleust. Sie hat auch etwas Prostitution in ihr Portfolio aufgenommen, und bisher ist es ihr gelungen, der Chavez-Familie und anderen Syndikaten in diesem Bereich nicht auf die Füße zu treten. Die gesamte Operation wird von Vasco Casquilho geleitet, der schon seit seiner Kindheit auf diese Rolle vorbereitet worden ist. Er ist relativ jung für einen Sottocapo, hat sich aber schon oft bewährt. Wenn er eine Schwäche hat, dann seine Vorliebe für glitzernde, brandneue Dinge.

TAMANOUS

Es gibt nur sehr wenige Informationen über Tamanous in Denver. Wie bei den meisten organisierten Operationen in der Zone werden die Dinge diskret gehandhabt, um Ghostwalkers Aufmerksamkeit nicht zu erregen. Aber Tamanous ist zusätzlich eine der am meisten verabscheuten Organisationen der Welt. Sie haben definitiv irgendeine Verbindung zur Nocturna-Straßengang, aber darüber hinaus wollen die Infizierten in Denver nicht über Tamanous sprechen – wahrscheinlich, weil die Organisation sie auf dem Fleischmarkt gut versorgt. Das Einzige, was ich im Hinblick auf Tamanous gefunden habe, das einer Connection nahekommt, ist ein Ghul namens Loco. Es heißt, dass Loco ein Aztlaner war, der dem Pfad der Sonne folgte und gerade darauf vorbereitet wurde, geopfert zu werden, als Ghostwalker die Zeremonie unterbrach. Angeblich wurde er als Strafe für das fehlgeschlagene Ritual an Tamanous übergeben, die ihn in einen Ghul verwandelten.

TRIADEN

Die Triaden gehören zu den ältesten Verbrechersyndikaten der Geschichte. Sie sind häufig in chinesischen Gemeinden anzutreffen, und ihr Name stammt eigentlich von einer britischen Interpretation der Symbole ihrer ursprünglichen Organisation, der Hung Sun. Offenbar stellen die Dreiecke die Beziehung zwischen Himmel, Erde und Mensch dar. Die Triaden sind tief religiös und stützen sich stark auf Rituale, selbst bei ihren mundanen Mitgliedern. Die Organisation unterscheidet sich von Triade zu Triade, aber einige grundlegende Positionen gibt es bei allen: Logenmeister geben Anleitung und Rat und sind damit eine indirekte Quelle der Führung. Weihrauchmeister sind initiierte Zauberer, die dafür sorgen, dass Rituale und Traditionen der Triade bewahrt werden. Die Roten Stäbe sind die militärischen Befehlshaber der Triade. Sie sind oft stark modifiziert oder Adepten und haben ihre Loyalität wiederholt unter Beweis gestellt.

Noch eine Anmerkung zu den Triaden: Es stimmt, dass ein wichtiger Grund, warum die Polizei eine Triade nicht infiltrieren kann, das Initiationsritual ist – es tötet jeden, der lügt oder über die Triade spricht.

TRIADE DES GOLDENEN DREIECKS

Eine sehr konservative Triade mit Sitz im Chinatown-Viertel von Lowry. Sie verbiegen sich erstaunlich weit, um Konfrontationen aus dem Weg zu gehen, und ziehen es vor, langsam und gesetzestreu zu wachsen, sofern dies möglich ist. Sie haben überdurchschnittlich viele Technomancer und Metamenschen in ihren Reihen und sind in der Regel bereit, neue Geschäftsideen auszuprobieren. Ihr Logenmeister ist Li Zicheng, dem es gelungen ist, ein Netzwerk aus Hackern und Infobrokern aufzubauen, was ihm einen Vorteil in einer Stadt verschafft, in der Subtilität und Diskretion Schlüsseltugenden sind. An Peng ist der Weihrauchmeister des Goldenen Dreiecks – früher war er im Klub Karma zu finden, aber

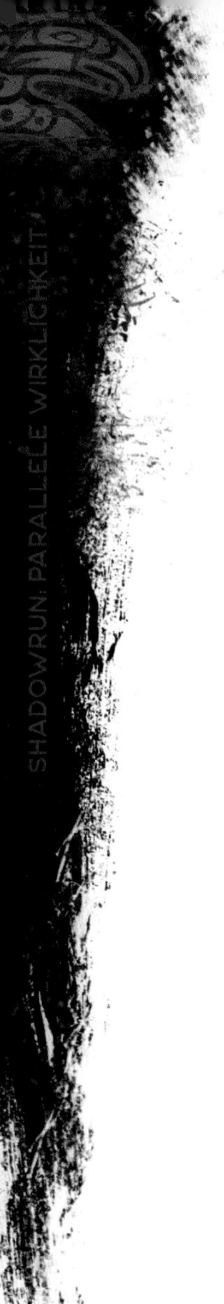

seit die Mafia diesen Ort übernommen hat, macht er sich dort rar. Er lernt aus seinen Fehlern. Der Rote Stab für die Triade des Goldenen Dreiecks ist Chen Seng-Ho. Chen Seng-Ho hat tatsächlich zwei Master-Abschlüsse: einen in Informatik und einen in Netzwerksicherheit. Er hat seinen Abschluss am CalTech gemacht, wo er mit Vasco Casquilho befreundet war, dem Anführer der Casquilho-Familie in Denver.

TRIADE DES WEIßEN LOTOS

Verglichen mit der relativ gemächlichen Triade des Goldenen Dreiecks sind die Weißen Lotos tollwütige Höllenhunde. Sie haben den Klub Karma eingebüßt und sind bei der Übernahme des Lakeside-Vergnügungsparks gescheitert. Statt ihre Wunden zu lecken, gingen sie gegen die Kirillov-Vory in die Offensive, wobei sie einige ihrer Bordelle verloren. Von den beiden Triaden ist der Weiße Lotos diejenige, die am ehesten außerhalb von Chinatown operiert, und er ist mehr als bereit, anderen auf die Zehen zu treten, um voranzukommen. Die derzeitige Logenmeisterin des Weißen Lotos ist „Auntie" Zhi Feng, die die Leitung übernommen hat, nachdem ihr Vater von den Vory ermordet worden war. Sie führte einen Angriff an und schaffte es, einen der Vory-Zaren, Nikolai Kirillov, zu töten. Seitdem befinden sich die beiden Organisationen in einem offenen Krieg. Der Weihrauchmeister des Weißen Lotos ist ein Zwerg namens Yue Fe. Er ist ein sehr mächtiger Wuxing-Zauberer, der die Ahnen der Schwarzen, Roten, Weißen, Gelben und Grünen Logen um Rat fragen kann. Ich bin mir nicht ganz sicher, was das alles bedeutet, aber es klingt verdammt beeindruckend. Der Rote Stab des Weißen Lotos ist ein Elf namens Hu Yan Zhuo. Er trägt gerne einen Furcht einflößenden Bart, um die Tatsache zu kompensieren, dass er ein Elf ist. Im Kampf schwingt er zwei Eisenpeitschen, die eher Schädel zertrümmern als Fleisch schneiden.

VORY V ZAKONE

Die Vory werden manchmal als „russische Mafia" bezeichnet, aber dieser Begriff ist nicht ganz zutreffend. Der Name bedeutet eigentlich „Diebe im Gesetz" und spielt auf die Tatsache an, dass sie organisiert und bereit sind, jedes noch so kleine Verbrechen zu begehen. Die Vory wurden in Russland gegründet und haben heute Familien in ganz Europa und in Teilen Nordamerikas. Sie sind ähnlich wie die Mafia organisiert, mit einem Zaren an der Spitze, der die Operationen in einem Gebiet leitet. Unterstützt wird der Zar von den Lideri, die eine Art Projektmanager für ein bestimmtes kriminelles Unternehmen sind. Einzigartig ist, dass die Vory einen Gemeinschaftsfonds, den Obschak, unterhalten. Wenn du Geld verdienst, zahlst du in den Obschak ein, und wenn du ins Gefängnis kommst oder getötet wirst, wird deine Familie durch Geld aus dem Obschak versorgt.

KIRILLOV-VORY

Als die Vory erstmals in die Unterwelt von Denver eingedrungen sind, übernahm jeder der Anführer einen Teil der Stadt. Im Laufe der Jahre wurden die verschiedenen Zaren getötet oder gaben ihren Besitz auf, sodass Vladimir Kirillov am Ende als einziger Zar übrig blieb. Einige Leute außerhalb der Vory beharren darauf, dass die Absetzung der anderen Zaren von Vladimir inszeniert wurde, aber niemand würde es wagen, das offen auszusprechen. Da es hier keine große europäische Immigrantenpopulation gibt, sind die Vory nicht in der Lage, sich auf Schutzgelderpressungen und dergleichen zu verlassen. Sie sind jedoch hervorragende Schmuggler, die Waffen und Sexsklaven aus Europa und Asien einschleusen und diese zwingen, ihre Schulden in über die ganze Stadt verstreuten, widerlichen Bordellen abzuarbeiten. Die Vory bringen auch den größten Teil der Opiate auf die Straßen von Denver und haben Lieferverbindungen nach ganz Asien. Sie arbeiten häufig mit verschiedenen Straßengangs zusammen, vor allem mit den Fronts in den Aurora Warrens, die sie mit Waffen und Drogen für den Weiterverkauf ausstatten.

YAKUZA

Die Yakuza gibt es in Japan schon seit etwa fünfhundert Jahren. Sie ist derzeit das reichste und mächtigste aller internationalen Verbrechersyndikate und ist daher natürlich auch in Denver vertreten, wenn auch nur in geringer Präsenz. Yakuza sind von einem ausgeprägten Traditions-, Pflicht- und Ehrgefühl geprägt, das den Leuten eine romantische Sicht auf ihre Tätigkeit vermittelt – bis sie hinter die Maske blicken. Die Yakuza ist zu fast jedem Geschäft bereit, egal ob legal oder nicht, solange es der Organisation Geld einbringt. An der Spitze eines Clans steht ein Oyabun, der jederzeit absolute Loyalität verlangt. Der Oyabun wird oft wie der CEO eines Unternehmens behandelt, und sein Wakagashira dient als erster Leutnant. Der Wakagashira ist so etwas wie der Bereichsleiter fürs Tagesgeschäft eines Unternehmens.

KAREMASU-CLAN

Schwer zu erklären, aber ich werde mein Bestes tun. Die Denveraner Yakuza wird von einem Weißen namens Seth Kramer geleitet, aber er nennt sich Setto Karemasu, und wenn man ihn auch nur annähernd so nennt, wie er früher hieß, muss man damit rechnen, tot aufgefunden zu werden. Setto war der Wakagashira des Yamato-Clans, als dieser in Denver noch das Sagen hatte. Allerdings war er während eines Angriffs, der alle anderen Anführer des Yamato-Clans auslöschte, auf mysteriöse Weise abwesend. Setto sammelte alle Mitglieder, die er finden konnte, und bat den Shotozumi-rengo in Seattle um Unterstützung. Der Shotozumi-rengo mag es nicht, dass ein Gaijin die Operationen in Denver leitet, aber sie dachten sich, dass sie einige ihrer rücksichtsloseren und eigensinnigeren Mitglieder entbehren könnten, um zu helfen. Sollte sich Setto als wertvoller Aktivposten erweisen, dann hat der Shotozumi-rengo in Denver wieder einen starken Verbündeten. Falls Setto scheitert, hat der Shotozumi-rengo erneut bewiesen, dass man Gaijin keine Führungspositionen anvertrauen kann.

Settos Wakagashira ist Izuru Konishi, der vom Shotozumi-rengo ernannt wurde. Er ist aus Seattle hergezogen und war ehrlich gesagt nie glücklicher als hier. Er ist ein begeisterter Naturliebhaber und nutzt seine Reisen zu den verschiedenen Ferienresorts in der FRFZ, um Unternehmen zu finden, die der Clan übernehmen kann.

EINHEIMISCHE GANGS

Die Gangs in Denver wurden kurz vor Ghostwalkers Landnahme gründlich durchgeschüttelt. Die meisten Gangs haben sich unter der Führung der Fronts zusammengeschlossen. Es handelt sich weniger um ein ordentliches organisiertes Verbrechersyndikat als vielmehr um ein feudales System des Vasallentums. Obwohl wir wissen, dass die Fronts mit den Vory verbündet sind, scheint es, dass die Vory nichts mit dem jüngsten Blitzkrieg der Fronts zu tun hatten.

Doch die Region ist riesig, und es gibt hier Platz für viele Gangs. Hier ist eine unvollständige Liste der Gangs, denen ihr bei einem Besuch in der Zone begegnen könnt.

14ER

Die 14er, benannt nach den Bergen westlich von Denver, sind eine Gang von Umweltaktivisten. Manchmal wird ihnen vorgeworfen, eine Terrorzelle von TerraFirst! Zu sein, dem weltweiten Ökoterroristen-Netzwerk. Sie sehen jegliche Konzerninteressen in den Bergregionen der Front Range als direkte Bedrohung der Erde. Obwohl Ghostwalker und seine Verwaltung sehr umweltfreundlich sind, geraten die 14er oft mit der ZDF aneinander. Die Gang ist klein, aber jedes Mitglied ist initiiert und in Ritualmagie bewandert.

- Unsere Anführerin ist Whisper, und sie spricht mit den Bäumen und dem Wind. Jeder, der meint, er könne in unser Revier kommen und Scheiße bauen, bekommt es mit uns zu tun.
- 14er

ANCIENTS

Die Ancients sind eine der größten Gangs der Welt, was bedeutet, dass ich möglicherweise nicht in der Lage bin, die gesamte Organisation korrekt zu beschreiben. Sie sind in erster Linie Elfen, haben eine rigide militaristische Struktur und Zugang zu militärischer Ausrüstung. An Orten, an denen Elfen entrechtet sind, arbeiten die Ancients daran, ihnen Individualität und Autorität zu erkämpfen. Sie nutzen dieses Image, um neue Mitglieder zu rekrutieren, und wegen ihrer überwiegend elfischen Mitglieder geraten sie regelmäßig mit Organisationen wie dem Humanis Policlub aneinander. Außerdem läuft eine Fehde zwischen ihnen und den Cutters, über die ich noch sprechen werde.

Die Ancients werden von einem Elfen namens Firethorn angeführt. Jeder seiner Colonels leitet eine Region der Welt. Die FRFZ gehört zur südwestlichen Region, und der Colonel hier heißt Ironwing. Er operiert hauptsächlich von Las Vegas aus und überlässt das Tagesgeschäft seinem Hauptmann Buckshot. Jeder der fünf Leutnants von Buckshot leitet eine fünfzigköpfige Mannschaft, die wiederum in fünf zehnköpfige Trupps unterteilt ist.

CHROME DOMES

Die Chrome Domes sind eine kleine, aber extrem gewalttätige Gang von Cybertech-Enthusiasten. Sie sind darauf aus, ihre Körper auf jede erdenkliche Weise zu verbessern, und werden von einem Ork namens Atlas angeführt, der größer wirkt als viele Trolle. Es kann gut sein, dass die Chrome Domes verglühen werden, bevor sie zu einer größeren Bedrohung heranwachsen, aber bisher ist es Atlas gelungen, seine Mitglieder ständig mit Stims und Chrom zu versorgen.

CUTTERS

Die Cutters sind möglicherweise die größte Go-Gang in Nordamerika. In der FRFZ haben sie jedoch nur etwa 120 Mitglieder und sind damit kleiner als die Ancients. Im Gegensatz zu den meisten Gangs sind die Cutters wie ein Konzern organisiert, mit einem Vorstand, der sich aus verschiedenen Geschäftsführern zusammensetzt. Jeder „Markt" wird von einem Direktor geleitet, der die Geschäfte durch seine Manager führt. In vielerlei Hinsicht ähneln die Cutters der Yakuza, aber es fehlt ihnen an Glanz, und sie halten immer noch an ihrem Image der harten Straßenjungs fest. Außerdem haben sie sich in der Vergangenheit nur ungern an legalen Geschäften beteiligt, was bis vor Kurzem ein weiteres wichtiges Unterscheidungsmerkmal war.

Der FRFZ-Markt wird von einer Direktorin namens Janie „Baroness" Robinson geleitet. Sie hat drei Leutnants, die jeweils ein Team von etwa vierzig Gangern leiten und für die Geschäfte in Boulder, Denver und Colorado Springs zuständig sind. Wegen Denvers langer Spionagegeschichte sind die Cutters hier in den Bereichen Spionagehandwerk, Überwachung und Gegenüberwachung talentierter als die meisten anderen Gangs. Anders als früher ist es mittlerweile auch möglich, dass die Cutters legale Aufträge annehmen, zum Beispiel für private Sicherheitsdienste oder Vertriebsgeschäfte – wobei sie nie genau angeben, was sie eigentlich vertreiben.

DOGMEN

Technisch gesehen sind die Dogmen eine internationale Gang, aber sie sind viel kleiner als die Ancients oder die Cutters. Sie sind oft als Kuriere für die First Nation tätig und arbeiten auch mit den Komun'go zusammen. Sie haben ein paar T-Birds und werden von einer Frau namens Yaahl angeführt. Yaahl hat einen Sinn für die schönen Dinge des Lebens und hat ihren T-Bird extrem aufgemotzt. Die Dogmen beanspruchen kein bestimmtes Gebiet für sich und arbeiten häufig im Gap und in Elbert.

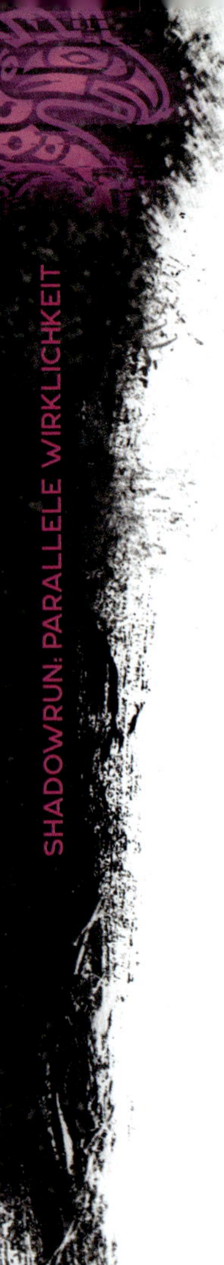

DURIN'S SONS

Wenn ihr in Boulder einen Haufen Zwerge mit Kettenhemden und Äxten seht, sind es entweder Mitglieder von Durin's Sons oder LARPer. Sie sind eine Psycho-Thrill-Gang, die vor etwa zwanzig Jahren gegründet wurde und so tut, als würde sie in einem Fantasy-Trid leben. Sie weigern sich, mit Elfen oder Menschen zusammenzuarbeiten, und gehen Orks oder Trollen direkt an die Gurgel, wenn sie ihnen begegnen. Man kann sie mit zu ihren Kostümen passenden Motorrädern und Modifikationen durch Halferville fahren sehen.

FIRST NATION

Technisch gesehen ist die First Nation ein Verbrechersyndikat aus organisierten kriminellen Elementen in der Sioux-Nation. Sie haben jedoch keine Führungsstruktur in der Zone, weshalb sie als Gang eingestuft werden. Sie arbeiten mit den Dogmen und Komun'go zusammen und konzentrieren ihre Schmuggelaktivitäten auf Brighton und Stapleton. Im Großen und Ganzen hält sich die First Nation von anderen, größeren Gangs fern. Sie ziehen es vor, zu arbeiten statt zu kämpfen, und werden in der Regel eine Art von Deal aushandeln, statt sich auf einen Kampf einzulassen.

FRONTS

Okay, die Fronts sind eine interessante Gang. Sie haben Hunderte von Mitgliedern, die vor allem in den Aurora Warrens verstreut sind, wo sie fast alle anderen Gangs unter ihrem Banner vereint haben. Angeführt werden sie von einer Elfe namens Amy Steur, die nie ohne ihren Leibwächter, einen wirklich gigantischen Ork namens Gob, unterwegs ist. Die Fronts verfügen über eine Reihe von Leutnants, von denen jeder eine Zelle mit etwa zwanzig bis dreißig Mitgliedern anführt. Diese Leutnants durchstreifen die Straßen von Aurora wie eine Heuschreckenplage, sammeln Schutzgelder ein und verteilen Drogen. Es ist ihnen gelungen, sowohl mit der Casquilho-Familie als auch mit den Kirillov-Vory Vereinbarungen auszuhandeln. Die Casquilho-Familie versorgt die Fronts mit BTLs, die Vory versorgen sie mit Waffen.

AURORA ANGELS

Die Aurora Angels, eine Vasallengang der Fronts, sind hervorragend im Hacken und Erpressen. Ihre geringe Größe machte sie verwundbar, als die Fronts 2078 in die Offensive gingen. Seitdem arbeiten die Anführer, Base 13 und Tenebrous, für die Fronts und liefern technisches Fachwissen.

DAMBUSTERS

Eine Thrill-Gang, die früher in der Gegend um den Quincy-Stausee unterwegs war. Sie tragen Bomberjacken und den „Greaser"-Look aus den 1940ern. Aber lasst euch von dem lächerlichen Outfit nicht täuschen – sie sind Experten im Umgang mit Sprengstoff und haben ein einzigartiges Talent dafür, Granaten genau dorthin zu werfen, wo sie am meisten schaden. Sie wurden von den Fronts absorbiert und dienen nun als Abschreckung gegen jeden, der die Autorität der Fronts infrage stellen könnte.

THREE KINGS

Die Three Kings waren früher eine unabhängige Gang in den Aurora Warrens, aber das änderte sich, als die Kirillov-Vory versuchten, sie auszulöschen. Ihr zwergischer Anführer Rembrandt wandte sich an die Fronts und bat um Unterstützung. Die Fronts lieferten schwere Waffen, die das Blatt wendeten. Die Vory zogen sich zurück, und die Three Kings schworen den Fronts einen ewigen Treueeid. Sie sind Spezialisten für schwere Waffen, da die meisten ihrer Mitglieder ehemalige Soldaten der UCAS Army sind.

- Es besteht ein Zusammenhang zwischen den Fronts, die von den Vory Waffen bekommen, und der Weitergabe dieser Waffen an die Three Kings, um die Vory zu bekämpfen, die allerdings gar keinen Grund hatten, die Kings anzugreifen. Ich habe den Eindruck, dass das alles von den Vory und den Fronts inszeniert worden ist, um die Kings zu absorbieren.
- 14er

GHOST RIDERS

Die Ghost Riders sind eine mittelgroße Go-Gang, die die 470 zwischen der Route 121 und dem Highway 285 kontrolliert. Sie werden von Wanda Pascoli und Felicity Warren angeführt; Wanda ist eine Zauberin mit mit einer bemerkenswert guten Illusionsmagie. Jedes Mal, wenn die Ghost Riders unterwegs sind, gibt es eine Art magischen Effekt, der mit ihnen reist. Vielleicht ziehen sie ein Gewitter hinter sich her, vielleicht sehen ihre Motorräder wie Geisterpferde aus, oder sie hinterlassen vielleicht sogar Flammenspuren auf der Straße. Sie hängen im All the World's a Stage in Lakewood herum und sind dafür bekannt, dass sie für die Koshari Lieferaufträge und Talisschmuggel übernehmen.

IRONSIDERS MC

Die Ironsiders waren früher ein legaler Motorradclub, der sich aus Sioux zusammensetzte. Nach Ghostwalkers Landnahme wurden die Ironsiders zu einem sogenannten „Einprozenter-Club", das heißt, sie wurden zu Gesetzlosen. Sie kontrollieren einen Teil der Schmuggelrouten, die durch Brighton und Thornton führen, und verlangen von Kriminellen oft, dass diese Ironsiders zum Schutz „anheuern". Wie ein traditioneller Motorradclub haben sie strenge Regeln, die ihren Mitgliedern untersagen, ihre Körper mit injizierten Drogen zu „vergiften". Sie sind jedoch gerne bereit, intravenöse Drogen in die Zone zu bringen – wichtig ist ihnen nur, dass ihre Mitglieder sie nicht einnehmen.

NOCTURNA

Eine sehr kleine und spezialisierte Gang in den Aurora Warrens – niemand von den Fronts hat je versucht, die Nocturna zu übernehmen. Es gibt weniger als ein Dutzend Mitglieder, aber sie sind alle Vampire. Trotz ihrer geringen Zahl können sie sich heftig zur Wehr setzen, wenn es darauf ankommt. Sie versuchen jedoch, Konflikte zu vermeiden, es sei denn, dieser Konflikt bricht im Territorium von jemand anderem aus. Eines der Gründungsprinzipien der Gang ist es, ihre Nachbarschaft vor äußeren Bedrohungen zu schützen. Alles, was sie dafür verlangen, ist eine Blutspende von ihren Nachbarn. Jeder, der ihr Gebiet durchquert, muss einen halben Liter frisches Blut als Gegenleistung für die sichere Durchreise abgeben.

SILVER THORNS

Diese rein elfische Gang, die im überwiegend elfischen Viertel Tír'Rae operiert, hat Verbindungen zu den Ancients, weigert sich aber, sich ihnen anzuschließen. Sie wird von einem freien Geist angeführt, der sich Paladin Dufort nennt. Paladin Dufort nimmt die Gestalt eines mittelalterlichen Ritters an, und laut Bifrost hat er definitiv Verbindungen zu der Geisterfraktion der Korrigan, die den Wald von Brocéliande in Frankreich beherrscht. Er hat auch Verbindungen zu einheimischen Feen. Die Gang verhält sich jedoch nicht wie die meisten kriminellen Gangs – sie konzentriert sich eher darauf, Tír'Rae zu beschützen und dafür zu sorgen, dass ihre Mitelfen in den gefährlichen Aurora Warrens sicher sind.

SMOOTH CRIMINALS

Das ist eine kleine Gang im nördlichen Teil von Colorado Springs, die mit einigen wirklich üblen Leuten in Verbindung steht. Der Anführer, Curtis Rivers, war früher Mitglied des Humanis Policlub, aber die Aktivitäten von Humanis waren ihm zu zahm. Er gründete die Smooth Criminals und verbündete sich mit der Human Nation. Es ist bekannt, dass mehrere Mitglieder der Smooth Criminals die Kirche des Heiligen Wortes besuchen und wahrscheinlich mit den Jüngern des Heiligen Schwertes in Verbindung stehen.

WEST SIDE BLOODS

Die West Side Bloods sind eine typische Gang, die im Westen von Colorado Springs aktiv ist. Sie verkaufen Drogen, rauben Leute aus und versuchen, alle anderen aus ihrem Gebiet zu vertreiben. Was sie einzigartig macht, ist die Tatsache, dass sie eine rein hispanische Gang sind und ihr Anführer, Sleepy, Gerüchten zufolge mit Aztlan in Verbindung steht.

ZOMBIES

Die Zombies sind eine der wenigen Gangs in Aurora, die nicht von den Fronts absorbiert oder vernichtet wurden. Sie sind eine Thrill-Gang, die fast keine Führung hat. Ihr einziges Ziel scheint es zu sein, Spaß zu haben und alle anderen zu terrorisieren. Trotz ihrer Wir-sind-alle-unabhängig-und-chaotisch-Einstellung sind sich die Zombies erstaunlich ähnlich. Sie neigen zum Heroin-Chic-Look und kleiden sich in Grau und Schwarz. Sie verkaufen Chips, Drogen und schaffen irgendwie das Unmögliche: die Leute in Aurora zu erpressen. Ihr Anführer Romero fährt die Gang in einem umgebauten Schulbus herum, den sie als Truppentransporter und Partybus benutzen.

EINZELPERSONEN

Und schließlich eine Liste von Personen, von denen ihr vielleicht noch nie gehört habt. Ich möchte diesen Leuten ein wenig Aufmerksamkeit und Liebe schenken, ob sie wollen oder nicht.

ALEXIS GLIMMERSCALE

Die aus Denver stammende Alexis Glimmerscale war früher Mitglied der Kinder des Drachen und ist heute Mitglied des Vorstands der Draco Foundation. Sie hat eine blasse, fast schimmernde Haut, aber diesen Effekt erzielt sie durch den hervorragenden Einsatz von Make-up, nicht durch ein mystisches Erbe. In einem anderen Leben hätte sie ein Model werden können, aber sie fühlte sich berufen, die Beziehungen zwischen Metamenschen und Drachen zu fördern. Es heißt, dass Nadja Daviar und sie während eines Besuchs von Nadja bei den Kindern des Drachen in Denver eine unwahrscheinliche und enge Beziehung aufgebaut haben. Nach einer von Daviars längeren Auszeiten schlug sie Alexis für den Vorstand vor, und der Antrag wurde einstimmig angenommen.

CHARLES LIGHTFOOT

Charles, einer der Gründungspartner von FTL Technologies, ist ein skrupelloser Arsch. Er fiel seinem Partner in den Rücken, um die Kontrolle über FTL zu übernehmen. Jetzt wo er sich den sechzig nähert, tut er so, als wolle er sich versohnen, aber niemand nimmt ihn ernst. Es ist wahrscheinlicher, dass er sich an dem jüngsten Führungswechsel bei Spinrad Global stört.

DEAN COSTELLO

Dean Costello ist ein sehr talentierter Hacker und Infiltrator, der für die Casquilho-Familie arbeitet und JackPoint während der Kämpfe 2078 mit wichtigen Informationen versorgte. Dean ist als Herzensbrecher bekannt, da er mit mindestens einer Person aus dem Denver Data Haven und auch mit Tenebrous von den Aurora Angels eine Liebesbeziehung hatte. Allerdings ist er auch extrem kaltherzig, denn er brachte Tenebrous in den Yamato-Clan, um die Aurora Angels zu zwingen, sich um Hilfe an die Fronts zu wenden. Dadurch konnten sich die Fronts noch weiter bei den Casquilhos einschmeicheln, was ihnen eine weitere Möglichkeit bot, Hacker und Technologiespezialisten anzuwerben.

LESTER TRUMAN

Der Erbe und Präsident von Truman Distribution Networks. Lester Truman ist ein äußerst unauffälliger Mensch mit rundem Gesicht und schütterem Haaransatz, was die Leute dazu bringt, ihn zu unterschätzen. Auf den ersten Blick wirkt er freundlich und hat ein Talent dafür, sich die Namen der Leute zu merken. All das sorgt dafür, dass er die Leute auf dem falschen Fuß erwischt, wenn er zuschlägt. Er ist ein skrupelloser Geschäftsmann, der von seinem Vater – einer berühmten Heuschrecke – alles über das Geschäft gelernt hat.

NICHOLAS WHITEBIRD

Nicholas Whitebird, die orkische Stimme von Ghostwalker, sieht man fast jeden Abend im Trideo. Er ist ein amerindianischer orkischer Schamane. Gerüchte besagen, dass sein Schutzgeist entweder Wyrm, Drache oder Adler ist, aber niemand weiß es genau. Er spricht überlegt und mit sanfter Stimme, ein willkommener Kontrast zu seinem Herrn und Meister. Er wurde Ghostwalker von einer rätselhaften Gestalt, die nur als Guide bekannt ist, vorgestellt und weilt seitdem an der Seite des Drachen. Angeblich wurde er 2030 geboren und wuchs in Boulder auf. Es heißt, dass Guide ihn im Alter von neun Jahren fand und ihn für seine zukünftigen Pflichten ausbildete.

- Der zeitliche Ablauf impliziert, dass dieser „Guide" etwa 21 Jahre im Voraus von Ghostwalkers bevorstehender Ankunft wusste.
- Marko

RHINEGOLD

Manchmal sieht ein Mann ein Trideo und beschließt, den Lebensstil zu übernehmen, den er gesehen hat. Ich habe keine Ahnung, wie Rhinegold wirklich heißt, aber seit er den *Ring des Nibelungen* gesehen hat, gibt es für ihn kein Zurück mehr. Er hat ein Kettenhemd und einen Zweihänder. Er sieht wie ein Ordensritter aus, aber wenn man näher kommt, sieht man seine Cyberhand und seine Datenbuchse. Rhinegold ist ein hervorragender Rigger, der als Schmuggler und Datenkurier arbeitet. Er fährt einen großen Kombi, der sehr deplatziert wirkt, aber einige Geheimnisse unter der Haube birgt, die nur Rhinegold kennt. Er wird euch einen besseren Preis machen, wenn ihr euch auf die von ihm favorisierte Beer-and-Glory-Symbolik einlasst.

SILVER STREAK

Silver Streak, eine weitere freiberufliche Schmugglerin in der Region, ist eine Zyklopin, die für ihre Verschwiegenheit und ihr Hooding bekannt ist. Sie trägt eine große rote Mempo-Maske, die den unteren Teil ihres Gesichts verdeckt. Manchmal wird sie auch als Crimson Crusader oder als das Phantom bezeichnet. Am liebsten ist sie mit ihrem BMW-Motorrad und einem Schwarm Flugdrohnen unterwegs, aber für große oder diskrete Aufträge hat sie einen unauffälligen weißen Kastenwagen. Wenn sie glaubt, dass eure Sache gerecht ist, wird sie euch helfen.

STEVEN RIDGEMONT

Jeder, der seit 2064 die Matrix benutzt hat, verdankt einen Teil seines Erfolgs Steven Ridgemont. Er ist ein brillanter Programmierer und eine Art Matrix-Promi. Es gab eine Zeit, in der Ridgemont als freiberuflicher Hacker leben wollte, aber nach seinem ersten Run änderte er seine Meinung und wurde Unternehmer. Er gründete FTL Technologies, aber sein Freund und Partner verriet ihn. Jetzt konzentriert er sich auf sein neues Unternehmen, Warpdrive Systems, und will FTL vernichten.

GESCHÄFTE SIND GUT

Wir lieben es, sie zu hassen, aber ohne die Konzerne wären wir nichts. Eine ganze Reihe von Unternehmen sind in Denver vertreten. Natürlich sind die Großen Zehn alle in der Stadt, sogar Aztechnology durch seine Tochtergesellschaften. Aber es gibt auch einige einheimische Kons, die in der Stadt eine übergroße Präsenz haben. Ich möchte etwas Zeit damit verbringen, über diese Unternehmen zu sprechen.

ANASAZI HOLDING COMPANY

Eine Mantelgesellschaft, die dabei hilft, Ghostwalkers Geld zu verwalten. Im Kern kauft sie Grundstücke auf und wickelt dann Fusionen und Ähnliches ab, und all das wird vermutlich von Ghostwalker finanziert. Es hat viel Arbeit gekostet, das herauszufinden, aber der Präsident des Unternehmens ist kein Geringerer ist als Steven Ridgemont, der CEO von Warpdrive Systems. Das deutet auf eine mögliche Verbindung zwischen Anasazi und Warpdrive hin. Zumindest zeigt es, dass Ghostwalker ein großes Interesse an Steven Ridgemont hat.

KONZERNE UND MARKEN IN DENVER

Aegis Cognito
AN Meridian
Anasazi Holding Company
Apex Plasmids
Arboritech
Architectural Dynamics
Ares Global Commsat
Awakened World Research
Brainwave, Inc.
Cerebrotech
CodeBlue Biotech
CrashCart Medical Services
DocWagon
Eagle Security Services, Inc.
Energia Viva
Focused Consulting and Brokerage
Free Zone Voice
FTL Technologies
Hard Corps
HermeTech Associates
HyperSense
Iris Firmware
KMAG
Knight Errant
Lone Star
Malaysian Independent Bank
McHugh's
Mitsuhama Magical Services
Mitsuhama Media
MediCarro
MetaErgonomics
MetaMatrix
Ming Solutions
Monobe International
Novatech Matrix Services
Parashield
Pathfinder Multimedia
Prism Aerospace
Prosperity Development Corporation
Pueblo Security Services
Shiawase City Services
Shiawase Fuzion
Shibata Construction and Engineering
Singularity
Spellweaver Consortium
Stuffer Shack
Taco Temple
Terracotta Armaments
Truman Distribution Networks
Tsuruga International
UnlimiTech
VOR Robotics
Warpdrive Systems
Weapons World
Wolverine Security

APEX PLASMIDS, INC.

Apex Plasmids ist der größte Anbieter von Mykoproteinen, Algen und Kohlenwasserstoffen in der Zone. Allerdings wimmelt es in seiner Geschichte von peinlichen Problemen. 2045 war Apex noch als Denver Foodstuffs, Inc. bekannt. Die Firma hatte einen schrecklichen Ruf in Bezug auf Lebensmittelqualität und -sicherheit, aber sie hatte kaum Konkurrenz. Als der PCC jedoch 2061 nach Los Angeles expandierte, sanken die Kosten für den Import von Waren nach Denver drastisch, und Denver Foodstuffs stand plötzlich im Wettbewerb mit den Großen. Kurz darauf kam Ghostwalker in Denver an und griff eine Reihe von Aztechnology- und Saeder-Krupp-Anlagen an, wobei Denver Foodstuffs Kollateralschäden erlitt.

Das Unternehmen nahm gewaltige Kredite auf, um die Schäden zu reparieren und sich über Wasser zu halten. Die Zukunft sah düster aus, aber dann gewann Denver Foodstuffs einen Schadensersatzprozess gegen Ghostwalker und erhielt die von Aztechnology gestohlene Plasmidtechnologie. Fast sofort war das Unternehmen in der Lage, fast jeden Kohlenwasserstoff aus den Algen herzustellen, über die es in Hülle und Fülle verfügte. Leider eilte dem Unternehmen sein Ruf voraus, egal was es anstellte.

Also taten sie das Beste, was sie konnten: Sie gaben sich einen neuen Namen. Sie änderten ihren Namen in Apex Plasmids und versuchten, ihre peinliche Vergangenheit hinter sich zu lassen. Ihre Unternehmenskultur ist jedoch fast genauso abgestanden wie ihre Algentanks. Korruption ist auf den unteren Ebenen weit verbreitet, und die Sicherheitsstandards sind nach wie vor mangelhaft.

FOCUSED CONSULTING AND BROKERAGE (FCB)

Es gibt nur sehr wenig über FCB zu erfahren. Bekannt ist, dass die Firma vor etwa dreißig Jahren in Denver gegründet wurde. FCB bietet Beratungsdienste für die Elite der Zone an und hat es geschafft, allen politischen Machenschaften immer einen Schritt voraus zu sein. FCBs Aufstieg und seine Fähigkeit, der ZDF immer einen Schritt voraus zu sein, führten zu Gerüchten, dass FCB Ghostwalkers persönliche Firma ist, um Runner anzuheuern. Sicher bestätigen kann das aber niemand.

FTL TECHNOLOGIES

FTL ist eine Tochtergesellschaft von Spinrad Global mit Sitz in Denver. Es heißt, dass das Unternehmen 2038 von Steven Ridgemont und seinem Partner Charles Lightfoot gegründet wurde. Sie arbeiteten zusammen, entwickelten eine proprietäre Programmiersprache und meldeten etwa ein Dutzend Patente für frühe Cyberdeck-Designs an. Somit hatten sie natürlich eine Zielscheibe auf dem Rücken, und sie wurden 2055 in einer feindlichen Übernahme von Fuchi aufgekauft. Im Rahmen der Übernahme machte Fuchi Charles Lightfoot zum CEO und trennte sich von Steven Ridgemont. Ridgemont erfuhr später, dass Lightfoot mit Fuchi zusammengearbeitet hatte, um die feindliche Übernahme zu ermöglichen. Als Fuchi 2060 zusammenbrach, wurde FTL in den Besitz von NeoNET überführt. FTLs Arbeit trug dazu bei, die Matrix nach dem Crash 2.0 im Jahr 2064 wiederaufzubauen. Nach NeoNETs Zusammenbruch ging FTL auf Global Spinrad über. Es gibt Gerüchte, dass Lightfoot das Unternehmen wieder zu einem Privatunternehmen machen will. Falls das so ist, dürft ihr damit rechnen, dass sich Spinrad heftig zur Wehr setzen wird.

WARPDRIVE SYSTEMS

Warpdrive Systems wurde 2055 gegründet und ist buchstäblich auf Rache aufgebaut. Der Gründer Steven Ridgemont führte das Unternehmen auf den Markt, um seinen Partner und späteren Erzfeind Charles Lightfoot von FTL Technologies zu ärgern. Warpdrive ist in den letzten zwanzig Jahren schnell gewachsen und hat seit der Emergenz eine Reihe von Technomancern angeworben. Ridgemont behauptet, er tue dies, weil er ihnen zu einem Lebensstandard verhelfen könne, der besser sei als im den Rest der Zone. Wenn es jedoch eine Verbindung zwischen ihm und der Anasazi Holding Company gibt, könnte es sein, dass dies eine Pipeline ist, über die Ghostwalker seine Technomancer-Spinnen bekommt.

LOSE ENDEN

Ich habe euch zu Beginn mitgeteilt, dass ich nach meiner Freundin Perri gesucht habe. Es hat etwas gedauert, aber wir haben sie gefunden. Sie ist gesund und munter, und sie ist tief untergetaucht. Wir haben auch einen weiteren Sysop des Nexus aufgespürt: Kludge. Perri und Kludge haben als Reaktion auf Ghostwalkers zunehmend aggressive Kontrolle über die Zone eine Art Widerstandsbewegung gegründet. Ich kann jedoch nicht sagen, ob ihre Bewegung ohne Hilfe von außen jemals erfolgreich sein wird. Ich habe mich an einige meiner Connections gewandt und ihnen besorgt, was sie brauchen. Wir werden sehen, ob das ausreichen wird.

- Einer meiner Spione in Boulder hat gerade eine Gruppe seltsam gekleideter Leute entdeckt, die das Nationale Zentrum für Atmosphärenforschung betraten. Kennt jemand diese Leute? Video kommt, sorry für die Qualität.
- Marko

- Ich glaube, ich erkenne einen dieser Typen. Wenn er der ist, für den ich ihn halte, ist er ein Mitglied des Adlerordens. Und ich bin mir ziemlich sicher, dass der andere Typ ein Mitglied der Geschorenen ist.
- Bifrost

- Wer oder was sind der Adlerorden oder die Geschorenen? Und warum glaube ich, dass mir die Antwort nicht gefallen wird?
- Ecotope

- Das sind Spezialeinheiten von Aztechnology. Der Adlerorden besteht hauptsächlich aus sozialen Adepten. Die Geschorenen sind reine Terroristen. Keine netten Leute, aber sie können einen Job erledigen. Ich hoffe, das ist nicht das, was Peregrine mit „Hilfe von außen" meinte.
- Bifrost

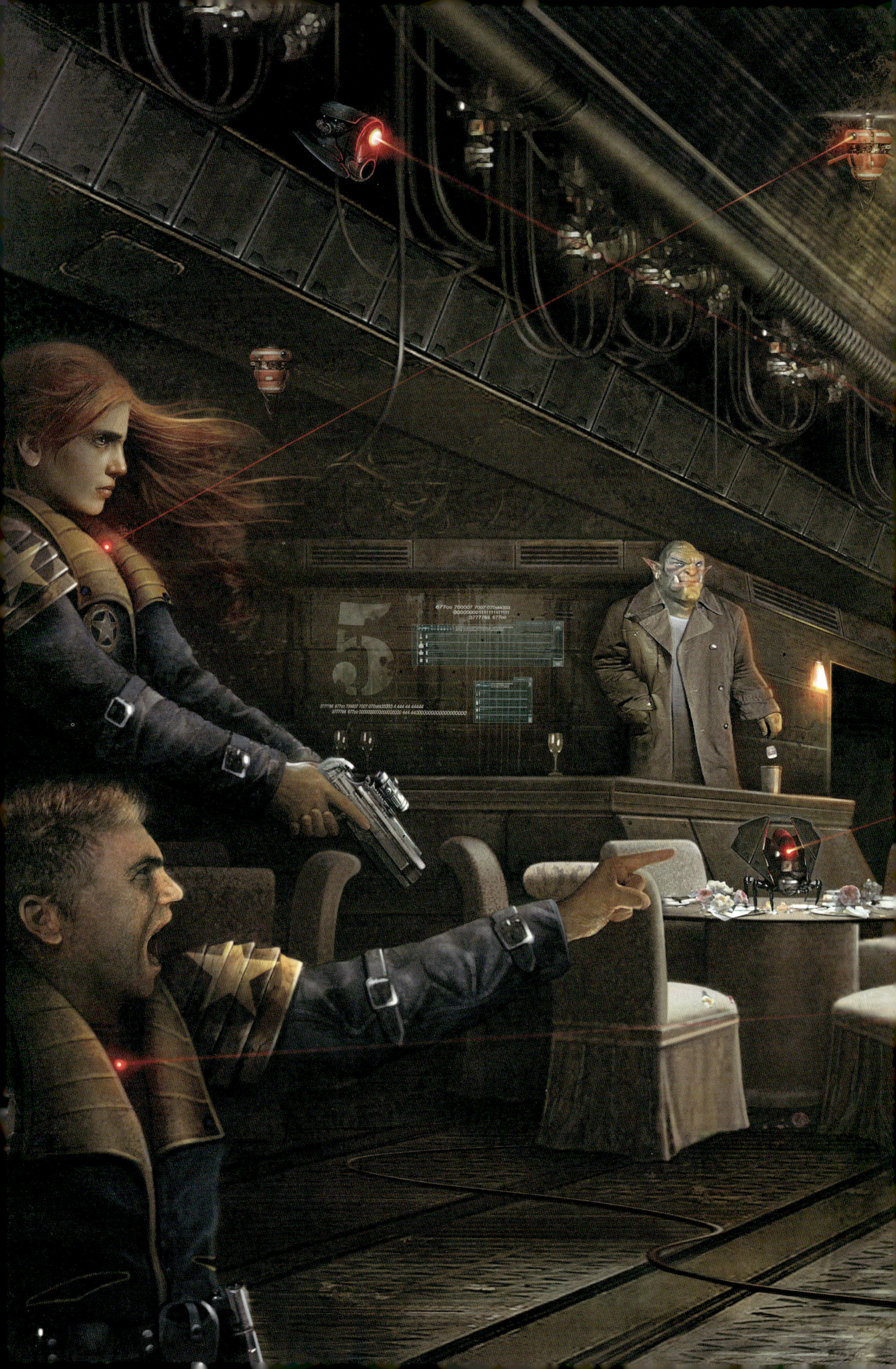
5

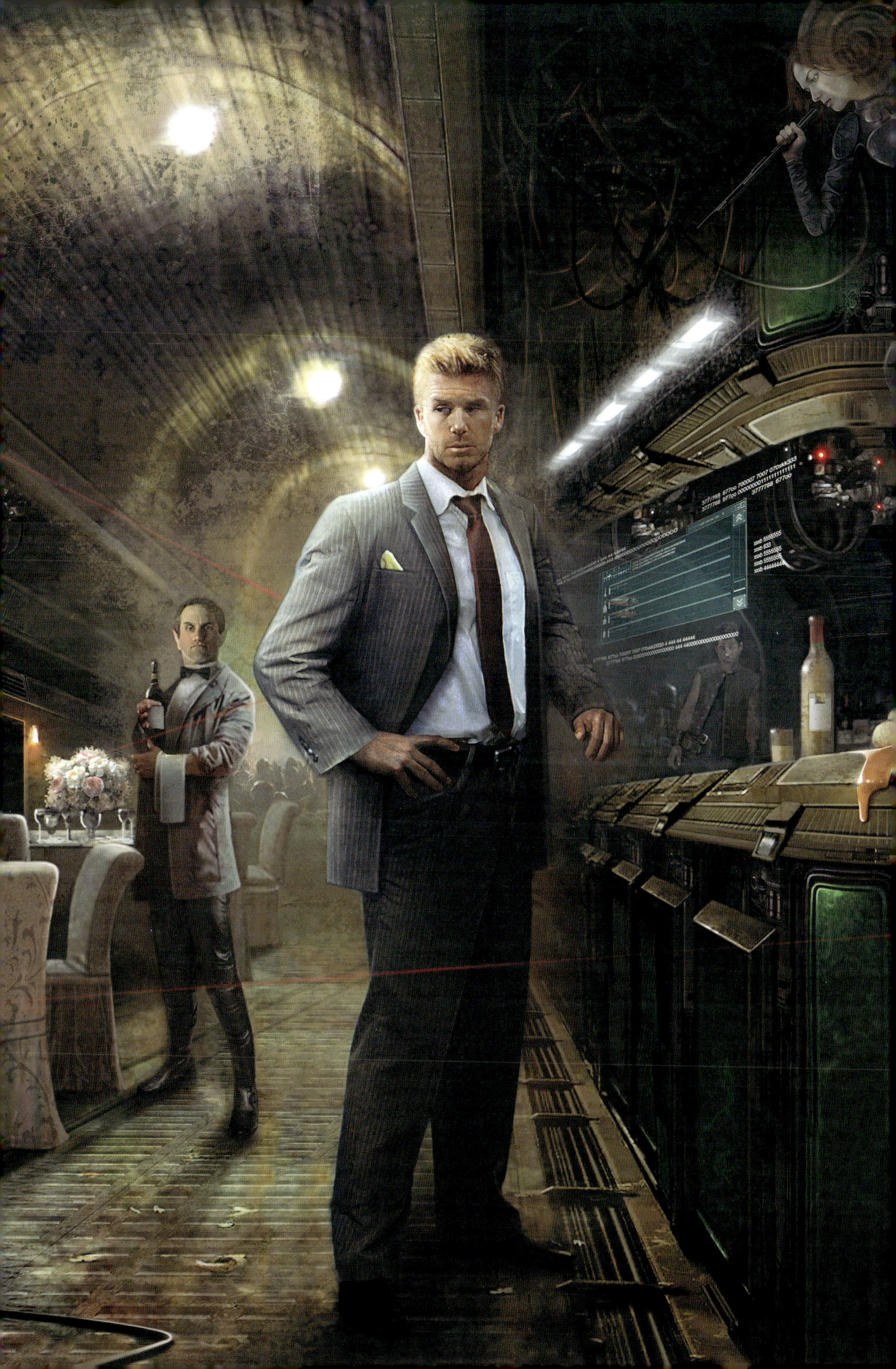

MISSION 1

MILE HIGH MISSION

Diese Mission wirft die Charaktere direkt in die Geschehnisse in Denver und schickt sie sofort auf einen Run: Es bleibt keine Zeit zu verlieren, um herauszufinden, was in der Stadt passiert ist. Denver ist eine Stadt der Intrigen, in der alle Arten von Partnerschaften und seltsamen Bündnissen im Gange sind. Die Runner müssen sie entwirren.

AUFHÄNGER

Der erste Schritt besteht darin, die Runner nach Denver zu bringen, wenn sie nicht schon dort sind. Du kannst bestimmen, wie das geschieht – die Runner einfach für einen Job nach Denver einzuladen, reicht schon aus. Eine Schieberin namens Cat, die vom Ruf der Runner gehört hat, kontaktiert sie für einen neuen Auftrag. Wenn die Runner neu in den Schatten sind und sich noch keine Reputation erarbeitet haben, zählt Cat darauf, dass sie noch keine Allianzen haben, die den Job verkomplizieren würden. Sie weiß, dass extrem viele Akteure möglicherweise ein Interesse an der Arbeit des Teams haben.

DER JOB

Cat macht den Runnern nichts vor – sie sagt, es gäbe viel Arbeit zu tun und eine Menge Komplotte zu entwirren. Der erste Job, den sie für die Runner hat, mag einfach erscheinen, wird aber wahrscheinlich zu vielen Komplikationen führen. Cat weiß nicht, wie viele oder welche Art von Komplikationen es geben wird, denn das ist Teil des Problems – sie weiß nicht, wie viel sie nicht weiß, und das macht sie nervös. Das bedeutet, dass die Runner nicht ein bestimmtes Ziel haben, sondern einen Ort aufsuchen und so viele Informationen wie möglich sammeln sollen.

Das Team wird – egal, ob es sich um einheimische oder auswärtige Runner handelt – in Denver versammelt und beauftragt, eine „einfache" Infiltration und Informationsbewertung in einer geheimen Konzernanlage durchzuführen. Die Runner haben kein bestimmtes Ziel, sondern sollen so viele Informationen wie möglich über die Eigentümer und die Aktivitäten in der Anlage sammeln.

Cat lädt sie zu einem persönlichen Treffen um 19:30 Uhr im Cruise Room (S. 53) ein (Einzelheiten zu Cat findest du auf S. 56). Cat wird die Runner den ganzen Abend über beobachten, um zu sehen, wie sie sich verhalten. Ihr erster Test findet am Pult der Empfangsdame statt, die die Runner fünf Minuten lang warten lässt, während sie Anrufe entgegennimmt, bevor sie anbietet, ihnen zu helfen. Wenn die Runner vor der Begrüßung durch die Empfangsdame hereinmarschieren, zählt das als Punkt gegen sie.

Wenn die Runner Cats Bekanntschaft machen, kommt sie nach kurzem Smalltalk zur Sache. (Beachte, dass sie zwei Leibwächter bei sich hat; verwende die Werte des Lone-Star-SWAT-Offiziers, *SR6*, S. 207.) Sie beschreibt den Auftrag als Infiltration und Informationssammlung. Sie bietet den Runnern insgesamt 50.000 Nuyen (aufgeteilt auf die Erfüllung der Teilaufträge, s. u.) und ein Safehouse in der Stadt an, wenn sie den Auftrag annehmen, denn Cat ist sich sicher, dass es noch mehr Arbeit geben wird.

Das Ziel ist eine geheime Anlage „in der Nähe" von Free Zone Meats. Die Anlage befindet sich wahrscheinlich unter der Erde, aber Cat ist sich dessen nicht sicher. Die Aufgabe besteht darin, herauszufinden, welche Forschungen dort durchgeführt werden und wem die Anlage gehört. Letzteres ist die wichtigere Information, aber auch schwerer herauszufinden. Können die Runner zu den beiden Aspekten keine vollständigen Daten sammeln, wird ihr Honorar entsprechend gekürzt. Wenn es den Runnern nicht gelingt, Daten zum Eigentümer zu finden, verringert sich die Zahlung um 25.000 Nuyen, und wenn sie nur einen Teil der Forschungsdaten beschaffen, verringert sich die Zahlung um 12.500 Nuyen. Cat ist sehr professionell, wenn es um die Details geht, und sorgt dafür, dass die Runner die Bedingungen des Auftrags genau verstehen. Sie ist nüchtern, wenn sie beschreiben soll, wofür die Runner Geld erhalten. Wenn die Runner versuchen, um die Bezahlung zu verhandeln, erhalten sie pro Nettoerfolg bei einer Vergleichenden Probe auf Einfluss (Verhandeln) + Charisma gegen Cat einen Bonus von 2.500 Nuyen (maximal aber einen Bonus von 10.000 Nuyen).

Cat ist nicht die einzige Person, die an diesem Job interessiert ist. Auch das neue Denver ist ein Ort der Spione, und eine dieser Spione, Kelly Jones, befindet sich zurzeit im Cruise Room, wo sie Cat und die Runner heimlich überwacht. Für sie ist es eher eine willkommene Gelegenheit als ein geplanter Auftrag – Jones sah Cat hereinkommen und hielt es für eine gute Idee, zu beobachten, was sie vorhat. Das bedeutet, dass sie nicht so gut auf ihre Aufgabe vorbereitet ist wie sonst. Dadurch können die Runner ihr Spionieren einigermaßen leicht bemerken, sofern ihnen eine Vergleichende Probe auf Wahrnehmung + Intuition gegen Kellys Heimlichkeit + Geschicklichkeit gelingt. Wie Kelly reagiert, falls sie erwischt wird, findest du in ihrer Beschreibung auf Seite 56.

Der Job der Runner wird nicht einfach sein, denn selbst die Mitarbeiter der Anlage wissen nicht genau, für wen sie arbeiten. Sie erhalten Forschungsaufträge und führen die Experimente durch, haben aber keine Ahnung, von wem die Anweisungen kommen oder wohin die Daten geschickt werden. Sie haben nichts dagegen, dass beglaubigte Credsticks für sie eintrudeln. Diese Zahlungsmethode macht es allerdings schwierig, Details über die Betreiber der Anlage zu erfahren, aber die Runner können etwas Bonusgeld einnehmen, wenn sie einige der Credsticks an sich nehmen. Das ist vermutlich eine gute Idee, denn sie erhalten das volle Honorar nur dann, wenn sie die Eigentümer der Anlage zweifelsfrei identifizieren können.

Sobald die Runner das Treffen mit Cat beendet haben, machen sie sich auf den Weg, um sich Free Zone Meats anzusehen. Die Untersuchung sollte eine kleine Außenerkundung beinhalten, um ein Gefühl für den Ort zu bekommen und nach eventuellen Einstiegspunkten zu suchen. Es gibt verschiedene Möglichkeiten, die jeweils ihre eigenen Probleme mit sich bringen. Sobald die Runner drin sind, müssen sie den Eingang finden, zu den Labors hinunterkommen und sich auf die Suche machen. Sie werden wahrscheinlich in Zeitnot geraten, wenn die Wachen Verstärkung von außen anfordern. Die Runner müssen Daten von beiden Seiten der Anlage beschaffen und die leitenden Wissenschaftler befragen, um zumindest eine Ahnung über die Betreiber der Anlage zu gewinnen.

Einzelheiten zu Free Zone Meats und den Herausforderungen dieses Standorts findest du unter *Schauplätze* (S. 54).

Sobald die Runner die Paydata haben, können sie verschwinden und die Daten an Cat übergeben, um ihr Honorar einzustreichen.

SCHAUPLÄTZE

DAS CRUISE ROOM

Das Cruise Room ist eine Flüsterkneipe im Oxford Hotel (1600 17th Street). Um dort hinzugelangen, muss man sich bei der Empfangsdame Evelyn in Elson's Steakhouse anmelden. Sie wird einem sagen, dass man zu der verspiegelten Glaswand mit dem

HOSTS

HOSTS DES OXFORD HOTEL (ÖFFENTLICH, SICHERHEIT, DATEN)

Ikonografie: Eine gut ausgestattete Burg aus Stein mit mittelalterlichen Gestalten anstelle von Personas und IC-Icons.
Stufe: 2, 3, 2
ASDF: 3/2/5/4, 6/3/4/5, 5/3/2/4
IC: Patrouille, Blaster, Teerbaby (nur Sicherheitshost)
Organisation: Der öffentliche Host wird für Reservierungen und Anfragen verwendet. Der Sicherheitshost kontrolliert den Zugang zu den Räumen, die Sicherheitskameras, Aufzüge und Türen sowie alle anderen Sicherheitsanlagen. Der Datenhost speichert Gästedaten und Sicherheitsaufzeichnungen, die älter als 24 Stunden sind.

DER HOST DES CRUISE ROOM

Ikonografie: Dieser Host ist so gestaltet, dass er der Bar ähnelt, mit Servicepersonal in AR-Kostümen und IC, das zum Kreuzfahrtschiff-Thema passt.
Stufe: 4
ASDF: 5/7/4/6
IC: Patrouille, Blaster, Bremse, Teerbaby

HOSTS VON FREE ZONE MEATS (ÖFFENTLICH, SICHERHEIT, DATEN)

Ikonografie: Altes Ranchhaus und Farm
Stufe: 2, 3, 2
ASDF: 3/2/5/4, 6/3/4/5, 3/2/4/5
IC: Patrouille, Säure, Blaster, Teerbaby (nur Sicherheitshost)
Anmerkungen: Die Audioüberwachung erfolgt über den Sicherheitshost.
Organisation: Der öffentliche Host kümmert sich um den Empfang und das Personal. Der Sicherheitshost ist für die Überwachung des Personals hinter dem öffentlichen Host zuständig. Der Datenhost befindet sich hinter dem Sicherheitshost und verfolgt die ein- und ausgehenden Bestände.

HOSTS DER GEHEIMANLAGE (HAUPTHOST, SICHERHEIT, ERWACHTE DATEN, EMERGENTE DATEN)

Ikonografie: Aztekisch/Maya
Stufe: 5 (Haupthost, Datenhosts), 6 (Sicherheitshost)
ASDF: 7/6/5/8 (Haupthost, Datenhosts), 8/7/6/9 (Sicherheitshost)
IC: Patrouille, Säure, Teerbaby (nur Sicherheitshost), Blaster, Bremse
Anmerkungen: Daten zum Eigentümer sind nirgends zu finden. Die Forschungsdaten müssen von jeder Seite mit einem drahtlosen Schlüssel abgerufen werden, der sich auf den Kommlinks der Chefärzte befindet. Pro Schlüssel, den man verwendet, wird das Firewall-Attribut des Hosts um 1 gesenkt.
Organisation: Der Haupthost bearbeitet nur Mitarbeiteranfragen und kleinere Verwaltungsarbeiten. Dahinter befindet sich der Sicherheitshost, der den Zugang zu den Hosts für Erwachte und Emergente Daten einschränkt.

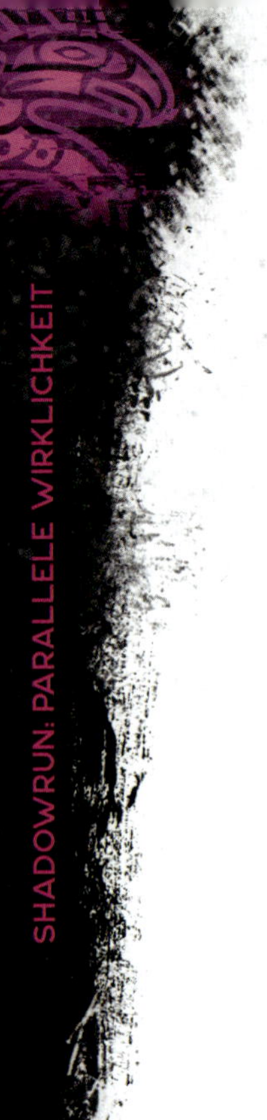

Bild der *Queen Mary* in der Lobby gehen soll. Dort berührt man die Metallstange direkt unter dem Bild, was, wenn sie von Evelyn aktiviert wird, das Öffnen der Tür ermöglicht. Die Tür erscheint auch kurz in der Matrix.

Das Cruise Room ist eine malerische kleine Cocktail-Lounge, die wie in der Zeit eingefroren zu sein scheint, mit einem Art-Deco-Stil, der einer Lounge auf dem Kreuzfahrtschiff *Queen Mary* nachempfunden ist. Es handelt sich um einen langen, schmalen Raum, der wie eine Weinflasche geformt ist, mit einer Bar, die fast eine ganze Wand einnimmt, und Separees an den übrigen Wänden. Nur die Haupttür (der Spiegel, der sich aus dem Weg schieben lässt) bietet Zugang zur Hauptbar. Die Toiletten befinden sich im Hotel selbst. Hinter der Bar befindet sich ein versteckter Zugang zu einem kleinen Lagerraum, den sich die Bar mit Elson's Steakhouse teilt. Auf diese Weise werden auch die im Cruise Room bestellten Speisen geliefert.

FREE ZONE MEATS

Dieser Ort ist seit Langem ein fester Bestandteil der Region Denver. Er liefert seine Waren unter den bekannten Namen Real Beef™, Rocky Mountain Steak Company™ und Front Range Filets™ aus, aber kein noch so netter Marketing-Titel verschönert die Aura dieses Schlachthofs und Fleischverpackungsbetriebs.

Die oberirdische Anlage dient als Tarnung für eine darunterliegende Geheimanlage eines Konzerns. Die Anlage verfügt über mehrere einzigartige Eigenschaften, die sie ideal für den beabsichtigten Zweck machen: das Verhör und die Untersuchung von Emergenten und Erwachten Personen. Die örtliche Astralebene ist erheblich geschädigt, was zur Sicherheit auf der Oberfläche beiträgt und die darunter stattfindende Forschung unterstützt. Abgesehen vom astralen Schaden ist der Ort auch von einem Dissonanzpool befallen. Der Datenspeicher der Geheimanlage weist die Versuchspersonen nicht eindeutig als Metamenschen aus, enthält aber Material, das die Runner stutzig machen sollte, da es vermeintliche Labortiere auf ausgesprochen metamenschliche Weise beschreibt (z. B. „Subjekt 437 wurde unsachgemäß beschafft, da nicht klar war, ob alle sozialen Verbindungen vor Beginn des Experiments ordnungsgemäß getrennt wurden").

Free Zone Meats befindet sich am Blakeland Drive westlich des Highway 85, dort, wo die Bahnlinie den Highway unterquert, und nur wenige Hundert Meter südlich der Colorado 470. Der Komplex besteht aus einer Doppelreihe elektrifizierter Zäune [8B(e) Schaden], die drei Meter voneinander und hundert Meter vom Hauptgebäude entfernt sind, mit einem einzigen Tor und einem Wachhaus. Das Wachhaus ist mit insgesamt fünf Wachen besetzt (verwende die Werte des Lone-Star-Streifenpolizisten, *SR6*, S. 206). Zwei von ihnen halten sich ständig im Wachhaus auf, während die anderen drei an den Grenzen des Geländes patrouillieren.

Das Hauptgebäude ist ein großer quadratischer Bau, der auf jeder Seite 130 Meter lang ist. In der nordöstlichen Ecke befinden sich drei Stockwerke mit Büros auf einer Fläche von dreißig mal dreißig Metern. Die etwa vierzig Büroangestellten kommen gegen 8:30 Uhr und gehen gegen 17:30 Uhr.

Die Büroräume sind auf neun ungefähr zehn mal zehn Meter großen Flächen angeordnet, die sich über die drei Etagen verteilen. Die Flure bilden die Ränder der Quadrate. Das nordöstliche Quadrat enthält im Erdgeschoss den Empfangsbereich, im ersten Obergeschoss das Büro des Betriebsleiters und im zweiten Obergeschoss das Büro des Anlagenleiters. Auf allen drei Etagen befinden sich im zentralen Quadrat die Personalaufzüge, Pausenräume und Sanitäranlagen. Jede Etage ist besser ausgestattet als die darunter liegende. Im Erdgeschoss sind die beiden an den Empfangsbereich angrenzenden Quadrate Vertriebsbüros für Unternehmen und Kunden, die persönlich vor Ort erscheinen. Im ersten Obergeschoss befinden sich die Vertriebsbüros für weiter entfernte sowie für internationale Kunden; die meisten Termine werden hier über AR und VR abgewickelt. Im zweiten Obergeschoss befinden sich die Büros der Vertriebsleiter, die die unteren Etagen verwalten und die VIP-Kunden betreuen. Das südwestliche Quadrat beherbergt den Lastenaufzug, das Gebäudelager und die Büros des Wartungspersonals. Der Lastenaufzug wird auch für den Zugang zur Geheimanlage verwendet, die sich zehn Meter unter der Erde befindet. Die restlichen vier Quadrate im Erdgeschoss sind Büros für das allgemeine Personal. Im ersten Obergeschoss befinden sich größere Büros, in denen die Execs des Standorts und des Konzerns arbeiten. Im zweiten Obergeschoss ist jedes Quadrat ein riesiger Büro-/Wohnbereich. Die beiden Eckbüros sind für VIP-Gäste von Free Zone Meats bestimmt, während die anderen beiden den Execs der Geheimanlage zur Verfügung stehen.

Der Rest des Gebäudes besteht aus einem Schlachthof, einem Verpackungs- und Verarbeitungsbetrieb und den Verladedocks. Der Schlachthof und die Vieh-

DISSONANZ

Dissonanz ist eine … Kraft? Substanz? Materie? Sache? –, die die Resonanz stört und es Technomancern erschwert, auf die Matrix zuzugreifen. Regeltechnisch funktioniert dies analog zu Manablasen, im Detail wie folgt:

KLEINER DISSONANZPOOL

Jeder Technomancer, der einen kleinen Dissonanzpool berührt, erleidet einen Würfelpoolmalus von -1 auf jede Probe, bei der Resonanz zum Würfelpool beiträgt.

MITTLERER DISSONANZPOOL

Jeder Technomancer, der einen mittleren Dissonanzpool berührt, muss 1 Edge mehr als üblich für Edge-Handlungen und Edge-Boosts ausgeben, bei denen Resonanz zum Würfelpool beiträgt.

GROßER DISSONANZPOOL

Charaktere können bei Proben, bei denen Resonanz zum Würfelpool beiträgt, weder Edge erhalten noch ausgeben.

gehege befinden sich im südöstlichen Teil, die Verarbeitung und die Verpackung nehmen den mittleren Teil und den Bereich um die Büros herum ein, und die Verladedocks befinden sich in der südwestlichen Ecke, wobei die Lkw-Verladedocks Richtung Westen und die Zugverladedocks Richtung Süden liegen und dieselbe Bahnlinie benutzen, die auch das Vieh zum Schlachthof bringt. Das Personal besteht aus 150 Arbeitern, die um 8 Uhr kommen und um 18 Uhr gehen. Das Innere der Anlage wird von nur vier Wachen bewacht (verwende die Werte des Lone-Star-Streifenpolizisten, *SR6*, S. 206). Freitags schlüpfen einige Mitarbeiter der Geheimanlage zusammen mit den normalen Büroangestellten und Arbeitern hinein und hinaus.

Der Astralraum und der Manafluss in diesem Gebiet sind durch das ständige Schlachten des Viehs stark gestört. Das führt in der Anlage zu einer starken Manablase (s. *Arkane Kräfte*, S. 185) für alle Traditionen. Abgesehen von den Büros im ersten und zweiten Obergeschoss hat das ganze Gebäude WiFi-dämpfende Farbe der Stufe 6 auf allen Außenflächen, einschließlich des Bodens. Die Farbe erzeugt 6 Punkte Rauschen (*SR6*, S. 177) bei jedem Matrixsignal, das sie durchläuft.

Die Verarbeitungsanlage befindet sich in den Tiefen der Dunkelheit. Der Astralraum hier ist durch und durch befleckt. Das angelieferte Vieh wird nicht nur geschlachtet, sondern auch gequält und in Angst versetzt, bevor es einen langsamen und schmerzhaften Tod stirbt. Anstelle der üblichen Techniken werden die Tiere hereingebracht, wiederholt verletzt und dann zum langsamen Ausbluten aufgehängt. Ihre Furcht und ihr Schrecken bilden die Grundlage für die örtliche Manablase, die durch die Metamenschen, die hierhergebracht und ähnlichen Handlungen unterworfen werden, noch verstärkt wird, was die Astralebene in der Region gründlich korrumpiert. Es gibt jedoch keine physischen Beweise für das eigentliche Verbrechen – man findet tierische Überreste in der Verarbeitungsanlage, aber keine metamenschlichen Überreste.

Die Anlage ist ein Labyrinth aus Tötungsräumen, Gehegen, Schlachtkammern und Verpackungsräumen, zwischen denen eine Reihe von Förderbändern verläuft. Der Innenraum ist nicht videoüberwacht, bietet aber für Notfälle eine Audioüberwachung, die über die Matrix aufgerufen werden kann. Das Personal ist im Allgemeinen apathisch, und wenn die Runner entdeckt werden, werden sie ignoriert, es sei denn, sie greifen das Personal an oder sehen wirklich unpassend aus (übermäßige Panzerung, starke Bewaffnung, offensichtliche Zauber usw.). In diesen Fällen verteidigt sich das Personal selbst, falls es angegriffen wird. Andernfalls gibt es mündlich bekannt, dass sich Eindringlinge am Standort befinden. Die Audiosensoren sind mit einem Geotag versehen, und ein IC-Programm überwacht die Audioübertragung auf die Wörter „Eindringling", „Hilfe" oder laute Schreie.

Der Zugang zur Geheimanlage erfolgt über den Lastenaufzug, mit dem normalerweise Schüttgut und Gegenstände in die oberen Stockwerke befördert werden. Um den Aufzug zur Geheimanlage hinunterfahren zu lassen, benötigen die Runner ein Kommlink mit dem ARO-Zugangsschlüssel, oder sie können den Host der Geheimanlage hacken (der auffindbar ist, sobald man auf dem Gelände ist), um die virtuelle Aufzugsteuerung zu erreichen. Zugangskommlinks befinden sich im Büro der Geschäftsleitung im ersten Obergeschoss und bei den Wachen.

Unten angekommen, öffnet sich der Aufzug in ein kleines Foyer mit zwei Türen, je eine rechts und links, einem kugelsicheren, spiegelnden Glasfenster und einem Paar an der Decke montierter ferngesteuerter Geschütztürme, die mit MPs vom Typ Colt Cobra TZ-100 bestückt sind. Hinter dem Glasfenster befinden sich drei Wachen (verwende die Werte des DocWagon-HTR-Offiziers, *SR6*, S. 208). Wenn sie Eindringlinge sehen, begibt sich eine Wache in den Panikraum, um die Außensicherheit zu alarmieren, während die anderen zwei in die beiden separaten Abteilungen der Anlage laufen, um das Personal zu warnen. Das Personal in der Anlage besteht aus neun mundanen Sicherheitskräften (drei im Büro und drei, die sich auf jeder Seite ausruhen, wenn sie nicht im Dienst sind), zwei Sicherheitsspinnen (verwende den Datenbeschaffer der Cutters, *SR6*, S. 206), vier mundanen Labormitarbeitern für jede Seite, vier Erwachten Mitarbeitern auf der arkanen Seite (verwende den Lone-Star-Kampfmagier, SR6, S. 207, mit Magie 4), vier Emergenten Mitarbeitern auf der Resonanzforschungsseite (verwende den DocWagon-HTR-Techniker, *SR6*, S. 208), den beiden Chefärzten (verwende den Technomancer, *SR6*, S. 92, und die Straßenschamanin, *SR6*, S. 91) und ihren Assistenten. Das gesamte Personal wohnt vor Ort und wechselt freitags. Die Mitarbeiter beider Seiten dürfen nur virtuell miteinander kommunizieren, mit Ausnahme des Sicherheitspersonals. Keiner der Angestellten wird die Runner angreifen, es sei denn, sie wissen, dass ein anderer Angestellter getötet oder schwer verletzt wurde (also mehr als 3 Kästchen Körperlichen Schaden erlitten hat), oder viele nicht schallgedämpfte Schüsse zu hören ist. Wenn es so aussieht, als würden die Runner einfach alle töten, setzen die Mitarbeiter ihre arkanen und emergenten Talente ein, um sie fertigzumachen.

Der rechte Gang führt zum arkanen Forschungstrakt. Dieser besteht aus einem dreißig Meter langen Korridor mit schweren Türen, die den Korridor alle zehn Meter abschließen. Der erste Zehn-Meter-Abschnitt hat fünf Türen. Die linke Tür gleich nach dem Eingang führt zum Sicherheitsbüro, das vom Foyer aus zu sehen ist. Zwei weitere Türen auf der linken Seite führen zu Büros, eine auf der rechten Seite zu Wohnräumen und Toiletten, die andere auf der rechten Seite zu einem kleinen Aufenthaltsraum. Der zweite Zehn-Meter-Abschnitt hat vier Türen. Die erste Tür auf der rechten Seite führt zum Elektronikraum, in dem die Sicherheitsspinne für diese Seite des Komplexes arbeitet. Hier befindet sich auch der gesamte fest verdrahtete Datenspeicher für diese Seite. Die anderen drei Türen führen zu Forschungslabors. Im Inneren der Labors gibt es einen Hauptbeobachtungsraum, einen Hauptversuchsraum und vier Zellen für Versuchspersonen (verwende die Straßenschamanin,

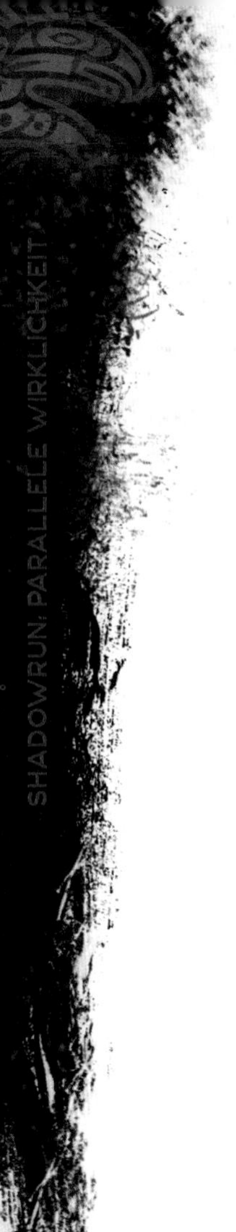

SR6, S. 91, mit Magie 3, Beschwören 3 und Hexerei 3). Die Versuchspersonen wollen in erster Linie fliehen und sind nicht bestrebt, gegen jemanden zu kämpfen, da sie befürchten, zu verlieren. Der letzte Zehn-Meter-Abschnitt hat fünf Türen – zwei an der rechten Wand, zwei an der linken Wand und eine am Ende des Gangs. Die beiden Räume auf der rechten Seite sind zwei weitere Labore, die beiden auf der linken Seite sind ein Lagerraum und ein Büro mit Wohnräumen für den Forschungsleiter und seinen Assistenten; der Raum am Ende des Gangs ist eine große, mit einem Hüter geschützte Kammer, die für Experimente genutzt wird. Alle Wände auf dieser Seite der Anlage sind mit Hütern der Kraftstufe 6 ausgestattet.

Der linke Gang führt zum emergenten Forschungstrakt. Er spiegelt den Aufbau des arkanen Forschungstrakts, hat aber anstelle von Hütern WiFi-dämpfende Wandfarbe der Stufe 6, und die Testpersonen sind Emergent (verwende den DocWagon-HTR-Techniker, *SR6,* S. 208). Wie die Erwachten Versuchsobjekte haben sie kein Verlangen danach, zu kämpfen.

Das Sicherheitsbüro ist über beide Flure zugänglich und enthält einen Panikraum für den Fall eines Einbruchs. Der Panikraum ist mit einem Hüter der Kraftstufe 8 ausgestattet, die Wände sind mit Wi-Fi-dämpfender Farbe (Stufe 8) gestrichen, und es gibt eine festverdrahtete Verbindung zur Oberfläche. Der Panikraum soll das undurchdringliche Zentrum sein, in dem sich ein Wächter verbarrikadiert, der die Runner unter Zeitdruck setzt.

HAUPTDARSTELLER

CAROL ‚CAT' MCTAVISH

Cat ist eine ehemalige Shadowrunnerin, die als Schieberin und manchmal auch als Ms Johnson in den Schatten von Denver arbeitet. Als Runnerin hatte sie einen Ruf als mächtige Magieradeptin, die sowohl im Fern- als auch im Nahkampf hervorragend war. Heutzutage ist sie meist in ihrem Club, der One-Up Bar and Arcade, am östlichen Ende des Hubs anzutreffen. Cat ist eine Orkin, die Anfang dreißig zu sein scheint, mit grünen Augen, braunen Haaren und einer schlanken, athletischen Statur. Sie wurde in Schottland geboren, wuchs dort auf und hat immer noch einen ausgeprägten schottischen Akzent, obwohl sie die meiste Zeit ihres Erwachsenenlebens in Denver verbracht hat. Weitere Informationen, einschließlich ihrer Spielwerte, findest du auf Seite 164.

KELLY JONES

Nein, das ist nicht ihr richtiger Name, aber wie auch immer sie hieß, ist längst vergessen. Kelly Jones ist ihr bevorzugter Straßenname, da er einfach und gewöhnlich ist und ebenso wenig im Gedächtnis bleibt wie ihr schlichtes braunes Haar, ihre braunen Augen und ihr Aussehen, das an ein Mädchen aus der Nachbarschaft erinnert. Sie könnte leicht als jede durchschnittliche Jane durchgehen.

Sie dient hier nicht als Bedrohung, sondern lediglich als Ablenkung, um zu zeigen, dass es trotz aller Veränderungen in der Stadt immer noch von Spionen wimmelt – sie können nur nicht mehr so ungestraft agieren wie früher. Wenn sie auf ihr Interesse an den Runnern angesprochen wird, gibt sie sich keine Mühe, Verwirrung vorzutäuschen. Stattdessen erklärt sie einfach, wer sie ist und dass sie an den Runnern an sich nicht wirklich interessiert ist. Sie ist einfach an allem interessiert, was in ihrer Stadt passiert.

Wie sich dies entwickelt, hängt vom Verhalten der Runner ab. Wenn sie gewalttätig werden, ruft Kelly die Polizei. Sie hat keinen Grund, sich vor den Gesetzeshütern zu fürchten, aber es ist sehr wahrscheinlich, dass die Runner den Gesetzeshütern nicht begegnen möchten. Das ist ein weiterer Hinweis darauf, wie die Dinge in der FRFZ laufen: Sorge für eine gute Tarnung, und du musst dir keine Sorgen machen. Verstoß gegen das Gesetz, und du endest als Drachenfutter.

DR. TERRANCE TERSH

Als Leiter des arkanen Forschungslabors untersucht Dr. Tersh die Wechselwirkungen zwischen arkanen und technologischen (insbesondere Emergenten) Phänomenen. Seine Bemühungen konzentrieren sich hauptsächlich auf metaplanare Spalte und Dissonanzpools, aber die Auswirkungen auf Technomancer und Erwachte sind ebenfalls Teil der Daten.

Dr. Tersh stellt keine Fragen, und ihm ist egal, für wen er arbeitet. Er verdächtigt aufgrund der Ikonografie des Hosts Aztechnology, hält aber aufgrund vieler der Formeln und Geräte, die die Anlage verwendet, auch MCT für möglich. Er teilt diese Spekulationen gerne, wenn er unter Druck gesetzt wird – selbst wenn es nur wenig Druck ist. Er hat einen drahtlosen Schlüssel auf seinem Kommlink, der ihm den Zugriff auf den Datenspeicher erleichtert.

DR. ELIVETRI QICHARETTE

Dr. Qicharette, in der Matrix einst als „EQualizer" bekannt, ist die Leiterin der Emergenzforschung in der Einrichtung. Ihre Forschung konzentriert sich auf dieselben Dinge wie die von Dr. Tersh, jedoch mit umgekehrten Vorzeichen, dank ihrer Fähigkeit, die Emergenten Aspekte zu analysieren. Sie ist die Architektin der Matrixlayouts der Einrichtung. Sie wählte die frühamerikanische Ikonografie, weil ihr deren Kalender gefiel: nicht die Opferungen, nicht der Megakonzern, nur das geordnete Messgerät, das vor der ganzen ausgefallenen Technologie geschaffen wurde.

Sie hat versucht, herauszufinden, wer die Rechnungen bezahlt, dabei aber festgestellt, dass diese Informationen sehr gut versteckt sind. In ihren Augen bedeutet dies, dass das Wissen darum gefährlich ist – möglicherweise sogar tödlich. Im Stillen spekuliert sie mit ihren Top-Mitarbeitern, dass das Geld von einem AAA-Konzern oder möglicherweise von den gut finanzierten Fragmenten von Novatech stammen muss.

Sie wird dieses Wissen nicht freiwillig preisgeben, weil sie Angst hat. Falls sie gefoltert wird, wird sie behaupten, sie sei sicher, dass die Anlage von Novatech finanziert wird, weil sie diese Information aus den Resonanzräumen erhalten habe.

Der drahtlose Schlüssel auf ihrem Kommlink erleichtert den Zugriff auf den Datenspeicher des Hosts der Anlage.

BESONDERE HINWEISE

Das Safehouse befindet sich in der 6811 E. Florida Avenue, etwa auf halbem Weg zwischen Hub und Aurora Warrens. Ausgehend von einer Grundfläche von 58 Metern pro Seite an der Basis verjüngt sich das Gebäude oberhalb des neunten Obergeschosses stufenweise und wird im zehnten, fünfzehnten, achtzehnten und neunzehnten Obergeschoss auf jeder Seite um zwei Meter schmaler. Im ersten bis neunten Obergeschoss gibt es jeweils 22 Eigentumswohnungen, im zehnten bis vierzehnten jeweils neun, im fünfzehnten bis siebzehnten jeweils vier, im achtzehnten Obergeschoss zwei und im neunzehnten Obergeschoss eine einzige große Einheit. Das Safehouse der Runner besteht aus einem Paar Eigentumswohnungen, die im siebten Obergeschoss zu einer einzigen Einheit zusammengelegt wurden: 818 und 819.

Zahlreiche NSC, die die Aurora Warrens bevölkern, werden im Kapitel *Die Schatten von Denver* (S. 14) beschrieben. Sie werden in der *Charaktertruhe* (S. 162) entwickelt, damit die Spielercharaktere im Laufe der Kampagne Beziehungen zu ihren Nachbarn aufbauen können.

Die Informationsbeschaffung geht weiter, denn die Einwohner von Denver wollen mehr darüber erfahren, was hier vor sich geht. Es ist Zeit für einen guten altmodischen Datenklau.

MISSION 2

AM RANDE DES GESCHEHENS

AUFHÄNGER

In dieser Mission treffen wir einige der Akteure, die an einem der Haupthandlungsstränge der Kampagne beteiligt sind. Die Runner sollen in ein Lagerhaus einbrechen und alles mitnehmen, was wertvoll aussieht. Es handelt sich um eine einfache Mission, die den Runnern helfen soll, sich einzugewöhnen, da sie (vermutlich) schießen, bestechen, reden oder zaubern müssen, um an den Wachen vorbeizukommen und ein Datenspeichergerät zu ergattern. Bei den Wachen handelt es sich größtenteils um normale Sicherheitskräfte, aber es gibt auch Geisterunterstützung und einen Hacker vor Ort.

DER JOB

Eine Schieberin schickt dem Team eine Nachricht, nachdem sie vom letzten Auftrag der Runner Wind bekommen hat:

„Ich habe mit meiner Freundin Cat gesprochen. Sie ist von eurer Arbeit beeindruckt, und es heißt, ihr könntet euch Zugang zu geheimen und geschützten Orten verschaffen. Ich habe etwas Arbeit für euch. Glaubt ihr, ihr könntet etwas für mich besorgen? Ich treffe euch im Rocky Mountain Oyster Atrium, um die Einzelheiten mit euch zu besprechen.“ Das Rocky Mountain Oyster Atrium ist ein familienfreundliches Krill-Restaurant. Zur Zeit des Treffens ist es fast leer.

Wenn die Runner eintreffen, werden sie von Niki der Gärtnerin begrüßt, die dafür sorgt, dass sie sich wohlfühlen, und dann zum Geschäftlichen kommt:

„Ich handle im Auftrag eines Johnson, der eine Spur zu einer versteckten Forschungsanlage hat. Ich weiß nicht, worum es bei der Forschung geht, aber solche Dinge werden normalerweise geheim gehalten, wenn sie sehr profitabel, sehr gefährlich oder beides sind. Wir möchten, dass ihr in ein bestimmtes Lagerhaus einbrecht, alle Computer und Kommlinks stehlt, auf denen Daten gespeichert sein könnten, und sie zu mir bringt. Wir haben ein Team, das sich die Daten

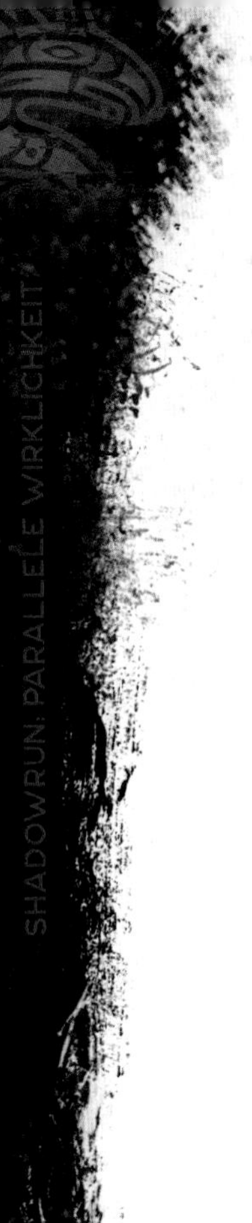

ansehen wird, um zu sehen, welchen Wert sie haben könnten.“ Niki bietet den Runnern 2.000 Nuyen pro Person an.

Falls sie nach akzeptablen Verlusten gefragt wird, antwortet sie, dass ihr egal ist, welchen Schaden die Runner anrichten, aber sie bezahlt nicht für die Anzahl der Toten, sondern für die Daten.

Die Beziehung zwischen den Runnern und Niki beginnt gerade erst. Sie hält keine missionskritischen Daten zurück, ist aber auch noch nicht bereit, über eine professionelle Beziehung hinauszugehen – sie ist noch nicht mit den Runnern befreundet. Außerdem ist sie sehr an den Informationen interessiert: Wenn sich die Runner nicht innerhalb von ein paar Tagen bei ihr melden, ruft sie an, um zu erfahren, was los ist. Niki übertreibt ihre Freundschaft mit Cat. Sie kennen einander zwar beruflich, stehen sich aber nicht nahe und arbeiten auch nicht regelmäßig zusammen.

Die Waffenforschungsdaten, die die Runner stehlen, werden in späteren Missionen noch Auswirkungen haben.

OBSERVATION DES LAGERHAUSES

Bei dem Lagerhaus handelt es sich in Wahrheit um eine geheime Anlage, die von Megakonzernen gelegentlich für illegale Zwecke verwendet wird und über eine mittlere bis geringe Sicherheit verfügt. Runner, die mittels Beinarbeit Informationen über den Ort sammeln wollen, können das auf folgende Arten tun:

Mit Connections sprechen:

Straße: Straßenbewohner, die in der Gegend leben, erzählen Runnern, denen eine Probe auf Einfluss + Charisma (2) gelingt, dass das Lagerhaus seit Jahren immer wieder mal belegt ist. Wenn es nicht benutzt wird, kann man sich leicht hineinschleichen und etwas aufwärmen, aber alle alten Löcher in der Wand wurden repariert. Die Leute, die hier im Moment ein und aus gehen, wirken wie ganz normale Leute, bloß sind ihre Kleidung und ihre Autos ein wenig zu schick für die Gegend. Sie scheinen nicht lange zu bleiben und sind nur tagsüber da.

Konzern: Konzernconnections, die in zwielichtige Geschäfte verwickelt sind, kennen die Adresse als einen der verlässlichsten Orte für Geheimprojekte. Manchmal wird der Ort als Lager für Trockengut genutzt, manchmal für Unternehmensspionage. Er ist schon seit ein paar Jahren nicht mehr Teil einer bekannten illegalen Aktivität gewesen. Erfahrene Johnsons werden erwähnen, dass das Lagerhaus wertvoll ist, weil es so einfach und schlicht ist, dass man darin fast alles anstellen kann.

Matrixsuche: Das Lagerhaus hat keine starke Matrixpräsenz. An einem mittelmäßigen Sicherheitssystem hängen Kameras, die gehackt werden können, aber das System ist nicht mit den Innenkameras verbunden, und wer sich reinhackt, stellt fest, dass es keine Verbindung zu Geräten im Inneren hat. Es gibt einen Monitor, der gehackt werden kann, um jeden zu täuschen, der sich im Lagerhaus befindet und die externen Kameras beobachtet. Ansonsten scheint der ganze Ort sorgfältig abgeriegelt zu sein, oder vielleicht müssen die Leute ihre Geräte drinnen ausschalten.

VOR-ORT-OBSERVATION

Astrale Erkundung: Das Lagerhaus ist mit einem Hüter versehen. Eine gelungene Probe auf Astral + Intuition (4) enthüllt, dass der Hüter ziemlich mächtig ist (Kraftstufe 7). Es scheinen sich keine patrouillierenden Geister oder magisch aktiven Personen außerhalb der Mauern zu befinden. Runner, die es schaffen, durch den Hüter zu kommen, sehen einen großen leeren Raum mit einem Schutzkreis-Ritual (Strukturstufe 7; s. *SR6*, S. 147), das von einem Schamanen gewirkt wurde. Das Innere des Kreises ist nicht klar zu sehen, aber es scheint sich eine Art toxischer Rückstand darin zu befinden. Es ist nicht genug davon übrig, um zu erkennen, welche Art von toxischer Magie diesen Rückstand verursacht hat, aber es gibt einen Eindruck von Schmerz. Tagsüber bewegen sich ein paar lebende Leute im Lagerhaus, nachts sind es nur die Wächter und jemand in einer großen Kiste (s. u.). Außerdem gibt es hier einen Geist des Tieres (s. u.), der sich versteckt hält und jedem auflauert, der vorbeikommt. Er schleicht Eindringlingen einige Minuten lang hinterher, bevor er angreift.

Persönliche Erkundung: Wenn die Runner das Lagerhaus überprüfen, sehen sie ein Gebäude mit gesicherten Vorder- und Hintertüren sowie Kameras an den Türen. Weitere Kameras befinden sich versteckt in den umliegenden Gebäuden. Wenn die Runner es schaffen, das Lagerhaus wenigstens ein paar Stunden lang zu beobachten, werden sie gelegentlich eine zweiköpfige Patrouille mundaner Sicherheitskräfte in Zivilkleidung und Panzerwesten sehen. Nach ein paar weiteren Stunden verlässt eine kleine Gruppe von Forschern das Lagerhaus und fährt mit einem Auto weg. Jedes Mal, wenn die Tür geöffnet wird, kontrolliert eine Person eine Art Ausweis.

Ansonsten wird es nur interessant, wenn eine Person, die sich für alte Sprachen interessiert, das Lagerhaus physisch inspiziert. Sie wird in der AR ein seltsames Symbol an einer nahe gelegenen Wand bemerken. Es ist nicht sofort erkennbar, dass es zu einer bestimmten Sprache gehört, obwohl es ganz allgemein unheilvoll aussieht. Zu dem Zeitpunkt, an dem die Runner versuchen, ins Gebäude einzudringen, wird es entfernt worden sein. Niemand wird die Löschung bemerkt haben (s. *Mission 4: Ein gewisses Leuchten*, S. 62, für weitere Details).

EINBRUCH INS LAGERHAUS

TAKTIKEN

Das Lagerhaus ist gut verteidigt, aber es sollte für die Runner nicht allzu schwierig sein, hinein- und hinauszukommen. Es gibt insgesamt zehn Sicherheitsleute (verwende das Mitglied der Söhne Saurons, *SR6*, S. 206). Die Wachen sind gut ausgebildet und befugt, mit tödlicher Gewalt zu reagieren, aber sie dürfen nicht zuerst schießen.

Zusätzlich zu den Sicherheitskräften und dem Hüter (s. o.) gibt es einen Geist des Tieres der Kraftstufe 5 (*SR6*, S. 151), der an den Ort gebunden ist, und eine Deckerin vor Ort (verwende die Deckerin, *SR6*, S. 87). Die Deckerin befindet sich im Inneren des Hosts und nutzt den VR-Modus mit heißem Sim.

Das Innere des Lagerhauses besteht aus einem großen, größtenteils leeren Raum. Der Beton wurde poliert, aber die Wände und die Decke weisen Kratzer und Rauchspuren auf. Hier hat es in der Vergangenheit schon einige Feuergefechte gegeben, und niemand hat sich genug um den äußeren Schein gekümmert, um den Ruß zu entfernen.

Ein neuer magischer Schutzkreis befindet sich neben einem Kitset-Raum (s. u.). Das Innere des Kreises ist pockennarbig, rissig und von mehreren Explosionen gezeichnet. Runner mit Militär- oder Sicherheitshintergrund erkennen die Spuren als etwas, das eine Granate hinterlassen könnte.

In der Mitte des Lagerhauses befindet sich ein Kitset-Raum – ein aus Fertigbauelementen errichteter Raum – mit einer Kantenlänge von etwa zehn Metern. Der Raum ist offensichtlich erst vor Kurzem hinzugefügt worden (auf dem Boden liegt noch Sägemehl) und wurde sorgfältig mit signalblockierender Aluminiumfolie überzogen (addiere 6 Punkte Rauschen für jedes Matrixsignal, das sich durch die Wand bewegt; verwende die Regeln für WiFi-abschirmende Farbe, *SR6*, S. 177). Sogar die eine Tür, die in den Raum führt, wurde mit der Folie überzogen. An einer Wand befindet sich ein Metallkäfig.

In einem kleinen Raum in der Nähe des Außeneingangs befinden sich Wasch- und Toilettenräume.

Der Decker befindet sich im Kitset-Raum, neben einem Deck, das zum Sammeln von Daten aus den Experimenten verwendet wird. Wenn sich Forscher im Gebäude aufhalten, befinden sie sich ebenfalls im Kitset-Raum.

Das Gerät, das die Forschungsdaten enthält, hat eine Stufe von 6 (ASDF 7/6/8/9). Es wiegt etwa zwei Kilogramm und hat ungefähr die Größe eines unhandlichen Koffers. Der Decker ist gerne bereit, sich auf einen Matrixkampf oder eine Verhandlung mit jedem einzulassen, der sich einstöpselt, obwohl es für die Runner einfacher sein könnte, auf den passiven Körper des Deckers zu schießen oder den Stecker aus seiner Cyberbuchse zu ziehen (was wahrscheinlich Auswurfschock verursacht, s. *SR6*, S. 177).

Auf dem Server befinden sich Dateien mit den Ergebnissen der Tests. Die meisten dieser Dateien sind verschlüsselt und archiviert, aber eine Datei wird gerade geschrieben und ist noch nicht archiviert. Sie enthält Daten zu Explosionsmustern, Auramessungen von Geistern und andere arkane Informationen. Für die meisten Leute werden die Daten ein Buch mit sieben Siegeln sein, aber Magiewissenschaftler, die die Daten durchstöbern, werden das Gefühl bekommen, dass es hier um eine Art Mischung aus Technik und Magie geht, an der Geister beteiligt sind.

Jeder, der versucht, sich in das Gebäude hineinzuquatschen, wird nachdrücklich aufgefordert, sich auszuweisen oder wieder zu gehen, aber die Wachen sind anfällig für Manipulationen und können mittels Einschüchterung oder Bestechung und damit verbundene Vergleichende Proben auf Einfluss + Charisma dazu gebracht werden, die Runner hineinzulassen.

Wachen, die versuchen, Runner zu entdecken, die sich hineinschleichen, erhalten aufgrund des günstigen Grundrisses und der hellen Beleuchtung im Inneren 2 Edge.

ERFOLG

Die von Mr Johnson gewünschten Paydata befinden sich in dem Gerät. Außer den Waffen und der Ausrüstung der Gegenseite gibt es in dem Lagerhaus ansonsten nicht viel Wertvolles.

Zurzeit scheint es keine aktiven Experimente zu geben. Alle Forscher scheinen die Daten aus bereits abgeschlossenen Experimenten zu analysieren. Der Metallkäfig hat einen quadratischen Grundriss mit einer Kantenlänge von sieben Metern und scheint beschädigt worden zu sein. Ein Blick von außen zeigt eine Reihe von Brandspuren auf dem Boden sowie einen Haufen geschmolzener und zertrümmerter elektronischer Geräte und Dinge, die (für einen magisch bewanderten Charakter) wie verbrauchte Reagenzien aussehen. Eine gelungene Probe auf Astral + Intuition (3) lässt den Betrachter ein seltsames emotionales Vakuum im Käfig und eine leichte Manablase sehen. Jeder Technomancer, der die Elektronik untersucht und dem eine Probe auf Elektronik + Intuition (3) gelingt, wird Spuren von Dissonanz entdecken.

ZURÜCK ZU MS JOHNSON

Wenn die Runner Niki die Gärtnerin kontaktieren, um die Übergabe des Servers und aller anderen gesammelten Beweise zu arrangieren, organisiert sie ein Treffen mit ihrer Auftraggeberin – einer Frau, die sich als Vishala vorstellt.

Wenn die Runner daran denken, zusätzlich zur Mitnahme des Servers oder der Kopien der Dateien noch Fotos oder Videos vom Lagerhaus zu machen, erhalten sie eine Prämie von Vishala. Wenn sie gefragt wird, was sie mit den Informationen tun wird, gibt sie betont sachlich preis: „Ich werde die Forschungsdaten entschlüsseln und sehen, wie wertvoll sie sind." Die Dateien sind stark verschlüsselt und bestehen aus einer Menge Daten, sodass die Entschlüsselung und Analyse einige Zeit in Anspruch nehmen werden. Vishala sagt, dass sich weitere Jobs ergeben könnten, sobald sie die Daten gesichtet hat.

HAUPTDARSTELLER

In dieser Mission wird Vishala vorgestellt, die in dieser Kampagne ein wiederkehrender Charakter sein wird. Weitere Informationen über sie findest du auf Seite 171.

Diese Mission macht die Runner mit einer wichtigen Ms Johnson bekannt und bringt sie auf die Spur eines wichtigen Gegners – allerdings wird es einige Zeit dauern, bis sie herausfinden, wer das ist.

MISSION 3

BROTKRUMEN

AUFHÄNGER

Ms Johnson für diese Mission ist eine Elfe namens Stiletto. Stiletto hat entweder von Cat (Mission 1) oder Vishala (Mission 2) erfahren, dass die Runner ordentliche Arbeit leisten. Sie hat von einem möglichen Whistleblower bei Ares erfahren, der zuletzt in Denver gesehen wurde und sich als Goldgrube für Paydata erweisen könnte. Da sie jedoch nicht direkt handeln kann, heuert sie die Runner an, damit diese sich den Whistleblower schnappen.

DER JOB

Der Schieber der Runner kontaktiert sie und teilt ihnen mit, dass ihre Reputation in der Stadt wächst: Ein weiterer möglicher Job ist aufgetaucht. Eine Johnson von außerhalb braucht Talente für einen Extraktions-/Begleitjob – vielleicht auch für eine Datenbergung, denn alle in der Stadt suchen plötzlich nach Informationen.

DAS TREFFEN MIT MS JOHNSON

Das Treffen findet in einem Diner namens Sam's No 3 statt, einem Lokal, das zwar mitgenommen ist, aber den Patrouillen der Zone Defense Force standhaft widersteht. Ms Johnson (alias Stiletto; siehe S. 61) sitzt in der Nähe der Rückwand und arbeitet mit einem Paar AR-Handschuhen an ihrem Kommlink, während neben ihrer Tasse Kaffee ein diskreter Störsender seine Arbeit verrichtet.

Eine gelungene Probe auf Wahrnehmung + Intuition (3) enthüllt, dass Stiletto zwei Leibwächter hat; einer sitzt neben dem Haupteingang, der andere drei Tische weiter. Ihre Gesichtszüge sind verborgen, aber ihr Auftreten schreit förmlich „Söldner" (verwende das Mitglied der Marines-Spezialeinheit, *SR6*, S. 209). Wenn den Runnern eine Probe auf Astral + Intuition (4) gelingt, sehen sie, dass Stiletto mundan aussieht, aber einen sehr mächtigen Waffenfokus (Kraftstufe 7) in Form eines Dolches an ihrer Hüfte trägt.

Ohne innezuhalten, bittet Stiletto die Runner höflich, Platz zu nehmen, zu bestellen, was sie wollen, und ihr noch eine Minute zu geben. Drei Minuten später wendet sich eine vom Jetlag gezeichnete Stiletto an die Runner und sagt, sie wolle eine Person von Interesse in Gewahrsam nehmen. Natürlich verrät sie noch keine Details, aber sie sagt, dass diese Person Informationen hat, die sie braucht, und in großer Gefahr ist. Stiletto bietet den Runnern 10.000 Nuyen pro Person (plus 500 Nuyen pro Nettoerfolg bei einer Vergleichenden Probe auf Einfluss + Charisma, maximal aber plus 2.000 Nuyen) sowie einen Bonus von 5.000 Nuyen an, wenn die Person lebend übergeben wird. Wenn das nicht möglich ist, wird die Aufgabe zu einer Datenbergung.

Wenn die Runner den Auftrag annehmen, gibt Stiletto ihnen einen Datenchip mit allen relevanten Kontaktinformationen, einschließlich des Standorts eines Safehouses.

Die Person, um die es geht, ist Martin Miller, ein Matrix-Sicherheitsingenieur und Decker, der früher für Ares gearbeitet hat. Während des Chaos, das auf Ares' Umzug von Detroit nach Atlanta folgte, machte er sich aus dem Staub und nahm offenbar einiges an wertvollen Paydata mit. Sein letzter bekannter Aufenthaltsort war ein Safehouse am Rande der Aurora Warrens.

GODS ZORN

Das Eindringen in das Safehouse ist lächerlich einfach (s. *Schauplätze*, S. 61, für weitere Informationen). In Millers Büro finden die Runner eine Kombination aus moderner SOTA- und selbstgebauter Matrixausrüstung. In der Mitte des Raums befindet sich ein modifiziertes Valkyrie-Modul, das verzweifelt (und vergeblich) darum kämpft, einen eingestöpselten Miller am Leben zu erhalten. Die Diagnosetafel des Moduls zeigt an, dass Miller im Sterben liegt; sein Nervensystem ist durch ein tödliches Matrixfeedback mittlerweile fast vollständig zerstört. Jeder Decker oder Technomancer wird sofort erkennen, dass Miller wegen der Fokussierung in einer Linksperre festhängt.

Es ist zu spät, um Miller zu retten, und die Zugriffsteams der Grid Overwatch Division sind zweifellos schon auf dem Weg. Der Job ist damit zu einer Datenbergungsaktion geworden.

Miller hat Dutzende von Datenchips und Cyberdeck-Datenmodulen auf verschiedenen Regalen und Tischen gestapelt, die die Runner einfach mitnehmen können. Wenn die Runner versuchen, die Überreste von Millers Cyberdeck zu bergen, muss ihnen eine Probe auf Elektronik + Logik (5) gelingen, um weiteren Schaden zu vermeiden. (Hinweis: Der Zustandsmonitor des Decks ist bereits halb gefüllt, wenn die Runner ankommen. Jeder Patzer bei der Elektronik-Probe bedeutet, dass das Deck lahmgelegt wird).

Innerhalb von fünf Minuten, nachdem die Runner Miller gefunden haben, können sie – sofern sie Vorsichtsmaßnahmen getroffen haben – einen halben Kilometer entfernt ein sechsköpfiges „Bergungsteam" von GOD entdecken. Verwende für das GOD-Team einen Lone-Star-Kampfmagier (*SR6*, S. 207), vier DocWagon-HTR-Offiziere (*SR6*, S. 208) und eine Riggerin (*SR6*, S. 89).

TAKTISCHE SITUATION

Die Runner werden mit dem GOD-Bergungsteam fertigwerden müssen. Es gibt zwar mehrere Möglichkeiten dafür, doch die folgenden sind am wahrscheinlichsten.

1. KAMPF

Das Bergungsteam führt eine Terminierungsrazzia durch. Wenn es ihnen gelingt, nahe genug heranzukommen, werden sie mit Waffengewalt angreifen und weder verhandeln noch versuchen, Gefangene zu machen. Ihr Standardverfahren ist der Einsatz von Drohnen und die Abriegelung des Safehouses, während die HTR-Kämpfer Taktiken kleiner Einheiten (*Feuer frei*, S. 97) verwenden, um sich zu nähern. Anschließend greifen sie mit Splittergranaten an und setzen danach auf Dynamisches Eindringen (*Feuer frei*, S. 97), um alle noch lebenden Personen auszuschalten. Der Kampfmagier kümmert sich um alle magischen Bedrohungen und sorgt für allgemeine magische Unterstützung und Überwachung. Wenn die Runner (mit einer Vergleichenden Probe auf Wahrnehmung + Intuition gegen Einfluss + Logik) aus der Taktik des Teams schlau werden können, können sie versuchen, eine Gegenreaktion zu entwickeln und das Bergungsteam anzugreifen. Wenn das Bergungsteam drei oder mehr Verluste erleidet, zieht es sich zurück.

2. FLUCHTVERSUCH

Manchmal ist Vorsicht besser als Nachsicht. Wenn die Runner das Bergungsteam entdecken, bevor es eintrifft, können sie versuchen, zu verschwinden, ohne entdeckt zu werden. Wenn sie das nicht schaffen, wird das Bergungsteam sie mit Drohnen verfolgen oder versuchen, ihre Fahrzeuge außer Gefecht zu setzen. Wenn die Riggerin oder das Fahrzeug des Bergungsteams außer Gefecht gesetzt werden, ist die Verfolgung beendet und die Runner sind in Sicherheit.

NACH DEM RUN

Nachdem die Runner mit dem Bergungsteam fertiggeworden sind, können sie Stiletto über den von ihr bereitgestellten Kommcode kontaktieren. Mission 6 (S. 67) enthält weitere Informationen über die Daten, die die Runner geborgen haben. Die Runner treffen sich erneut mit Stiletto bei Sam's No 3, diesmal allerdings hinter dem heruntergekommenen Diner. Stiletto wird die Runner schnell befragen und sie bitten, genau zu erklären, was sie gesehen haben und ob sie irgendetwas von den Daten gesehen haben. Die Runner können darauf reagieren, wie sie wollen. In jedem Fall wird Stiletto die Runner bezahlen und dann verschwinden. Sie wird sie außerdem bitten, ihren Kommcode griffbereit zu halten, da sie in naher Zukunft womöglich weitere Hilfe benötigt.

SCHAUPLÄTZE

MILLERS SAFEHOUSE

Das Safehouse liegt am Rande der Aurora Warrens und war früher ein Gebrauchtwagenhandel. Schrottreife Autos, Fahrgestelle und Geräte liegen auf dem 100 mal 100 Meter großen Grundstück und bilden ein kleines Labyrinth aus rostendem Metall. In der Mitte des Grundstücks steht ein zweistöckiges Gebäude, in dem sich früher das Büro und die Werkstatt befunden haben. Miller hat das Hauptbüro im ersten Obergeschoss für seine Bedürfnisse umgebaut. Gleich zu Beginn sollten die Runner mehrere Verteidigungsmaßnahmen (Magschlösser, Sensoren, Minen und sogar einige autonome Geschütze) entdecken, um dann allerdings festzustellen, dass sie alle deaktiviert worden sind. Zwei schwere Metallbolzen sind das Einzige, was Millers Bürotür (Strukturstufe 12) sichert, da die Magschlösser deaktiviert wurden.

HAUPTDARSTELLER

STILETTO

Stiletto, eine Elfe, die etwa 35 Jahre alt zu sein scheint, ist eine ehemalige Shadowrunnerin, die es nicht nur entgegen aller Wahrscheinlichkeit geschafft hat, sich zur Ruhe zu setzen, sondern sich auch erfolgreich in der akademischen Welt etabliert hat. Heute ist sie als Prof. Hanna Pierce, PhD/ThD, bekannt und eine der führenden Kapazitäten auf dem Gebiet der experimentellen Magietheorie. Nur eine kleine Gruppe Auserwählter weiß von ihrer Vergangenheit. Sie ist außerdem Mitglied einer Organisation, die nur als Graue Zelle bekannt ist und die sie mit ihren aktuellen Ermittlungen beauftragt hat.

BESONDERE HINWEISE

Stiletto, die hier für die Graue Zelle arbeitet, ist ein wichtiger NSC in diesem Abenteuer und wird versuchen, alle möglichen Verbündeten zu gewinnen, auch die Runner. Sie wird jedoch nicht zulassen, dass ihre Ermittlungen durch irgendetwas oder irgendjemanden gefährdet werden, und sie wird ernsthafte Bedrohungen energisch abwehren.

MISSION 4

EIN GEWISSES LEUCHTEN

Die Runner haben drei verschiedenen Ms Johnsons beim Sammeln von Informationen geholfen, einige interessante Gegenstände gefunden und ein paar Connections gewonnen. Nun ist es an der Zeit, sich den aktuellen Ereignissen zuzuwenden.

AUFHÄNGER

Überall in Denver werden Geräte willkürlich mit merkwürdigen Glyphen getaggt. Diese Glyphen werden schnell und auf mysteriöse Weise wieder gelöscht. Die Runner werden beauftragt, die Stadt zu erkunden, um die unerklärlichen Hinweise zu sammeln, und entdecken dabei einige beunruhigende Wahrheiten – nämlich, dass die Nullsekte diese Tags entfernt. Sie tut es, um einem ihrer Verbündeten auf der Erde zu helfen, aber auch, weil sie die KI aufspüren will, die diese verschlüsselten Nachrichten hinterlässt.

Erschwerend kommt hinzu, dass die Runner eventuell bemerken, dass ihr Auftraggeber Aztechnology ist und dass die Glyphen eine magische Bedeutung haben: Wenn man sie zusammensetzt und entschlüsselt, enthüllen sie einen bestimmten Ort in Denver. Was an diesem Ort geschehen soll, müssen die Runner herausfinden.

DER JOB

Der Kunde wendet sich über eine ihrer vertrauenswürdigsten und vorsichtigsten Connections an die Runner. Er stellt sich mit dem Straßennamen Guide vor und bittet sie darum, sich mit ihm im Nationalreservat Rocky Mountain Arsenal (S. 31) oder an einem anderen abgelegenen Ort zu treffen, dem die Runner zustimmen. Vor Ort nähert sich ihnen ein Ute-Schamane vorsichtig: Er möchte zunächst sichergehen, dass sie nicht beschattet werden.

Nachdem er sich davon überzeugt hat, dass das Treffen nicht kompromittiert wurde, erzählt er den Runnern kurz von den seltsamen Glyphen, die in Denvers Matrix auftauchen. Er fügt hinzu, dass die Tags manchmal schon wenige Stunden nach ihrem Auftauchen spurlos gelöscht werden. Er möchte wissen, um was für Glyphen es sich handelt, was sie bedeuten und auch, wer sie löscht und warum.

Als Anreiz, diesen Auftrag anzunehmen, bietet er den Runnern das Doppelte der Bezahlung ihres letzten Auftrags an, wobei er 20 Prozent ihrer letzten Bezahlung als Vorschuss zahlt. Er wird über den endgültigen Betrag verhandeln, wenn er dazu gedrängt wird, wobei jeder Nettoerfolg bei einer Vergleichenden Probe auf Einfluss (Verhandeln) + Charisma das Honorar um 10 Prozent erhöht, maximal aber bis auf das Dreifache der Bezahlung des letzten Auftrags der Runner. Unabhängig davon, ob die Runner den Auftrag annehmen oder nicht, verschwindet Guide danach rasch.

WAS IST LOS?

Eine kompetente Taliskrämerin namens **Kara Jay** hatte in den 50er-Jahren in Denver einen Zauberladen namens Phoenix (s. u.). Sie starb 2064 online, und ein Teil ihrer Persönlichkeit wurde zur Seherin, einem E-Geist, der seither in Denvers Matrix herumspukt. Die KI ist zu fragmentiert, um eine kohärente Nachricht senden zu können, aber sie identifizierte Muster, die es ihr ermöglichen, zukünftige Ereignisse in Denver vorherzusehen. Der E-Geist begann damit, wichtige Orte in der Stadt zu taggen, die im Finale der Kampagne eine Rolle spielen werden. Es ist eine kryptische Art, eine Warnung zu senden.

MCT erkannte bald, dass diese Glyphen ein Hinweis auf das sein könnten, was es vorhat. Der AAA-Konzern wollte sich nicht noch mehr exponieren. Daher verzichtete er darauf, eigene Runner einzusetzen und gute Nuyen für eine möglicherweise aussichtslose Jagd auszugeben, und wandte sich stattdessen an die Nullsekte. Die Nullsekte ist normalerweise keine Gruppe, die man anheuern kann, aber MCT hat etwas, das sie will: Informationen über mehrere Technomancer in Denver. Die Null begannen, die Glyphen zu löschen, und schon bald merkten sie, dass eine KI hinter ihnen steckte. Das weckte ihr Interesse – angetrieben von dem Wunsch, „diese Matrix-Anomalie zu korrigieren", begannen sie, die Erschafferin der Glyphen zu verfolgen.

DIE UNTERSUCHUNG DER GLYPHEN

Die erste Aufgabe der Runner besteht darin, Glyphen zu finden, die noch nicht gelöscht wurden. Wenn sie eine digitale Kopie oder ein Bild von dem, was sie gesehen haben, aufbewahrt haben, werden sie – vielleicht während des Treffens – feststellen, dass die von ihnen erstellte Datei verschwunden ist und es keinen Hinweis mehr darauf gibt, dass sie jemals existiert hat (dank der Fähigkeit der Null, Daten aus der Matrix zu löschen). Durch Gespräche mit Einheimischen, Connections oder eine Matrixsuche gelangen die Runner an einige Orte, an denen die Glyphen gesichtet wurden. Bei den ersten Orten kommen sie zu spät. Die Leute in der Nähe erinnern sich an das getaggte Symbol, aber es wurde bereits entfernt. Niemand hat gesehen, wer oder was diese Glyphen erschaffen hat. Schließlich haben die Runner Glück und finden eine Glyphe, die noch nicht gelöscht wurde.

Digitale Kopien verschwinden schnell wieder, sodass die Runner bald erkennen sollten, dass sie Ausdrucke benötigen. Sie sollten in der Lage sein, mithilfe von Cyberaugen, Sehhilfen oder einem Kommlink ein Bild der Glyphe aufzunehmen und es bald darauf in einem nahe gelegenen Stuffer Shack auszudrucken. Mit Papierkopien einiger Glyphen in der Hand können die Runner versuchen, sie zu entziffern. Diese Aufgabe erfordert einen Spezialisten, was zu Mission 5 (S. 65) führt.

Die Glyphen sind eine Schöpfung von Kara Jay, eine seltsame Mischung aus fiktiven kabbalistischen Zeichen und Symbolen ihres Stammes, an die sich niemand sonst erinnert. Sie entwarf sie für ihren persönlichen Gebrauch, um ihre Verzauberungsnotizen verschlüsselt aufzubewahren.

DIE JAGD AUF DEN JÄGER

Da mindestens eine Glyphe noch da ist, wollen die Runner den entsprechenden Ort womöglich überwachen und abwarten, wer oder was erscheint, um sie zu löschen. Leider sind die Null sehr vorsichtig mit ihrem Erscheinen. Wenn sie die Runner entdecken, greifen sie nicht direkt an, sondern setzen ein paar Graue Jäger (s. *Charaktertruhe*, S. 173) ein, um sie zu erledigen. Wenn die Runner zum zweiten Mal eine Glyphe finden, erscheint ein Wischer (s. *Charaktertruhe*, S. 173) und versucht, die Glyphe zu löschen, bevor die Runner sie sichern können.

An diesem Punkt informiert die Nullsekte ihren Verbündeten MCT und bittet ihn, sich um dieses „Problem der physischen Welt" zu kümmern. MCT erklärt sich widerwillig dazu bereit, ein Team von Runnern zu entsenden, die mit von Kara Jay geschaffenen Foki ausgestattet sind, um die Spielercharaktere zu finden und zu töten. Sobald dieses Runnerteam besiegt ist, können die Spielercharaktere versuchen, herauszufinden, wer die gegnerischen Runner angeheuert hat, aber MCT hat dafür zwei verschiedene Schieber verwendet. Die Identifizierung der Quelle der Foki ihrer Angreifer sollte jedoch einen Hinweis darauf geben, dass der AAA-Konzern eine Rolle bei den Vorgängen spielt.

DIE QUELLE AUFSPÜREN

Die Seherin ist schwer aufzuspüren. Die KI ist nicht an ein Gerät gebunden und lebt nur als Matrix-Entität. Sie hat keinen Kommcode; sie emuliert lediglich für einen kurzen Moment ein Gerät, um in der virtuellen Welt zu handeln (d. h., um ein Gerät zu taggen). Dieses virtuelle Gerät verschwindet aus der Matrix, sobald die Aufgabe ausgeführt worden ist. Das bedeutet, dass die Suche nach dem Gerät, mit dem die Glyphen hinterlassen wurden, zu nichts führt.

Sobald die Runner drei oder mehr Glyphen gesammelt haben, wird eine Matrixsuche, die sich auf Denver konzentriert, oder die Nutzung einer der Ressourcen der städtischen Universität ein Bild von Kara Jays Laden abwerfen, mit einem Buch, das die zuletzt gefundenen Glyphen auf dem Einband hat. Dieser Laden, The Phoenix (Ecke Logan Street und East 6th Avenue), ist geschlossen und wird nicht mehr aktiv geführt. Der Laden ist mit Kinkerlitzchen und New-Age-Büchern gefüllt; die noch zu findenden Informationen deuten nicht darauf hin, dass die Besitzerin, Kara Jay, tatsächlich über magische Fähigkeiten verfügte. Jeder allerdings, der in den 50ern in den Schatten unterwegs war, kennt die wahre Geschichte und wird sie erzählen: Ihr Geschäft war eine Fassade, und sie war eine sehr fähige Taliskrämerin.

Der Laden war über ein Jahrzehnt lang geschlossen und verlassen. Karas Tochter kehrte nie mehr dorthin zurück, nachdem ihre Mutter vor ein paar Jahren an einem Herzstillstand verstorben war. Sie zog aus Denver weg, ohne die Kraft aufzubringen, den Laden zuvor zu verkaufen.

Wenn die Runner den Ort observieren, können sie nach ein paar Tagen ein Gerät entdecken, das auf Schleichfahrt läuft und aus dem Nichts auftaucht. Die Seherin, die auf Schleichfahrt mit einer Persona läuft, die aussieht wie ein flammender Vogel, ist gerade erst angekommen, um sich von einem Überfall durch die Null zu erholen. Was auch immer die Runner tun, der E-Geist ist nicht wirklich hilfreich. Er spricht unzusammenhängend, plappert wiederholt und ist unmöglich

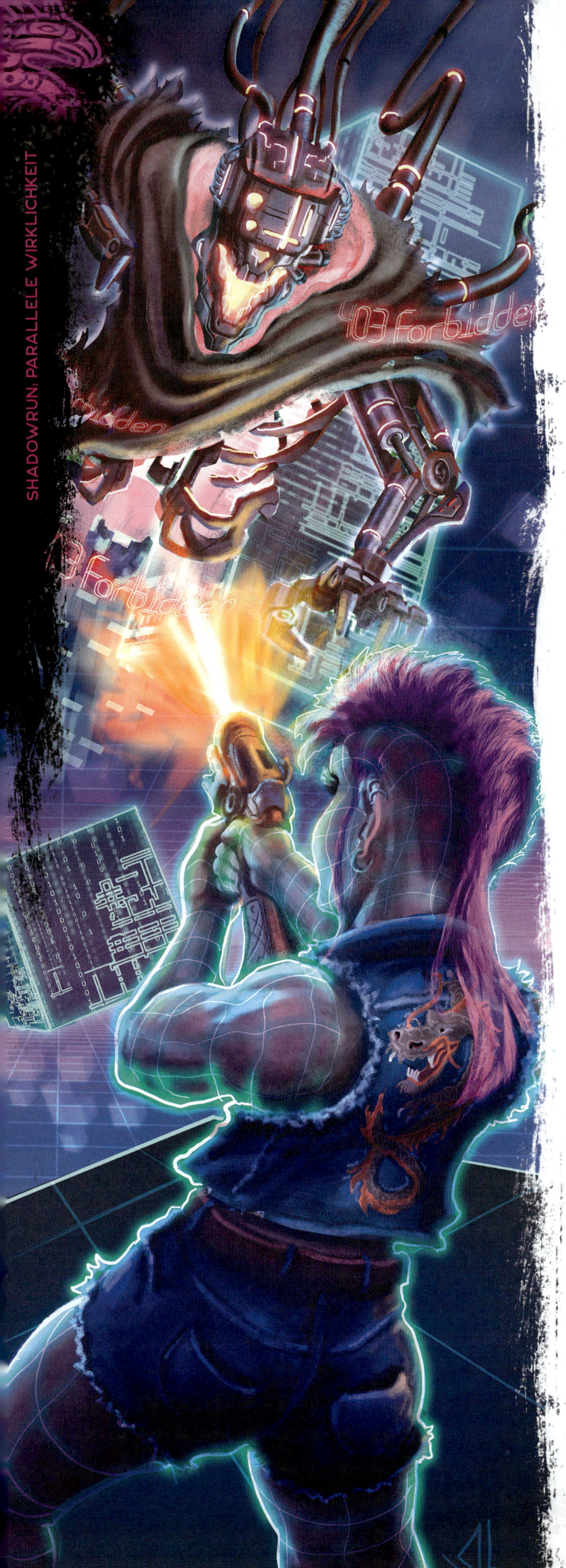

zu verstehen. Er ist schwer beschädigt und hat einige Begegnungen mit den Null nur knapp überlebt.

Um den digitalen Sapienten wiederherzustellen, müssen die Runner ihn mit einer gelungenen Probe auf Elektronik (Software) + Logik (3) in ein leistungsfähiges Gerät (Cyberdeck mit Gerätestufe 5 oder höher) bringen. Sie müssen nicht nur die Hardware bereitstellen, sondern die Seherin zunächst einmal davon überzeugen, dem Transfer zuzustimmen – was mit einer Ausgedehnten Probe auf Elektronik + Logik (9, 3 Stunden) möglich ist. Solange die Seherin nicht transferiert ist, werden die Null die KI regelmäßig angreifen.

Sobald sie umgesiedelt ist, müssen die Runner die „körperliche" und geistige Gesundheit der KI wiederherstellen, wofür sie eine Ausgedehnte Probe auf Elektronik (Software) + Logik (10, 1 Tag) ablegen müssen. Misslingt die Probe, kann ein Tiefenhack in das Fundament des Hosts der Universität von Denver (Stufe 7) die KI wiederherstellen, selbst wenn sie von den Null zerstört wurde. Hier hatte Kara Jay gerade online recherchiert, als sie starb. Weitere Informationen über die Enthüllungen der Seherin findest du in Mission 35 (S. 155).

WO DIE GLYPHEN ZU FINDEN SIND

- In einer Untergrund-Spielhalle in Chinatown, die der Triade des Goldenen Dreiecks gehört. Die Glyphe wurde an einen der Spielautomaten getaggt, und die Runner müssen den richtigen finden, bevor die Sicherheitskräfte sie bemerken.
- Die Penrose-Bibliothek des Psychologischen Instituts der Universität von Denver verfügt über ein unglaubliches magisches Archiv, das von den Studenten zu Forschungszwecken genutzt wird (s. *Machtspiele,* S. 30). Die Glyphe (die erste, die auftaucht) wurde an den Schreibtisch getaggt, den Kara Jay benutzte, als sie starb, und ist damit durch den Host des Archivs (Stufe 7) geschützt.
- Im Lakeside-Vergnügungspark befindet sich die Glyphe in einer Schlüsselkomponente eines Riesenrads, die die Runner entfernen müssen, was ein Abschalten der Attraktion erfordert. Parashield (eine Tochterfirma von MCT) kümmert sich um die Sicherheit und wird über die Abschaltung benachrichtigt werden

HAUPTDARSTELLER

GUIDE

Wenn sich die Runner mit Guide befassen und ein paar Nachforschungen anstellen, erfahren sie, dass er eine geheimnisvolle Person war, die Schulen im ehemaligen PCC-Sektor besuchte und Kinder suchte, die genügend Talent hatten, um Schamanen zu werden.

Niemand kennt seinen wahren Namen – er wird oft als ein großer, dünner, menschlicher Amerindianer beschrieben. Es ist fast unmöglich, sein Alter zu schätzen. Manche behaupten, er sei eines der Fragmente des ursprünglichen Geistes von Denver.

Er war immer vorsichtig, freundlich und respektvoll gegenüber den Kindern, die er betreute. Anscheinend hat er die Absicht, die Zahl der magisch aktiven Metamenschen zu erhöhen.

Guide wurde in Denver seit ein paar Jahren nicht mehr gesehen – genau genommen seit fast einem Jahrzehnt.

Die Runner sollten eine faire Chance haben, das wahre Wesen ihres Auftraggebers zu erkennen. Wenn sie beim ersten Treffen misstrauisch sind, lass die Würfel sprechen. Wenn sie Masques (S. 167) Verkleidung durchschauen, hat er eine zweite Tarnung (als französischer Agent, der die Vorgänge in Denver im Auftrag des French-Touch-Konsortiums untersucht). Wenn die Runner ihn jedoch geschickt konfrontieren (z. B., indem sie ihn auf seinen Einsatz von Blutmagie hinweisen, falls sie das entdecken), wird er reinen Tisch machen und ihnen darlegen, dass Aztechnology vergleichsweise wohlwollende Absichten im Zusammenhang mit den aktuellen Ereignissen verfolgt. Was merkwürdigerweise tatsächlich wahr ist.

BESONDERE HINWEISE

Die Glyphen laufen immer auf Schleichfahrt, die Runner müssen also nahe genug an ihren Standort herankommen, um sie zu sehen. Außerdem sind die Glyphen nur die Spitze des Eisbergs: In diesen Fällen sind weitere Informationen in den zahlreichen Dateien des jeweiligen Geräts versteckt. Die Seherin verwendet ihre Glyphen nicht nur, um Aufmerksamkeit zu erregen, sondern auch, um Geräte zu markieren, die potenziell wichtige Informationen enthalten. Die Runner sollten bemerken, dass Geräte, die mit den Glyphen verbunden sind, ungewöhnliche Datenspeicher mit verschlüsselten Dateien haben, und erkennen, dass sie nicht nur die Glyphen, sondern auch die Geräte untersuchen müssen.

Sobald die Runner mindestens drei Glyphen gesammelt haben, können sie sich jemanden suchen, der ihnen bei der Übersetzung hilft. Ihre Connections werden sie dann zu Arcane führen. Alternativ können sie in den Unterlagen des Geschäfts auch seinen Namen und seine Adresse finden und ihn von dort aus aufsuchen. Im Idealfall haben die Runner auch die Seherin gerettet und stellen die arme KI geduldig wieder her, damit sie ihnen im Finale (S. 155) helfen kann.

MISSION 5

ZERBRECHLICHER WILLE

Nachdem die Runner die Glyphen eingesammelt haben, stellen sie fest, dass sie sie nicht entziffern können. Eine kleine Recherche führt sie zu einem ortsansässigen Experten für mystische Sprachen.

AUFHÄNGER

Auf der Suche nach einem Symbologen, der ihnen helfen kann, stoßen die Runner auf den Namen und Kommcode von Dr. Rutherford Kaine. Wenn sie ihn kontaktieren, schlägt er ein Treffen um 20 Uhr im One-Up vor, einem Club auf der Ostseite des Hubs. Wenn die Runner bereits Cat als Connection haben, wissen sie vielleicht, dass dies ihre Bar ist. Nach sie sich vorgestellt haben, sieht sich Dr. Kaine die Glyphen an und erklärt, dass es sich um eine Kurzschrift handelt, die von einer Taliskrämerin namens Kara Jay entwickelt wurde, die in den 50ern einen Laden in Denver hatte. Er weiß die genaue Bedeutung nicht mehr auswendig, aber er hat eine Kopie ihrer Notizbücher in seinem Büro.

Dr. Kaine will kein Geld für seine Arbeit, sondern einen Gefallen: Er muss der Besitzerin des Clubs etwas stehlen. Er erklärt, dass er mit Cat, der Clubbesitzerin, früher unter dem Straßennamen Arcane in einer Gruppe namens Front Range Consulting zusammengearbeitet hat. Einer der Gegenstände, die FRC damals beschaffte, war eine Trophäe in Form einer Drachenstatue, und die will er haben. Arcane

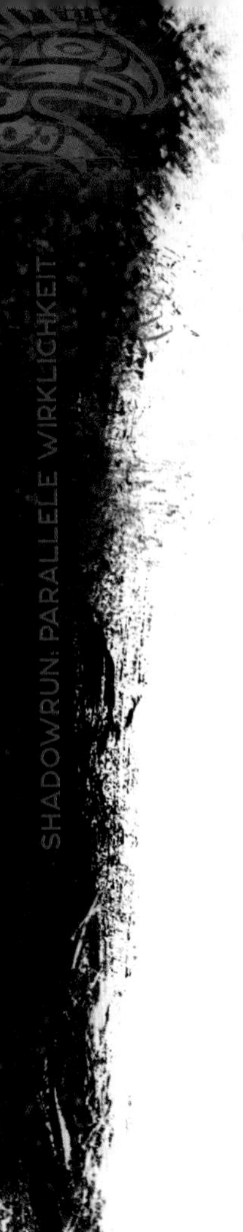

erklärt, dass er und Cat diese Figur einander schon seit geraumer Zeit immer wieder stehlen und dass das zu einer Art Spiel geworden ist.

DER JOB

Die Statue befindet sich in Cats Büro im ersten Obergeschoss des Clubs, und Arcane will, dass die Runner sie in seine Wohnung drei Blocks nördlich der Bar bringen. Er knüpft vier Bedingungen an den Auftrag: Niemand wird verletzt, es entsteht kein Sachschaden, die Runner stehlen nichts anderes und lassen sich nicht erwischen. Falls Cat die Runner erwischt, sollen sie aufgeben und ihr die Wahrheit sagen – dann ist das Spiel vorbei. Wenn die Runner verhandeln, zahlt Arcane jedem Runner zusätzlich zur Übersetzungsarbeit pro Nettoerfolg bei einer Vergleichenden Probe auf Einfluss (Verhandeln) + Charisma 500 Nuyen (maximal aber 2.000 Nuyen). Sobald Arcane und die Runner sich geeinigt haben, nimmt er die Glyphendaten an sich und geht, wobei er dem Team mitteilt, dass er die Transkription fertig haben wird, sobald sie eintreffen.

Es gibt zwei Möglichkeiten, ins erste Obergeschoss zu gelangen: durch eine Außentür an der Rückseite, die über eine Treppe zu erreichen ist, und über einen Aufzug hinter der Bar. Es gibt im ersten Obergeschoss keine Fenster und keinen Zugang übers Dach. Cat arbeitet momentan hinter der Bar, und solange sie in der Nähe ist, kann man den Aufzug nicht benutzen. Man könnte sie möglicherweise in einen anderen Bereich des Clubs locken, falls sich die Runner in den Aufzug schleichen wollen. Wenn die Runner Cat einfach fragen, wird sie alles bestätigen, was Arcane gesagt hat. Sie wird ihnen auch sagen, dass sie die Statue gerne haben können, aber sie müssen sie stehlen. Mit einem Augenzwinkern fügt sie hinzu: „Aber lasst euch nicht erwischen."

Der Club verfügt über einen Host der Stufe 6, der den Aufzug, die Magschlösser und die Kameras kontrolliert. Die Tür im ersten Obergeschoss hat sowohl ein Magschloss der Stufe 6 als auch ein zweites mechanisches Schloss der Stufe 6. Der Aufzug verfügt über einen biometrischen Scanner, der sich für einen autorisierten Benutzer öffnet oder vom Host aus bedient werden kann. Die Kameras im Büro schicken einen Bewegungsalarm an Cats Kommlink, es sei denn, die Runner deaktivieren sie. Im Büro ist die Statue leicht zu finden: Es ist ein 1 Meter hoher Drache aus weißem Metall, der eine rot-goldene Kugel in seiner Vorderklaue hält und auf einem Sockel in einer Vitrine sitzt. Ein Hüter (Kraftstufe 5) umgibt den Sockel; wird er durchbrochen, wird Cat alarmiert. Im Inneren des Hüters befindet sich ein altmodisches Alarmsystem (ohne Matrix-Icon) mit Druckplatten um den Sockel, die einen Alarm in der Bar auslösen. Die Vitrine ist mit einem fast unsichtbaren Netz überzogen, das 6 Ladungen hat und bei Berührung einen Taser-Schock mit 5B(e) Schaden abgibt. Wenn man die Statue anhebt, löst man außerdem eine altmodische Falle aus, die den Raum mit Neuro-Stun X (*SR6*, S. 126) füllt und Cat alarmiert. Das Entdecken dieser drei Fallen erfordert jeweils eine gelungene Probe auf Wahrnehmung + Intuition (4). Die Entschärfung erfordert jeweils eine gelungene Probe auf Mechanik + Logik (3). Die Statue wiegt 400 Kilogramm. Man braucht eine Gesamtstärke von 7, um sie zu tragen (hierfür können sich mehrere Runner zusammentun). Nebenbei bemerkt hat die Statue wenig echten Wert, sie besteht lediglich aus platiniertem Gusseisen. Wenn die Runner von Cat erwischt werden, wird sie Arcane anrufen. Er wird sagen, dass das Spiel vorbei ist, sie aber immer noch vorbeikommen und die Übersetzung abholen können.

Sobald die Runner Arcanes Adresse erreicht haben, werden sie feststellen, dass es sich um ein Geschäftsgebäude handelt, an dessen hinterer Treppe ein Schild mit der Aufschrift „Dr. R. Kaine – Berater" angebracht ist. Eine Katze, die neben der untersten Stufe sitzt, schaut auf und sagt: „Arcane wartet oben." Die Runner bemerken, dass die „Katze" in Wirklichkeit ein Gewirr von Ranken in Form einer Katze ist und ihr Fell aus langen, dünnen Dornen besteht. Eine weitere dieser Kreaturen ist neben der Tür zu sehen. Wenn die Runner klingeln, öffnet eine drei Meter große antike Plattenrüstung die Tür. Wenn das Team die Statue hat, sagt die Rüstung: „Gut, die nehme ich", und trägt sie mühelos zu einem Sockel, bevor sie sich wieder auf die Couch setzt, eine andere „Katze" aus dem Weg räumt und ihre angehaltene Trideosendung wieder startet. Wenn die Runner die Statue nicht haben, ruft die Rüstung: „Arcane, sie sind hier", bevor sie zur Couch zurückkehrt. Arcane bittet das Team in ein luxuriöses Bibliotheksbüro. Sobald sie drin sind, erkundigt er sich nach dem Auftrag. Eventuell vereinbarte ausstehende Zahlungen wird er sofort begleichen.

„Hier ist alles drin, was ich über die Glyphen weiß", sagt Arcane, während er den Runnern eine Datei überträgt: Im Text werden die Glyphen als eine Art Geisterlockmittel beschrieben – bestimmte Geister fühlen die Anziehungskraft dieses mystischen Symbols und nähern sich ihm. Wenn die Runner gegen eine der ersten drei Regeln ihres Auftrags verstoßen haben, wird Arcane unwirsch sein und sich schnell verabschieden. Wenn sie sich an die Spielregeln gehalten haben, wird Arcane Näheres ausführen: „Ich gebe es nur ungern zu, aber ich bin mir über die Funktion der Glyphen nicht ganz im Klaren – sie ziehen zwar Geister an, aber ich weiß nicht, welche Geister und warum." Er verspricht, sich wieder zu melden, wenn er weitere Informationen hat.

SCHAUPLÄTZE

ONE-UP BAR AND ARCADE

Der Hauptraum dieses Clubs ist die One-Up Bar and Grill, eine typische Bar im modernen Stil, in der Getränke und Speisen serviert werden und gelegentlich Live-Musik gespielt wird. Die One-Up Arcade ist ein Spielzimmer auf einer Seite der Bar. Sie bietet Reproduktionen von Videospielgeräten des letzten Jahrhunderts sowie eine Auswahl an modernen AR-Spielbereichen. Der One-Up Back Room ist ein dunkler und verrauchter Privatclub und ein Treffpunkt für Runner – die einzige Voraussetzung für die Mitgliedschaft ist ein guter Straßenruf. Im ersten Obergeschoss befindet sich das Geschäftsbüro der Clubbesitzerin Carol „Cat" McTavish, einer ehemaligen Runnerin und bekannten Schieberin und Johnson in den Schatten von Denver (Cat war auch Auftraggeberin in Mission 1 (S. 52); weitere Informationen über sie findest du auf S. 164).

HAUPTDARSTELLER

ARCANE

Der Name Dr. Rutherford Kaine ist eine hochwertige gefälschte SIN, die Arcane für seine akademische Arbeit verwendet. Er sieht menschlich aus, aber tatsächlich ist Arcane der Sohn eines britischen Adligen und einer wilden Fae, die sich die Rosenkönigin nennt. Er hat die meiste Zeit seines Lebens in der metamenschlichen Welt verbracht, das College besucht und eine Ausbildung als Magier, Arkanarchäologe und Linguist absolviert. Da er sich nicht an die üblichen akademischen Gepflogenheiten halten wollte, beschloss Arcane, dass der beste Weg, seine Ziele zu erreichen, darin bestand, sich als Shadowrunner außerhalb des Systems zu betätigen. Du findest Arcanes Profil auf Seite 164.

BESONDERE HINWEISE

Arcanes „Katzen" sind freie Pflanzengeister der Kraftstufe 3, und die Rüstung ist ein freier Beschützergeist der Kraftstufe 9 namens Dovos.

MISSION 6

MIT WEM WOLLTE ICH REDEN?

Dieses Kapitel gibt den Runnern die Möglichkeit, etwas Ermittlungs-/Spionagearbeit zu leisten, und führt einen wichtigen Gegenspieler in die Kampagne ein.

AUFHÄNGER

Durch die von dem Whistleblower in Mission 3 (S. 60) erhaltenen Paydata hat Stiletto von der Existenz einer Person erfahren, die nur als „der Auditor" bekannt ist. Um ihre Ermittlungen fortzusetzen, bittet sie die Runner um Unterstützung.

DER JOB

Ungefähr eine Woche nach der letzten Mission kontaktiert Stiletto die Runner über deren Schieber, um ihnen einen weiteren Auftrag zu geben, und arrangiert ein Treffen in einem privaten Matrix-Chatraum, der wie eine Jagdhütte aussieht, komplett mit Kamin.

Wenn Stiletto und die Runner im Guten auseinandergegangen sind, teilt Stiletto ihnen mit, dass sie die von ihnen geborgenen Daten entschlüsselt hat und nun von einer weiteren spannenden Person weiß. Diese Person wird sich in den nächsten zwei Tagen mit einem VIP von Evo in einem exklusiven Restaurant im alten Sioux-Sektor treffen.

Die Aufgabe der Runner besteht darin, dieses Treffen *heimlich* zu observieren. Stiletto bietet ihnen dafür das Doppelte ihres Honorars aus Mission 3 (S. 62) an. Wenn die Runner den Job annehmen, schickt ihnen Stiletto ein Datenpaket mit allen verfügbaren Daten, die sie benötigen, einschließlich einiger ausgewählter Informationen als Zeichen ihres guten Willens, wenn sie sich gut verstehen.

Wenn Stiletto und die Runner unter schlechten/dubiosen Bedingungen auseinandergegangen sind und die Runner etwas getan haben, das als unzuverlässig oder rücksichtslos angesehen werden kann, bietet ihnen Stiletto nur 2.000 Nuyen pro Person und gibt ihnen nur eine knappe Beschreibung, um ihr Ziel zu identifizieren (s. Kasten für weitere Informationen).

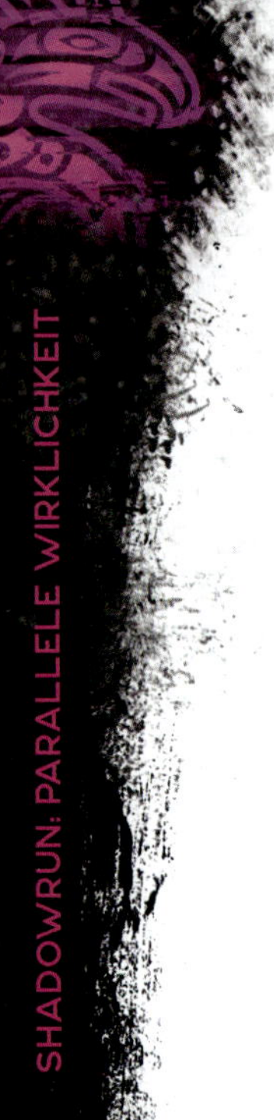

Dieser Job könnte – falls erforderlich – auch dazu dienen, eventuelle Unstimmigkeiten mit Stiletto auszubügeln.

Stiletto ist es egal, welche Methoden die Runner anwenden, solange sie keine Aufmerksamkeit erregen, keinen größeren Schaden verursachen und (am wichtigsten) ihre Ermittlungen nicht gefährden.

SCHAUPLÄTZE

ABOVE IT ALL

Das relativ junge Above It All (AIA) führte gerade ein Soft Opening durch, als Ghostwalker Denver zurückeroberte, und es weckte die Aufmerksamkeit von Nicholas Whitebird, der Stimme des Großen Drachen. Diese Gönnerschaft rettete letztendlich nicht nur das Restaurant, sondern trug auch dazu bei, dass es zum größten und exklusivsten Restaurant in Denver wurde.

Das Essen ist von höchster Qualität, aber auch die Sicherheitsvorkehrungen machen das AIA zu einem beliebten Treffpunkt für die Strippenzieher der FRFZ. In den Wänden eingebaute Bereichsstörsender (Stufe 6) halten drahtlose Signale ab, schaffen aber auch einen Bereich mit niedrigem Rauschen um das Restaurant herum. Der Matrixzugang ist (theoretisch) über den Host (Stufe 7) möglich. Die stilvollen Hartholzwände sind mit Hütern der Kraftstufe 7 ausgestattet, die ein gewisses Maß an astralem Schutz bieten, und während der Geschäftszeiten ist ein Sicherheitsmagier im Dienst (verwende die Kampfmagierin, *SR6*, S. 85).

SUBJEKT 001-A, AUCH BEKANNT ALS „DER AUDITOR", UND DAS TREFFEN

Die Person wird in Stilettos Datei als „Subjekt 001-A" bezeichnet, und ihre Herkunft ist derzeit unbekannt. Die Person ist etwa 2,10 Meter groß und wird als männlicher Mensch beschrieben. Das Alter der Person ist nicht bekannt, entspricht aber dem Erscheinungsbild eines männlichen Menschen Anfang fünfzig. Ihr Körperbau ist extrem schlank; das auffälligste Merkmal der Person ist das völlige Fehlen von Haaren, insbesondere auf dem Kopf/im Gesicht.

Den entschlüsselten Daten zufolge bezeichnet sich die Person als männlich. Der Name ist unbekannt, aber die Person ist in hochrangigen Konzernkreisen als „der Auditor" bekannt. Seine genaue Zugehörigkeit ist unbekannt. Der Auditor hat sich in den letzten Monaten mit mehreren hochrangigen Konzernvertretern getroffen.

Das nächste geplante Treffen des Auditors findet in einem gehobenen Restaurant namens Above It All statt. Gesprächspartner ist Wade Takao von Evo. Takao ist ein regionaler Vizepräsident in Nordamerika und wurde nach Denver geschickt, um in Ghostwalkers neuer Domäne als Konzernbotschafter zu fungieren. Takao ist dafür bekannt, dass er in jeder Hinsicht unauffällig ist, aber er ist außergewöhnlich gut darin, sich an die Firmenlinie zu halten und die richtigen Füße zu küssen.

Auch die physische Sicherheit ist hervorragend. Ohne Reservierung erhält niemand Zutritt, und Waffen sind in der Regel nicht erlaubt, auch wenn es hier Ausnahmen gibt. Das Restaurant beschäftigt sowohl offene als auch verdeckte Sicherheitskräfte; Letztere geben sich oft als Kellner oder Reinigungspersonal aus (verwende den Lone-Star-Streifenpolizisten, *SR6*, S. 206, mit entsprechender Kleidung), während Erstere sich eher um die Zugangskontrolle kümmern.

Das Restaurant hat drei Etagen. Die unteren beiden sind Essbereiche, die dritte beherbergt Büros und Wartungsräume. Das Dach ist der exklusivste Bereich, mit sechs Tischen, die nur für die wichtigsten VIPs zur Verfügung stehen. Die Runner befürchten es vermutlich schon bei der Recherche: Genau hier findet das Treffen des Auditors statt. (Hinweis: Zum Zeitpunkt des Treffens sind nur drei dieser Tische, einschließlich des Tischs mit dem Auditor, besetzt.)

DIE OBSERVIERUNG

Trotz all seiner Sicherheit ist das AIA keine Festung. Die Runner haben einige Möglichkeiten, ihren Auftrag zu erfüllen.

A. FERNOBSERVIERUNG

Wenn es den Runnern gelingt, ins AIA einzudringen und mit einer Datenwanze Zugriff auf das Sicherheitssystem zu erhalten, können sie versuchen, aus der Ferne auf das System zuzugreifen und die Gespräche des Auditors zu belauschen.

B. OBSERVIERUNG AUS DER NÄHE

Wenn die Runner einen Weg finden, sich Zugang zum AIA verschaffen, können sie direkt ein Gerät platzieren oder eine Drohne in den Bereich schicken. Oder sie können einfach nur zuschauen und beobachten. Sie können sich als Gäste oder Mitarbeiter ausgeben, müssen sich dafür aber entsprechend verkleiden und ausweisen.

JEDE MENGE DATEN

Wenn es den Runnern gelingt, das Treffen des Auditors zu infiltrieren oder zu überwachen, werden sie viele neue Informationen erfahren – weitere Details findest du unter *Besondere Hinweise*.

HAUPTDARSTELLER

Der einzige nennenswerte neue Charakter, der in dieser Mission eingeführt wird, ist der Auditor, der normalerweise nicht direkt mit den Runnern zu tun hat.

BESONDERE HINWEISE

- Der Auditor verfügt über ein eigenes vierköpfiges Sicherheitskommando, das komplett aus Adepten besteht (verwende die Seraphim Racheengel, *SR6*, S. 209). Sie werden nur handeln, wenn der Auditor bedroht wird. Wenn ein Kampf ausbricht, begleiten sie ihn hinaus und schützen ihn notfalls mit ihren Körpern.

- Der Auditor verachtet moderne Technologie, deswegen bittet er um eine Speisekarte auf Papier, anstatt die „ekelhafte" AR zu benutzen.
- Das Treffen ist auch ein Test für Wade Takao, der sein eigenes zweiköpfiges Sicherheitsteam hat (verwende das Mitglied der Marines-Spezialeinheit, *SR6*, S. 209). Der Auditor möchte herausfinden, ob Takao oder sein Sicherheitsdienst Abhör- oder Störvorgänge erkennen und angemessen dagegen vorgehen können. Daher werden der Auditor und seine Sicherheitskräfte nicht in die Arbeit der Runner eingreifen, selbst wenn sie entdecken, was diese tun. Wenn das Evo-Sicherheitsteam die Runner entdeckt, wird es schnell handeln und versuchen, die Runner mit Betäubungsmunition zu neutralisieren.
- Wenn die Runner Erfolg haben, hören sie zunächst eine Menge Small Talk, der vom Auditor initiiert wird, über „die Küche und die Getränke dieser Welt" und darüber, dass „die Magie immer seltsamer wird, nicht wahr?". Anschließend werden sie erfahren, dass der Auditor zugestimmt hat, Evos Einladung anzunehmen, eine mögliche Vereinbarung mit „den Dis" auszuhandeln, und dass Evo eine „Arbeitsbeziehung, ähnlich wie und besser als die, die sie mit anderen haben", aufbauen möchte. Evo ist gerne bereit, als Gegenleistung für die Schirmherrschaft von Dis hervorragende Bedingungen und eine umfassende Zusammenarbeit anzubieten, da es der Meinung ist, dass es Dis „mehr zu bieten" hat.
- Der Auditor scheint einen vorläufigen Deal mit Evo abzuschließen, aber nachdem Takeo gegangen ist, ist klar zu hören, dass der Auditor den Mann nicht leiden kann.
- Bevor er geht, wird der Auditor etwas tun, das darauf hindeutet, dass er gewusst hat, dass er die ganze Zeit überwacht worden ist. Er könnte zum Beispiel direkt in eine Kamera schauen, die die Runner benutzen, und/oder etwas sagen wie: „Ich hoffe, Sie haben, was Sie suchen. Einen guten Tag."

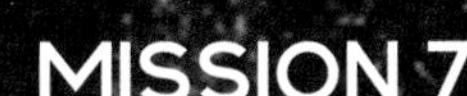

MISSION 7

ES TUT WAS?

Die Analyse der gestohlenen Daten aus Mission 2 (S. 57) ist abgeschlossen. Die Ergebnisse sind faszinierend, aber einige der Experimentnotizen wurden nicht aufgezeichnet. Um herauszufinden, welche Teile fehlen, muss Vishala das Experiment wiederholen, doch dazu benötigt sie Herbeirufungs- und Bindungsfoki. Solche Foki hat Ghostwalker allerdings schon vor langer Zeit verboten, und seine Agenten beschlagnahmen sie, wann immer sie sie finden. Es gibt ein Lager der Stadtregierung, in dem sich all diese beschlagnahmten Foki befinden, und Vishala findet, es sei an der Zeit, dass Niki weitere Runner anheuert.

AUFHÄNGER

Niki (aus *Mission 2*, S. 57) ruft die Runner mit einem lukrativen Angebot an. Wenn sie bereit sind, ein kleines Risiko einzugehen, könnte ihnen ein großer Zahltag bevorstehen.

DER JOB

Niki ruft mit einer Nachricht an. „Ich bin froh, dass ich euch erwischt habe. Ich habe einen interessanten Job für euch, wenn ihr glaubt, dass ihr mit etwas Risiko fertigwerdet. Trefft euch mit mir im Urbane Brawl."

Als die Runner in der Restaurant-Bar in Littleton ankommen, werden sie zu einem Tisch mit Aussicht geführt. Niki hat bereits Platz genommen. Sie hat auf der Grundlage dessen, was sie von den Runnern aus vorherigen Begegnungen weiß, Essen und Getränke für sie bestellt. Die hochwertige Soja- und Krillnahrung schmeckt großartig.

„Schön, euch wiederzusehen. Ich habe einen lukrativen Job, der riskanter klingt, als er wahrscheinlich ist. Es gibt keine angenehmen Worte dafür – ich möchte, dass ihr Ghostwalker bestehlt. Allerdings nur technisch gesehen. Erinnert ihr euch an den Diebstahl aus dem Lagerhaus? Ms Johnson, Vishala, möchte einige

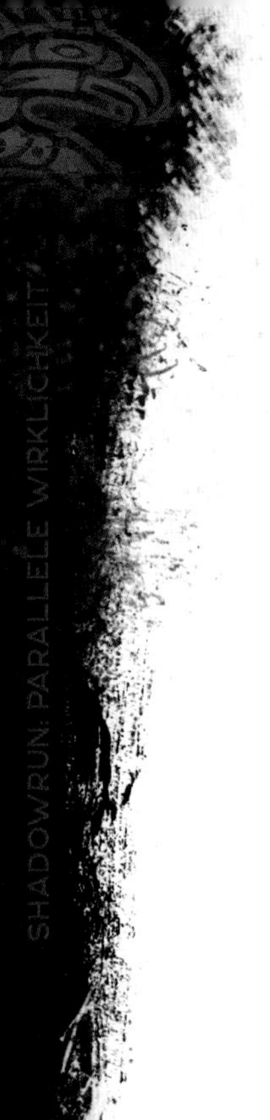

der Experimente wiederholen, und sie braucht dafür ein paar mächtige Herbeirufungsfoki für Geister. Ihr wisst vermutlich, dass Ghostwalker es nicht mag, wenn jemand in seiner Stadt Geister beschwört. Wenn man mit Geisterbeschwörungsausrüstung erwischt wird, wird sie einem abgenommen. Die beschlagnahmten Foki werden in einem gesicherten Gebäude gelagert. Da Ghostwalker allerdings gerade mit anderen Dingen beschäftigt ist und sich in der Stadt derzeit vieles ändert, denke ich, dass eine geschickte und einfallsreiche Gruppe von Shadowrunnern eine gute Chance hat, in dieses Lager einzubrechen, sich einen richtig mächtigen Herbeirufungsfokus zu schnappen und ihn zu mir zurückzubringen. Ich biete euch für diesen Job deutlich mehr als euren Normaltarif. Der Standort ist ein Lagerraum unter einem Eisenbahnmuseum."

Die Runner werden bei dem Gedanken, gegen Ghostwalker anzutreten, zweifellos nervös sein. Wenn sie den Auftrag ablehnen, wird Niki ein anderes Team finden, aber sie möchte ihren Datenfußabdruck so klein wie möglich halten und würde es daher vorziehen, Runner einzusetzen, die sie bereits beschäftigt hat.

Niki kann gute Informationen über die unterirdische Anlage liefern. Sie hat den Originalgrundriss aus der Erbauungszeit, sie kennt die Sicherheitsfirma, die das Gebäude im Auftrag der Stadt bewacht, und es ist ihr gelungen, einen Nachschlüssel für einen Wartungsschacht zu bekommen.

Niki bietet den Runnern außerdem die sehr ordentliche Summe von 12.000 Nuyen pro Person an, vor allem, weil die Runner vielleicht davor zurückschrecken, gegen Ghostwalker oder seine Verwaltung anzutreten. Jeder Nettoerfolg bei einer Vergleichenden Probe auf Einfluss (Verhandeln) + Charisma erhöht diese Summe um 500 Nuyen, bis zu einem Maximum von insgesamt 15.000 Nuyen pro Person.

Wenn die Runner den Auftrag annehmen, fügt Niki hinzu: „Oh, und ihr braucht das Cat gegenüber nicht zu erwähnen. Ich glaube nicht, dass sie Ghostwalker – technisch gesehen – verärgern will." Wenn die Runner sich mit Cat in Verbindung setzen und alles ausplaudern, bedankt sich Cat bei ihnen für die Informationen und gibt den Behörden Bescheid. Die Runner werden nicht dafür belohnt, dass sie das Richtige tun.

BEINARBEIT

Die Runner werden sich über den Zielort informieren wollen. In diesem Abschnitt findest du einige der Informationen, die sie herausfinden können.

CONNECTIONS

Straße: Nicht viele Leute im Sprawl wissen, dass es diesen Ort überhaupt gibt, aber mit etwas Glück finden die Runner jemanden, der vor Jahren dort war. Dieser Jemand wird über die Züge sprechen und darüber, dass sie ganz anders aussehen als die Hochgeschwindigkeitszüge, die in den noblen Teilen der Stadt unterwegs sind. Wenn die Runner mit Leuten sprechen, die in der Nähe des Museums wohnen, werden sie etwas mehr erfahren – die meisten Leute, die in der Vorstadt aufgewachsen sind, haben sich als Kinder ab und zu die Züge angesehen, und auch heute noch ist es einer der wenigen Orte, die man besuchen kann, ohne dafür bezahlen zu müssen. Abgesehen davon verändert sich der Ort kaum, daher belassen es die meisten Leute bei einem Besuch. Aufmerksame Connections werden darauf hinweisen, dass auf dem Gelände mehr vor sich geht, denn es gibt wirklich gute Sicherheitsvorkehrungen mit bewaffneten Wachen vor Ort, die allerdings nie die Besucher belästigen.

Konzern/Johnson: Die Aufzeichnungen über das Museum sind öffentlich, und jeder, der sich in den Schatten auskennt, weiß, dass sich unter dem Museum ein Fokuslager befindet. Die Leute äußern sich nur sehr vage, was die Sicherheit angeht – trotz des riesigen Vorrats an Foki dort hat niemand je darüber nachgedacht, den Ort anzugreifen, weil jeder, der mit Beschwörungsfoki in der Stadt erwischt wird, Schwierigkeiten bekommt und es wirklich schwierig wäre, die Sachen zum Verkauf aus der Stadt zu schmuggeln. Theoretisch unbezahlbar, faktisch nutzlos – so sehen diese Leute den Vorrat an Foki.

Matrixsuche: Das Museum ist online nur der Form halber vertreten. Es gibt eine schlecht gepflegte öffentliche Matrixseite, die offensichtlich jahrzehntealt ist (es sieht so aus, als sei sie von der ursprünglichen Matrix vor dem Ersten Crash migriert worden). Das Lager wird auf der Matrixseite nicht ausdrücklich erwähnt. Es gibt jedoch eine sichere Verbindung zur Stadtregierung. Eifrige Hacker können den lokalen Server hacken (weitere Einzelheiten s. u.).

AUSKUNDSCHAFTEN DES ORTES

Astrale Erkundung: Das Museum verfügt über eine starke astrale Sicherheit. Die Betonfläche oberhalb des Lagers ist mit einem mächtigen Hüter (Kraftstufe 9) versehen, aber das Sicherheitsbüro befindet sich außerhalb des Hüters. Ein halbes Dutzend Watcher (*SR6*, S. 148) schweben träge durch den gesamten Komplex und haben den Befehl, dem Sicherheitsteam zu melden, wenn ein Erwachter das Gelände betritt. Jeder Beobachter kann sehen, dass es jederzeit mindestens zwei Erwachte Wachen gibt – eine hermetische Zauberin und einen hermetischen Adepten. Jeder, dem es gelingt, durch den Hüter in die Betontunnel zu gelangen, wird den Weg in den Komplex finden können. Er könnte aber schnell an seine Grenzen stoßen.

Persönliche Erkundung: Ein Besuch im Museum klingt nach einem spaßigen Ausflug.

ANATOMIE EINES REGIERUNGSARCHIVS

Das Archiv ist eine unterirdische Anlage, die die UCAS kurz nach ihrer Gründung errichteten. Die Erinnerung an den Großen Geistertanz war noch frisch in den Köpfen der Verantwortlichen. Das Archiv befindet sich etwas außerhalb des Stadtzentrums, in den Vororten in der Nähe der Berge, unter dem alten Colorado Railroad Museum. Der Ort wurde für ein verstecktes Archiv ausgewählt, weil die Stadt das Grundstück relativ günstig erwerben konnte, viel Platz vorhanden war und die umfangreichen Grabungsarbeiten plausibel als Teil des Museumsbaus erklärt werden konnten.

Das Museum ist technisch gesehen noch geöffnet. Heutzutage besucht es kaum noch jemand (jede Woche kommen vielleicht eine Handvoll Besucher), und die Ausstellungsstücke sind ziemlich heruntergekommen, aber ein paar Angestellte und eine Handvoll Freiwilliger halten das Museum offen. Für das Museum selbst gibt es so gut wie keine Sicherheit (niemand scheint sich Sorgen darüber zu machen, dass die Züge gestohlen werden könnten, und die großen Lokschuppen sind kein guter Ort für Obdachlose). Eine Betonfläche, die von vier disziplinierten Sicherheitsleuten bewacht wird, ist vom Rest des Museums getrennt. An einer Seite der Fläche befindet sich ein Gebäude von der Größe eines Schiffscontainers. Dieses Gebäude verfügt über einen Aufzug, der zu einem unterirdischen Lagerraum führt. Eine Wartungsluke, die in die Fläche neben dem Gebäude eingelassen ist, führt zu einer Leiter im Inneren des Aufzugsschachts. Sie ist von der Tür des Gebäudes aus gut sichtbar und wird von den Wachen beobachtet. Diese Luke ist verschlossen, aber der von Ms Johnson zur Verfügung gestellte Nachschlüssel passt.

Der unterirdische Bereich beherbergt ein Lager, ein magisches Sicherheitsteam und mächtige Hüter.

Die Anlage verfügt über einen Wachposten direkt vor der Aufzugstür mit Einrichtungen für das Wachpersonal. Dahinter liegt (vom Aufzug aus sichtbar) ein offener Raum, der etwa 30 mal 30 Meter groß, aber nur zwei Meter hoch ist – Trolle werden sich wahrscheinlich die Hörner an der Betondecke stoßen. In dem Raum stehen lange Tische, die mit dunklen Tüchern bedeckt sind, und durchsichtige Kunststoffbehälter, in denen eine Vielzahl von Gegenständen ausgestellt ist: von Metallschmuck und gravierten Panzerhandschuhen bis hin zu Federschnitzereien und kristallbesetzten Stäben – fast alles, was man sich als Fokus vorstellen kann, ist hier irgendwo zu finden, jeweils fein säuberlich mit einem Barcode aus Metall versehen und von Zauberern und Geistern bewacht.

Der Host ist von außen schwer zu hacken (Stufe 8, ASDF 9/8/10/11, IC: Patrouille, Bremse, Teerbaby, Crash, Blaster und Aufspüren), aber auf ihm ist nur der Dienstplan für die Wachen zu finden. Unternehmungslustige Hacker könnten sich selbst auf den Dienstplan setzen lassen, um sich den Zugang zu erleichtern. Mit dem Hauptsicherheitshost verbunden ist ein viel einfacherer Datenhost (Stufe 4, ASDF 6/5/7/4; IC: Störer, Crash, Patrouille, Blaster), in dem sich die Datenbank befindet, die die Foki verwaltet. Diese Datenbank enthält eine Liste der Foki im Gebäude, ihren Standort und eine Einschätzung ihrer Macht. Anscheinend ist jeder Fokus von mindestens drei verschiedenen Magiern bewertet worden. Hacker können die Foki schnell nach ihrer Macht einstufen. In dem Gebäude gibt es 306 Foki in allen erdenklichen Formen, und alle sind Herbeirufungs- oder Bindungsfoki. Einige davon sind unten aufgeführt.

FOKI

Allgemeine Informationen über Foki findest du in *SR6* auf Seite 156. Die hier gelagerten Foki sind unterschiedlich mächtig; die meisten haben eine niedrige Kraftstufe, eine Handvoll hat Kraftstufe 8, eine weitere Handvoll Kraftstufe 7 und eine doppelte Handvoll Kraftstufe 6. Von jeder Kraftstufe unterhalb von 6 gibt es Dutzende von Foki. Beispiele dafür sind eine ständig brennende Phönix-Schwanzfeder in einem Bernstein, ein billiges Silbermedaillon, auf dessen Außenseite unbeholfen „Für meine große Liebe" eingekratzt ist, ein konserviertes Stück Fleisch von der Größe einer Brieftasche, das goldene Glied einer großen Kette, ein schwebender Blutstropfen, ein gezackter Kupferfaden, ein Korken und ein beschädigtes Plastikmodell der Niagarafälle.

Runner, die Zugang zur Datenbank haben, können jeden Fokus innerhalb weniger Minuten finden. Runner, die die Foki durch Aurenlesen bewerten müssen, brauchen 15 bis 30 Minuten, um sich durch die Sammlung zu arbeiten und die mächtigsten Foki zu finden. Runner, die einen der Magier, Schamanen oder den Bibliothekar erfolgreich verhören, werden zu den drei mächtigsten Foki geführt. Der Bibliothekar könnte stundenlang reden, tut dies aber nur, wenn niemand ungeduldig oder gewalttätig wird. Die Adeptenwachen und ihre mundanen Kolleginnen und Kollegen wissen nichts Genaueres über die Foki.

VERTEIDIGER

Zu jeder Zeit befinden sich vier Wachen im oberirdischen Wachposten: ein Adept (verwende den Yakuza-Klingenmeister, *SR6*, S. 207), ein Magier (verwende den Lone-Star-Kampfmagier, *SR6*, S. 207) und zwei mundane Wachen (verwende den Lone-Star-SWAT-Offizier, *SR6*, S. 207). Das ist ein ernst zu nehmendes Team, aber ihr Einsatz ist mit wenig Zwischenfällen behaftet, und sie sind nicht besonders paranoid. Es gehört zu ihrer normalen Routine, dass sie sich nicht von ihrem Posten entfernen, aber sie gehen verdächtigen Aktivitäten nach, nachdem sie diese gemeldet haben.

Im unterirdischen Lager befinden sich fünf Leute, die alle Erwacht sind. Dazu gehören eine Schamanin und zwei hermetische Magier (verwende den Lone-Star-Kampfmagier, *SR6*, S. 207), eine Adeptin (verwende den Yakuza-Klingenmeister, *SR6*, S. 207) und ein magisch aktiver Bibliothekar (verwende den Taliskrämer, *SR6*, S. 215). Diese Leute verteidigen die Einrichtung, aber ihre Hauptaufgabe ist es, dafür zu sorgen, dass niemand irgendwelche Geister herbeiruft.

Der Sicherheitshost wird von städtischen Hackern im Rahmen ihrer normalen Routine überwacht. Die meiste Zeit über ist kein Hacker vor Ort, es sei denn, das IC wurde aktiviert.

Die Verteidiger gehen davon aus, dass jeder, der sich in der Einrichtung aufhält, ein Feind ist. Wenn die Runner durch Hacking oder Bestechung an gefälschte Zugangsberechtigungen gelangt sind, werden sie im Lager trotzdem genau beobachtet. Kein Runner darf ohne Begleitung irgendwohin gehen oder Zugang zu den Foki erhalten (sie dürfen sich umsehen, aber nichts anfassen). Wenn die Runner es irgendwie schaffen, ein Sicherheitsteam zu ersetzen, ohne dass man sie entdeckt, dann verdienen sie es, sturmfreie Bude zu haben und über das Lager verfügen zu können.

ERFOLG

Erfolg bedeutet, dass die Runner mit mindestens einem mächtigen Herbeirufungsfokus zurückkehren. Sie erhalten sofort den vereinbarten Betrag, und Niki wird hocherfreut sein. Zusätzliche Foki (oberhalb von Kraftstufe 5) bringen 5.000 Nuyen pro Fokus zusätzlich ein.

Anmerkung: Es ist durchaus möglich, dass die Runner einen oder mehrere mächtige Foki für ihren eigenen Gebrauch stehlen. Das ist in Ordnung. Allerdings wird kein Hehler in Denver einen Herbeirufungsfokus anfassen, geschweige denn einen kaufen. Wenn die Runner später mit einem dieser Foki in ihrem Besitz erwischt werden, werden sie sofort verhaftet. Wenn sich herausstellt, dass die Runner den Fokus aus dem Lagerhaus gestohlen haben, wird Ghostwalker wissen wollen, was passiert ist. Ghostwalker hat viel um die Ohren, aber Runner, die nicht vorsichtig waren, müssen damit rechnen, dass sich Privatdetektive nach ihnen erkundigen, und Kontaktpersonen werden zu Treffen mit Ghostwalkers Mitarbeitern eingeladen. Es würde den Rahmen dieser Reihe von Missionen sprengen, aber Runner, die während ihrer Zeit in Denver zu bekannt werden, werden wahrscheinlich feststellen, dass Ghostwalker persönlich auf sie aufmerksam geworden ist. Wenn das geschieht, während sie inhaftiert sind, werden sie wahrscheinlich eine persönliche Audienz erhalten. Wahrscheinlich ist es am besten, auszubrechen und einen langen Erholungsaufenthalt weit weg von Denver einzuplanen, wenn es so weit kommt.

MISSION 8
AUSWAHL

Diese Mission besteht aus zwei Teilen und baut auf den Ereignissen aus *Mission 6* (S. 67) auf. Am Ende haben die Runner weitere Hinweise auf die Absichten und Beweggründe des Auditors.

AUFHÄNGER

Die Runner werden erneut angerufen, um Stiletto bei ihren laufenden Ermittlungen gegen die rätselhafte Person zu unterstützen, die als der Auditor bekannt ist. Stiletto hat entdeckt, dass der Auditor Denver verlassen hat und in Los Angeles wieder aufgetaucht ist. Da die Runner aus erster Hand Erfahrungen mit ihm haben, bittet Stiletto sie, einen weiteren Observierungsauftrag zu übernehmen.

Diesmal folgen die Runner der Spur zu einem aquatischen Habitat in der Tiefen Lacuna, wo sie mit etwas Glück einige der finsteren Machenschaften des Auditors aufdecken können.

DER JOB (TEIL EINS)

Dieser Auftrag beginnt wie Mission 6. Stiletto kontaktiert die Runner direkt oder über ihren Schieber. Sie teilt ihnen mit, dass sie einen weiteren Observierungsauftrag für sie hat, bei dem es wieder um den Auditor geht, der in Los Angeles gesehen wurde. Sie hat erfahren, dass er dort irgendein großes Geschäft abschließen will, und sie braucht die Runner, um ihn zu beschatten und herauszufinden, worum es dabei geht. Sie zahlt den Runnern 20.000 Nuyen pro Person und übernimmt die Reisekosten, einschließlich aller IDs, die nötig sind, um die Runner über die Grenzen zu bringen.

RUNDGANG

Stiletto sorgt dafür, dass die Runner in einem bescheidenen Motel außerhalb von L.A. unterkommen, sodass sie sich schnell an die Arbeit machen können. Kaum haben sie sich eingerichtet, erhalten sie eine Nachricht von Stiletto, die ihnen mitteilt, dass ihre einheimischen Connections den Auditor in Downtown L.A. gesehen haben, und zwar allein.

Sobald die Runner in Downtown L.A. ankommen, finden sie den Auditor problemlos. Er spaziert einfach durch die Stadt und tut alltägliche Dinge, zum Beispiel in Restaurants, Cafés und an Imbisswagen zu essen. Er nimmt sich auch die Zeit, Orte zu besuchen, die die meisten als Touristenfallen betrachten würden, plaudert mit den Einheimischen über verschiedene Themen und stellt mehr oder weniger bemerkenswerte Fragen nach dem Wetter, ihren Weltanschauungen, was sie über Magie denken, warum sie Haustiere haben, ihren Lieblingsspeisen, was ihnen Spaß macht und ob sie ihr Leben ändern möchten (und wie), unter vielen anderen. Er ist immer höflich und bietet jedem, mit dem er spricht, etwas an, meist etwas Wertvolles wie einen Edelstein oder eine Münze aus Edelmetall. Das Einzige, was er nie zu haben oder zu benutzen scheint, ist irgendeine Art von Technologie, wie etwa ein Kommlink.

Er gibt sich keine Mühe, seine Bewegungen zu verbergen. Falls er weiß, dass die Runner (oder irgendjemand anderes) ihm folgen, lässt er es sich entweder nicht anmerken oder es ist ihm einfach egal. Die Runner können ihn leicht im Auge behalten oder nahe genug herankommen, um einige seiner Gespräche mitzuhören.

Wenn sie mutig genug sind, können sie sogar direkt mit ihm Kontakt aufnehmen; er wird sich gerne mit ihnen unterhalten, solange es ihnen nur um ein Gespräch geht.

EINE NACHT IN DER STADT

Der Auditor wird seinen Rundgang etwa drei Tage lang fortsetzen und jeden Abend um genau 23:45 Uhr zu einem Luxushotel in L.A. zurückgehen. Auch hier macht er keine Anstalten, seine Bewegungen zu verbergen. In der dritten Nacht jedoch steigt er in eine Limousine und fährt zu einem Club namens Deep Diver, der nahe der Grenze zu dem berüchtigten versunkenen Gebiet in Downtown L.A. liegt, das als die Tiefe Lacuna bekannt ist.

Der Auditor trifft genau um Mitternacht ein und geht durch die Menschenmenge, interagiert aber mit niemandem; er wirkt eher wie jemand, der Tiere in einem Käfig oder Insekten in einem Terrarium beobachtet. Um Punkt 1:35 Uhr begibt er sich zu einer geheimen Besprechung in ein privates Hinterzimmer.

HINTERZIMMERTREFFEN

Genau wie in *Mission 6* ist der Auditor zu einer Besprechung hier, aber diesmal möchte er ungestört sein und hat seine Leibwächter (unterstützt vom Sicherheitsdienst des Clubs; verwende den Lone-Star-Streifenpolizisten, *SR6*, S. 206) angewiesen, jegliches Lauschen zu verhindern. Der Raum, den der Auditor nutzt, ist eine spezielle Lounge, die häufig für private Feiern und Ähnliches genutzt wird. Holzpaneele und andere natürliche Materialien bedecken die Wände, und während des Treffens ist ein White-Noise-Generator der Stufe 6 aktiv. Es gibt nur einen Ein- und Ausgang, und niemand außer drei bestimmten Personen (von denen eine der Auditor ist) darf den Raum betreten. Wenn die Runner eine Observierungsoperation durchführen oder herausfinden wollen, was besprochen wird, haben sie mehrere Möglichkeiten.

1. DURCH DIE FENSTER

Die Lounge befindet sich im zweiten Obergeschoss und verfügt über große Fenster und einen Balkon mit Blick auf den Hafen, der die Tiefe Lacuna verbirgt. Die Runner können versuchen, den White-Noise-Generator zu umgehen, indem sie ein Lasermikrofon verwenden, um das Gespräch von einem Wasserfahrzeug aus oder durch eine Drohne mitzuhören. Das Deep Diver hat jedoch einen Sicherheitsmagier, der zwei Geister der Kraftstufe 4 (Luft und Wasser) beauftragt hat, nach Booten oder Flugzeugen Ausschau zu halten, die gegen den Club oder seine Gäste arbeiten könnten.

2. INFILTRATION DES SICHERHEITSSYSTEMS

Im Zweifelsfall können die Runner versuchen, sich in das Sicherheitssystem des Clubs zu hacken oder direkt die Kontrolle zu übernehmen, um das Treffen des Auditors zu überwachen. Der Host des Clubs hat eine Stufe von 7, und eine Sicherheitsspinne ist im Dienst (verwende den Datenbeschaffer der Cutters, *SR6*, S. 206). Vor dem Sicherheitsbüro sind ständig zwei Wachen stationiert.

3. DIREKTE OBSERVIERUNG

Die Runner können natürlich auch versuchen, persönlich in die Lounge zu gelangen. Zum Beispiel können sie sich als Mitarbeiter ausgeben, um eine Wanze zu platzieren, oder eine angrenzende Lounge übernehmen, um durch die Wände zu spionieren.

ERHALTENE PAYDATA

Wenn die Runner Erfolg haben, können sie möglicherweise einige oder alle der folgenden Informationen in Erfahrung bringen:

1. Der Auditor trifft sich mit einer Gruppe von Schmugglern, die von einem geheimen Ort in der Tiefen Lacuna aus arbeiten.

1a. Die Heimatbasis der Schmuggler ist als Green Water Bay bekannt. Eine Matrixsuche (3) wird die Runner darüber informieren, dass Green Water Bay ein Aquablock ist, der vermutlich verloren ging, als sich die Tiefe Lacuna bildete. Es liegen keine Informationen darüber vor, wo sich Green Water Bay befindet. Runner mit entsprechenden Connections können diese auch nutzen, um Informationen über Green Water Bay zu erhalten. Nur Connections mit einer Einflussstufe von 3 oder mehr wissen davon, und nur Connections mit einer Einflussstufe von 4 oder mehr kennen den tatsächlichen Standort.

2. Die Schmuggler sind mit dem Projekt, mit dem der Auditor sie beauftragt hat, dem Zeitplan voraus.
3. Der Auditor ist darüber sehr erfreut, möchte sofort die letzte Phase des Projekts sehen und schlägt vor, die Sitzung nach Green Water Bay zu verlegen. Nach anfänglichem Zögern stimmen die Schmuggler zu, und das Treffen im Club wird beendet.

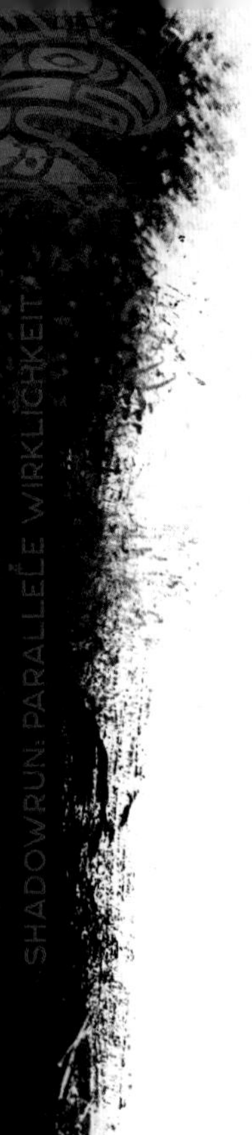

FOLGE DEM ANFÜHRER

Der Auditor und die Schmuggler begeben sich danach zu den Docks des Clubs, wo ein modifizierter Aztechnology Nightrunner darauf wartet, sie nach Green Water Bay zu bringen. Die Runner haben jetzt die Wahl. Sie können hier Schluss machen und Stiletto mit den bisher gesammelten Paydata kontaktieren. Oder sie können die Initiative ergreifen und das Boot (das über passive Heimlichkeit verfügt) bis nach Green Water Bay verfolgen. Alternativ können sie den Aquablock später selbst finden. Entscheiden sich die Runner für Ersteres, weist Stiletto sie an, Green Water Bay zu finden, und bietet ihnen 5.000 Nuyen pro Person zusätzlich an. Die Runner können jederzeit ablehnen; wenn sie das tun, ist die Mission beendet.

Wenn sie den zusätzlichen Auftrag annehmen, mach mit dem zweiten Teil des Jobs weiter. Wenn die Runner aus eigenem Antrieb weitermachen, gibt Stiletto ihnen nachträglich zusätzliche 5.000 Nuyen pro Person und übernimmt die Kosten für die medizinische Versorgung eventueller Verletzungen.

DER JOB (TEIL ZWEI)

Im nächsten Teil des Auftrags reisen die Runner nach Green Water Bay und versuchen, mehr über das mysteriöse Projekt zu erfahren, an dem der Auditor die Schmuggler arbeiten lässt.

SCHON DIE ANREISE MACHT SPAß

Als Erstes müssen die Runner Green Water Bay (GWB) finden. Wenn ihnen keine Alternative einfällt, werden die beiden Hauptoptionen wahrscheinlich sein, den Auditor sofort zu verfolgen oder den Aquablock auf eigene Faust zu aufzuspüren.

Wenn sich die Runner für Ersteres entscheiden und es schaffen, das Boot der Schmuggler zu verfolgen, werden sie GWB leicht entdecken. Ein möglicher Nachteil ist jedoch, dass sie durch die spontane Herangehensweise möglicherweise nicht über die notwendige Unterwasserausrüstung verfügen. Sie können den Standort per GPS markieren und zurückkommen, aber dann riskieren sie, dass der Auditor vorher verschwindet. Das gleiche Problem stellt sich ihnen, wenn sie GWB auf eigene Faust entdecken wollen. Mit der richtigen Ausrüstung haben sie aber eine bessere Chance, in die Schmugglerzuflucht einzudringen.

KLOPF, KLOPF ...

Sobald die Runner GWB gefunden haben, müssen sie sich Zugang verschaffen. Oberflächenwasserfahrzeuge können über ein Tauchdock einfahren, das normalerweise fünfzig Meter unter der Wasseroberfläche liegt und bei Bedarf an die Oberfläche kommt. Ein Eingangstunnel/Aufzugsschacht verbindet das Dock mit dem Hauptgebäude. Ein Teil des Hauptgebäudes liegt unter Wasser und verfügt über mehrere Schleusen und Frachträume für den Zugang von außen. Mehrere Unterwasserdrohnen sorgen für Sicherheitspatrouillen und die Verteidigung gegen Eindringlinge und die verschiedenen Erwachten Spezies, die in der Lacuna leben. Um sich Zugang zu verschaffen, haben die Runner mehrere Möglichkeiten.

1. INFILTRATION

Das bedeutet, dass das Team Tauchboote und Tauchausrüstung einsetzt, um entweder durch die Luftschleusen oder durch eine der Türen der Ladebuchten einzudringen. Die Ladebuchten haben riesige Türen, die sich zu großen Becken hin öffnen, in denen Kräne die Fracht in die Bucht heben. Einige Ladebuchten sind für den allgemeinen Gebrauch bestimmt, andere sind privat. Sobald die Runner drin sind, müssen sie entweder komplett unbemerkt bleiben oder einen Weg finden, sich unauffällig zu verhalten, um den Sicherheitspatrouillen zu entgehen.

2. NEUE MIETER

Das kann zwar etwas Zeit und Mühe kosten, aber GWB ist (wenn man die richtigen Verbindungen hat) offen für neue Mieter. Es ist möglich, dass sich die Runner als neue Mieter ausgeben, um Zugang zu erhalten. Sobald sie drin sind, müssen sie sich allerdings mit einer Eskorte auseinandersetzen, die bei ihnen bleibt, bis eine Vereinbarung getroffen worden ist. Darüber hinaus sind die Sicherheitsvorkehrungen sehr streng, und Schusswaffen mit tödlicher Munition sind verboten.

3. HACK ES EINFACH!

Auch eine Unterwasseranlage braucht Zugang zur Matrix. Wenn es den Runnern nicht gelingt, an Bord zu gelangen, besteht die Möglichkeit, dass sie eine der Antennenbojen finden, die in regelmäßigen Abständen ausgesetzt werden, und direkt eine Datenwanze an einer von ihnen anbringen, um einem Decker oder Technomancer Zugang zu den Sicherheitssystemen von GWB zu ermöglichen. Der Nachteil dabei ist, dass GWB ein Host der Stufe 8 ist und Drohnenpatrouillen hat, die speziell für die Bewachung der Antennen vorgesehen sind und mit tödlicher Gewalt auf Eindringlinge reagieren.

DIE GEHEIMNISSE IM INNEREN

Sobald sich die Runner Zugang zum Aquablock verschafft haben, müssen sie den Auditor und seine Schmugglerkameraden finden. Dazu können sie sich Zugriff auf die Sicherheitssysteme verschaffen und das Videomaterial auswerten, einige der Mieter befragen, eine der Begleitpersonen des Auditors erkennen und ihr folgen, oder eine beliebige Kombination dieser Möglichkeiten. Wenn sie erfolgreich sind, finden sie heraus, dass sich der Auditor und seine Schmugglerpartner (bekannt als das Dark Wave Syndicate) in Bucht 31 auf Ebene drei treffen.

Wenn die Runner dem Auditor sofort folgen oder innerhalb von zwei Stunden nach ihm in GWB ein-

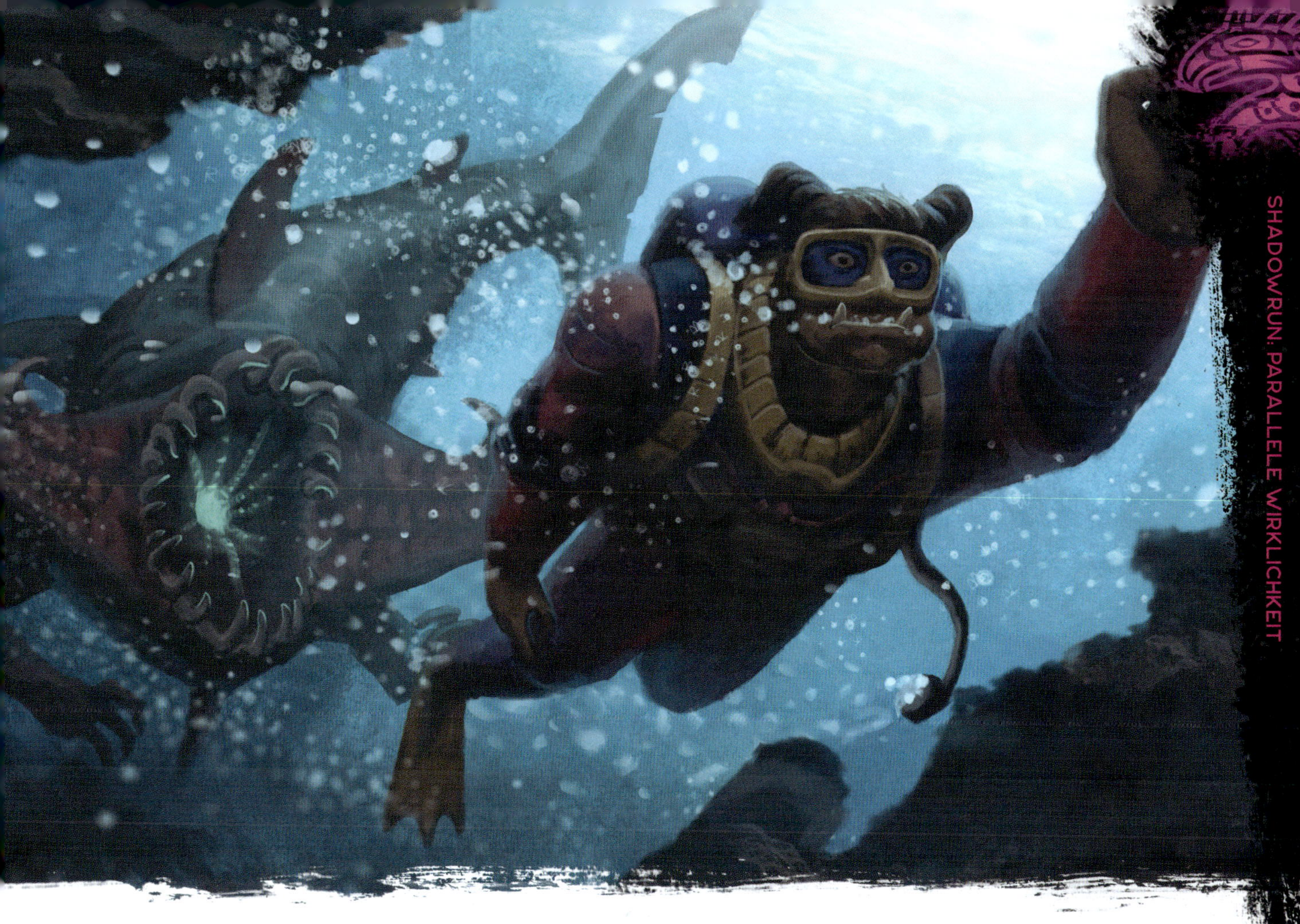

treffen, können sie das Treffen zwischen ihm und den Schmugglern beobachten. Wenn nicht, können sie die gleichen Daten aus den archivierten GWB-Sicherheitsaufzeichnungen und sicheren Dateien aus dem DWS-Teil des Hosts erhalten.

ERHALTENE PAYDATA

1. In Bucht 31 befinden sich fast hundert Frachtcontainer mit modifizierten Valkyrie-Modulen, die alle mit Codenummern versehen sind.
2. Diese Module enthalten Metamenschen unterschiedlichen Alters (die jüngsten sind sechs Jahre alt) und Metatyps. Diese Personen werden in einer Art Stasis gehalten.
3. Diese Metamenschen wurden aufgrund ihrer besonderen Eigenschaften ausgewählt. Einige sind mächtige Erwachte oder haben aufgrund ihres Familienerbes das Potenzial, große magische Fähigkeiten zu entwickeln. Andere haben sehr spezifische genetische Marker und Merkmale. Der Auditor scheint besonders an dieser zweiten Gruppe interessiert zu sein. Eine dritte Gruppe besteht nach den Worten des Auditors aus „nichts weiter als Störenfrieden und Ärgernissen für meine Partner, aber zumindest liefern sie etwas Futter für die laufende Arbeit."
4. Ursprünglich sollten alle Container nach Aztlan verschifft werden, aber der Auditor wählt einige wenige Container aus und beauftragt einen orkischen Schmuggler namens Gow, sie nach Denver zu schicken. Gow zögert, bis der Auditor die Bezahlung verdreifacht.
5. Der Auditor fordert Gow auf, besonders vorsichtig und wachsam zu sein, da es „Personen und Organisationen gibt, die ihre Nasen in Dinge stecken, die sie nichts angehen – vor allem eine besonders lästige Person, mit der man sich früher oder später befassen wird müssen".
6. Einer von Gows Leutnants, ein Elf namens Lucas, stellt dem Auditor mehrfach Fragen und äußert schließlich: „Was ist so besonders an Denver?" Als Antwort streckt der Auditor seine Hand aus, und eine schwarz-violette Energieranke sticht in Lucas' Brust. Der Elf leuchtet auf, und seine astrale Gestalt wird ihm aus dem Körper gerissen, was ihn tötet. Abschließend sagt der Auditor zur Leiche: „Das geht Sie nichts an."

ZEIT ZU GEHEN

Nachdem die Runner das Treffen beobachtet oder die Sicherheitsaufzeichnungen überprüft (und hoffentlich aufgezeichnet oder kopiert) haben, ist es an der Zeit, Green Water Bay zu verlassen. Der Ausstieg ist genauso schwierig wie der Einstieg. Wenn die Runner entdeckt werden, wird GWB vollständig abgeriegelt, und die Notschotten (Strukturstufe 20) werden aktiviert.

Wenn die Runner es aus GWB hinaus und an die Oberfläche schaffen, sind sie noch nicht außer Gefahr, denn das Dark Wave Syndicate und andere Schmuggler werden sie verfolgen. Mindestens zwei Aztechnology Nightrunner (bewaffnet mit MGs vom Typ Ingram Valiant und Raketenwerfern vom Typ Onotari Interceptor) setzen sich auf ihre Fährte. Außerdem

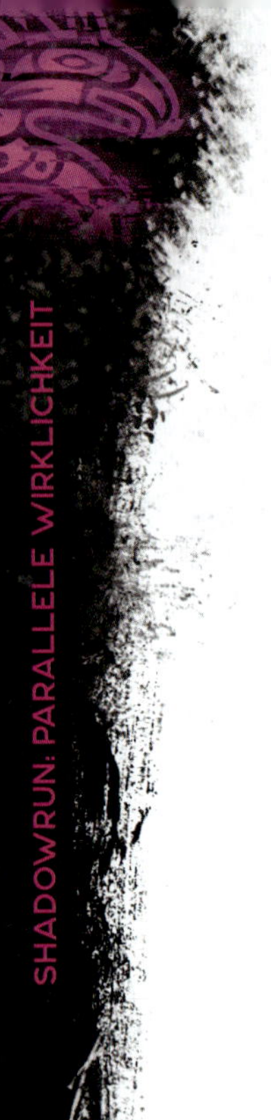

kannst du beliebig Kampfdrohnen einbauen, wie du es für richtig hältst.

Wenn die Runner ihren Verfolgern entkommen oder sie ausschalten können, sollten sie sich so schnell wie möglich mit Stiletto in Verbindung setzen (wenn sie zu lange warten, wird sie sich mit ihnen in Verbindung setzen). Die Auftraggeberin wird als Nächstes einen sofortigen Rücktransport aus L.A. zurück nach Denver veranlassen. Auf dem Rückweg führt sie eine Nachbesprechung durch, wobei sie dieselben Fragen manchmal zwei- oder dreimal wiederholt und extrem gestresst wirkt. Erst im Anschluss an die Nachbesprechung gibt sie die versprochene Zahlung frei und teilt den Runnern mit, dass sie „sehr bald“ weitere Aufträge für sie haben könnte.

SCHAUPLÄTZE

DEEP DIVER

Das Deep Diver ist einer der beliebtesten Clubs im Metroplex L.A. (auf einer Stufe mit Dante's Inferno in Seattle), liegt am Rand der Tiefen Lacuna und verfügt über Anlegemöglichkeiten für Wasserfahrzeuge sowie Parkplätze für Bodenfahrzeuge. Außerdem hat es einen kleinen VIP-Landeplatz mit drei Stellplätzen auf dem Dach. Die Gesamtausstattung des Clubs lässt sich am besten als Industrial Punk mit Neon-Nautik-Flair beschreiben. Die Hauptbar und Tanzfläche befindet sich im Erdgeschoss, wo AR- und holografisches Meeresleben im Hintergrund und an den Wänden und der Decke entlangfließen. Im ersten Obergeschoss gibt es mehrere private Lounges für Gäste (100 Nuyen pro Stunde), während sich im zweiten Obergeschoss die exklusiven VIP-Lounges und die Büros des Clubs befinden.

Die Sicherheitsvorkehrungen sind streng und alle Mitarbeiter sind Profis, die Probleme schnell und effizient beseitigen. Das Personal ist jedoch nicht abgeneigt, gelegentlich „zusätzliche Gelder“ von Kunden für den Zugang zu bestimmten Bereichen des Clubs anzunehmen, wenn der richtige Preis geboten wird und die neugierige Kundschaft nett fragt.

GREEN WATER BAY

Ursprünglich sollte der Bau von Green Water Bay Ende 2066 beginnen und als Machbarkeitsnachweis für eine neue Art von autarken Unterwasser-Arkologien dienen. Der Aquablock wurde vollständig modular konzipiert, und die ursprünglichen Spezifikationen ermöglichten es, das Basismodell auf die spezifischen Bedürfnisse der Kunden zuzuschneiden. Ganze Abschnitte konnten für eine beliebige Anzahl von Umgebungen konfiguriert werden, einschließlich (aber nicht beschränkt auf) Wohnungen, Büroräumen, Lagern, Maschinen, kleinen Unternehmen, Freizeitgestaltung und Lebensmittelzubereitung/-aufbewahrung. Aber Budgetüberschreitungen und andere Probleme (einschließlich Veruntreuung und Sabotage) führten dazu, dass das Projekt nur zu neunzig Prozent fertiggestellt wurde, bevor die Erdbeben, die die Tiefe Lacuna formten, das Projekt und seine Umgebung in Mitleidenschaft zogen.

Irgendwie überstand das gesamte Bauwerk die Beben jedoch und trieb sechs Kilometer weit von seinem ursprünglichen Standort nach Südwesten, wo es sich weitgehend unversehrt an seinem jetzigen Standort niederließ. Die untersten Stockwerke sind überflutet, da es allein im Wasser steht, aber der größte Teil von GWB ist trocken und luftdicht abgeschottet. Ein unabhängiges Bergungsteam fand den Aquablock 2073, hielt die Existenz des Fundes geheim und begann, die ehemalige Arkologie zu renovieren. 2080 waren etwa sechzig Prozent des Aquablocks voll funktionsfähig.

Heute ist Green Water Bay eines der bestgehüteten Geheimnisse der nordamerikanischen Westküste und hat sich zu einem bedeutenden Schmuggelzentrum für alle entwickelt, die das nötige Kleingeld haben, um einen Raum zu mieten, und sich an die Regeln halten. Und natürlich werden keine Fragen gestellt.

VERHALTENSREGELN IN GREEN WATER BAY

1. Zahl deine Miete pünktlich.
2. Kümmer dich verdammt noch mal um deine eigenen Angelegenheiten und geh anderen aus dem Weg.
3. Sorg dafür, dass dein Unternehmen Green Water Bay nicht gefährdet.
4. Bleib professionell; alle Streitigkeiten müssen draußen oder in ausgewiesenen Bereichen ausgetragen werden.
5. Sorge dafür, dass dein Unternehmen gegen keine der oben genannten Regeln verstößt.
6. Bei Nichteinhaltung einer der oben genannten Regeln gehst du schwimmen – ohne Sauerstofftanks.

HAUPTDARSTELLER

DARK WAVE SYNDICATE

Das DWS ist ein kleiner, aber schlagkräftiger Zusammenschluss von Schmugglern und Metamenschenhändlern, der über die Fähigkeiten und die Reputation verfügt, um sowohl mit der Yakuza und den Triaden als auch mit Konzernen wie Aztechnology Geschäfte zu machen, ohne dabei Probleme zu bekommen. Das Syndikat operiert im gesamten Pazifik und ist für seine Skrupellosigkeit und seine Fähigkeit bekannt, schwer zu findende Gegenstände und Personen aufzuspüren. Angeführt von einem chinesischen Ork, der nur als Gow bekannt ist, ist das Dark Wave Syndicate das größte Unternehmen in Green Water Bay. Sie sind zwar technisch gesehen noch Mieter, aber sie haben den Laden so gut wie in der Hand. Verwende als Spielwerte für diese Charaktere den Spezialisten für verdeckte Operationen (*SR6*, S. 86).

BESONDERE HINWEISE

- Es besteht immer die Möglichkeit, dass die Runner zu dem Schluss kommen, dass eine Entführung des Auditors, um die notwendigen Informationen zu erhalten, die klügste Vorgehensweise ist. Dieser Plan ist zwar möglich, aber äußerst riskant, da der Auditor über verdeckte Sicherheitskräfte verfügt: das Sicherheitskommando aus Mission 3 (S. 61) sowie zusätzliches Personal des Dark Wave Syndicates, das auf ihn aufpasst.
- Der Auditor hat außerdem einheimische Shadowrunner angeheuert, die ihn beschatten und sein Sicherheitsteam verstärken, um Entführungsversuche oder Schlimmeres zu verhindern. Du kannst jeden und so viele der Charakter-Archetypen aus *SR6*, Seite 84 bis 93, verwenden, wie nötig sind, um den Auditor vor Gefangennahme oder Schaden zu bewahren. Eine gelungene Vergleichende Probe auf Wahrnehmung + Intuition gegen Heimlichkeit + Geschicklichkeit wird alle Shadowrunner enttarnen, die den Auditor vielleicht beschatten.
- Wenn die Runner darauf bestehen, einen Entführungsplan durchzuziehen, kannst du die zahlenmäßige Überlegenheit betonen, um sie davon abzubringen. Die Sicherheits- und Runnerteams des Auditors werden jedoch nur dann eingreifen, wenn sich die Charaktere ihm gegenüber feindselig verhalten.
- Sollten die Runner tatsächlich den Schutz des Auditors überwinden und ihn bedrohen, behandle ihn wie einen initiierten Kampfmagier des 6. Grades (verwende die schamanische Unterstützung der Sioux Wildcats, *SR6*, S. 211) mit Zugang zu allen Kampf-, Wahrnehmungs- und Illusionszaubern, die er benötigt.

MISSION 9

DER FLÜCHTLING

Jeder führt irgendwann Extraktionen durch, wenn er nur lange genug in den Schatten ist, aber nur sehr wenige entführen Personen von Orten, die noch letzte Woche unerreichbar waren. Und die Dinge werden noch seltsamer, wenn das Team der Zielperson begegnet.

AUFHÄNGER

Angesichts der zunehmenden Aktivitäten in der Mile High City überrascht es die Runner vermutlich nicht, dass ein neuer Schieber oder Mr Johnson sie kontaktiert. Je nach Vorgeschichte der Runner gibt es einen ganzen Blumenstrauß an Möglichkeiten. Jede Entscheidung ist mit einer Reihe von Überlegungen verbunden.

DER JOB

Die Runner werden von einer oder mehreren der folgenden Personen kontaktiert. Der Johnson, der zum Zug kommt, wird dem Team seine Ziele bei der Annahme des Angebots deutlich vortragen.

Johnson A (Atlantean Foundation): Louis Belaran, ein menschlicher Mann Mitte dreißig. Er kleidet sich wie ein Konzernmagier, ist aber in Wirklichkeit ein Spezialist für Astralarbeit und steht in Verbindung mit der Astral Space Preservation Society (ASPS). Er trifft sich mit den Runnern in einem abhörsicheren Raum in einem Mittelklassehotel im Stadtteil Lakewood. Er bietet ihnen 4.000 Nuyen pro Person, um jemanden zu befreien, den er als „Wechselbalg" bezeichnet und der außerhalb der FRFZ festgehalten wird. Er sagt nicht, wo diese Person festgehalten wird, aber er empfiehlt den Runnern, das gewünschte Individuum möglichst bewusstlos an einen Ort zu bringen, den er ihnen erst nennt, wenn sie den Job angenommen haben.

Johnson B (Aztechnology): Cat (s. *Charaktertruhe*, S. 164). Der von ihr gewählte Treffpunkt befindet sich im Stadtteil Glendale. Cat möchte die gleiche Art von Extraktion wie Belaran (s. o.). Sie bietet den Runnern 5.000 Nuyen pro Person, um die Zielperson lebend zu bergen, besteht aber darauf, dass die Extraktion innerhalb von zwölf Stunden nach ihrem Treffen stattfindet. Wenn die Zielperson verstorben ist, zahlt

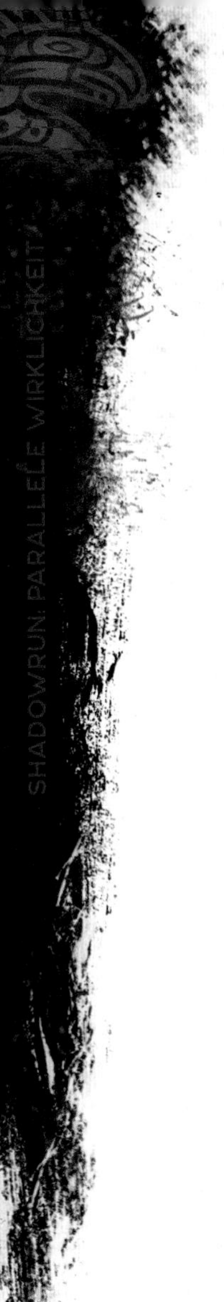

sie eine Pauschale von insgesamt 15.000 Nuyen für die Leiche und alles, was sie zu diesem Zeitpunkt bei sich hat. Die Leiche und die Gegenstände sollen an einen bestimmten Ort gebracht werden, den sie den Runnern nennt, sobald diese den Job annehmen.

Johnson C (MCT): Hank Tom, ein männlicher Mensch asiatischer Herkunft, trifft das Team im Stadtteil Englewood. Er ist ein Technomancer, der keine Probleme damit hat, Runner für die Art von Arbeit zu beauftragen, die er erledigt sehen will. Er bietet den Runnern 6.000 Nuyen pro Person, wenn sie jemanden töten. Das Ziel ist Erwacht und wird an einem abgelegenen Ort außerhalb der FRFZ festgehalten. Tom will, dass die Person innerhalb der nächsten zwölf Stunden stirbt (er gibt es nicht preis, aber die Zielperson hat mit den falschen Leuten gesprochen und zu viele Informationen verraten). Wenn der Auftrag innerhalb von sechs Stunden erledigt wird, zahlt Tom den Runnern einen Bonus von 5.000 Nuyen. Es muss ein Beweis des Todes der Zielperson erbracht werden, d. h. durch eine Leiche oder etwas ähnlich Greifbares. Wird die gesamte Leiche geborgen, erhalten die Runner 3.000 Nuyen zusätzlich.

DETAILS, DANN BEINARBEIT

Die Runner haben, unabhängig von ihrer Entscheidung, wenig Zeit, sobald sie das Angebot angenommen haben. Mr Johnson gibt ihnen den Ort an, an dem ihre vermeintliche Zielperson festgehalten wird – sie befindet sich im Apache-Mountain-Gebiet, direkt westlich der DMZ der FRFZ (s. *Orte in Denver*, S. 12). Der Ort ist mehr als drei Kilometer von jeder Art von Straße oder ähnlicher Infrastruktur entfernt und hat keine Matrixpräsenz. Er ist eine Mischung aus einer flachen Höhle und einer Blockhütte. Es gibt einige aus großer Entfernung aufgenommene Trideobilder von der Außenseite des Standorts, die zeigen, dass es wirklich nur eine Fläche oder Wand gibt. Ortskundige Connections haben keine echten Informationen über die Hüttenhöhle, da sie vor mehr als einer Woche noch nicht existiert hat. Ein wichtiges Detail können die Runner von Connections mit einer gelungenen Probe auf Einfluss (Gebräuche) + Intuition (5) erfahren: Es sind noch andere Leute auf dem Weg zu diesem Ziel.

TROLL VOR DER TÜR, FEIND AN BORD

Die Sicherheitsvorkehrungen der Hüttenhöhle sind sehr rudimentär, was einen Teil ihres Charmes ausmacht. Das Gebäude liegt geschützt in einer Felsspalte und hat außer einer einzelnen Tür keinen weiteren Zugang. Vor der Tür liegt ein 200 Meter tiefer Abgrund. Etwa einen Kilometer nördlich der Hütte befindet sich eine offene, von Kiefern umgebene Steinebene, die groß genug ist, dass ein Hubschrauber darauf landen kann. Sowohl die Ebene als auch die Hüttenhöhle befinden sich auf einer Höhe von 2.700 Metern. Die Vorderwand der Hüttenhöhle besteht aus grob behauenen Baumstämmen (Strukturstufe 16), während der hintere Teil in den Berghang gehauen ist. Die Eingangstür ist ein drei Meter mal drei Meter großes Quadrat. Die Lichtung ist von der Eingangstür aus sichtbar. In der Hüttenwand befinden sich außerdem zwei Fenster aus poliertem Quarz, die wie Buntglas aussehen (Strukturstufe 10). Vor Ort gibt es keine aktiven Matrixgeräte – keine Kommlinks, keine Kameras, nichts. Da der größte Teil des Gebäudes aus dem Stein des Berges besteht, kann man im Astralraum keine Auren sehen, die sich dahinter befinden. Die Tür ist aus Holz gefertigt.

Ein Troll namens Slab steht Wache. Er stammt aus der Sioux-Nation und ist seit mehr als einem Jahrzehnt im Bereich Sicherheit in natürlichen Umgebungen tätig. Seine Adeptenkräfte erlauben es ihm, sich in den steilen Schluchten und an den Berghängen der Region mit Leichtigkeit zu bewegen. Er wurde von Personen angeheuert, die den Flüchtling vor weniger als einer Woche von jemand anderem entführt haben und wollen, dass er am Leben und unverletzt bleibt. Zu diesem Zweck verfügt Slab über tragbare Kühlboxen und Ersatzbatterien, die im Inneren der Hütte eine weitere Woche halten werden, zusammen mit einer entsprechenden Menge an Lebensmitteln und Wasser.

Natürlich wird es Komplikationen geben. Die Johnsons, für die die Runner nicht arbeiten wollten, wollen ihren Job erledigt sehen und schicken daher eigene Runnerteams. Sie könnten den Spielercharakteren in die Quere kommen.

DER FLÜCHTLING

Das als „Ersatz" bekannte Individuum ist ein Wesen aus der metaplanaren Stadt Dis. Es trägt lockere Kleidung und einen Kapuzenpulli oder einen Mantel mit Kapuze. Unter der Kleidung sieht es humanoid aus, mit einer seltsam glatten, olivfarbenen Haut und großen, weit auseinanderstehenden Augen. Obwohl es ein metaplanares Wesen ist, ist seine Spezialität die Technologie, nicht die Magie – Ersatz ist das Äquivalent eines Technomancers. Es spricht mehr als ein Dutzend irdischer Sprachen, von denen zwei tot sind, und mehrere andere Sprachen, die auf der Erde nicht bekannt sind.

Bislang hat sich Ersatz jeder Form von Verhör widersetzt. Es ist darauf spezialisiert, sich gegen Zauber wie Geistessonde zu wehren, und erhält 1 Edge, wenn es solchen Zaubern widersteht. Seine Werte findest du auf Seite 169.

Die verzauberten Fesseln von Ersatz sind aus einer unbekannten Legierung gefertigt und mit seltsamer Technologie ausgestattet. Mit einer gelungenen Probe auf Elektronik + Logik (6) kann man feststellen, dass sie mit nichts auf dieser Welt vergleichbar sind. Die Fesseln hemmen Ersatz' technomantische und andere Fähigkeiten.

Wer versucht, die Fesseln zu entfernen, muss einen mechanischen Verriegelungsmechanismus der Stufe 8 überwinden. Die Fesseln sind mit dem Zauber Wand Verstärken verzaubert, der die Strukturstufe der Fesseln von 11 auf 16 erhöht. Wenn der Zauber gebannt wird, sinkt die Strukturstufe der Fesseln auf 11. Wenn die Verzauberung nicht in einer einzigen Handlung besiegt wird, löst sie einen Alarm aus, der über metaplanare Kommunikationsmittel verbreitet wird. Das Schloss ist rein mechanisch, aber wenn es nicht innerhalb einer Runde überwunden wird, verschmilzt der Mechanismus, wodurch Werkzeuge zum Durchtrennen der Fesseln erforderlich werden.

Sollte Ersatz während dieser Operation sterben, erscheinen seine Verwandten bei dem Treffen in *Mission 34* (S. 152).

Wenn Ersatz gerettet wird, wird es über seine Vorgeschichte, warum es gefangen genommen wurde, was es weiß und alles andere schweigen. Mr Johnson möchte, dass Ersatz schnell abgeliefert wird, und Ersatz möchte das auch, also werden die Runner vermutlich diesen Weg gehen. Wenn sie das tun, verdienen sie sich Mr Johnsons Dankbarkeit (und Nuyen) und halten die Geschehnisse in Denver in Gang.

MISSION 10

WER HAT DAS BUCH GESCHRIEBEN?

Das Team erhält ein neues Jobangebot: Sie sollen ein Buch aus einer Bibliothek stehlen. Klingt wie ein Milchrun, oder? Der Haken an der Sache ist, dass sich das Buch auf einer anderen Metaebene befindet.

AUFHÄNGER

Cat kontaktiert die Runner und bittet sie um ein Treffen im privaten Hinterzimmer des One-Up. „Ich habe einen Auftrag von einem Kunden, der sich der Sammler nennt und ein ganz bestimmtes Buch sucht. Es befindet sich weit weg, aber für den Transport ist gesorgt und die Bezahlung ist ziemlich gut. Interessiert?“ Cat erzählt den Runnern, dass das Ziel ein Buch ist, das entweder das Silberne Buch von Saeletra oder *Die Saat* heißt und sich in der Bibliothek von Alexandria auf der Metaebene der Geister des Menschen befindet. Sie erklärt, dass die Reisevorbereitungen über Arcane laufen, der eigentlich ein Fae ist und ein kleines metaplanares Tor kontrolliert. Das Honorar für diesen Job beträgt 7.000 Nuyen pro Person. Jeder Nettoerfolg bei einer Vergleichenden Probe auf Einfluss (Verhandeln) + Charisma erhöht das Honorar um 500 Nuyen, maximal aber um 3.000 Nuyen.

DER JOB

Als die Runner in Arcanes Büro eintreffen, teilt er ihnen mit, dass er sie begleitet, aber die Bibliothek nicht betreten kann und daher in der Nähe warten wird. Das Tor bildet sich in der Mitte des Raums, und durch das Loch in der Realität ist eine Kopfsteinpflasterstraße zu sehen. Beim Durchschreiten des Tores erleben die Runner einen Moment der Desorientierung, als sie feststellen, dass sich alles, was sie dabeihaben, einem neoviktorianischen Steampunk-Stil angepasst hat. Cybergliedmaßen und Drohnen sind zu Gebilden aus Kolben und Zahnrädern geworden, die bei jeder Bewegung Dampf ausstoßen, und auch die Waffen haben zusätzliche Rohre und Zahnräder. Kommlinks und Cyberdecks haben sich in Uhrwerkskästen voller sich drehender Zahnräder und Kristalllinsen verwandelt, die ihre Daten in die Luft vor sich projizieren. Wenn die Runner Arcane auf die Veränderungen ansprechen, erklärt er ihnen, was es mit der metaplanaren Übertragung (s. Kasten) auf sich hat, und überquert dann die belebte Straße in Richtung einer Taverne mit den Worten: „Ich warte da drin. Viel Glück!“

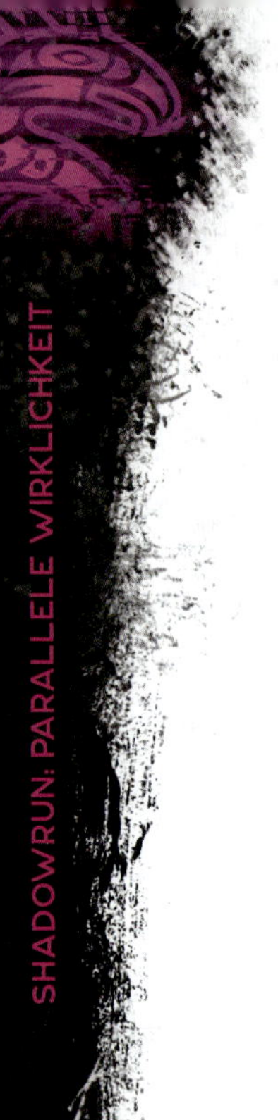

METAPLANARE ÜBERTRAGUNG

Physisch durch ein metaplanares Tor auf eine andere Metaebene zu reisen, ist etwas völlig anderes als eine Projektion oder die Verwendung eines astralen Tors. Physisches Reisen erschafft ein Phänomen, bei dem die örtliche Realität den Reisenden physische Veränderungen aufzwingt, damit sie sich den Regeln dieser Realität anpassen. Einige sind grundlegend, wie das Sprechen der lokalen Sprache oder das Wissen, dass Computer Zugang zu den lokalen Netzwerken haben. Andere Änderungen können darin bestehen, dass sich die Kleidung an die örtliche Mode anpasst, Pistolen zu Armbrüsten und Drohnen zu Vögeln oder anderen Tieren werden. Die am besten dokumentierten Beispiele für eine metaplanare Übertragung stammen von Besuchern des Seelie-Hofes in der Metaebene der Fae.

Die regeltechnischen Auswirkungen sind minimal – unabhängig von der Form der Ausrüstung bleiben ihre Funktion und ihr Profil gleich (s. *Hof der Feen* für ein ausführlicheres Beispiel).

Der Eingang zur Bibliothek besteht aus drei gewaltigen Bronzetüren, die sich am oberen Ende einer breiten Steintreppe befinden. Die Türen sind geschlossen, aber nicht verriegelt – es ist eine Stärke von 5 oder mehr nötig, um sie zu öffnen. Es gibt auch bronzene Klopfer; wenn man einen davon betätigt, wird einer der 2,5 Meter großen, dünnen, grau gekleideten Bibliothekare herbeigerufen, die überall in der Bibliothek zu finden sind (dabei handelt es sich um Geister des Menschen der Kraftstufe 7 mit den zusätzlichen Kräften Grauen und Natürlicher Zauberspruch: Betäubungsblitz). Fragen werden mit einem leisen Stöhnen oder mit dem Vorschlag beantwortet, sich an Mr Bookbinder, den Verwalter der Bibliothek, zu wenden. Das Innere der Bibliothek ist geräumig, die Bücherschränke reichen bis zur Decke in fünf Metern Höhe, und die mit Büchern gefüllten Regale scheinen sich in alle Richtungen zu erstrecken. Wenn man ein Stück weitergeht, sieht man große, offene Treppenhäuser, die sich durch zu viele Stockwerke erstrecken, um sie zu zählen. Die Bücher in den Regalen scheinen eine zufällige Auswahl aus allen Büchern zu sein, die jemals geschrieben wurden und vielleicht jemals geschrieben werden. Es gibt keine offensichtliche Ordnung – ein Abschnitt sieht aus wie der andere. Es gibt hier eine Matrix, die aus einem einzigen Host der Stufe 8 besteht. Der Benutzerzugang gewährt Zugriff auf einen durchsuchbaren Index des Bibliotheksbestands und die AR-Nummern, die jedem Regal zugeordnet sind. Ein Admin-Zugang bietet eine Karte der Demi-Ebene und die Erlaubnis, Sicherheitsgeräte zu verwenden. Die Runner können den Host der Bibliothek hacken, um das Buch zu finden, oder mit Mr Bookbinder sprechen. Wenn er ausfindig gemacht und nach Saeletra oder der *Saat* gefragt wird, teilt er den Runnern mit, dass das Buch in der Abteilung für seltene Bücher steht und eingesehen, aber nicht ausgeliehen werden kann. Er bietet ihnen an, einen der Bibliothekare mit ihnen zu schicken, um es zu finden.

Die Abteilung für seltene Bücher befindet sich im dritten Obergeschoss, und die Bücher sind auf erhöhten Sockeln in verschlossenen Vitrinen untergebracht. Das Buch von Saeletra befindet sich in einer Vitrine, die etwa eine Viertelstunde zu Fuß vom Eingang entfernt ist. Die Schlösser funktionieren wie ein Magschloss der Stufe 5 mit Kartenleser. Die Bibliothekare verfügen alle über Schlüssel, mit denen sie die Vitrinen öffnen können; ansonsten können die Vitrinen über den Host geöffnet oder wie ein normales Magschloss umgangen werden. Wenn die Runner zur Vitrine begleitet werden, öffnet der Bibliothekar die Vitrine für sie, damit sie das Buch einsehen können, bleibt aber in der Nähe, um es hinterher wieder in die Vitrine zurückzustellen. Das Buch selbst ist eine dünne, geprägte Silberplatte mit einer Glasplatte auf der Vorderseite. Es funktioniert wie ein Kommlink vom Typ Transys Avalon, und die darin enthaltenen Dateien sind der Text des Buches. Das Buch kann gehackt werden wie jedes andere Kommlink, und man kann die Dateien auf ein anderes Gerät kopieren, was den Bibliothekar nicht stört. Das Entfernen des Buches aus der unmittelbaren Umgebung der Vitrine löst eine feindselige Reaktion aus, und der Bibliothekar wird versuchen, die Runner mit Einfluss, Verwirrung, Grauen und schließlich Natürlicher Zauberspruch: Betäubungsblitz aufzuhalten. Wenn die Runner das Buch selbst gefunden haben und es entwenden, wird der Diebstahl innerhalb von 1W6 Minuten entdeckt. Zusätzliche Bibliothekare (genug für eine Herausforderung) oder vielleicht sogar Mr Bookbinder selbst werden die Runner abfangen, während diese sich mit dem Buch zum Ausgang begeben. Arcane steht vor der Taverne, wenn die Runner die Bibliothek verlassen, und öffnet sofort das Tor, falls sie jemand jagt. Keiner der Bibliothekare wird den Runnern durch das Tor folgen.

SCHAUPLÄTZE

DIE BIBLIOTHEK VON ALEXANDRIA (METAEBENE DER GEISTER DES MENSCHEN)

Die Straße vor der Bibliothek ist schnurgerade und voller Leute und Pferdekutschen. Die Außenmauer erstreckt sich in beide Richtungen, soweit man sehen kann, und die Spitze verliert sich irgendwo im bedeckten Himmel darüber. Dies ist tatsächlich die Grenze zu einem separaten Reich innerhalb der Metaebene der Geister des Menschen und folgt nicht den normalen Regeln der Realität. Wenn die Runner versuchen, das Ende des Gebäudes zu finden, indem sie die Straße entlanggehen (die vollkommen gerade ist), werden sie irgendwann an ihren Ausgangspunkt zurückgelangen.

HAUPTDARSTELLER

MR BOOKBINDER

Der Schreibtisch von Mr Bookbinder ist etwa eine halbe Stunde zu Fuß von den Eingangstüren entfernt. Mr Bookbinder ist eine vier Meter große Version der anderen Bibliothekare (verwende die Werte für einen Geist des Menschen der Kraftstufe 14 mit den zusätzlichen Kräften Grauen und allen gewünschten Natürlichen Zaubersprüchen). Er ist im Allgemeinen freundlich und beantwortet alle Fragen zur Bibliothek.

BESONDERE HINWEISE

Das Silberne Buch von Saeletra bleibt von der metaplanaren Übertragung unberührt und behält immer die gleiche Form. Die Dateien in dem Buch führen zu einem Prototyp-Matrixprogramm, das es allen Runnern ermöglicht, während *Mission 18* und *Mission 29* im Fundament aktiv zu sein.

Wenn die Runner das Buch gestohlen haben (anstatt nur die Dateien herunterzuladen), erhält jedes Teammitglied kurz darauf ein Pergament, das es über sein immerwährendes Hausverbot für die Bibliothek von Alexandria informiert.

MISSION 11

SPIONAGEABWEHR

Die Analyse der Daten aus Mission 2 (S. 57) und Mission 7 (S. 69) wird fortgesetzt, aber das Wissen darum ist durchgesickert. Deswegen sind einige neugierig und wollen herausfinden, was vor sich geht. Diese Leute sind so neugierig, dass sie Shadowrunner aussenden, die herausfinden sollen, was los ist, und die obendrein einige wichtige Gegenstände stehlen sollen.

AUFHÄNGER

Die Runner erhalten einen Anruf von Niki aus Mission 7. „Seid ihr bereit für einen Job, jetzt gleich? Ich habe einen profitablen Run in der Pipeline, und ich dachte mir, dass schnelle Leute wie ihr sich vielleicht über einen zusätzlichen Zahltag freuen."

Wenn die Runner interessiert sind, gibt ihnen die Schieberin eine Adresse, an der sie loslegen können, und erklärt ihnen den Auftrag, während sie hinfahren.

„Ihr erinnert euch noch an das Zeug, das ihr vor einiger Zeit gestohlen habt? Ms Johnson untersucht es gerade, aber es sieht so aus, als wolle es ihr jemand stehlen. Wir sind ziemlich sicher, dass einige Runner gerade auf dem Weg sind. Wir wissen nicht genau, womit wir es zu tun haben, aber ihr werdet von den Sicherheitskräften vor Ort Unterstützung bekommen." Niki bietet den Runnern 5.000 Nuyen pro Person. Für jeden Nettoerfolg bei einer Vergleichenden Probe auf Einfluss (Verhandeln) + Charisma erhöht sich die Bezahlung um 250 Nuyen, maximal aber um 1.000 Nuyen.

DER JOB

Der Job ist recht einfach: In einem Bürogebäude befindet sich ein Labor für hochklassige Magie- und Resonanzforschung. Das Labor wird sehr unauffällig betrieben. Es gibt Sicherheitsvorkehrungen vor Ort, aber die sind keineswegs erstklassig. Die Runner haben die Aufgabe, die Sicherheit zu verstärken, das Labor zu schützen und dafür zu sorgen, dass nichts Kritisches gestohlen wird.

KURZFRISTIGE BEINARBEIT

In dieser Mission haben die Runner für ihre Recherchen nicht so viel Zeit, wie sie vielleicht gerne hätten, aber sie können auf dem Weg zum Labor sicherlich ein paar Leute anrufen und ein paar Matrixsuchen durchführen, um kurzfristig Informationen zu sammeln. In Anbetracht der geringen Vorbereitungszeit können die Runner vermutlich nur eine oder zwei Informationen erhalten.

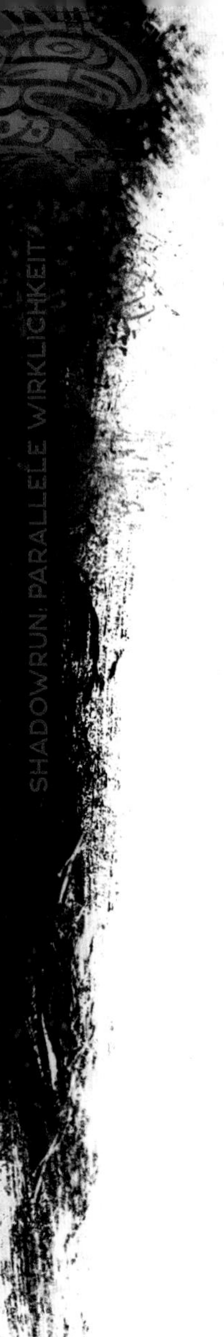

Schieber und Johnsons: Jeder, der mit der Vermittlung von Deals in den Schatten zu tun hat, hat mit einiger Wahrscheinlichkeit gehört, dass jemand nach Runnern für einen Job wie diesen sucht. Anonymität wird in diesen Fällen großgeschrieben, aber die Connections der Runner können nachforschen, wer hinter dem Auftrag steckt. Sie werden den Runnern nichts sagen können, bevor der Überfall beginnt.

Matrixsuche: Die Suche in der Matrix liefert den Runnern einige Informationen über die Anlage, aber die Informationen sind nicht so detailliert wie die von Niki. Es scheint, als hätte jemand sorgfältig alle Hinweise auf Grundrisse, Baugenehmigungen und Lieferungen für dieses Gebäude aus der Matrix gelöscht. Es liegen Außenaufnahmen vor, die ein zweistöckiges Bürogebäude in einem Büropark zeigen. Es sieht aus wie ein kleines Gebäude mit Mietflächen, die für einfache Produktions- oder Büroarbeiten geeignet sind.

Astrale Erkundung: Die Runner können das Gebäude astral auskundschaften. Sie dürfen allerdings erst dann durch die Hüter, wenn der Rest des Teams physisch eingetroffen ist. Sie können die astralen Verteidigungseinrichtungen (s. u.) sehen. Theoretisch könnten sie versuchen, einzubrechen, aber es ist wahrscheinlich keine gute Idee, die Verteidigungsanlagen des Ortes durcheinanderzubringen, den man bewachen soll. Solange die Verteidiger nicht wissen, dass die Runner auf ihrer Seite sind, werden sie sie so behandeln, als wären sie die Angreifer.

SICHERHEIT UND VERTEIDIGUNG

Die Sicherheitsvorkehrungen sind für eine Konzernanlage durchschnittlich. Sie hätten höher ausfallen können, aber der Manager, der die Fäden zieht, wollte nicht durch zu hohe Ausgaben auffallen. Das hat allerdings weniger gut funktioniert, als er es sich gewünscht hätte.

Grundriss der Anlage: Das Gebäude ist zweistöckig und nicht unterkellert. Es gibt einen Aufzug und ein Treppenhaus zwischen den Etagen. Auf dem Dach gibt es einen Zugang, der mit einem Vorhängeschloss versehen und von innen verriegelt ist. Im Erdgeschoss befinden sich die Schreibtische und Terminals der Verwaltung sowie der vordere Wachposten. Das Obergeschoss ist als Labor eingerichtet, mit einem großen Raum, einem kleineren Raum darin und einer vor Kurzem installierten strukturellen Verstärkung, die für Waffentests geeignet ist.

Strukturelle Sicherheit: Das ganze Gebäude verfügt über dicke Betonwände (Strukturstufe 15) und Panzerglas (Strukturstufe 9). Die Eingangstür ist mit dem vorderen Wachposten verbunden, und jeder, der das Gebäude betritt, muss durch einen Korridor gehen, der an dem Wachposten vorbeiführt.

Sicherheitspersonal: Der Ort hat fünfzehn Standardwachen (verwende den Mafiasoldaten, *SR6*, S. 207). Die Runner können die Wachen neu positionieren. Standardmäßig befinden sich neun Sicherheitsleute jederzeit am Wachposten/an der Eingangstür, zwei stehen direkt innerhalb des Seiteneingangs Wache, und vier streifen in zwei Zweierpatrouillen um das Gebäude herum.

Matrixsicherheit: Der größte Teil der Verwaltung wird über einen Standard-Host der Stufe 5 abgewickelt. Auf diesem Host werden keine sensiblen Informationen gespeichert, aber es gibt interne Karten der Anlage. Innerhalb dieses Hosts befindet sich ein Host der Stufe 7, der die Sicherheitsinformationen enthält. Über ihn werden auch die Türen, die Beleuchtung, die Sirenen und andere Elemente im und um das Gebäude gesteuert. Die Versuchsdaten werden im Labor in einem Offline-System der Stufe 9 gespeichert. Außerhalb der Arbeitszeiten setzen diese Hosts Aufspüren-, Teerbaby- und Blaster-IC ein.

Magische Sicherheit: Aufgrund der Art der Experimente ist das Gebäude mit einem mächtigen Hüter (Kraftstufe 9) gesichert. Innerhalb des Gebäudes befinden sich keine Geister, aber zwei astral projizierende Magier, die auf Abruf bereitstehen (verwende den Lone-Star-Kampfmagier, *SR6*, S. 207). Sie können auf Anfrage der Wachen vor Ort hinzugezogen werden; die Wachen werden erst die Runner fragen, ob sie das tun sollen. Anmerkung: Im Labor gibt es eine schwache Manablase (*Arkane Kräfte*, S. 185).

Zu dem Zeitpunkt, zu dem die Runner mit der Verteidigung der Anlage beauftragt werden, befinden sich keine Forscher darin und keine Zivilisten in dem Gebiet.

GEGNER UND TAKTIKEN

Die gegnerische Truppe besteht aus zwei Runnerteams, die von einem Schieber angeheuert wurden. Die Teams wissen voneinander, stimmen sich aber nicht ab – ihnen wurde gesagt, dass es einen Wettbewerb gibt und dass das Team, das die Informationen zuerst beschafft, einen Bonus erhält. Beide glauben (fälschlicherweise), dass sie von MCT beauftragt wurden, und haben sich nicht die Mühe gemacht, zu fragen, wer ihr eigentlicher Auftraggeber sein könnte.

DAS A-TEAM

Dies ist ein ziemlich normales Runnerteam. Es gibt eine Adeptin namens Bunny (verwende den Adepten, *SR6*, S. 84) für den Nahkampf, einen Spezialisten für verdeckte Operationen namens Blinken (verwende den Spezialisten für verdeckte Operationen, *SR6*, S. 86), einen Technomancer namens Sidle (verwende den Technomancer, *SR6*, S. 92) und eine Messerschnalle namens Glitter-bits (verwende den Straßensamurai, *SR6*, S. 90). Füge bei jedem der Runner einen Betäubungsschlagstock (*SR6*, S. 248), Schockermunition für ihre Waffen und einen Beutel aus Metallgeflecht hinzu.

Dieses Team hat einen ziemlich einfachen Plan. Zuerst soll Blinken sich anschleichen und die Außenkameras am Seiteneingang ausschalten. Wenn Blinken sieht, dass die Wachen dem nachgehen, lässt er Bunny, Glitter-bits und Sidle wissen, dass es Zeit ist, die Vordertür anzugreifen. Diese Runner haben ihre Hausaufgaben gemacht und werden eine gültige Zugangskarte haben, um die Tür zu öffnen. Sie werden die Sicherheitskräfte (und etwaige Runner an der Vorderseite) mit nichttödlichen Geschossen angreifen, wenn sie eindringen. Falls ihr erster Angriff erfolgreich ist, werden sie sich methodisch durch das Gebäude bewegen und die Kameras ausschießen, bis sie das Hauptlabor erreichen. Wenn sie es so weit schaffen, dringen sie dort ein und versuchen, sämtliche elektronischen Geräte und experimentelle Ausrüstung einzupacken. Dann begeben sie sich zum Seiteneingang, wo Blinken versucht, ihnen Deckung zu geben, während das Team zu einem Van flieht, der etwa einen Block entfernt geparkt ist.

Anmerkung: Im Labor hat die Adeptin Bunny einen Würfelpoolmalus von -1 auf alle Proben, bei denen Magie Teil des Würfelpools ist, weil es hier eine schwache Manablase gibt (s. Kasten *Manablasen,* S. 113).

Das A-Team ist nicht auf Mord aus, aber wenn der Kampf schlecht läuft, ziehen sie ihre tödlichen Waffen und versuchen, sich durch den nächsten Eingang hinauszukämpfen.

DAS B-TEAM

Erschwerend kommt hinzu, dass ungefähr zu dem Zeitpunkt, zu dem das A-Team die Eingangstür aufbricht, das B-Team von außen ins Obergeschoss eindringt. Dieses Team ist chaotischer und skrupelloser und schießt von Anfang an mit tödlicher Munition. Zwei Riggerinnen, Agatha und Christie (verwende die Riggerin, *SR6,* S. 89, und statte alle Drohnen mit Explosivmunition aus), schicken ihre Roto-Drohnen los, um die Fenster im Obergeschoss zu zerschießen, während sie einen Knopf drücken, um Sprungrampen aus ihren Transportern zu schieben. Über diese Rampen rasen zwei Waffenspezialisten, 221B und Baker (verwende die Waffenspezialistin, *SR6,* S. 93), auf Motorrädern hinauf, die sie sich von den Riggerinnen geliehen haben. Die beiden krachen mit ihren Motorrädern durch die Fenster, wobei der Walkürenritt aus den Außenlautsprechern der Motorräder ertönt, und brausen dann durch das Gebäude zu den Labors. Je nachdem, wie schnell die Runner mit dem A-Team fertigwerden, müssen sie sich vielleicht mit beiden Teams auf einmal befassen.

Wenn das B-Team ins Labor eindringt, schnappt es sich alles, was nach Ausrüstung aussieht, und macht sich aus dem Staub (auf den Motorrädern, falls sie sie noch haben). Dieses Team liebt es zu töten, es richtet gerne Chaos an, und es hat keine Angst, sich dabei Feinde zu machen.

BEIDE TEAMS

Falls die Teams gefangen genommen und gehackt oder verhört werden, wissen sie nicht genau, für wen sie arbeiten. Sie haben ihren Job über einen Schieber bekommen und dachten, es handele sich um einen normalen Datendiebstahl. Sie nennen Guide (S. 167) als ihren Schieber.

ZURÜCK ZU MS JOHNSON

Wenn es den Runnern gelingt, die Angreifer auszuschalten oder zu vertreiben, wird Vishala als Nikis Auftraggeberin vor Ort ihnen sehr dankbar sein und für eine eventuell notwendige medizinische Versorgung und die verbrauchte Munition aufkommen sowie den Runnern die vereinbarte Summe bezahlen. Vishala ist froh, dass es den anderen Runnerteams nicht gelungen ist, die Informationen zu bekommen. Wenn die Runner keinen Erfolg hatten, wird Vishala trotzdem zahlen, aber sie wird sichtlich besorgt und frustriert sein.

Falls die Runner der Sache später nachgehen oder ihre Schieber-Connections fragen, wer hinter dem Überfall steckte, wird niemand hundertprozentig sicher sein, aber mindestens eine Connection wird Guide, einen Neuling in den Schatten, als die Person identifizieren, die die gegnerischen Runnerteams angeheuert hat.

Die Runnerteams sind nicht auf Rache aus. Falls sie überlebt haben, sehen sie ihren Fehlschlag als rein geschäftlich an. Wenn die Runner versuchen, Guide aufzuspüren, werden sie feststellen, dass er untergetaucht ist, nachdem die Mission etwas zu heiß wurde. Aber keine Sorge, er wird schon bald wieder auftauchen.

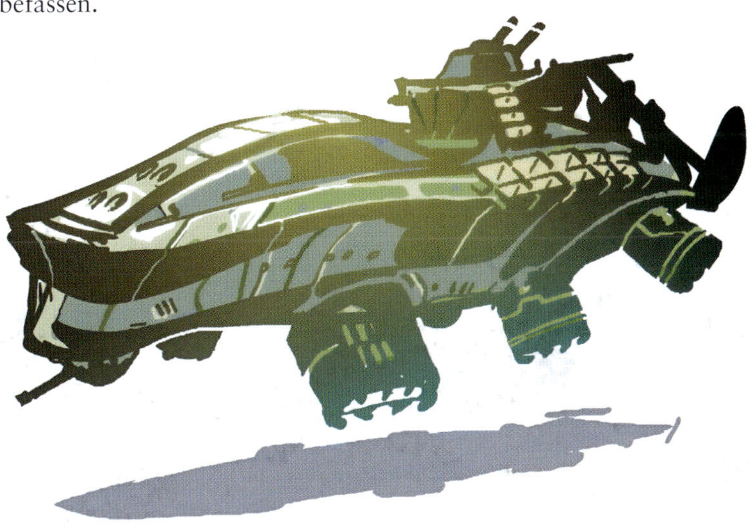

MISSION 12

HOLT EUCH DIE SACHEN

In dieser Mission nehmen die Runner einen Kurzurlaub von der Mile High City, um einige gestohlene Gegenstände zu suchen.

AUFHÄNGER

In Denver wird es immer heißer, daher ist jede Gelegenheit, um eine Weile aus der Stadt zu verschwinden, eine gute Sache. Noch besser ist es, wenn man dafür bezahlt wird. Die Gelegenheit bietet sich in Form eines Anrufs von einem neuen Mr Johnson, der es vorzieht, „K" genannt zu werden. K möchte einige Waren zurückholen, die in Seattle von den Blood Mountain Boys abgefangen wurden. Die Blood Mountain Boys haben den Verkauf der Beute an einen Käufer in der Stadt Butte in der Sioux-Nation arrangiert.

DAS TREFFEN MIT MR K

Du kannst dieses Treffen an so ziemlich jedem Ort stattfinden lassen, den du für passend hältst. Mr Johnson – der sich als K vorstellt – wird sich allerdings nur an Orten treffen, an denen er ein gutes Sandwich bekommt. Er bietet eine Pauschale von 20.000 Nuyen für den Run sowie Pässe, die das Team über die Grenze und zurück nach Denver bringen werden. Die Pässe für die Rückreise enthalten Zollpapiere für lizenzierte Telesma. K weigert sich, genau zu erklären, worum es sich bei den Waren handelt, und die Runner bekommen die Pässe erst zu sehen, wenn sie den Job angenommen haben.

K erklärt, dass der Run durchgeführt werden muss, bevor die Diebe ihre Ware an die Käufer übergeben können. Sobald die Waren den Besitzer gewechselt haben, ist es viel schwieriger, sie aufzuspüren. K ist verhandlungsbereit, aber unflexibel, was den Zeitplan angeht. Die Blood Mountain Boys treffen ihren Käufer in sechzehn Stunden in Butte in der Sioux-Nation. Wenn die Runner versuchen, einen Vorschuss auszuhandeln, erklärt sich K bereit, ihnen pro Nettoerfolg bei einer Vergleichenden Probe auf Einfluss (Verhandeln) + Charisma 500 Nuyen im Voraus zu zahlen, maximal aber 2.000 Nuyen. Falls die Runner über die Nutzung eines Fahrzeugs verhandeln wollen, das nicht zu ihnen zurückverfolgt werden kann, kann er ihnen einen GMC Bulldog Step-Van zur Verfügung stellen, aber die Runner müssen gegebenenfalls für Schäden am Fahrzeug oder den Verlust desselben aufkommen. Die Blood Mountain Boys sind bereits auf dem Weg nach Butte. Die Runner müssen dorthin gelangen, die Ganger abfangen und die Waren zurückholen.

DER JOB

Für diesen Run müssen die Runner nach Butte reisen, was auf dem Landweg eine zwölfstündige Fahrt ist. Wenn sie den ganzen Job an einem Tag erledigen wollen, müssen sie sich beeilen. Außerdem bringt sie der Job in einen potenziellen Konflikt mit zwei beteiligten Parteien. Die erste sind die Diebe, die das Material ursprünglich abgefangen haben, nämlich die Blood Mountain Boys aus Seattle. Sie treffen sich mit dem Ohanzee-Kreis in Butte, der die fraglichen Materialien zu einem anderen Interessenten in der FRFZ transportieren wird. Sobald die Waren in die Hände der Koshari gelangen, könnten sie verloren gehen, wenn sie nicht zu diesem Zeitpunkt abgefangen werden.

Bei den betreffenden Materialien handelt es sich um Stäbe aus einer Legierung mit manavoltaischen Eigenschaften. Woher sie stammen, ist den Blood Mountain Boys nicht bekannt, und K wird ihre Herkunft nicht preisgeben, wenn er nach der Beschaffung darauf angesprochen wird. Es gibt 21 der anderthalb Meter langen Stangen in drei Kisten zu je sieben Stück. Die Kisten sind so konstruiert, dass sie sowohl astrale Aufklärung als auch elektromagnetische Detektion blockieren. Die Tatsache, dass manavoltaische Stäbe nach Denver gebracht werden, ist ein weiteres Zeichen dafür, dass sich hier etwas an der Schnittstelle von Magie und Technologie abspielt.

> **WORT DES TAGES**
>
> **Manavoltaisch (Adj.):** Bezieht sich auf Elektrizität, die durch einen metaphysischen Prozess erzeugt wird, der den Technologien zur Solarkollektion ähnelt. Erfordert den Kontakt mit einer Quelle ätherischer Kraft, die stärker ist als das Umgebungsmana, oder mit aktiven magischen Phänomenen.

Die Blood Mountain Boys verwenden zwei Nissan Strider (*Vollgas*, S. 34), um die Kisten und einige andere Materialien zu transportieren, die sie in Seattle erworben haben und woandershin bringen möchten. Pro Fahrzeug fahren vier Gangmitglieder mit, die die Fahrzeuge per Direktverbindung steuern, um Wi-Fi-Probleme zu umgehen.

In Butte trifft sich der Ohanzee-Kreis mit sechs Fahrzeugen mit ihnen: einem Ford Bison (*Vollgas*, S. 32), der mit medizinischen und magischen Reagenzien nach Cheyenne fährt, zwei GMC Bulldog Step-Vans (*SR6*, S. 299), die Rüstungsgüter nach Salt Lake City bringen, einem Ares Venture (*SR6*, S. 301), der nach Fort Collins fährt, einem Toyota Adventure (*Vollgas*, S. 35), der Leute nach Santa Fe transportiert, und einem GMC Banshee (*SR6*, S. 301), der nach Kittredge und dann nach Denver fliegt. Der Banshee transportiert die Kisten, also ist er das Fahrzeug, das die Runner abfangen oder einholen müssen.

Der Ohanzee-Kreis wird seine Fahrzeuge, Leute und Waren zäh verteidigen. Die Blood Mountain Boys helfen bei der Verteidigung der Waren, aber nur so lange, bis drei oder mehr von ihnen verwundet werden. In diesem Fall hauen sie ab und fliehen zurück nach Seattle. Die Kisten, in denen die Stäbe aufbewahrt werden, sind jeweils 3.000 Nuyen wert.

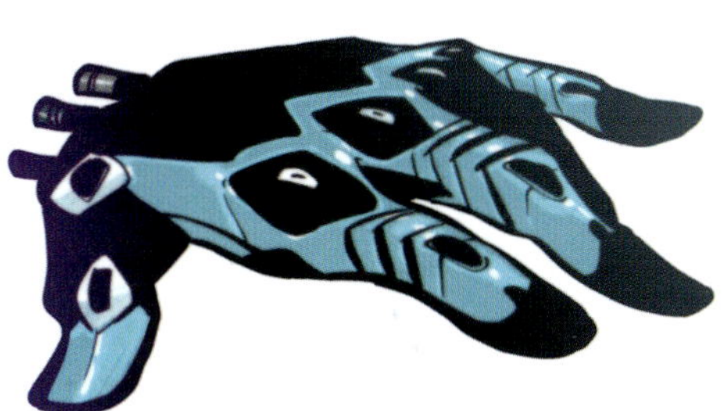

HAUPTDARSTELLER

GANGMITGLIED DER BLOOD MOUNTAIN BOYS

Verwende die Werte für das Mitglied der Söhne Saurons (*SR6*, S. 206).

SCHMUGGLER DES OHANZEE-KREISES (FAHRZEUGPILOTEN)

Verwende die Werte für den Minuteman-Sicherheitsrigger (*SR6*, S. 207), aber erhöhe die Professionalitätsstufe auf 4.

MITGLIEDER DES OHANZEE-KREISES

Verwende die Werte für den Mafiasoldaten (*SR6*, S. 207). Füge ein Yamaha Raiden und vier Magazine mit Standardmunition hinzu.

WOLFSSCHAMANE DES OHANZEE-KREISES

(PROFESSIONALITÄTSSTUFE 4)

K	G	R	S	W	L	I	C	M	ESS
3	3	4	4	5	5	6	4	6	6

Initiative: 10 + 1W6 (Astral: 11 + 3W6)
Handlungen: 1 Haupt, 2 Neben (Astral: 1 Haupt, 4 Neben)
Zustandsmonitor: 11
Verteidigungswert: 6 (Astral: 6)
Vorteile: Schutzgeist (Wolf)
Aktionsfertigkeiten (Würfelpools): Astral 9, Athletik 6, Beschwören 11, Einfluss 7, Feuerwaffen 6, Heimlichkeit 6, Hexerei 10, Nahkampf 5, Überreden 7, Wahrnehmung 9
Sprachfertigkeiten: Englisch 2, Lakota M, Sioux 3
Zauber: Behandeln, Betäubungsball, Fahrzeugmaske, Feinde Entdecken, Heilen, Katalog, Manaball, Manablitz
Ausrüstung: Gefütterter Mantel [+3; MAMS-Tasche (groß), Schnellzugriff, Toughweave 3]
Waffen:
Beretta 201T [Leichte Pistole | Schaden 2K | HM/AM | 9/8/6/–/– | 21(s) | Abnehmbare Schulterstütze]
Defiance T-250 [Schrotflinte | Schaden 4K | EM/HM | 7/10/6/–/– | 5(i)]
Schockhandschuhe [Waffenlos | Schaden 4B(e) | 5/–/–/–/– | 10 Ladungen]

MISSION 13

WER ZU VIEL WEIß …

In den ersten Missionen dieser Kampagne haben die Runner Informationen erhalten. Dementsprechend machen sich jetzt einige der Mächte in den Schatten Gedanken darüber, wer zu viel wissen könnte.

AUFHÄNGER

Die Runner werden von Hank Tom angeheuert, um einen Anschlag auf den Nexus zu verüben. Tom würde es nämlich vorziehen, wenn der Nexus keine Informationen über seine Machenschaften aufdecken würde, und das ist genau das, was der Nexus gut kann. Hank arbeitet für MCT, wird dies aber nicht preisgeben. Die Bezahlung ist hervorragend, sie sollte auch für eventuelle Schläge entschädigen, die die Runner einstecken müssen – aber ein Team, das die Bezeichnung Shadowrunner verdient, kann einen Job erledigen, ohne aufzufliegen. Oder?

Mr Johnson bittet um ein virtuelles Treffen in einem privaten Chatroom in der öffentlichen Bibliothek von Denver. In der Einladung bringt er zum Ausdruck, wie wichtig es ist, dass das Treffen alltäglich klingt. Zu diesem Zweck wird er die Dinge in Begriffen eines Modedesign-Kursprojekts am Community College von Denver erläutern.

„Ich schätze, ein Investor würde Ihnen mindestens 30.000 Nuyen geben, wobei die Hälfte im Voraus für die Produktion bezahlt wird, wenn Sie es schaffen, dass Ihre Kollektion die Snobs bei Nexus Designs zu Fall bringt. Ich denke, der Schlüssel dazu wäre, einige von deren müden Entwürfen zu überarbeiten, um unsere Kollektion zu einem Erfolg zu machen. Ich habe einen vollständigen Businessplan ausgearbeitet, den ich Ihnen schicken könnte, wenn Sie bereit sind, dies als Ihr Projekt für diese Woche zu übernehmen. Was meinen Sie?“

Wenn die Runner annehmen, erhalten sie eine Datei mit den Einzelheiten dessen, was Mr Johnson geplant hat. Wenn sie um das Honorar verhandeln wollen, hat Mr Johnson für die Vergleichende Probe auf Einfluss (Verhandeln) + Charisma einen Würfelpool von 12. Wenn das Team die List während des Verhandlungsversuchs nicht aufrechterhalten kann, erhält Mr Johnson 1 Edge für seine Einfluss-Probe.

DER JOB

Die Datei, die die Runner erhalten, enthält Einzelheiten über den Verbleib von Cap'n Kludge, die Virusdatei, Zugangscodes für den Vorschuss auf das Honorar und den Plan (s. Kasten *Infos von Mr Johnson*).

INFOS VON MR JOHNSON

CAP'N KLUDGE

Kludge ist ein Administrator des Nexus, des Denver Data Haven. Er ist ein fähiger Hacker, konzentriert sich aber nicht darauf, mit der Technik Schritt zu halten. Stattdessen kümmert er sich darum, die Zugangscodierung des Nexus auf dem neuesten Stand zu halten, während er die Schutzprotokolle seinen Emergenten Partnern überlässt. Das macht ihn zu einem schwachen Glied in der Sicherheitskette.

DER NULL-VIRUS

Der Zugriff auf die Virusdatei führt dazu, dass sie auf allen verbundenen Geräten eine Kopie von sich selbst erstellt und sich so lange vervielfältigt, bis sie das Gerät, auf dem sie geöffnet wurde, ausbrennt. Dieser Vorgang dauert fünf Minuten. Um ihn zu unterbrechen, muss man sich entweder mit *Brute Force* oder mit *Sondieren* in die Virusdatei hacken und sie anschließend editieren. Eine hilfreiche Änderung wäre, dass sie sich auf andere Viren stürzt und sie zerstört. Aber es wäre wenigstens notwendig, die Virusdatei davon abzuhalten, sich zu vervielfältigen, und das Gleiche dann bei den anderen Kopien zu tun. Die Kopie der Virusdatei sieht auf dem System alltäglich aus und imitiert oft eine Datei oder ein Anwendungs-ARO, auf die oder das häufig zugegriffen wird. Auf diese Kopien kann man auf jedem Gerät zugreifen. Der Virus gilt als separates Gerät (ASDF 4/1/2/3).

EINSATZANWEISUNGEN

Die Runner finden Kludge in seinem Safehouse im Sunny Spire Condominium Complex. Sie sollen ihn neutralisieren, dann eine Kopie des Virus auf sein Deck laden und damit auf die Root-Dateien des Nexus zugreifen. Sobald sie Zugang haben, sollen sie den Viruscode in den Nexus hochladen und aktivieren. Die Runner sollten keines ihrer eigenen Geräte am Nexus angemeldet haben, da in diesem Falle eine Kopie des Virus auch auf diese Geräte geladen wird.

Das Ziel besteht darin, einen Viruscode in den Denver Data Haven, auch bekannt als Nexus, einzuschleusen.

Cap'n Kludge ist etwas nachlässig bei der Aufrechterhaltung seiner Fähigkeiten, aber er hatte Zeit, die Gebäudesicherheit zu infiltrieren. Er weiß von den Runnern, solange sie sich dort aufhalten, kümmert sich aber nicht um sie, da sich häufig Runner im Nexus aufhalten. Je nachdem, wann sie hinter ihm her sind, überwacht er sie vielleicht schon. Er schläft nur von 9 bis 11 Uhr und verlässt seinen Deckerkokon nicht. Dann macht er jeden Tag zwischen 11 und 13 Uhr eine kurze Pause, um sich auf seinen Balkon zu setzen und etwas Richtiges zu essen. Kludge erhält 1 Edge, wenn er hackt, während er sich in seinem Kokon befindet, da er sich so keine Sorgen um seinen Fleischkörper machen muss.

Der Sicherheitsdienst des Gebäudes (ein Pförtner; verwende den Streifenpolizisten, *SR6*, S. 215) ist mit allem einverstanden, solange es keinen Ärger gibt. Viele der Eigentumswohnungen hier sind eher Safehouses, Schlafplätze oder Ferienwohnungen als reguläre Wohnungen, aber die Verwaltungsgebühren sind niedrig, und jeder kümmert sich nur um seine eigenen Leichen im Keller.

Nachdem die Runner Kludge neutralisiert haben, müssen sie sein Deck benutzen, um Zugang zum Nexus zu erhalten. Außerdem müssen sie Kludges Vitalmonitor verwenden, um Zugang zu seinem Deck im Kokon zu erhalten. Auf die richtigen Vitalmonitor-Anschlüsse zuzugreifen erfordert eine gelungene Probe auf Mechanik + Logik (2).

Sobald die Runner im Nexus sind und Kludges Identität verwenden, müssen sie eine soziale Herausforderung bestehen, da jemand Kludge sofort anpingt, um mit ihm einen virtuellen Chat zu führen.

Der Ping enthält einige erschütternde Daten über den Schaden, der bei einem kürzlichen Hackerangriff entstanden ist, und die Pingerin sagt, dass sie gleich kommen wird, um über die Strategie zu sprechen. Die Person ist V!raL5!X3n, ein aufgehender Stern am Nexus–Himmel. Sie und Kludge haben eine persönliche Beziehung, und so bittet sie darum, bei ihm bleiben zu dürfen. Sie fragt ihn auch, wie es ihm geht, sagt, dass sie ihn vermisst, und erwartet im Gegenzug das Gleiche (in Wahrheit liebt Kludge sie, hält sie aber für zu jung und glaubt, dass sie in einer höheren Gewichtsklasse boxt). Die Runner – oder der Runner, der sich als Kludge ausgibt – müssen sich irgendwie durch diese Situation hindurchlavieren, sonst fliegen sie auf.

Um Zugang zum Root-System des Nexus zu erhalten – dem Ort, an dem der Null-Virus hochgeladen werden muss –, ist eine Ausgedehnte Probe auf Elektronik + Logik (16, 1 Haupthandlung) erforderlich. Sobald das geschehen ist, kann der Runner auf das Root-System zugreifen, den Virus hochladen und ihn aktivieren. In dem Moment, in dem der Virus aktiviert wird, wird auch Kludges Deck lahmgelegt.

Kludge hat einen DocWagon-Superplatin-Vertrag, und jeder negative Messwert seines Vitalmonitors löst eine Reaktion aus. Wenn er bewusstlos wird oder mehr als 2 Kästchen Körperlichen Schaden erleidet, erscheint innerhalb von zwei Minuten ein DocWagon-HTR-Team in einem GTI Benevolent (*Vollgas,* S. 77) und dringt über den Balkon ein.

SCHAUPLÄTZE

Der Sunny Spire Condominium Complex wurde in Mission 1 (S. 57) von außen beschrieben, da es sich um denselben Ort handelt, in dem Cat damals auch den Runnern ein Safehouse verschafft hat.

Kludge hat eine der vier Eigentumswohnungen im 16. Obergeschoss. Die Innenaufteilungen der Wohnungen auf dieser Etage sind identisch. Eine zentrale Aufzugsreihe führt zu einem zentralen Foyer auf allen Etagen. Kludge befindet sich in 1703, dem südöstlichen Eckapartment, das über den Ostausgang des Foyers zu erreichen ist. Der Eingang der Wohnung besteht aus einem kleinen Foyer mit einem Wandschrank, das zu einem Flur führt, der am Ende in ein Wohnzimmer mit einem Balkon an der Außenwand mündet. Vom Flur vor dem Wohnzimmer aus geht es in die Küche. Drei einzelne Zimmer – zwei Schlafzimmer und ein Büro – befinden sich entlang der Südwand, jedes mit eigenem Bad.

Das Büro ist als Kludges Einsatzzentrale eingerichtet, komplett mit einem Rigger-Kokon, der für ausgedehnte Hacking-Aktivitäten angepasst wurde. Der Kokon lässt sich ohne die richtigen Befehle nur mit einer Ausgedehnten Probe auf Mechanik + Logik (4, 1 Minute) öffnen. Er hat eine Strukturstufe von 16, was es sehr schwer macht, hindurchzuschießen.

HAUPTDARSTELLER

ZIEL: CAP'N KLUDGE

Kludge ist seit Jahren ein Administrator des Nexus und in den Schatten der gesamten Matrix bekannt, nicht nur in Denver. Er ist ein kleiner Griesgram, hat aber eine Schwäche für die neue Generation, die sich wieder dem „echten" Hacken widmet und nicht nur Skripte auf einem Kommlink laufen lässt.

Er verwendet ein Fairlight Excalibur und eine Cyberbuchse der Stufe 4, und er hat für alle matrixbezogenen Proben einen Würfelpool von 16. Das Fairlight Excalibur, das in seinen Decker-Kokon eingebaut ist, wird benötigt, um auf den Nexus zuzugreifen. Nach dem Upload des Virus wird es lahmgelegt, was jeden Hacker im Team zusammenzucken lassen sollte. Du findest Kludges Werte auf Seite 165.

MISSION 14

ES WIRD DUNKEL

In Denver kommt es immer wieder zu Stromausfällen, die den Leuten aufgrund der jüngsten Blackouts in anderen Städten der UCAS Angst machen. Die Mächtigen wollen, dass das aufhört – und zwar sofort. Die Runner werden angeheuert, um die Stromausfälle in Denver zu untersuchen und ihnen ein Ende zu bereiten.

AUFHÄNGER

Die Runner werden um 21 Uhr zu einem Treffen mit Mr Johnson in den Club Charybdis eingeladen. Dieser Johnson ist ihnen noch nie begegnet, und er weigert sich, irgendwelche Informationen über sich preiszugeben. Der Versuch, ihn durch Gesichtserkennungssoftware oder andere biometrische Daten zu identifizieren, führt zu nichts. Sein Auftreten und seine maßgeschneiderten Anzüge lassen auf eine einflussreiche und wohlhabende Person schließen.

Der Abend ist jung und der Club fängt gerade erst an, sich zu füllen. Wenn sich die Runner an einem Werktag mit Mr Johnson treffen, wird der Club gegen 22 Uhr zu etwa drei Vierteln voll sein. An einem Wochenende bildet sich draußen ab 19 Uhr eine Schlange. Eine Bestechung (100 Nuyen pro Runner), ein einfacher Kommlink-Hack (Elektronik + Logik gegen 4 Würfel) oder soziale Interaktion (Überreden + Charisma gegen 4 Würfel oder gutes Rollenspiel) bringen die Runner an der Schlange vorbei direkt in den Club.

Mr Johnson wartet in einem dunklen Separee in der hinteren Ecke, das von einem AR- und Trideo-Whirlpool umgeben ist; außerdem ist ein White-Noise-Generator aktiv. Er hat sechs Leibwachen (verwende den DocWagon-HTR-Offizier, *SR6*, S. 208, aber mit Panzerkleidung und nur dem Colt Manhunter als Bewaffnung) in der Menge (Schwellenwerte 4, 5, 5, 6, 7, 8 für Wahrnehmungsproben, um sie zu entdecken). Die Wachen geben ihre Deckung nur dann auf, wenn es Ärger gibt.

Zu Beginn des Treffens teilt Mr Johnson den Runnern mit, dass es in Archer Heights und Sunshine Estates zu Stromausfällen gekommen ist. Er möchte, dass die Ursachen für die Stromausfälle identifiziert, Informationen über die Verantwortlichen gesammelt und weitere Stromausfälle verhindert werden. Für jedes dieser Elemente des Auftrags erhält das Team eine andere Bezahlung.

Die Bezahlung für Informationen über die Ursachen beträgt 10.000 Nuyen für das gesamte Team. Informationen über den Verantwortlichen (nämlich die Aztechnology-Verbindung) sind weitere 10.000 Nuyen wert, und zukünftige Stromausfälle zu verhindern ist 30.000 Nuyen wert, sofern es auf subtile Weise geschieht – die Runner erhalten bloß 10.000 Nuyen, wenn die Screamsheets darüber berichten.

Nettoerfolge bei einer Vergleichenden Probe auf Einfluss (Verhandeln) + Charisma erhöhen das Honorar um 500 Nuyen pro Nettoerfolg, maximal aber um 2.500 Nuyen. Es gibt keinen Vorschuss. Nachdem die Runner den Job angenommen haben, teilt Mr Johnson ihnen mit, dass er von mindestens drei anderen Teams weiß, die bei anderen Auftraggebern unter Vertrag stehen, sodass eine Zahlung nicht garantiert ist. Er bietet Zugang zu einigen guten Connections, falls andere Teams den Runnern zuvorkommen.

Mr Johnson bezahlt nicht für die Getränke und verlässt die Bar, sobald er sich mit den Runnern handelseinig geworden ist. Dabei gesellen sich vier der Tänzerinnen zu ihm, die sich in der Nähe aufhalten (zu diesem Zeitpunkt sollte klar sein, dass es sich um Leibwächterinnen handelt).

DER JOB

Es gibt zwei Orte, an denen die Runner mit ihren Ermittlungen beginnen können: Archer Heights und Sunshine Estates.

ARCHER HEIGHTS

In Archer Heights ist der Strom ausgefallen, aber der eigentliche Ort der Ermittlungen ist die Paladin Health and Welfare Clinic in der Nähe der Gemeinde. Die Klinik läuft seit einigen Jahren auf Sparflamme, seit ein Terroranschlag und schlechte Publicity ihrem Ruf geschadet haben. Hier befand sich einst eine geheime Forschungseinrichtung, die illegal an das Stromnetz der Stadt angeschlossen war. Diese Verbindung war auch die Ursache für den kleinen Stromausfall in dem Gebiet.

Die Ermittlungen in diesem Gebiet umfassen Gespräche mit mehreren ortsansässigen Bewohnern. Die Bewohner von Archer Heights sind alles Menschen, und sie sind alle Mitglieder oder Sympathisanten des Humanis Policlub. Das Personal der Paladin HWC ist etwas diverser, aber die metamenschlichen Mitarbeiter sind etwas unterwürfiger als gewöhnlich und scheuen sich, vor Menschen offen zu reden. Die örtlichen Ladenbesitzer und Arbeiter sind bunt gemischt und zeigen die typische Skepsis der Bewohner der Sechsten Welt. Mit dem richtigen Ansatz (wozu Bestechung, Überredung, Einschüchterung und Hacking gehören können) erhalten die Runner von den Einheimischen Informationen über ein Luftschiff, das sich zum Zeitpunkt der Stromausfälle in der Gegend befand. Tiefer gehende Befragungen (gib der Gegenseite 1 Edge oder verlange eine Probe auf Wahrnehmung + Intuition (4) von Runnern, die sich das Kommlink-Video ansehen) enthüllen ein Kabel, das zu einem Service-Eingang der Paladin HWC führt.

Der Eingang ist als außer Betrieb gekennzeichnet. Mit einer gelungenen Probe auf Wahrnehmung + Intuition (2) entdecken die Runner ein dickes Kabel (15 cm Durchmesser) mit einer hastig durchtrennten Verbindung, das unter einigen Müllsäcken liegt. Es führt durch ein grob gehauenes Loch ins Gebäude. Eine gelungene Probe auf Mechanik + Logik (4) an der Tür verschafft den Runnern Zugang zu einem Aufzugsschacht, der zu der entkernten unterirdischen Anlage führt, wo dieses Kabel in die Stromanschlüsse für das lokale Stromnetz mündet. Das Kabel enthält einen Orichalkumfaden; wenn man es askennt, scheint es auf irgendeine Weise verzaubert zu sein (s. Kasten *Das Gebiet im Astralraum*, Seite 90).

Wenn die Runner das zurückgelassene Teilstück des Kabels mitnehmen, können sie mit einer Ausgedehnten Probe auf Mechanik + Logik (16, 1 Stunde) Orichalkum im Wert von 5.000 Nuyen daraus bergen, sofern jemand dabei hilft, der das Kabel und den Fortschritt beim Bergen des Orichalkums askennen kann. Das Kabelstück wiegt 20 Kilogramm und ist ziemlich sperrig.

An den Stromnetzanschluss im Inneren der Anlage ist ein sperriges Kommlink angeschlossen, das mit dem Anschlusskasten zusammenarbeitet. Das Kommlink enthält nichts außer seinem Basisbetriebssystem und einem virtuellen Raum, in dem ein einzelnes Programm ausgeführt werden kann. Die Analyse des Programms mit einer Ausgedehnten Probe auf Elektronik + Logik (20, 1 Kampfrunde) zeigt, dass es sich um einen fortschrittlichen Algorithmus zur Steuerung von Leistungsschwankungen handelt, der in der Lage zu sein scheint, massive Leistungsschwankungen mit extremen Abweichungen zu bewältigen und die Auswirkungen auf ein bestimmtes System abzumildern.

Zeugen in der Gegend können das Luftfahrzeug beschreiben, und anhand der Zeugenaussagen und des Videomaterials sollten die Runner in der Lage sein,

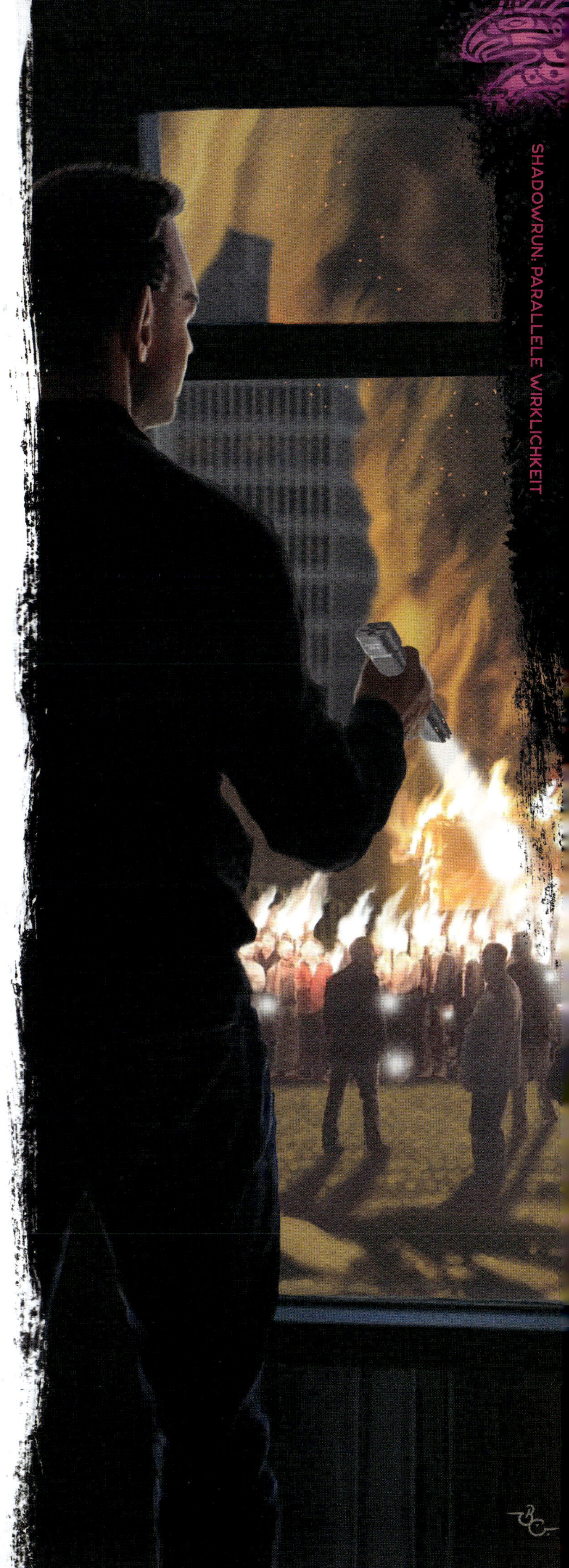

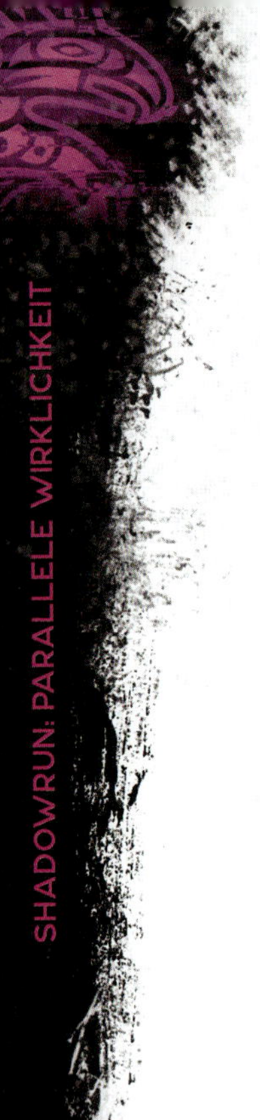

DAS GEBIET IM ASTRALRAUM

Astral projizierende Charaktere und Geister in der Region empfinden ein Gefühl von Dünnheit in der Astralebene, ein wenig wie Sauerstoffmangel in zu großer Höhe. Nach den Experimenten des Luftschiffs herrscht in diesem Gebiet eine mittlere Manablase.

Verwende für das Askennen der Umgebung des Hintereingangs der Klinik oder des ehemaligen Labors folgende Tabelle.

0–1 Erfolge: Die Falschheit dieses Ortes stinkt erbärmlich und lässt dich fast würgen. An den meisten Orten bekommt man eine einfache „visuelle" Deutung, aber hier werden all deine Sinne angegriffen.

2–3 Erfolge: Durch die Desorientierung hindurch schiebst du dich durch den beißenden Geruch und spürst die Blase. Das Mana hier ist dünn, und es herrscht eine mittlere Manablase.

4–5 Erfolge: Du greifst mit all deinen Sinnen hinaus und spürst nicht nur die Dünnheit, sondern auch die Fremdartigkeit des Manas in dieser Gegend.

6+ Erfolge: Mit einem Kopfschütteln und etwas astralem Husten öffnest du deine Sinne für das Wesen des örtlichen Astralraums. Abgesehen von der Manablase und der Fremdheit herrscht ein kupferner Gestank, den du noch nie zuvor gespürt hast. Etwas Einzigartiges ist hier geschehen.

BEIM ASKENNEN DES KABELS:

0–2 Erfolge: Die örtliche Manasphäre trübt deine Sinne.

3–5 Erfolge: Das Kabel leuchtet schwach. Seltsam für ein Stück Technik, aber der seltsame Astralraum hier vernebelt immer noch deine Sinne.

6+ Erfolge: Die mundane Substanz des Kabels verblasst, und du erkennst die astrale Energie – Orichalkum.

es als Luftschiff vom Typ Goodyear Commuter-47 (*Vollgas*, S. 76) zu identifizieren. Es handelt sich um ein sehr gängiges Luftschiff, aber das Video zeigt einige Modifikationen am Fahrgastraum im Unterboden sowie an der zentralen Kammer.

SUNSHINE ESTATES

Sunshine Estates ist das zweite Stadtviertel, in dem es zu einem Stromausfall kam. Die Bewohner hier sind freundlich und entgegenkommend, wenn man sie nach dem Luftschiff fragt, das hier für Reparaturen vor Anker ging. Die Einheimischen erfreuten sich an den Trideoeffekten, die das Luftschiff bei Sportveranstaltungen bot, während es gewartet wurde (wodurch es sich quasi vor aller Augen unsichtbar machte). Die meisten Einheimischen wissen nichts von seinem illegalen Zweck, aber einige wenige sind mittlerweile eingeweiht, nachdem es ihr Viertel verdunkelt hatte.

Nach dem Stromausfall aktivierte Aztechnology vier Agenten in der Nachbarschaft, um eine diskrete Untersuchung einzuleiten. Sie können die Runner behindern oder mit ihnen zusammenarbeiten. Ihre Aufgabe ist es, die Beanspruchung des Reaktors unter der Schule sowie den Stromausfall zu untersuchen. Durch die Beanspruchung des Reaktors bestand die Gefahr einer Überlastung, und Aztechnology möchte wissen, ob diese Gefahr immer noch besteht.

Beide Gruppen, die Runner und die Aztech-Agenten, werden mit den Einheimischen sprechen (die alle Aztech-Mitarbeiter sind, sodass sie dem Aztech-Team offener gegenübertreten) und die Geschichte über die Verankerung des Luftschiffs über der örtlichen Schule in Erfahrung bringen. Jeder weiß, dass das Luftschiff mehrere kleine Ankerkabel und ein großes Stromkabel hatte. Bei einer gelungenen Interaktion wird das Kabel als ziemlich groß für ein so kleines Fahrzeug beschrieben.

Die umfassendere Untersuchung bezieht sich auf die Schule, die über einer Geheimanlage mit einem Reaktor gebaut wurde, um die Anlagen und die ein- und ausgehenden Reparaturmannschaften zu verbergen. Die Mitarbeiter der Schule und des Reaktors wissen, dass es einen Einbruch gab, der abgewehrt wurde, aber sie wissen nicht, dass es den Eindringlingen gelungen ist, die benötigten Kabel und Stromanschlüsse anzuschließen.

Die Runner dringen in die Schule ein und finden das Kabel und den Anschluss im untersten Wartungsraum, wo sich der Anschluss ans Stromnetz befindet. Die Wartungsmitarbeiter hier sind alle Aztech-Mitarbeiter, und sie werden ein bisschen schlauer sein, nachdem die Runner es leicht hatten, in die Schule einzubrechen.

Falls der Einbruch in die Schule entdeckt wird, werden zwei Mitglieder der örtlichen Polizei hinzugezogen, die davon ausgehen, dass es sich lediglich um einen Teenager-Streich handelt. Wenn die Runner im Wartungsraum gefunden werden, wird das Aztech-Team von oben hinzugezogen. Die Aztech-Agenten erklären sich bereit, die Störung auf sozialem Wege zu beheben, aber sie verlangen ein angemessenes Schmiergeld und akzeptieren nichts unter 2.000 Nuyen. Wenn jemand in der Anlage getötet wurde, lassen sich die Strafverfolgungsbehörden nicht bestechen. Sie sammeln Daten über die Runner und planen, diese an ihre Chefs weiterzugeben und sie auf die Drek-Liste von Aztechnology zu setzen.

Wie in Archer Heights wurde auch hier der Astralraum gestört. Aber statt einer Manablase, die dunstig und verblasst ist, erlebt Sunshine Estates einen mittleren Manafluss, wodurch die Magie hier überschießend und schwer zu kontrollieren ist. Die Verkabelung hat den gleichen Orichalkum-Faden wie die in Archer Heights, aber das Aztech-Team will nicht, dass die Runner ihn mitnehmen. Als zusätzlichen Bonus hat dieses Gebiet eine große Anzahl von E-Sapienten (verwende *Sprites*, *SR6*, S. 193, mit tierischen Eigenschaften und Verhaltensweisen) angelockt, und für Technomancer fühlt sich die Resonanz hier fremd an. Das Kontrollkommlink ist nicht vorhanden – es wurde offenbar sorgfältig entfernt.

Die Runner werden es nicht herausfinden, aber bei dem hier durchgeführten Experiment wurde Mana aus einer anderen Ebene mit einem starken technologischen Aspekt abgezogen, was sich auf die örtliche Resonanz ausgewirkt hat.

Die Begegnung der Runner mit dem Aztech-Team kann entweder als soziales oder gewalttätiges Aufeinandertreffen verlaufen. Verwende für die vier Aztech-Agenten die Lone-Star- und DocWagon-Schergen der Professionalitätsstufe 5 und 6 aus *SR6*, Seite 207f.

Im sozialen Bereich haben die Runner ihre Antworten. Sie haben die Verbindung gefunden, überlassen sie aber den Aztechnology-Ermittlern. Die Azzies teilen ihre Informationen mit Runnern, die einen triftigen Grund in Form eines hohen Bestechungsgeldes (1.000 Nuyen), einer guten Probe auf Überreden + Charisma oder Einfluss + Charisma oder eines guten Ausspielens der Begegnung anbieten. Ihre wichtigste Information ist, dass Aztech nichts mit dem Luftschiff zu tun hat. Die Ermittler sind keine typischen Aztechnology-Kampftruppen; sie sind Undercover-Agenten und wollen deshalb nicht durch einen Kampf auffallen, reagieren auf Bedrohungen aber angemessen. Bemühungen, sie einzuschüchtern, sollten in naher Zukunft in Form eines Teams von Aztech-Schlägern auf die Runner zurückfallen.

ZUM ANGRIFF

Um verdächtige Luftschiffe zu finden, brauchen die Runner einen Hacker oder einen Geist, der die Suche durchführt.

Der Hacker kann eine Ausgedehnte Probe auf Elektronik + Logik (24, 1 Minute) ablegen, um die Matrix nach Bildern solcher Luftschiffe mit Modifikationen zu durchsuchen. Ein Geist mit der Kraft Suche kann ausgesandt werden, um ein Kabel mit Orichalkum darin zu finden, sofern sein Beschwörer die Kabel askennt hat. Der Geist legt dafür eine Ausgedehnte Probe auf Intuition+ Magie (24, 10 Minuten) ab.

In der Region Denver gibt es drei verschiedene Luftschiffe, auf die die Beschreibung passt. Eines befindet sich am Front Range South Campus der Universität von Denver, eines in der Nähe der Stadien im Hub und eines in Brighton, direkt an der Grenze zur Sioux-Nation. Sie herunterzuholen ist einfach, aber in zwei der drei Gebiete ist es schwierig, dies unauffällig zu erledigen.

AN DER FRONT RANGE

Die Universität von Denver hat einen kleinen Forschungscampus in der Nähe von Palmer Lake im südwestlichen Bereich der Front Range. Hier werden wissenschaftliche Forschungen betrieben, die große Mengen an Strom benötigen. Dieser Strom wird von einem experimentellen Generator geliefert.

Das Luftschiff in diesem Gebiet gehört Professor Sukie Redflower (ein offensichtlich falscher Name) und ist bei der Universität registriert. Der Anschluss an das örtliche Stromnetz erfolgt über ein normales Stromkabel, das parallel zu einem mit Ruthenium beschichteten Spezialkabel verläuft, das mit dem Generator verbunden ist.

Die Sicherheit auf dem Campus ist auf rauflustige Verbindungsstudenten ausgelegt, nicht auf Runner. Das Luftschiff verfügt über die im Kasten beschriebene Sicherheit. Hier kann es etwas lauter zugehen, da sich die Runner mitten im Nirgendwo befinden, aber es ist ein College-Campus, und viele der Studenten sind in den sozialen Medien unterwegs und nehmen ständig jeden Moment ihres banalen Lebens auf.

Dieses Luftschiff spielt aggressiven Noise-Rock und untersucht, ob das Auswirkungen auf den lokalen Manafluss hat.

DIE LUFTSCHIFFE

Bei diesen Modellen handelt es sich um Prototypen für ein geplantes späteres Serienmodell. Das Luftschiff an sich, ein Goodyear Commuter-47, ist nicht das wichtigste Element – das Gerät im Inneren des Luftschiffs und das einzigartige Kabel, das es verwendet, sind die Schlüsselelemente, die es zu untersuchen gilt.

Die Geräte, insgesamt drei, werden von ihren Luftschiffen aus betrieben. Die Luftschiffe sind über ein einziges Kabel aus 200 Metern Höhe mit dem örtlichen Stromnetz, aber auch mit der Matrix verbunden und verfügen über einen Leistungsverstärker.

Es gibt drei verschiedene Modelle mit unklaren Auswirkungen. Allermindestens scheint es so, als würden sie in Gegenwart eines sich verändernden Manaflusses aktiviert und diese Veränderung messen.

Die Orichalkum-Verdrahtung ist einzigartig für das Projekt und ein Schlüsselelement, das eine Verbindung zwischen der technischen und der arkanen Seite der Dinge schafft.

Die Sicherheit besteht aus einer Hackerin (verwende die Deckerin, *SR6*, S. 87), einer Magierin (verwende die Kampfmagierin, SR6, S. 85) und zwei Schlägern (verwende den Straßensamurai, *SR6*, S. 90). Alle vier befinden sich im Luftschiff. Einer der Schläger beobachtet Annäherungen an das Luftschiff über die Überwachungskameras an der Außenseite und arbeitet als Fernabschreckung mit einem mit Gelmunition geladenen Yamaha Raiden, an das ein Stille-Zauber intensiviert ist. Der andere Schläger ist die Nahverteidigung für den Fall, dass jemand das Luftschiff erreicht. Die Hackerin und die Magierin arbeiten beide im Luftschiff. Die Hackerin schützt das Luftschiff und sein Kontrollkommlink. Die Magierin lebt gefährlich, mit vier gebundenen Geistern (zwei Luftgeistern der Kraftstufe 5, einem Erdgeist der Kraftstufe 2 und einem Feuergeist der Kraftstufe 3).

Die Runner werden hier wahrscheinlich nicht erfahren, wer für die Luftschiffe verantwortlich ist, aber die endgültige Antwort ist, dass es MCT ist, das den Grundstein für das Experiment in Mission 35 (S. 155) legt.

IM HUB

Das Luftschiff in Downtown schwebt über dem Mile-High Stadium und bietet Bonus-AR- und Trideo-Features für Spiele. Es ist bei Ads, Inc., registriert, aber das ist eine Strohfirma. Es setzt denselben Ruthenium-Trick ein wie das Luftschiff über dem Campus, aber es befindet sich in einem geschützten und überwachten Luftraum. Es hat die gleiche Sicherheit wie im Kasten beschrieben, aber ohne die gebundenen Geister, denn kein Magier wäre dumm genug, im Herzen von Denver gebundene Geister einzusetzen.

Dieses Luftschiff muss leise runtergeholt werden, wenn die Runner die zusätzlichen Nuyen haben wollen.

Es beobachtet den Verlauf der Emotionen bei Sportereignissen, um zu sehen, wie sie – wenn überhaupt – den lokalen Manafluss beeinflussen.

Hier kommt es darauf an, herumzuschleichen und zu versuchen, nicht von den Sicherheitskräften im Luftschiff entdeckt zu werden oder im Hub aufzufallen. Dies ist kein Ort für Kampfpanzerung und schwere Waffen, sondern für Haute Couture und schicke Pistolen.

AM RAND (DER SIOUX-NATION)

Willst du einen Drachen von deinen Plänen ablenken, kannst du in der Nähe der Grenze für Unruhe sorgen.

Das Luftschiff hier schwebt hundert Meter von der offiziellen Grenze entfernt in hundert Meter Höhe über dem Boden. Es befindet sich damit ganz knapp im unbedenklichen Luftraum, und das mit Ruthenium überzogene Kabel führt zu einer Höhle jenseits der Grenze. Wenn es aktiviert wird, erfolgt der Stromausfall auf der Sioux-Seite, nicht auf der Denver-Seite.

Die Höhle ist bei Kojoten bekannt, wird aber nicht mehr benutzt, seit Ghostwalker die Leute von dort vertrieben hat. Dadurch konnten Agenten das Kabel so verlegen, dass es vom Sioux-Netz statt vom Denver-Netz gespeist wird.

Dieses Luftschiff beobachtet, ob seine bloße Anwesenheit die Spannungen an der Grenze erhöht und ob dies wiederum Auswirkungen auf den Manafluss hat. Außerdem leuchtet es nachts manchmal wahllos mit Suchscheinwerfern herum oder erzeugt plötzliche Schussgeräusche.

Sowohl die Sioux als auch die Denveraner beobachten das Luftschiff und die Aktivitäten in der Region mit Argusaugen. Die Sioux sind wegen des Ruthenium-Seils misstrauisch, riskieren aber angesichts der vielen Denveraner Augen keinen Zwischenfall, und die Denveraner wollen nicht riskieren, dass es so aussieht, als sei es ihr Projekt – aber das wird sich bald ändern: Ghostwalkers Truppen stehen kurz davor, den Stecker zu ziehen.

Es ist ein Wettlauf zwischen den Runnern, um die Daten zu bekommen, Ghostwalkers Truppen, die versuchen, die Genehmigung für extreme Maßnahmen zu erhalten, und Sioux-Truppen, die versuchen, ein Schattenteam in der Region anzuwerben.

SCHAUPLÄTZE

CLUB CHARYBDIS

Als fester Bestandteil der Denveraner Partyszene im Herzen von Downtown ist dieser Club lokal angesehen und weltweit bekannt. Das Wassersturm-Thema wird regelmäßig aktualisiert, und die Innenausstattung erhält mindestens zweimal im Jahr ein Facelift. Derzeit enthält der Club Separees aus blauem, transparentem Acryl in Form von Wellen. Die Kellner bewegen sich in fließenden blauen und weißen Gewändern, die in der AR akzentuiert, aber auch in der physischen Welt auffällig sind. Die große, kreisförmige Tanzfläche in der Mitte dreht sich mit unterschiedlichen Geschwindigkeiten und bewegt sich nach innen, sodass es aussieht, als würden sich die Feiernden in einem spiralförmigen Strudel bewegen. Außerdem sorgt es für ein fantastisches Maß an Verwirrung im Club, wenn man von der Tanzfläche steigt und nicht weiß, wo man ist.

ARCHER HEIGHTS UND DIE PALADIN HEALTH AND WELFARE CLINIC

Archer Heights bietet erschwingliches, familienfreundliches Wohnen. Es umschließt die Paladin Health and Welfare Clinic im Südwesten. Im Westen wird es vom Cherry Creek, im Süden vom Broncos Parkway begrenzt. Das Projekt wurde von der Paladin Investments and Holdings LLC, einem Mitglied der Paladin Group LLC, finanziert.

Archer Heights ist ein beschauliches, kleines, konzernsubventioniertes Viertel. Gepflegte Rasenflächen und weiße Zäune kennzeichnen die Einfamilienhäuser am südlichen Ende des Viertels in der Nähe der Schule. Die Stadthäuser befinden sich im Zentrum, und blockweite Grillfeste sind im ganzen Viertel üblich. Sogar in den Wohnanlagen südlich der PHWC (in denen normalerweise Tausende von Leuten leben, die einander nicht kennen) gibt es viele hilfsbereite Menschen, die ihre Nachbarschaft sauber und frei von Metamenschen halten wollen. Dieses Viertel ist ganz und gar menschlich. Die Grenze entlang des Highway 83 wird von einer vier Meter hohen Mauer gesäumt, die das Viertel vor den Geräuschen vorbeifahrender Autos schützt. Die gleiche Mauer verläuft entlang des Highway 88 und des Broncos Parkway. Entlang des Baches hat man die Bäume und Sträucher zu einer soliden Mauer heranwachsen lassen. Vom Inneren dieser privaten Hassburg aus hat man keinen Blick auf die Außenwelt. Die Einfamilienhäuser dieses kleinen Fleckchens Pleasantville mit ihren Rockwellesken Zügen schreien es heraus: Hier brauchen sich nur kleingeistige, im Gestern lebende Rassisten um einen Wohnort zu bewerben. In der Nähe der PHWC gibt es eine Feuerwache und ein kleines Einkaufszentrum. Das Einkaufszentrum beherbergt ein Lebensmittelgeschäft, die Büros von Hard Corps, das örtliche

Hauptquartier des Humanis Policlub und einen Stuffer Shack. Die Klinik ist das Hauptziel des Runs, aber das Viertel hat unter dem Stromausfall gelitten und die Bewohner sind reizbar und paranoid.

SUNSHINE ESTATES

Bei Sunshine Estates scheint es sich um eine Maßnahme zur Wiederbelebung der Vorstädte zu handeln, aber in Wirklichkeit ist das Viertel eine Tarnung für Agenten von Aztechnology/Aztlan. Die malerische kleine Siedlung befindet sich in Brighton. Sie ist angeblich autark und speist überschüssigen Solarstrom ins örtliche Stromnetz ein. Die Wahrheit ist allerdings viel düsterer. Es gibt hier einen unterirdischen Reaktor, der früher von Aztechnology für eine Geheimanlage in der Gegend betrieben wurde, die Ghostwalker zerstört hat. Dieser Generator erzeugt zusätzlichen Strom, der an das örtliche Stromnetz verkauft wird. Ein Teil der Gewinne geht an die Anwohner, und ein Teil fließt in die Kassen von Aztechnology, das damit verdeckte Operationen in Denver bezahlt.

Die Einheimischen sind angenehm und vorstädtisch freundlich, obwohl sie sich alle untereinander kennen und wissen, wer bei Aztechnology angestellt ist und wer nicht. Keine ihrer Verbindungen ist offensichtlich, sonst hätte Ghostwalker diesen Ort schon längst dem Erdboden gleichgemacht.

MISSION 15

BESTE FEINDE

Vishala, die die Runner in Mission 2, 7 und 11 über die Schieberin Niki angeheuert hat, hat von dieser Zusammenarbeit profitiert. Aber sie macht sich langsam Sorgen, dass sie die Runner zu oft eingesetzt hat und diese zu viel über ihr Vorhaben wissen. Also muss das Team zum Schweigen gebracht werden. Erneut benutzt Vishala Niki als Fassade und heuert die Runner an, um einen Gegenstand von einem rivalisierenden Konzern mit bedeutenden Aktivposten zu stehlen: MCT. Vishala will diesen Gegenstand gar nicht. Stattdessen alarmiert sie MCT und verpfeift die Runner, sobald diese eintreffen. Als die Kugeln zu fliegen beginnen, greift jemand Neues ein, um zu helfen.

AUFHÄNGER

Es ist schon eine Weile her, aber Niki meldet sich wieder. Sie sagt, dass sie mehr Arbeit hat. „Habt ihr Lust auf einen weiteren Einbruch? Vishala braucht einige sehr spezifische Proben von einem sicheren Ort."

Niki weiß nicht, dass Vishala das Team verraten will – sie wird genauso ausgetrickst wie die Runner. „Ziemlich gute Bezahlung, aber eine schwierige Anlage, die innerhalb eines Tages oder so geknackt werden muss. Seid ihr dabei?"

Niki hat ein paar Details – sie teilt den Runnern gerne mit, dass die Anlage zu einem Megakonzern gehört und dass es sich um eine Hochsicherheitsanlage handelt, dass es ihrer Auftraggeberin aber gelungen ist, einige Schlüsselkarten, Reinigungsuniformen und gefälschte IDs zu beschaffen, die die Runner benutzen können. Niki ist berechtigt, den Runnern 5.000 Nuyen pro Person zu bieten, davon 50 Prozent als Vorschuss.

Das Ziel sind (angeblich) ein paar kryogenisch eingefrorene Proben, für deren Handhabung die Runner spezielle Ausrüstung benötigen werden. Die Ausrüstung ist nicht tragbar, aber Niki sagt, dass ihre Auftraggeberin jemanden mit einem Lieferwagen in der Nähe warten lassen wird. Sofern die Runner die Proben in weniger als fünf Minuten zum Lieferwagen bringen, bleiben sie brauchbar und das Team erhält den Rest seiner Bezahlung. Die Runner müssen Niki Bescheid geben, wann sie rauskommen, damit der Transporter bereitsteht. Das Labor befindet sich in Raum JHW87.

DER JOB

BEINARBEIT

Konzern: Die Adresse ist in der Tat eine wissenschaftliche Einrichtung. Normalerweise wird dort biologische Forschung betrieben, und Connections mit einer Einflussstufe von 5 oder mehr, die sich in der Konzernwelt auskennen, können den Runnern mitteilen, dass die Einrichtung MCT gehört.

Wissenschaftler: Jeder, der eine Wissenschaftler-Connection hat, kann herausfinden, dass das Labor derzeit heikle Forschungen zu magischen Crittern durchführt. Allerdings weiß niemand genau, um welche Critter es sich handelt.

Schieber und Johnsons: Alles, was Schieber und Johnsons verraten können, ist, dass dieser Job nicht ausgeschrieben wurde, sodass die Runner wahrscheinlich die Einzigen sind, die dieses Angebot erhalten.

Matrixsuche: Die Anlage selbst wurde so gründlich aus der Matrix entfernt wie ein Shadowrunner, nachdem er eliminiert worden ist. Da jedoch Personen in der Einrichtung arbeiten, können sich clevere Suchende die Lücken anschauen, die zeigen, wo Dinge in der Außenwelt mit der Anlage interagieren. Je nachdem, wie gut die Runner nachforschen, können sie herausfinden, dass in der Anlage tagsüber etwa 250 Wissenschaftler arbeiten, von denen viele bis spät in die Nacht hinein tätig sind. Die Anlage wird von MCT-Sicherheit bewacht (das Wachpersonal ist jedoch unauffällig und bleibt im Hintergrund).

Astrale Erkundung: Die Runner können das Gebäude astral auskundschaften. Vier Geister des Tieres (Kraftstufe 4, *SR6*, S. 151) patrouillieren die Grenzen des Geländes. Ein Hüter der Kraftstufe 9 umgibt das Gebäude, mit einem Ausschnitt für den Vordereingang. Der Vordereingang wird von einer Kampfmagierin (*SR6*, S. 85) und einem Geist des Menschen der Kraftstufe 7 (*SR6*, S. 150) bewacht, die jeden abfangen, der versucht, astral einzudringen. Wer es schafft, sich durch den Hüter zu zwängen (s. *SR6*, S. 164), findet die unten beschriebenen magischen Verteidigungsanlagen. Zusätzlich zu dem mächtigen äußeren Hüter verfügen die meisten Laboratorien über eigene Hüter, deren Kraftstufe zwischen 6 und 8 liegt.

SICHERHEIT UND VERTEIDIGUNG

Die Einrichtung ist die meiste Zeit über angemessen gesichert. Wenn Vishala der Meinung ist, dass die Runner mittlerweile im Gebäude sein sollten (etwa fünf Minuten, nachdem sie gesagt haben, dass sie reingehen; falls die Runner angemessen paranoid sind und ihre Pläne nicht preisgeben, verrät Vishala sie), verrät sie sie. Sie schickt direkt an MCT und an den Sicherheitsdienst des Standorts ein Dossier, das die Beschreibungen der Runner und alle Details enthält, die sie über sie gesammelt hat (z. B. Ausrüstung und Geräte-IDs) sowie eine Warnung: „Diese Shadowrunner sind auf Blut aus und haben jede Geisel getötet, die sie je genommen haben. Sie kommen, um sich ihren Weg durch Ihre Einrichtung zu morden. Auf Sicht erschießen! Wenden Sie tödliche Gewalt an! Jeder, der eine bestätigte Tötung vornimmt, erhält ein Kopfgeld.“ Diese Nachricht versetzt die Sicherheitskräfte vor Ort in Panik und veranlasst die Entsendung eines HTR-Teams aus einer nahe gelegenen Konzernenklave. Obwohl die Sicherheitskräfte in Panik sind, verstehen sie sich als Ordnungshüter: Sie warnen die Runner, falls sie ihnen begegnen, und geben ihnen die Möglichkeit, ihre Waffen niederzulegen, bevor sie mit tödlicher Munition auf nicht kooperierende Verdächtige feuern. Während sie ihre Warnung rufen, verwenden sie die Handlung *Volle Abwehr* (*SR6*, S. 46).

VOR DEM ALARM

Die Sicherheit ist kompetent, aber nicht herausragend. Es gibt die bereits erwähnte Kampfmagierin, die die Tür bewacht, sowie drei weitere Magier vor Ort (verwende auch für sie die Werte der Kampfmagierin).

Es sind dreißig Wachen vor Ort (verwende den Lone-Star-SWAT-Offizier, *SR6*, 207). Bevor der Alarm ausgelöst wird, befinden sich zwanzig von ihnen in der Kommandozentrale. Die übrigen zehn patrouillieren paarweise durch das Gebäude.

Eine Sicherheitsriggerin überwacht die Kameras (verwende die Riggerin, *SR6*, S. 89). Sie hat zehn Dobermann-Drohnen, die sich aber alle in der Sicherheitszentrale befinden, wo sie geladen werden.

Ein Hacker überwacht die Systeme vor Ort aus der Ferne (verwende die Deckerin, *SR6*, S. 87). Die Kameraabdeckung ist so umfassend, dass der Hacker jedes Mal, wenn er versucht, Personen aufzuspüren, 1 Edge erhält.

UNMITTELBAR NACH DEM ALARM

Die Türen schließen und verriegeln sich. Die Lichter gehen aus, und die Flure werden nur noch von roten, blinkenden Alarmleuchten erhellt. Die Wachen setzen zwanzig Personen in Fünfergruppen an den vier Engpässen im Gebäude ein (dies sind Betonbarrikaden mit Strukturstufe 15). Jede Gruppe bekommt eine Dobermann-Drohne zur Seite gestellt; die Drohnen brauchen etwa vier Minuten, um die Wachposten zu verstärken. Die übrigen Wachen und Drohnen stürzen sich auf jeden Eindringling, den sie entdecken.

Vier MCT-Elite-Hacker (verwende den SEAL-Team-6-Spezialisten für elektronische Abwehr, *SR6*, S. 209) loggen sich ins System ein und greifen jeden an, den sie finden. Die Decker versuchen im Kampf, die Handlungen *Teergrube* und *Icon aufspüren* durchzuführen, danach entweder *Übertragung abfangen* (falls die Runner sie nicht bemerkt haben) oder *Datenspike* bei jedem, der Widerstand leistet (also sich nicht sofort ergibt). Ihre Decks haben die Programme Aufspüren, Ausnutzen, Biofeedback, Biofeedbackfilter, Fessel, Gabel, Panzerung, Signalreiniger, Toolbox und Übertakten (*SR6*, S. 184/185) geladen.

Die Magier vor Ort bleiben bei den Wachen und nutzen astrale Wahrnehmung, um aktive Magie zu entdecken. MCT-Magier senden Geister (Erdgeister der Kraftstufe 7, *SR6*, S. 150) aus und stellen diese unter den Befehl der Kampfmagier vor Ort. Es gibt zwei dieser Geister pro Magier.

Das HTR-Team wird etwa vier Minuten nach Auslösen des Alarms eintreffen. Dies geschieht wahrscheinlich gerade dann, wenn die Runner versuchen, aus dem Gebäude auszubrechen.

Wenn die Runner Gelegenheit haben, die Kommlinks der Wachen zu überprüfen, werden sie die Nachricht sehen, die Vishala geschickt hat. Allerdings hat Vishala die Quelle der Nachricht kompetent anonymisiert.

WÄHREND DER ALARM AKTIV IST

Runner sind Elitekräfte und sollten nicht zu lange von einfachen Sicherheitskräften festgenagelt werden. Da diese aber ständig angreifen, sollte sich die Situation gefährlich anfühlen. Die Runner sollten sich nicht sofort überwältigt fühlen, aber ihre Optionen sollten sich im Laufe weniger Minuten drastisch verringern. Runnern, die ihre Mission fortsetzen wollen, stellen sich gehärtete Sicherheitsbarrieren mit Drohnen und Wachen in den Weg.

Gerade als es ziemlich düster aussieht, gibt es eine große Explosion auf einer Seite des Gebäudes.

Es ist möglich, dass eine engagierte und fähige Gruppe oder ein Teil des Teams in der Lage ist, sich den Weg aus der Anlage freizukämpfen oder hinauszuschleichen, insbesondere während der Ablenkung.

Wer gegen alle Widerstände die Mission erfüllen will, kann es in den in der Missionsbeschreibung angegebenen Raum JHW87 schaffen. Er ist leer und scheint derzeit nicht genutzt zu werden. Es gibt hier weder biologische Proben noch Kühlgeräte. Dies sollte auch gutgläubigen Runnern beweisen, dass man sie verraten hat.

Einige Minuten, nachdem der Alarm ausgelöst wurde (möglicherweise nach einem Kampf mit den Wachen), wird der Sicherheitsdienst durch einen weiteren Angriff in Panik versetzt: Jemand beschießt das Gebäude mit Raketen.

EINE PLÖTZLICHE EXPLOSION

Die Explosion wird durch einen Raketeneinschlag an der Seite des Gebäudes verursacht, zusammen mit einem Angriff durch drei Geister des Tieres (Kraftstufe 8, *SR6*, S. 151), die die zusätzlichen Kräfte Gifthauch und Verwirrung (*SR6*, S. 224 & 228) haben; die Panzerungen der Wachen haben keine chemische Versiegelung. Bei dem Angreifer handelt es sich um einen mächtigen Schamanen, der von dem Run gehört hat und glaubt, dass die Runner Informationen über die gestohlenen Forschungsergebnisse erbeuten konnten. Es ist also ziemlich genau das passiert, was Vishala durch ihren Verrat an den Runnern vermeiden wollte. Der Schamane greift an, wenn es von außen wirkt, als säßen die Runner in der Klemme und würden erwischt werden. Der unbekannte Helfer hat Zeit, drei Sprengraketen (*SR6*, S. 264) aus seinem Aztechnology Striker abzufeuern, bevor er flieht. Die Raketen werden große Löcher in die Ostseite des Gebäudes reißen.

Während der Schamane und die Geister die Sicherheitskräfte vor Ort (und das HTR-Team) ablenken, rasen Watcher durch das Gebäude. Wenn einer der Watcher einen der Runner findet, manifestiert er sich zusammen mit einem kleinen Schild, auf dem steht: „Ihr solltet wahrscheinlich fliehen, solange die Wachen abgelenkt sind. Das wird nicht lange vorhalten. Falls ihr rauskommt, ruft mich an.“ Eine Kontaktnummer ist beigefügt.

Der Angriff wird etwa drei Viertel der verbleibenden Wachen und Kräfte ablenken, sodass ein verzweifeltes Team fliehen, durch ein Fenster ausbrechen oder durch einen Notausgang entkommen kann.

Der Schamane verursacht eher Lärm und Ablenkung, als dass er tatsächlichen Schaden anrichtet (abgesehen von dem großen Loch in der Wand). Nachdem er seine Geister losgeschickt hat, macht er sich unsichtbar und levitiert in Sicherheit. Die Magier und Wachen vor Ort benötigen einige Minuten, um mit den Geistern fertigzuwerden, die Verletzten zu heilen und die Gegend auszukundschaften. Ein fliehendes Team sollte genügend Zeit haben, zu entkommen.

Sollte sich das Team lieber zur Wehr setzen, hat es eine Chance, die meisten Verteidiger zu töten oder außer Gefecht zu setzen. Wenn es das nicht schafft, wird es eventuell getötet, wobei die MCT-Wachen nach wie vor versuchen, die Eindringlinge lebend gefangen zu nehmen.

EIN NEUES GESICHT

Vishala hat das Kommlink, das sie für die Gespräche mit Niki benutzt hat, inzwischen zerstört. Der versprochene Transporter steht vor Ort, aber er ist leer und mit Peilsendern versehen. Niki hat keine Ahnung, was vor sich geht, und kann Vishala nicht erreichen. Sie bleibt lange genug in der Leitung, um zu sagen: „Wenn ihr reingelegt wurdet, ist man wahrscheinlich auch hinter mir her. Ich tauche ab. Falls ich überlebe, leite ich euch alle Informationen weiter, die ich bekomme.“

Wenn die Runner die Nummer anrufen, die ihnen der Watcher mitgeteilt hat, meldet sich eine ruhige Stimme. „Sie sind’s – ich bin froh, dass Sie sich melden. Ich denke, wir sollten einander auf den neuesten Stand bringen. Sie verfügen über Informationen, die ich gerne kaufen würde.“ Der Schamane wird auf die nachvollziehbare Paranoia der Runner eingehen, weil er mit ihnen zusammenarbeiten möchte. Er wird sich Mühe geben, ihre Bedenken zu zerstreuen. Aber er glaubt, dass er einem Team, das gerade im Stich gelassen wurde, einen Rettungsanker bietet. Dieser Schamane ist den Runnern bereits als Guide bekannt, andere kennen ihn unter dem Namen Masque.

Alle Runner, die vom Sicherheitsdienst der Anlage gefangen genommen wurden, verbringen eine Nacht in Handschellen, bevor sie dank mehrerer hoher Bestechungsgelder in Guides Obhut entlassen werden. Er wird den Rest des Teams auffordern, ihre Gefährten hinzuzuholen, und die Gelegenheit nutzen, um mit den Runnern zu sprechen.

Guide hat gehört, dass im Zusammenhang mit einem Forschungsprojekt, von dem er verspätet erfahren hat, eine große Aktion ansteht. Wenn die Runner bereit sind, Guide alles zu erzählen, woran sie sich über die Experimente aus Mission 1, die Zutaten aus Mission 7 und das Labor aus Mission 11 erinnern können, wird er sie großzügig bezahlen. Wenn die Runner diese Missionen nicht gespielt haben, bietet ihnen Guide Geld im Austausch für alles, was sie über Niki und Vishala wissen. Tatsächlich bietet Guide den Restbetrag an, den die Runner für die Mission erwartet haben, mit einem Bonus von zehn Prozent, wenn es Bilder, Videos oder andere Beweise gibt.

Guide ist potenziell daran interessiert, auch in Zukunft mit den Runnern zusammenzuarbeiten, und teilt ihnen mit, dass er sich melden wird. Er sollte nach dem jüngsten Verrat höflich wirken. Im Moment hat er keine konkrete Aufgabe im Sinn, aber er hat einige Eisen im Feuer, bei denen ihm Runner helfen könnten, und er hat Zugriff auf viel Geld. Er ist bereit, auf die berechtigten Bedürfnisse der Runner nach Privatsphäre einzugehen, da er weiß, dass sie gerade verraten worden sind.

BEINARBEIT

Erfahrene Runner werden Informationen über diese neue Person einholen wollen. Matrixsuchen sind nicht hilfreich, aber über die richtigen Connections können die Runner herausfinden, dass der Schamane für einen der großen Megakonzerne gearbeitet hat. Runner, die *wirklich* gute Connections haben, könnten sogar herausfinden, dass er in der Vergangenheit für Aztechnology gearbeitet hat. Niemand wird etwas besonders Schlechtes über die Person zu sagen haben, zumindest nichts Schlimmeres als über jeden anderen machtgierigen Schattenbewohner auch. Er zahlt gut und zuverlässig für Raubüberfälle, Attentate, Sprengungen und viele andere Standard-Schattenjobs.

MISSION 16

DATENBEREINIGUNG

Es ist an der Zeit, sich zu erkundigen, wie es Cap'n Kludge und dem Nexus geht.

AUFHÄNGER

Es gibt keine Einladung durch einen Schieber. Alle Runner erhalten die gleiche Nachricht auf ihr Kommlink: „Folgt diesem <Link>. CK und die Nexus-Admins." Egal, wie sie Cap'n Kludge verlassen haben, er ist immer noch quicklebendig und befindet sich am anderen Ende des gesendeten Links. Der Link führt die Runner in einen virtuellen Konferenzraum, wo sie Kludges Persona am Kopfende des Tisches sitzen sehen. Wenn alle Runner eingetroffen sind, redet er und lässt sie nicht zu Wort kommen.

„Willkommen! Zunächst einmal, Schwamm drüber. Geschäft ist Geschäft, nicht wahr, Chummers? Aber es entstehen karmische Schulden, die beglichen werden müssen. Ihr wurdet angeheuert, um den Nexus anzugreifen. Der Schuss war gut, hat aber die lebenswichtigen Organe verfehlt, und wir haben ein großartiges medizinisches Team, wenn ihr versteht, was ich meine. Entschuldigt die Erklärungen, ich weiß nicht, wie helle ihr seid. Zur Sache. Wir müssen das Ruder herumreißen. Wir wissen, wer die Schecks für euren Versuch unterschrieben hat, und wir möchten, dass ihr euch um unser kleines Problemkind kümmert, bevor der Schütze es noch einmal mit einem besseren Virenprogramm oder einem kompetenteren Team versucht. Das Angebot lautet: 30.000 Nuyen und ein Neuanfang mit dem Nexus. Ihr seid Profis, also: verhandel, verhandel, feilsch, droh – alles klar, 40.000 Nuyen, letztes Angebot. Eine Weigerung wird euch nicht gut bekommen. Hier sind die Daten. Ihr habt zweiundsiebzig Stunden Zeit, um zu liefern."

Damit loggt er sich aus.

DER JOB

Der Nexus muss zurückschlagen, um zu überleben, und heuert die Runner an, um die Mächte von Dis auszuschalten, die die Kopfgelder auf die Nexus-Mitglieder ausgesetzt haben. Sie wissen nicht, warum die Angriffe erfolgen, aber sie denken, wenn die Leute, die die Angreifer beauftragen, verschwinden, dann gibt es auch keine Kopfgelder mehr. Das Problem ist, dass der leitende Disianer zu denjenigen gehört, die tief in die multiplanare Forschung verwickelt sind, und dass sein Penthouse von komplexen magischen, Matrix- und physischen Fallen umgeben ist.

Der Nexus ist – angesichts der Stromausfälle und des Matrixangriffs – mit der Situation unzufrieden und beauftragt die Runner, ihm bei seiner Verteidigung zu helfen und herauszufinden, warum er ins Visier geraten ist.

Zielperson ist der Auftraggeber für den Auftrag gegen den Nexus. Der Zielort wird unter *Schauplätze* beschrieben. Es ist einfache Wetwork. Wenn die Runner ein Problem damit haben und sich weigern, geh zum Abschnitt *Besondere Hinweise*.

Das Ziel ist als Fidian Serverson bekannt. Er befindet sich derzeit im Carnegie Arms und ist dort unter dem Namen Phillip Techson in Zimmer eins gemeldet, einer großen Penthouse-Suite im neunten Obergeschoss. Die Sicherheit des Hotels ist die geringste Sorge der Runner – Fidian hat mehrere einzigartige Rituale durchgeführt, die es ihm ermöglichen, sein Penthouse ein wenig in Richtung seiner Heimatmetaebene zu verschieben, und er hat noch andere seltsame Sicherheitsmaßnahmen ergriffen.

SCHAUPLÄTZE

CARNEGIE ARMS

Das Carnegie Arms ist ein Superluxushotel in der Nähe des Zentrums von Denver, an der nordwestlichen Ecke von Larimer und 14th Street. Es ist ein modernes Hotel mit einer historischen Fassade, die an die zweistöckigen Hotels des 19. Jahrhunderts erinnert, aber seine zehn Stockwerke sind deutlich jünger. In den ersten beiden Stockwerken gibt es keine Zimmer, sondern eine Bar, eine Lounge und ein Restaurant im Erdgeschoss sowie sechs Ballsäle im ersten Obergeschoss. Im zweiten bis siebten Obergeschoss gibt es jeweils zwanzig Zimmer, im achten zehn Zimmer, und das oberste Stockwerk ist eine einzige große Hotelresidenz mit mehreren Schlafzimmern, Bädern und Wohnbereichen. In der Mitte des Hotels befindet sich eine Reihe von sechs Aufzügen, von denen vier für die unteren Stockwerke bestimmt sind und die beiden anderen das achte und neunte Obergeschoss bedienen.

DIE HOSTS DES CARNEGIE ARMS

Organisation: Öffentlicher Host → Sicherheitshost → Datenhost →Penthouse-Host

ÖFFENTLICHER, SICHERHEITS-, DATEN- UND PENTHOUSE-HOST

Ikonografie: Die Hosts sind im Stil eines alten Westernhotels mit umlaufender Veranda gestaltet. Die IC-Icons passen zur Ikonografie und sehen aus wie Figuren aus einem alten Western.

Stufe: Öffentlich 2, Sicherheit 5, Daten 3, Penthouse 4

ASDF: 3/2/4/5, 6/5/7/8, 4/3/5/6, 5/4/6/7

IC: Patrouille (alle), Blaster (alle), Bremse (Sicherheit, Daten und Penthouse), Säure (Sicherheit, Penthouse), Teerbaby (Sicherheit)

Anmerkungen: Auf der Veranda befinden sich zu jeder Zeit zwei Sicherheitsspinnen, es sei denn, sie sind gerade an anderen Orten im Host unterwegs.

Die physische Sicherheit besteht aus sechs Wachleuten (verwende den Lone-Star-Streifenpolizisten, *SR6,* S. 206), die auf Zwischenfälle reagieren und im Laufe ihrer Schicht stündlich durch das zweite bis achte Obergeschoss Streife laufen.

Die astrale Sicherheit besteht aus einem Magier vor Ort, der einmal pro Stunde astral durch die öffentlichen Bereiche patrouilliert. Er greift bei Problemen nicht ein, sondern meldet eventuelle Vorfälle und ruft die ZDF zur Unterstützung herbei.

Die Matrixsicherheit besteht aus zwei Spinnen vor Ort (verwende den Datenbeschaffer der Cutters, *SR6,* S. 206), die den Host des Hotels überwachen. Sie verhindern den Zugang zum Penthouse-Knoten, patrouillieren ihn aber nicht. Stattdessen geben sie die Sicherheit an den derzeitigen Bewohner ab.

PENTHOUSE-SUITE

Um diesen Standort einzigartig zu machen, hat Fidian Hacker angeheuert, die seine Matrixsicherheit mit einem Nullknoten im Fundament verbinden, und er hält sich einige interessante „Haustiere" als physische Wächter.

Die physische Sicherheit besteht ansonsten darin, dass der Zugang zum Penthouse durch das Fehlen einer Aufzugssteuerung eingeschränkt ist. Der Außeneingang des Penthouse befindet sich am Ende eines schmalen L-förmigen Foyers, das 4 Meter in jede Richtung misst, aber nur 1,5 Meter breit ist. Im Foyer gibt es eine Reihe von Fallen, die von komisch bis tödlich reichen. Jede Falle hat einen anderen physischen Auslöser, dessen Umgehung entweder eine Probe auf Athletik + Geschicklichkeit oder auf Mechanik + Logik erfordert. Die Fallen, ihre Schwellenwerte und Auswirkungen findest du im Kasten *Fallen*.

Im Inneren des Penthouse sorgen zwölf disianische Gargyle (siehe S. 99) für Sicherheit, die jeden angreifen, der nicht ihr disianischer Meister ist.

Die astrale Sicherheit wird durch einen Hüter der Kraftstufe 5 unterstützt, der eine andere Signatur aufweist als alle Hüter, die die Runner bisher gesehen haben. Das Innere des Penthouse ist eine starke Manablase (s. *Arkane Kräfte,* S. 185). Eine astrale Projektion führt zu einer ähnlichen Desorientierung, ermöglicht aber den Zugang zur Metaebene der Heimat der Disianer durch die Tür des Penthouse. Für die Rückkehr ist eine Ausgedehnte Probe auf Magie + Edge (12, 1 Stunde) erforderlich.

Die Matrixsicherheit hilft, den physischen Zugang zum Penthouse zu verhindern, indem sie den Aufzug steuert. Sie ist außerdem mit einem verdrehten Fundamentknoten verbunden, der einen Würfelpoolmalus von -4 auf alle Matrixproben verursacht. Technomancer werden körperlich krank, wenn sie dieses Fundament betreten, und erleiden den Status *Übelkeit* (*SR6,* S. 55).

Wenn sich die Runner im Hotel nach dem Bewohner des Penthouse erkundigen, werden sie Gerüchte hören, dass „irgendein MCT-Bonze" es nutzt. Das sollte sie auf eine mögliche Verbindung zwischen Dis und MCT aufmerksam machen.

FALLEN

Jeder Eintrag enthält den Standort, die Beschreibung und die Wirkung der Falle. Die Zahlen sind Schwellenwerte, um die Falle zu entdecken (Probe auf Wahrnehmung + Intuition), die Falle zu umgehen (Athletik + Geschicklichkeit) oder sie zu entschärfen (Mechanik + Logik).

AUFZUG: 4/2/3

Beschreibung: Ein Infrarotlaser in Knöchelhöhe aktiviert einen Beutel mit Schlagsahne, der von der Decke herabschwingt und alle Fahrstuhlinsassen bespritzt.

Wirkung: Die Schlagsahne ist ein bisschen alt und muffig, sodass man schlecht riecht. Wenn diese Falle ausgelöst wird, ertönt eine Stimme, die dreimal sagt: „Sie sind gewarnt worden. Gehen Sie."

EINEN METER VOM AUFZUG ENTFERNT: 3/3/4

Beschreibung: Eine Druckplatte im Boden aktiviert vier Niederleistungslaser in der Wand.

Wirkung: Die Laser treffen das Ziel und verursachen Verbrennungen. Zwerge widerstehen einem Schaden von 2K, Trolle einem Schaden von 4K, alle anderen Metatypen einem Schaden von 3K.

ZWEI METER VOM AUFZUG ENTFERNT: 5/–/SPEZIELL*

Beschreibung: Eine dünne Glasplatte bedeckt fast den gesamten Flur. Um diese Falle zu umgehen, muss das Glas sehr vorsichtig nach unten gedrückt werden, bevor man es wieder nach oben gleiten lässt. Wird das Glas einem zu großen Druck ausgesetzt, zerspringt es und gibt eine Monofilamentdraht-Falle frei, die aus vier Drähten besteht, die vom Boden in Richtung Decke wirbeln.

Wirkung: Wer die Falle auslöst, muss 8K Schaden widerstehen.

* Das Umgehen dieser Falle erfordert eine Ausgedehnte Probe auf Geschicklichkeit + Stärke (16, 1 Kampfrunde). Ein Versuch ohne Erfolge, ein Patzer oder ein Kritischer Patzer lassen das Glas zerbrechen. Keine Erfolge bedeutet, dass der Schaden auf 9K steigt, ein Patzer erhöht ihn auf 10K und ein Kritischer Patzer auf 11K.

DAS EIN-METER-QUADRAT VOR DER ECKE DES FOYERS: 2/5/4

Beschreibung: Dies ist eine weitere Druckplatte, die vier Sägeblätter aktiviert, die in unterschiedlichen Höhen aus den Wänden herauswirbeln.

Wirkung: Wer die Falle auslöst, muss 6K Schaden widerstehen. Diese Falle wird automatisch zurückgesetzt und kann mehrere Ziele treffen.

DAS EIN-METER-QUADRAT HINTER DER ECKE DES FOYERS: 3/5/4

Beschreibung: Eine weitere Druckplatte, die einen Hagel von Pfeilen abfeuert.

Wirkung: Die Pfeile sind vergiftet. Die Runner müssen eine Probe auf Edge + Panzerung (8) ablegen, wobei der Schaden 2B plus die Differenz zwischen dem Schwellenwert und der Anzahl der Erfolge beträgt (bei drei Erfolgen erhöht sich der Schaden z. B. um 5 [8 – 3] auf 7B). Alle Systeme zum Widerstand gegen Gifte können für die Konstitutionsprobe verwendet werden, um dem Schaden zu widerstehen.

ZWEI METER VOM EINGANG ENTFERNT: 2/–/6

Beschreibung: Acht Infrarotlaser im Flur.

Wirkung: Nichts, die Falle soll Eindringlinge zögern lassen und so verlangsamen.

EINEN METER VOM EINGANG ENTFERNT: 1/–/–

Beschreibung: Mehrere dünne Drähte, die fast wie Monofilament aussehen. Eine gelungene Probe auf Mechanik + Logik (6) ist erforderlich, um zu merken, dass sie es nicht sind.

Wirkung: Sieht aus wie die Glasfalle, aber ohne Monofilament. Es passiert nichts, wenn die Runner einen oder alle Drähte durchtrennen; diese Falle stellt nur eine weitere Hinhaltetaktik dar.

HAUPTDARSTELLER

FIDIAN SERVERSON

Ein Disianer, der auf die physische Ebene gekommen ist und als Agent für sein Reich arbeitet. Er ist nicht besonders böswillig, sondern tut einfach, was ihm befohlen wird. Seine Bemühungen, seine Verbindung zu seiner Heimatmetaebene zu stärken, haben mehr mit Heimweh als mit Sicherheit zu tun, aber die zusätzliche Sicherheit schadet nicht. Als extraplanares Wesen ist er auf anmutige Weise ungeschickt in seinen Bewegungen. Er erhält einen Zauber Physische Maske aufrecht, der sein Äußeres verbirgt, aber er lässt ihn fallen, wenn die Runner ihm gegenübertreten. Seine wahre Gestalt ist die eines spindeldürren Humanoiden mit strähnigem weißem Haar am ganzen Körper, vier Armen und vier Augen, die in einem Bogen über sein Gesicht verlaufen. Seine Haut ist teigig, und seine Zähne sind gezackt und scharf.

K	G	R	S	W	L	I	C	EDG	M	ESS
2	3	3	2	6	5	5	6	4	8	6

Initiative: 8 + 1W6
Handlungen: 1 Haupt, 2 Neben
Zustandsmonitor: 9/11
Verteidigungswert: 2
Bewegung: 10/15/+1
Fertigkeiten (Würfelpools): Athletik 5, Hexerei 14 (Spruchzauberei +2), Nahkampf 5 (Klingenwaffen +3), Wahrnehmung 9
Zauber: Betäubungsball, Geistessonde, Heilen, Levitieren, Licht, Panzerung, Physische Barriere, Physische Maske, Schmerz, Stille, Stoß, Trideo-Trugbild, Verbesserte Unsichtbarkeit, Verwirrung
Kräfte: Bewusstsein, Dualwesen, Gesteigerter Sinn (Restlichtverstärkung), Grauen, Versteinerung, Zwang

DISIANISCHER GARGYL

Der disianische Gargyl ähnelt den Gargylen, die es auf unserer Metaebene gibt. Er hat eine grundsätzlich metamenschliche Körperstruktur, die aus körnigem weißem Stein zu bestehen scheint. Von den meisten Humanoiden unterscheiden ihn ein Paar Flügel auf seinem Rücken und ein zusätzliches Paar Arme. Sein Gesicht hat stark gewinkelte Augenbrauen, eine breite flache Nase mit nur einem Nasenloch und vier Augenpaare, von denen zwei nach oben, zwei nach unten, zwei geradeaus und zwei zu den Seiten gerichtet sind. Seine Hände und Füße haben jeweils vier Finger bzw. Zehen, die alle mit messerscharfen Krallen versehen sind.

K	G	R	S	W	L	I	C	M	ESS
5	4	5	6	2	2	4	3	5	6

Initiative: 9 + 2W6
Handlungen: 1 Haupt, 3 Neben
Zustandsmonitor: 11
Verteidigungswert: 11
Bewegung: 15/20/+1 (fliegend)
Fertigkeiten (Würfelpools): Athletik 7 (Fliegen +3), Nahkampf 9 (Waffenloser Kampf +3), Wahrnehmung 10 (Geruchssinn +2, Sicht +3)
Kräfte: Ätzender Speichel, Gesteigerte Sinne (Geruchssinn, Restlichtverstärkung), Natürliche Waffe (Klauen), Panzer 6, Verstärkter Panzer 3
Angriffe:
Klauen [Schaden 5K, 11/–/–/–/–]

BESONDERE HINWEISE

Die Schatten sind dunkel und schmutzig, und manchmal sieht man sich genötigt, unangenehme Arbeit zu erledigen. Wenn die Runner etwas gegen Wetwork haben, müssen sie eventuell ihrerseits einen Unterauftrag vergeben. Wenn sie eine andere Lösung finden, um dauerhaft mit Serverson fertigzuwerden, ohne ihn zu töten, ist das in Ordnung.

Wenn sie diesem Auftrag nicht erledigen, beginnen 72 Stunden und eine Sekunde nach Kludges Log-off Sprites einen Matrixangriff auf alle mit der Matrix verbundenen Geräte der Runner. Die Sprites legen zuerst billigere Geräte lahm und werden dann immer fieser, bis die Runner Kludge kontaktieren und versuchen, den von ihnen angerichteten Schaden wiedergutzumachen.

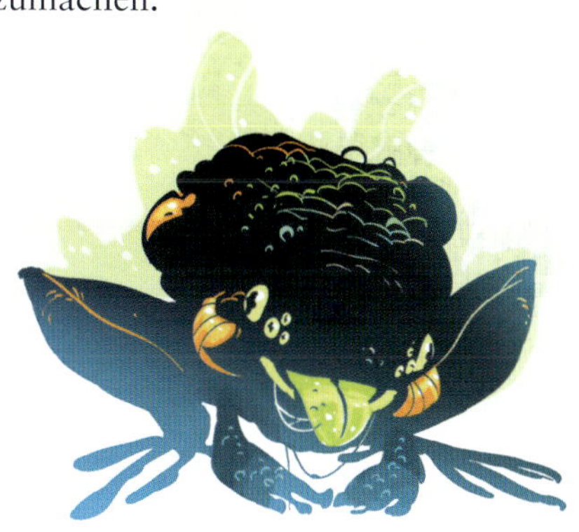

MISSION 17

DIE SPUR DES VERRATS

Masque, der sich den Runnern als Guide vorgestellt hat, hat etwas vor. Er hat die Runner in Mission 4 angeheuert, in Mission 11 gegen sie gearbeitet und sie in Mission 15 gerettet. Jetzt will er sie mit der Wahrheit manipulieren. Der erste Schritt seines Plans besteht darin, dass die Runner Ermittlungen über die Person anstellen sollen, die sie verraten hat. Masque verfügt hier über ziemlich gute Informationen – sein Hauptziel besteht darin, die Runner davon zu überzeugen, dass er auf ihrer Seite steht, wobei er gleichzeitig aufdeckt, dass Vishala sehr intensiv mit Dingen herumspielt, mit denen niemand herumspielen sollte.

AUFHÄNGER

(Wir gehen im Folgenden davon aus, dass Niki die Kontaktperson der Runner ist; falls Niki für das Team zur Persona non grata geworden ist, nimm einen anderen passenden Schieber.)

Ihr erhaltet einen Anruf von Niki. Hatte sie nicht gesagt, dass sie untertaucht?

„Hallo, ich bin gerade kurz aufgetaucht – und wenn ihr den Job übernehmt, den ich in Aussicht habe, kann ich vielleicht auch dauerhaft an der Oberfläche blei-

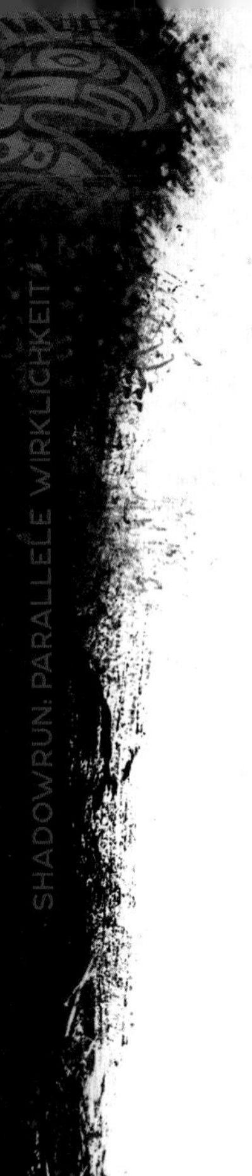

ben. Erinnert ihr euch an den Schamanen, der ein Gebäude in die Luft gesprengt hat, damit ihr entkommen konntet? Offenbar will er, dass jemand herausfindet, was es mit eurer ursprünglichen Auftraggeberin auf sich hat. Ich rufe euch an, weil ihr wahrscheinlich die Person zur Strecke bringen wollt, die euch verraten hat – und auch, weil ich mich sicherer fühle, wenn ihr euch um sie kümmert. Der Typ will sich im Sauerkraut Skillet mit euch treffen. Ich hoffe, ihr nehmt den Job an – nicht nur, weil ich dann wahrscheinlich länger lebe, sondern auch wegen der großzügigen Provision, die er mir anbietet."

Wenn die Runner zumindest bereit sind, mit Masque zu reden, wird er sie in dem genannten Restaurant treffen. Zu diesem Zeitpunkt ist er sehr vorsichtig – er ist mit den Zaubern Panzerung, Levitieren und Reflexe Steigern gut geschützt und hat mehrere mächtige Geister auf Abruf.

Masque bittet die Runner, wichtige Paydata zu beschaffen, insbesondere über ihre frühere Auftraggeberin, und nennt einige Namen und Vorschläge für Orte, an denen vielleicht Informationen zu finden sind. Als Zeichen guten Willens ist er bereit, ihnen 7.500 Nuyen pro Person zu zahlen, um Informationen über folgende Dinge zu sammeln:

- Wozu das Experiment diente
- Was Vishala wollte
- Warum Vishala die Runner verraten hat
- Wo Vishala jetzt steckt

Für zusätzliche Informationen, die darüber hinausgehen, können sich die Runner einen kleinen Bonus verdienen.

DER JOB

Wie die Runner die untenstehenden Informationen sammeln, bleibt ihnen überlassen. Sie könnten mögliche Zielpersonen (z. B. Vishalas ehemaligen Chef) entführen, sie könnten Leute (z. B. die ehemaligen Arbeiter) bestechen, sie könnten versuchen, die Informationen mithilfe von Magie aus den Köpfen der Zielpersonen zu reißen, oder sie könnten Kommlinks hacken und Matrixsuchen durchführen, um den Auftrag zu erledigen.

Im Interesse der Abwechslung sollte es schwieriger werden, wenn die Runner zweimal nacheinander auf die gleiche Weise vorgehen. Vielleicht gibt es mehr Wachen oder die zweite Zielperson hat ein besseres Kommlink. Lass die Spielenden das Geheimnis Schritt für Schritt lüften.

Die Runner haben viele Möglichkeiten, um zu ermitteln. Die folgenden Optionen werden am ehesten Früchte tragen:

NIKI DIE GÄRTNERIN

Was sie verraten kann: Vishalas Konzern und eine Beschreibung ihres Aussehens.

Besondere Angaben:

- Vishala ist eine körperlich fitte Menschenfrau ohne offensichtliche Cyberware oder magische Fähigkeiten.
- Vishala hat versucht, das geheim zu halten, aber im Laufe der mehrmonatigen Zusammenarbeit hat sie Niki offenbart, dass sie in der Vergangenheit für den PPC und MCT gearbeitet hat.

VISHALAS EHEMALIGER CHEF IM PCC

(Masque kann, sobald die Runner den Konzern herausgefunden haben, auf Nachfrage diesen Namen und die Kontaktinformationen liefern; der Vorgesetzte lebt und arbeitet in Las Vegas.)

Was er verraten kann: Vishalas Geschichte vor Mission 2, aber nachdem sie MCT verlassen hatte. Sie begann, für den PCC zu arbeiten, nachdem sie MCT verlassen hatte, um Schutz vor ihrem früheren Arbeitgeber zu finden.

Besondere Angaben:

- Mundan, aber bewandert in magischer Theorie.
- Arbeitete mit anderen Regierungsforschern an Projekten zur Untersuchung metaplanarer Phänomene.
- Beauftragt mit der Untersuchung metaplanarer Anomalien, die seit Kurzem in Denver auftreten.
- Direkte Zusammenarbeit mit Thomas White Feather, der mit der Untersuchung der Denveraner Matrix-Anomalien beauftragt war.
- Ist kurz nach ihrer Ankunft in Denver verschwunden, und niemand vom PCC konnte sie bis jetzt ausfindig machen.

VISHALAS EHEMALIGE CHEFIN BEI MCT

(Kann in ihrem Zuhause im Hub aufgespürt werden.)

Was sie verraten kann: Sie wird (möglicherweise) Vishalas ursprüngliche Aufgabe und ihre Berichte enthüllen.

Besondere Angaben:

- Vishala wurde beauftragt, einige Experimente zu wiederholen, auf die MCT aufmerksam geworden war.
- Die Experimente hatten mit der Öffnung von Portalen zu den Metaebenen zu tun; sie kamen zustande, nachdem vor Jahren Geschichten über die Forschung von Aztechnology an einem Spalt in der Antarktis die Runde machten.
- Nach einigen spektakulären Berichten zu Beginn des Projekts wurden diese mit der Zeit immer mehr zu einer Ansammlung von Buzzwords und enthielten immer weniger Informationen – heute ist sich ihre Ex-Chefin sicher, dass Vishala versucht hat, etwas zu verbergen.
- Die Irreführung hatte noch nicht die Schwelle für eine interne Ermittlung erreicht, als Vishala verschwand und MCT verließ.
- Vishala ist untergetaucht. MCT hat versucht, sie aufzuspüren, aber Vishala hat die vom Team „Metamenschliche Ressourcen" vorhergesagten Orte gemieden.

ARBEITER IN EINER DER FORSCHUNGSANLAGEN

(Die Forschungsanlage kennen die Runner aus Mission 11; Arbeiter können zu ihren Wohnorten oder Arbeitsplätzen verfolgt werden.)

Was sie verraten können: Sie werden möglicherweise spezifische Forschungsdetails enthüllen, nachdem Vishala ihrer Wege gegangen ist, und sicherlich darüber sprechen, wie sie mit ihrer Belegschaft umging.

Besondere Angaben:

- Ursprünglich ging es bei den Experimenten um metaplanare Tore, aber schon bald verlagerte sich der Fokus darauf, wie man den Astralraum verschmutzen und dann als Waffe einsetzen kann. Zufälligerweise ergaben ähnliche Experimente, allerdings mit Technomantie statt Magie, dass Hosts mit Dissonanz infiziert werden können.
- Das Runnerteam wurde ein- oder zweimal erwähnt, aber nur mit der Anweisung, „niemals wertvolle Informationen mit den Runnern zu teilen, weil man ihnen nicht trauen kann".
- Vishala war immer konzentriert. Obwohl sie ihre Mitarbeiter sehr forderte, wirkte sie weder unnötig grausam noch besessen.
- Mehrere Arbeiter haben Komm-Gespräche mitgehört, in denen Vishala daran interessiert war, Informationen über ein Projekt zu erhalten, das MCT angeblich im Raum Denver durchführt.

EIN DIGITALER TAUCHGANG IN MCT- ODER PCC-AUFZEICHNUNGEN

Was sie verraten können: Vishalas Personalakten (sowie Details wie ihren Nachnamen).

Besondere Angaben:

- Vishala heißt mit vollem Namen Vishala Trotter; die meisten Aufzeichnungen wurden gelöscht (wie es bei aufstrebenden Influencern nicht unüblich ist), aber sie hat sich offensichtlich schnell hochgearbeitet.
- Es gibt eine Reihe von sich überschneidenden Aufzeichnungen, die darauf hindeuten, dass Vishala gut darin ist, die Karrieren von Konkurrenten zu sabotieren, und dadurch selbst vorankommt.
- Vishala hat keine bekannten Angehörigen, macht keine ungewöhnlichen oder regelmäßigen Besuche bei irgendjemandem und scheint viel Zeit mit ihrer Arbeit zu verbringen.
- Vishala ist ledig und hat keine Kinder.
- Die Buchhaltung ist gegen Vishala wegen möglicher missbräuchlicher Verwendung von Mitteln vorgegangen, aber nachdem der Ermittler degradiert worden war, wurde der Fall zu den Akten gelegt.

EINE TECHNOMANCER-QUESTE IN EINEM RESONANZRAUM

(Dies ist nicht besonders wahrscheinlich, aber ein fähiger Technomancer könnte auf die Idee kommen, die Resonanzräume nach gelöschten Informationen zu durchsuchen; siehe S. 103 zu Informationen über die Räume.)

Was sie verraten kann: Daten zu den Experimenten, die gelöscht wurden. Dies wird die Experimente erklären, aber die Überlegungen und Ziele wurden nie schriftlich festgehalten.

- Vishala wechselte schnell vom Öffnen metaplanarer Portale zu Geräten, die Dutzende von winzigen Löchern öffnen können, die gerade groß genug sind, damit Mana hindurchsickern kann.
- Vishala hatte einen Geistesblitz, als sie die Idee der Astralportale zusammen mit den Daten, die MCT aus der Folterung von Technomancern gesammelt hatte, auf die Resonanzräume anwandte, um Mikrosekundenverbindungen zu Dissonanzräumen in Hosts zu öffnen.
- Die Experimente waren sehr ergiebig, und die Teams standen kurz davor, die Techniken zur Entwicklung von toxisch-magischen Bomben und auf Dissonanz basierenden Angriffsprogrammen als Waffen zu nutzen.
- Vishala hatte mehrere einigermaßen plausible Pläne angedacht oder ausgearbeitet, um die Runner zu exekutieren; das Team auf eine Selbstmordmission zu schicken, wurde einer direkten Konfrontation oder Ermordung vorgezogen, weil es billiger war und ein Angriff der Runner auf MCT es für sie schwieriger machen würde, Hilfe zu bekommen, falls sie wider Erwarten überleben.

ZURÜCK ZU MR JOHNSON

Vorausgesetzt, die Runner haben einen Teil der Informationen gesammelt, wird Masque ihnen den vereinbarten Betrag zahlen.

Wenn die Runner nicht herausgefunden haben, dass Vishala versucht hat, sie zu töten, wird Mr Johnson ihnen ein Dokument mit dieser Information geben. Masque wird weiter zu Vishala ermitteln. Operative Sicherheit war noch nie ihre Stärke, also zählt er darauf, dass sie einen Fehler macht. Wenn die Runner ihr Interesse daran äußern, dieses besondere Problem zu einem späteren Zeitpunkt zu lösen, wird Masque sie anrufen.

Er wird auch darauf hinweisen, dass er gute Jobs zu vergeben hat, einen guten Ruf genießt und noch kein einziges Team auf eine Selbstmordmission geschickt hat, falls die Runner in Zukunft an anderen gut bezahlten Jobs interessiert sein sollten.

FUNDAMENTE VERWENDEN

Falls du das Matrix-Regelbuch *Auswurfschock* nicht hast, kannst du die in diesem Abschnitt vorgestellten verkürzten Regeln für Runs im Fundament eines Hosts bzw. in den Resonanzräumen verwenden.

Das Fundament eines Hosts kann nur über dessen Portal betreten werden. Das Finden des Portals erfordert eine Ausgedehnte Probe auf Elektronik + Logik (12, 1 Minute). Das Portal eines Hosts

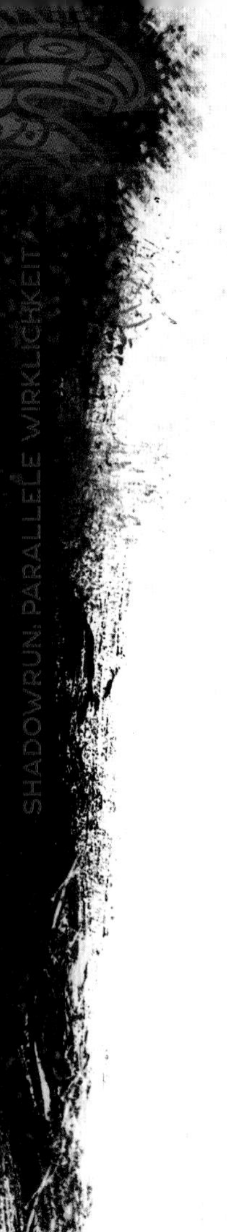

wird fast immer von IC bewacht. Das Öffnen des Portals erfordert eine Handlung *Gerät steuern* mit Admin-Zugriff, als ob das Portal ein vom Host getrenntes Gerät wäre; das Betreten ist eine separate Handlung *Host betreten*. Decker, die innerhalb des Fundaments operieren, müssen heißes Sim mit einem physikalisch modifizierten Sim-Modul verwenden, damit die für den umfangreicheren sensorischen Input erforderliche Bandbreite zur Verfügung steht. Diese Modifikation erfordert eine Ausgedehnte Probe auf Elektronik + Logik (6, 1 Stunde). Technomancer benötigen abgesehen von ihren natürlichen Fähigkeiten nichts, um im Fundament zu operieren; die meisten sagen sogar, dass es sich natürlicher anfühlt als in der normalen Matrix.

Hostfundamente sind hyperrealistisch, sogar noch realistischer als ein UV-Host, und diese Version der Realität kann süchtig machen. Diese Realität, das sogenannte Paradigma, wird aus dem Unterbewusstsein des Benutzers zum Zeitpunkt des Betretens gezogen und kann buchstäblich alles sein, was man sich vorstellen kann. Sie wird außerdem bei jedem Betreten eines Fundaments anders sein. Die Ausnahme davon ist, dass dieses Paradigma von dem Ersten, der das Fundament betritt, festgelegt wird – jeder, der folgt, wird dasselbe Paradigma sehen, bis alle anderen das Fundament verlassen haben.

- Alle Hostfundamente haben sieben Abschnitte oder Knoten, die jeweils eine eigene Funktion haben:
- **Das Portal:** Der Ein- und Ausgangspunkt des Fundaments.
- **Das Archiv:** Hier werden alle normalerweise unzugänglichen Dateien gespeichert.
- **Primärsteuerung:** Kontrolle über das Hostfundament.
- **Bühnensteuerung:** Kontrolle des Hosts außerhalb des Fundaments.
- **Sicherheitszentrale:** Kontrolle des IC innerhalb des Hosts.
- **Gerätesteuerung:** Kontrolle der an den Host angeschlossenen Geräte.
- **Der Nullknoten:** Die Energiequelle für den Host.

Nur ein Icon mit allen vier Matrixattributen (Angriff, Datenverarbeitung, Firewall und Schleicher) kann ein Fundament betreten. Beim Betreten eines Fundaments wird das normale Matrix-Icon in einen Fundament-Avatar umgewandelt, der dem Paradigma des Fundaments entspricht und aus dem Gedächtnis und dem Selbstbild des Hackers erstellt wird. In der Regel handelt es sich dabei um eine Kopie des Körpers und der Ausrüstung des Hackers in der realen Welt. Fundament-Avatare haben körperliche Attribute, die den unmodifizierten Matrixattributen der Cyberdeck-/Cyberbuchsen-Kombination oder der lebenden Persona entsprechen, die für das Betreten des Fundaments verwendet wurde. Programme, die die Matrixattribute erhöhen, funktionieren hier nicht, und die Attribute können nicht mehr geändert werden, sobald man das Fundament betreten hat.

Firewall = Konstitution

Schleicher = Reaktion

Datenverarbeitung = Geschicklichkeit

Angriff = Stärke

Handlungen, die im Fundament durchgeführt werden, ähneln denen in der realen Welt, aber sie ahmen die realen Fertigkeiten nur nach. In Wirklichkeit sind sie eine unterbewusste Anwendung einer Matrixhandlung und verwenden für den Würfelpool der Probe entweder Elektronik oder Cracken.

Soziale Proben = Cracken (Hacken)

Wahrnehmung, Körperliche Proben, Steuern = Elektronik (Computer)

Kampf = Cracken (Matrixkampf)

Technische Proben = Elektronik (Software) oder Cracken (Elektronische Kriegsführung)

Die Ausnahme sind Wissensfertigkeiten, die für das aktuelle Paradigma relevant sind und als Brücke zur Nutzung von Fertigkeiten neben Elektronik oder Cracken dienen. Ein Paradigma, das zum Beispiel das feudale Japan nachahmt, könnte einem Runner mit der Wissensfertigkeit Bushido-Philosophie erlauben, seine Fertigkeit Einfluss statt Cracken für Interaktionen innerhalb des Paradigmas zu verwenden. Das ist besonders nützlich für Nicht-Hacker, die über ein Tramper-Programm dabei sind.

Alle Resonanzhandlungen und Sprites funktionieren genauso wie außerhalb des Fundaments.

Kommt es im Fundament zu einem Kampf, so gelten die folgenden Regeln. Der Schadenswert von Angriffen beträgt entweder 3K oder 3B (nach Wahl des Angreifers), unabhängig davon, welche Form eine Waffe annimmt. Gegenstände wie Granaten (oder Zauber), die normalerweise eine Flächenwirkung haben, wirken nur auf ein einziges Ziel. Der Angriffswert errechnet sich unabhängig von der verwendeten Waffe immer aus Geschicklichkeit + Stärke des Avatars, der Verteidigungswert aus Konstitution + Reaktion des Avatars. Die Initiative innerhalb des Fundaments beträgt Reaktion + Intuition des Avatars + 1W6. Reflexbooster, Synapsenbeschleuniger sowie reflexsteigernde Zauber und Adeptenkräfte addieren ihre Bonus-Initiativewürfel, erhöhen aber nicht den Initiativewert. Riggerkontrollen fügen ihre Stufe ebenfalls dem Initiative-Würfelpool hinzu.

Jeder Metamensch, der mit einem Tramper-Programm in das Fundament gebracht wird, erzeugt seinen eigenen Fundament-Avatar. Tramper-Avatare sind nicht ganz so leistungsfähig wie der Hauptnutzer des Cyberdecks, da dieser erhöhte Datenfluss selbst die besten Decks und Köpfe belastet. Eine maximale Anzahl von Trampern gleich der Gerätestufe des Decks erleidet eine Senkung von -1 auf die körperlichen Attribute ihrer Avatare, basierend auf den primären Matrixattributen. Dieser Wert ändert sich für alle Tramper auf -2, wenn die Anzahl der Tramper die Gerätestufe überschreitet. Wenn zum Beispiel ein Cyberdeck mit Gerätestufe 3 einen bis drei Tramper mitnimmt, werden die körperlichen Attribute der Avatare aller Tramper um 1 gegenüber dem Primäravatar gesenkt. Bei einer Erhöhung auf vier bis sechs Tramper werden die körperlichen Attribute jedes Avatars um 2 gesenkt.

NEUES HACKING-PROGRAMM: TRAMPER

Mit diesem Programm kann ein Decker eine maximale Anzahl von Passagieren gleich der doppelten Gerätestufe des Cyberdecks auf einen Matrixrun mitnehmen. Diese Passagiere teilen sich den Sim-Output des Decks und sind anfällig für Auswurfschock und Angriffe. Sie haben keine Kontrolle über das Deck und keinen Einfluss auf die Handlungen des Deckers.

Die Handlungen der Avatare basieren auf den Matrixfertigkeiten, nicht auf den tatsächlichen Fertigkeiten des Runners (mit Ausnahme relevanter Wissensfertigkeiten, wie oben beschrieben), was bedeutet, dass die meisten Charaktere hier weit weniger effektiv sind als außerhalb der Matrix. Obwohl sie normalerweise für Untrainierte nicht verfügbar ist, kann die Fertigkeit Cracken hier von jedem genutzt werden (mit einem Würfelpool gleich dem verknüpften Attribut – 1). Magie funktioniert nicht wirklich im Fundament, aber das Gedächtnis und die Absicht des Zaubernden erzeugen einen Effekt, der auf dem Traditionsattribut basiert, so wie die Fertigkeiten und die Ausrüstung anderer Tramper eine Matrixfertigkeit emulieren. Drohnen können aus dem Gedächtnis erschaffen und Geister „herbeigerufen" werden, aber diese Konstrukte sind lediglich Erweiterungen des Fundament-Avatars, keine eigenständigen Wesenheiten. Die Handlungen einer Drohne oder eines Geistes, die einem Befehl folgen, treten an die Stelle der normalen Handlung des Avatars. Diese Regel gilt nicht für Sprites, die wie gewohnt kompiliert und verwendet werden können.

DAS BETRETEN DER RESONANZRÄUME

Die Resonanzräume sind eine Art Matrix-Metaebene aus reiner Information. Viele Technomancer glauben, dass jede Information, die jemals elektronisch existiert hat, irgendwo in den Räumen gespeichert ist, was bedeutet, dass sie riesig und voller Schätze sind, die unter Ozeanen von unsinnigen und nutzlosen Daten vergraben sind.

Wie in den meisten Teilen der Matrix erfolgt die Interaktion mit den Räumen in Form von visuellen Metaphern, aber anders als in der übrigen Matrix sind diese Metaphern nicht bewusst programmiert. Das bedeutet, dass sie vielfältig sind und sich manchmal verschieben – die Spielleitung kann bestimmen, was die Metapher ist und wie die Charaktere mit den Räumen interagieren.

Technisch gesehen können die Resonanzräume von jedem Teil der Matrix aus betreten werden, aber von Fundamenten aus ist es einfacher. Wenn man sich in einem Fundament befindet, kann man einen Weg in die Resonanzräume finden, indem man dieselbe Ausgedehnte Probe auf Elektronik + Logik (12, 1 Minute) ablegt, die man verwendet, um ein Fundament zu finden. An jeder anderen Stelle ist es viel schwieriger und erfordert eine Ausgedehnte Probe auf Elektronik + Logik (30, 1 Minute). Wenn einem Runner die Würfel ausgehen, bevor er einen Weg in die Resonanzräume findet (s. *SR6*, S. 36), kann er erst nach 24 Stunden wieder nach einem Eingang suchen.

Es gibt keine genauen Proben für das Auffinden von Informationen in den Resonanzräumen, aber es sollte nicht einfach sein. Die Runner sollten sich an einer Reihe von feindlichen Sprites vorbeibewegen und manchmal mit ihnen verhandeln müssen. Gib ihnen nicht einfach Informationen, wenn sie die Resonanzräume besuchen, sondern lass sie dafür arbeiten.

SPEZIELL FÜR DIE MISSIONEN 18 UND 29

Nachdem das Silberne Buch von Saeletra zum Nexus gebracht worden ist, hat man darin eine Fülle von Informationen über das Fundament entdeckt. Auch wenn die meisten Daten noch untersucht werden, wurde ein sehr nützliches Programm sofort aufgespürt. Normalerweise sind ungeschulte Benutzer innerhalb des Fundaments relativ ineffektiv, aber dieses Programm schafft eine vollständigere Übersetzung der Realität innerhalb des Fundaments, in der Erinnerungsvermögen, Absicht und Willenskraft genauso wichtig sind wie Matrixfertigkeiten.

Auch wenn das eigentliche Betreten des Fundaments nach wie vor über ein Cyberdeck erfolgt, kann das Programm aus dem Silbernen Buch nur auf einem Großrechner ausgeführt werden, dessen Rechenleistung derjenigen entspricht, die für die Erzeugung eines Hosts erforderlich ist. Cyberdecks oder andere tragbare Geräte können das einfach nicht. Das Programm muss parallel zu einem Tramper-Programm verwendet werden, und die Fundament-Avatare werden wie üblich aus den Matrixattributen des Cyberdecks erzeugt. Die große Veränderung liegt in den Handlungen. Anstatt nur unbewusst die Fertigkeiten Elektronik und Cracken zu verwenden oder eine entsprechende Wissensfertigkeit zu erfordern, werden die tatsächlichen Fähigkeiten eines Runners vom Programm in Handlungen umgesetzt. Hacker und Technomancer können nach wie vor wie gewohnt handeln, aber Scharfschützen zielen mit ihren virtuellen Gewehren mit vollem Können, Unterhändler sind genauso überzeugend wie in der mundanen Wirklichkeit, und Magier werfen prozedural generierte Feuerbälle (unter Verwendung ihres Traditionsattributs anstelle von Magie) genauso gekonnt wie in der echten Welt.

MISSION 18

RISSE IM FUNDAMENT

Während die Ermittlungen weitergehen, untersuchen die Runner die Beteiligung einer Gruppe, die wirklich niemand in all diese Aktivitäten verwickelt sehen will.

AUFHÄNGER

Die Runner werden von Cat kontaktiert, um Mr Johnson im Olympus zu treffen. Mr Johnson befindet sich im privaten Konferenzraum im zentralen Bereich des Clubs, auch bekannt als Mount Olympus. Er bietet dem Team 25.000 Nuyen für einen interessanten und relativ risikoarmen Auftrag. Das stimmt zwar, aber die Runner sind vermutlich nicht ausreichend mit dem vertraut, was sie tun, um beurteilen zu können, ob es sich um einen risikoarmen Job handelt oder nicht. Sie werden angeheuert, um mit einer Person namens Chiron Kontakt aufzunehmen und Zugang zum Reflexionsbecken zu erhalten. Mr Johnson verrät nicht, worum es sich dabei handelt. Er sagt ihnen stattdessen, dass sie diesen Ort betreten und erforschen müssen, um die Quelle dessen zu finden, was das Gefühl von Falschheit verursacht, das den Ort zu beeinflussen scheint.

Egal, wie viel sie nachfragen, die Runner werden aus Mr Johnson nicht mehr als das herauskriegen. Sie können diesen Mangel an Details nutzen, um zu verhandeln. Wenn sie die ungenügenden Informationen und die vage Aufgabenbeschreibung als Argument in ihrer Verhandlung erwähnen, erhalten sie 1 Edge. Mr Johnson hat 13 Würfel in seinem Einflusspool. Jeder Nettoerfolg bei einer Vergleichenden Probe auf Einfluss (Verhandeln) + Charisma erhöht die Bezahlung um 1.000 Nuyen, maximal aber um 10.000 Nuyen.

DER JOB

Informationen aus früheren Missionen lassen die Runner tiefer in die Matrix eindringen und eines der Fundamente erforschen, um zu versuchen, die Bedeutung dessen herauszufinden, was sie entdeckt haben. Bei ihrer Erkundung der seltsamen und wilden Bereiche der Matrix finden sie Anzeichen für etwas, das niemand will – die Einmischung einer Gruppe, die als Nullsekte bekannt ist.

Die Runner müssen mit jemandem Kontakt aufnehmen, der ihnen den Zugang zum Fundament öffnet: einem Technomancer namens Chiron. Chiron lebt in einem GMC Bulldog, den er zum Wohnmobil umgebaut hat, und zieht in Denver umher, immer auf der Suche nach den besten Orten, um die Resonanz und die Kernbereiche des Fundaments zu berühren. Ihn ausfindig zu machen und ihm rasch einen Gefallen zu tun, nimmt den ersten Teil des Abenteuers ein.

Die Runner erhalten Chirons Kommcode von Mr Johnson. Chiron gibt den Runnern die GPS-Koordinaten eines abgelegenen Ortes in den nahe gelegenen Bergwäldern im Bezirk Front Range: Dort will Chiron sie treffen. Als die Runner sich dem Ort auf der einzigen Straße nähern, die dorthin führt, fahren sie an vier Wohnmobilen vorbei, die ein kleines Lager bilden. Die Runner entdecken eine Drohne, die von Westen her hereinfliegt und auf einem der Wohnmobile landet, bevor sie durch eine Art Speiseaufzug auf dem Dach in das Wohnmobil hinabgelassen wird.

Dieses Lager wird noch ins Spiel kommen, denn es gehört zu einer Bande Schmugglern – und Chiron bittet die Runner, genau diese Schmugglergruppe aus der Gegend zu vertreiben. Er sagt, dass sie durch ihre Anwesenheit den örtlichen Resonanzpool schädigen. Die Unternehmung verfügt zwar über vier Wohnmobile, wird aber eigentlich nur von zwei Riggern, einer Vielzahl von Drohnen und zwei Deckern für die elektronische Sicherheit betrieben. Zwei der Wohnmobile enthalten Rigger-Kokons und Schlafräume, eines ist ein drohnenbetriebenes Umschlagzentrum, und das vierte Wohnmobil beherbergt eine Drohnenwerkstatt.

Bei den beiden Riggern handelt es sich um die Brüder Pitch und Roll, die ursprünglich aus der Gegend von St. Louis stammen und heute dieses Umschlagzentrum in der Mitte des Landes betreiben. Die Schmuggler dieses Netzwerks operieren vom Nordwesten bis in die Region Denver und schicken die maßgefertigten Drohnen der Brüder los: Die Drohnen wiederum steuern einen vorher festgelegten Ort (das kleine Lager) an, wo sie landen, damit ihre Waren entladen und für den Versand umverteilt werden können. Einige sind nach Denver unterwegs, andere zu anderen Schmugglern an einem anderen Ort.

Pitch und Roll werden nicht gerne umziehen und werden sich ein wenig wehren, bevor sie gehen, aber sie sind keine Fanatiker. Sie werden ein paar Drohnen verlieren und sich dann ergeben, statt sich selbst in Gefahr zu bringen. Ihre Decker-Partner sind echte Dreckskerle, die alles kaputt machen, was sie erreichen können, bevor sie aufgeben.

Im Kasten *Pitch und Roll* findest du das Inventar der Gegenstände, mit denen sich die Schmuggler gegen die Runner wehren können, sowie die Werte, die du für sie und die Decker verwenden kannst.

PITCH UND ROLL

Pitch steuert sechs unbewaffnete Mikrodrohnen vom Typ Sikorsky-Bell Microskimmer XXS (*SR6,* S. 302), zwei MCT-Nissan Roto-Drohnen (*SR6,* S. 303), die mit MPs vom Typ Colt Cobra TZ-110 bewaffnet sind, und zwei Bodendrohnen vom Typ GM-Nissan Dobermann (*SR6,* S. 302), die mit Sturmgewehren vom Typ AK-97 bewaffnet sind. Verwende für Pitch die Werte der Riggerin (*SR6,* S. 89).

Roll steuert vier MCT-Nissan Roto-Drohnen, die mit MPs vom Typ Ingram Smartgun XI bewaffnet sind, vier MCT Hornets (*SR6,* S. 302), die mit Tranq-Patch-Füßen geladen sind, und zwei Bodendrohnen vom Typ Steel Lynx (*SR6,* S. 304), die mit MGs vom Typ Stoner-Ares M202 mit APDS-Munition bewaffnet sind. Verwende für Roll die Werte des Minuteman-Sicherheitsriggers (*SR6,* S. 207).

Die beiden Decker sind Hack und Iceman (verwende den Datenbeschaffer der Cutters, *SR6,* S. 206; Iceman ist ein Troll – erhöhe seine Konstitution um 2 und seine Stärke um 1). Sie sind hauptsächlich dafür da, um zu verhindern, dass die Drohnen gehackt und gegen sie eingesetzt oder umprogrammiert werden, um Waren an den falschen Ort zu liefern.

Sobald Chiron zufrieden ist, bietet er Zugang zum Reflexionsbecken an, einem speziellen Bereich des Fundaments der Matrix. Die Runner müssen auf AR oder VR zugreifen und in das Wasser des Pools in der Nähe von Chirons Lagerplatz steigen. Sie werden dann als leicht veränderte Versionen ihrer selbst ins Fundament übertragen, wodurch sie realer als real werden (s. Kasten *Spiegelbilder von ...,* S. 106).

Auf die Frage, wohin sie gehen, erklärt er, dass es ein Ort ist, an dem sie nicht das sein werden, was sie sind, sondern ein Spiegelbild dessen, was sie schon immer waren. Es handelt sich nicht um einen physischen Ort, sondern um einen Matrix-Ort, der sich nicht unbedingt in der Matrix befindet. Was sie wissen müssen, ist, dass sie nicht physisch dorthin gehen, sondern sich einfach nur „einstöpseln", selbst wenn sie nicht über die nötige Hardware dafür verfügen. Wenn sie den Pool betreten, werden sie bewusstlos.

Chiron bietet ihnen an, ihre bewusstlosen Körper durch die Gegend zu fahren, falls sie sich Sorgen machen, aber im Reflexionsbecken vergeht die Zeit anders, und sie sollten nicht länger als eine Stunde weg sein.

Er sagt, dass alle gehen müssen – niemand darf zurückbleiben, sonst kann das Becken die Wahrheit nicht vollständig enthüllen.

Im Inneren des Reflexionsbeckens werden die Runner sofort in ein Spiegelbild ihrer jeweils eigenen Wohnung versetzt. Die erste Änderung besteht darin, dass alle diese Wohnungen zu einem Parkplatz führen, wie man ihn vor einem Motel finden würde. Ganz gleich, wie groß ihre jeweilige Wohnung ist, die Moteltüren sind alle drei Meter voneinander entfernt. Auf dem Parkplatz stehen ihre Fahrzeuge.

Das Büro des Motels wird von einem Abbild Chirons geleitet, der sie in Richtung Stadtzentrum lotst. Die Welt um sie herum ist im Vergleich zum echten Denver nur dünn besiedelt. Die Runner kennen jeden, der ihnen begegnet, und die Leute kennen sie ebenfalls alle. Sie sind seltsame Spiegelbilder von Leuten aus der Vergangenheit oder Gegenwart der Runner, die nichts von der Fremdheit zwischen ihnen wahrhaben wollen und einfach so reden, als sei dies eine ganz normale Welt – es sei denn, die Runner fragen nach den seltsamen Aspekten des Reflexionsbeckens in der Nähe des Stadtzentrums.

Abgesehen von dieser anfänglichen Einführung ist das Reflexionsbecken einfach ein Spiegelbild von Denver in deinem Spiel mit ein paar Schlüsselorten, die es geben muss. Drei dieser Orte gibt es in beiden Welten, aber einer davon ist den Runnern unbekannt.

Die Ereignisse im Reflexionsbecken spielen sich langsam ab, mit kleinen Hinweisen und Indizien, die schnell auftauchen und wieder verschwinden, aber alle darauf hindeuten, dass in dieser Darstellung des Fundaments etwas nicht stimmt. Wenn du kleine Nebenbegegnungen einfließen lässt, kann das für die Runner das Gefühl verstärken, dass die Zeit vergeht, während sie sich im Fundament befinden.

Im **Jester's Nest** treffen die Runner auf ein Spiegelbild von Mr Johnson, der sie in eine bessere Richtung weist. Als sie das Stadtzentrum erreichen, fühlen sie sich von dem etwas helleren und weniger schattigen Schild über dem Jester's Nest angezogen. Johnson warnt sie, dass etwas nicht stimmt, und glaubt, dass die Büros von ZDF-Revier 3 und von MCT, die beide in der Nähe liegen, Hinweise liefern können.

Im Jester's Nest werden die Runner von den Gästen angegriffen, die plötzlich einen schattenhaften Schleier in den Augen haben und dann mit allem, was sie in die Finger kriegen können, auf sie einschlagen. Da es sich um eine Runner-Bar handelt, haben einige von ihnen Schusswaffen, aber die meisten gehen mit Barhockern, Fäusten und geworfenen Flaschen auf die Runner los. Dies muss nichts Schlimmeres als eine gute, altmodische Kneipenschlägerei sein, aber die Runner können sich verteidigen, wie sie wollen. In der Bar befinden sich dreißig Gäste (verwende das Mitglied der Söhne Saurons, *SR6,* S. 206, und die Regeln für Schergengruppen, *SR6,* S. 117), die alle die Runner angreifen – das Team kann sie entweder alle besiegen oder aus der Bar fliehen. Wenn sie die Bar verlassen, folgen ihnen die Gäste nicht.

Im **ZDF-Revier** können die Runner mit den Beamten (alle ebenfalls Spiegelbilder von Personen, die sie kennen, und einige sind in der Rolle von Gesetzeshü-

tern auf unterhaltsame Weise fehlbesetzt) sprechen, um Informationen zu erhalten. Die Beamten berichten von schattenhaften Sichtungen in der Gegend und einigen zufälligen Angriffen durch schattenäugige Personen. Sie haben kein Problem damit, dass die Runner durch das Revier spazieren und die Akten durchsehen. Die Akten sind voll mit Daten über frühere Runs und das persönliche Leben der Teammitglieder. Für sehr auf Geheimhaltung bedachte Runner könnte das schlecht sein, aber es bietet die Möglichkeit, über ihre Vorgeschichte zu sprechen und die interne Teamdynamik zu erforschen.

Der Großteil der Informationen im Revier weist den Runnern den Weg in den Bereich der MCT-Büros.

Die **MCT-Büros** sind aufgrund der Verbindung zwischen MCT, der Nullsekte und den Experimenten in Denver im Reflexionsbecken. Die Runner wissen es vielleicht nicht, aber die Fundamente und Resonanzräume enthalten alle Daten. Das MCT-Büro ist nicht so entgegenkommend wie das ZDF-Revier. Die Bewohner sind zurückhaltend und sprechen nicht offen mit den Runnern. Sie haben alle einen leichten Hauch von schattiger Unschärfe. Es könnten ihre Augen sein, Fetzen ihrer Kleidung oder etwas anderes, aber jeder hier ist von dieser schattenhaften Präsenz berührt. Einige der Bewohner sind nur leicht berührt, andere hingegen sind außergewöhnlich schattenhaft. Die Letzteren belügen die Runner aktiv und sagen ihnen, dass alles in Ordnung und all das hier völlig normal sei. In diesem Büro hören die Runner vielleicht zum ersten Mal das Wort „Nullsekte“, wenn einer der Bewohner flüsternd um Hilfe bittet, um ihrem Einfluss zu entkommen.

Die Bewohner der Büros bieten den Runnern die Möglichkeit, sich mit dem Zero Factor zu verbinden, einem Ort mit nützlichen Informationen. Wenn die Runner einer der Personen aus den Büros folgen, wird diese sie in die Gasse führen, in der sich der Eingang zum Zero Factor in der Mitte einer seltsamen Backsteinmauer befindet.

Im **Zero Factor** werden die Runner eine wilde Fahrt erleben. Der Eingang befindet sich nur auf einer Seite der Backsteinmauer. Auf der anderen Seite verschwindet die Backsteinmauer, bis die Runner an der Mitte der Gasse vorbeilaufen und sich umdrehen. Nachdem sie eingetreten sind, treffen sie nur noch auf lügende Leute und müssen sich durch die Unwahrheiten kämpfen, um zu versuchen, so viele Daten wie möglich zu sammeln. Die Leute im Zero Factor haben keine Angst vor den Runnern oder davor, ihnen etwas zu sagen, was sie nicht wissen sollen. Denn sie wissen, wie mächtig ihre Verbündeten sind und dass die Runner nur kleine Rädchen in der gewaltigen Maschine ihrer Welt sind. Sie werden die Beteiligung der Nullsekte enthüllen, aber nur, indem sie lügen. Nimm dir als Spielleitung Zeit, um Fragen zu beantworten, und lüge dabei immer. Es soll für die Runner das Gefühl entstehen, nur wenig sicher und konkret zu wissen, aber sie sollten eine Menge seltsamer Hinweise erhalten.

SPIEGELBILDER VON ...

Für die Dauer ihres Aufenthalts erhalten die Charaktere einige Verstärkungen, und alle funktionieren nach den normalen Spielregeln und nicht nach den Matrixregeln. Bei jedem Charakter werden seine höchste Fertigkeit und sein höchstes Attribut um jeweils 1 erhöht, auch wenn sie damit über seine natürlichen Maximalwerte hinausgehen. Charaktere mit der Fertigkeit Elektronik erhalten einen Pool von Bonuswürfeln, die sie hier einsetzen können. Dieser Pool entspricht dem Wert der Fertigkeit und wird in jeder Kampfrunde aufgefrischt. Außerhalb des Kampfes kann maximal die Hälfte des Pools zu einer Probe hinzugefügt werden. Jede Probe kann auf diese Weise verbessert werden, da dies die dem Charakter innewohnende Fähigkeit in der Matrix darstellt.

Verletzungen in dieser Spiegelwelt fühlen sich real an, aber wenn der Körperliche Zustandsmonitor gefüllt wird, stirbt der Charakter nicht. Er wird ohnmächtig, wacht plötzlich wieder im Motel auf und ist dann vollständig geheilt.

Die einzige Möglichkeit für die Runner, das Spiegelbild zu verlassen, besteht darin, zu ihren Wohnungen zurückzukehren, sich hinzulegen und alle einzuschlafen oder einfach gleichzeitig die Augen zu schließen. Mr Johnson kann ihnen das sagen, wenn sie das Jester's Nest besuchen. Falls du es für spannender hältst, können die Runner eine Zeit lang das Gefühl haben, dass sie vielleicht für immer in diesem Spiegelbild gefangen sind.

SCHAUPLÄTZE

OLYMPUS

In diesem Club dreht sich alles um die griechische Mythologie. Sein Hauptmerkmal ist ein „Berg“ in der Mitte, in dem sich ein privater Partyraum befindet. Dieser Raum bietet denjenigen, die drinnen sind, eine Trideoprojektion des restlichen Clubs, die sowohl der Sicherheit als auch als Partybestandteil dienen kann.

DAS REFLEXIONSBECKEN

Das Fundament, in das die Runner eintauchen, ist ein Abbild der realen Welt, wird aber nur von Leuten bevölkert, die die Runner kennen. Es gibt nur eine Stelle im Reflexionsbecken, die kein Abbild der echten Welt aufweist. Vier Hauptschauplätze sind hier Teil der Geschichte, aber die Runner können den gesamten Resonanzraum erkunden. Drei der Orte haben ein Spiegelbild in der realen Welt, einer hingegen nicht. Die Welt ist an den meisten Orten und zu den meisten Zeiten aktiv, aber nicht überlaufen. Da die Anzahl der Personen, die die Runner kennen, begrenzt ist, wird die Welt Personen wiederholen, die sich alle an das erinnern, worüber sie gesprochen haben, aber nichts Seltsames an dem plötzlichen Ortswechsel finden.

Dieser Resonanzraum schafft nicht nur Spiegelungen von Dingen, die die Runner kennen; er spiegelt die reale Welt wider und zeigt einige ihrer dunkelsten Ma-

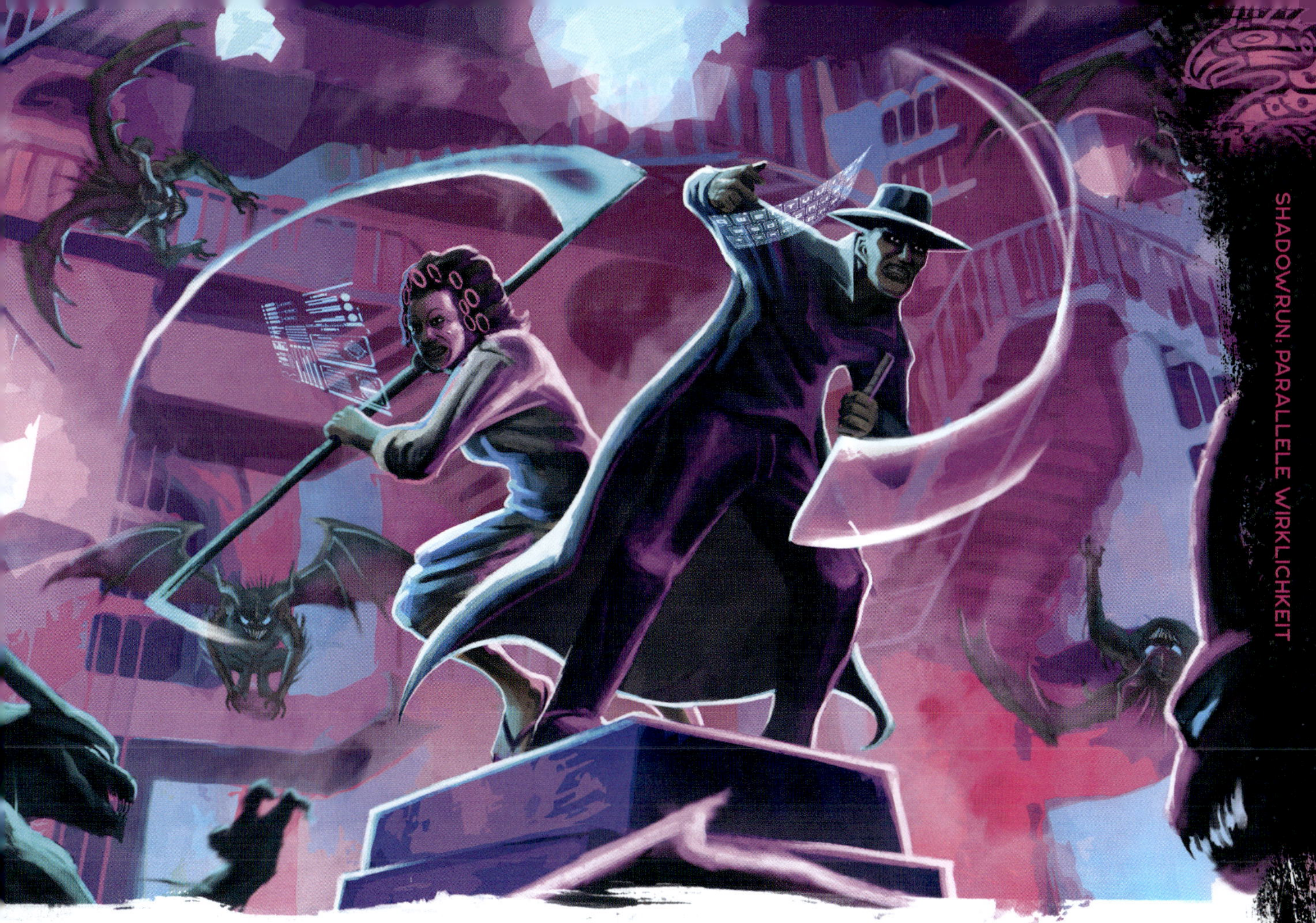

chenschaften. Seine Tiefe und Abgeschiedenheit bedeuten, dass nur mächtige Technomancer und diejenigen, denen sie Zugang gewähren, diese Resonanzräume erreichen können, um die Wahrheiten zu erforschen, die sie enthalten – was bedeutet, dass sie eventuell wie verrückte Verschwörungstheoretiker klingen, wenn sie darüber sprechen, was sie erlebt haben.

ZDF-REVIER 3

Das Revier befindet sich in einem dreistöckigen Gebäude, in dessen Keller sich Arrestzellen befinden. Verglichen mit dem Rest der Welt ist hier merkwürdig viel los. Während der größte Teil des restlichen Resonanzraums nur mäßig bevölkert ist, gleicht dieses Revier einem emsigen Bienenstock. Es gibt Einheiten, die auf dem Weg nach draußen sind und die Gegend intensiv patrouillieren. Obwohl normalerweise keiner der Runner Zugang zum Revier hätte, dürfen sie es hier alle betreten.

Die Leute im Revier sind bereit, Fragen zu beantworten, und erzählen von seltsamen Sichtungen und Ereignissen im gesamten Gebiet, für das sie zuständig sind. Dazu gehören merkwürdige Schatten, die immer wieder auftauchen und verschwinden, sowie mehrere Angriffe durch unsichtbare Angreifer. Wenn die Runner anbieten, bei der Suche nach ihnen zu helfen, nehmen die Revierbewohner die Hilfe gerne an und übergeben ihnen ein Funkgerät, um Berichte und Sichtungen zu verfolgen.

Bei den unsichtbaren Angreifern handelt es sich um Kräfte der Nullsekte. Das Reflexionsbecken ist eine Erweiterung des Fundaments. Jeder, der die Matrix jemals benutzt hat, kann hier ein Spiegelbild haben und mit den Spiegelbildern anderer Benutzer interagieren. Da die Nullsekte daran arbeitet, die Matrix insgesamt zu untergraben und zu schwächen, spiegeln sich ihre Bemühungen und Agenten auch hier wider.

DAS JESTER'S NEST

Dieser bei Runnern beliebte Ort ist eine seltsame Spelunke mit Zirkusthema. Das Gesamtbild ist geprägt von großen Attraktionen mit Trideodisplays, auf denen ständig Tiere, Clowns und waghalsige Nummern gezeigt werden. Die Bildschirme sind interessant, aber ihr Hauptzweck besteht in Ablenkung und Lärm.

In der realen Welt ist das Jester's Nest ein Treffpunkt für diejenigen, die die Bemühungen von Harlekin insgeheim unterstützen. Der unsterbliche Elf ist hier nicht nennenswert aktiv, aber er wirbt immer noch dafür, dass seine Leute Dinge tun, um Ghostwalker und seine neuen Bemühungen zu stören. Ihre Bemühungen in der realen Welt haben sie in Kontakt mit anderen Parteien gebracht, die gegen Ghostwalker arbeiten, einschließlich der Nullsekte und MCT.

MCT-BÜROS

Diese Büros befinden sich in einem nichtssagenden sechsstöckigen Bürogebäude. Sie sehen ziemlich normal aus, scheinen aber ein Brennpunkt für Sichtungen zu sein. In den Büros treffen die Runner auf dieselben Personen, die sie kennen, aber sie zeigen alle einen Grad an Verwirrung, den andere Spiegelbilder nicht aufweisen. Innerhalb des Büros scheinen sie auch tiefere Schatten zu haben.

All dies ist ein Weg für das Spiegelreich, die Bemühungen von MCT mit der Nullsekte und den verrückten metaplanaren Machenschaften zu verbinden, an denen sie in der realen Welt arbeiten.

Die MCT-Verbindung zu den metaplanaren Manatech-Geräten und das Chaos sowie die potenziellen Probleme und Schäden, die ihre Anstrengungen verursachen können, spiegeln sich hier dank ihres Arkan/Technik-Mixes wider.

ZERO FACTOR

Dieser Ort hat kein Spiegelbild in der realen Welt. Im Herzen von Downtown, in der Nähe aller Sichtungen und Probleme, befindet sich eine Gasse zwischen zwei großen Hochhäusern. In der Gasse befindet sich eine Backsteinmauer mit einer Metalltür in der Mitte. Über der Tür prangen drei Neon-Nullen. Die Tür öffnet sich in eine kleine, schäbige Spelunke, die von einem schattigen, rauchigen Dunst erfüllt ist.

Diese Bar ist der wichtigste Zufluchtsort der Nullsektenwesen, die das Fundament des Reflexionsbeckens befallen haben. Sie spiegelt sich in jeder einzelnen Iteration des Reflexionsbeckens wider, und die Wesen der Nullsekte kommen und gehen und versuchen, all diese Resonanzräume zu kontrollieren. Sie sind derzeit stark am Spiegelbild der Welt beteiligt, das das Runnerteam erlebt.

Die Gäste dieser Bar machen sich nicht die Mühe, ihr anderweltliches Aussehen zu verbergen, und zeigen sich in ihrer ganzen Nullsekten-Fremdartigkeit. Sie sehen immer noch aus wie Leute, die die Runner kennen, aber sie spiegeln auch die Form des Programms wider, aus dem sie hervorgegangen sind, wobei die meisten verschiedenen IC-Programmen entstammen.

HAUPTDARSTELLER

NULLSEKTE

Informationen und Werte zur Nullsekte findest du ab Seite 172.

MISSION 19

UNTEN AUF DER FARM

K, der Mr Johnson aus Mission 12 (S. 84), meldet sich erneut. Diesmal ist er auf der Suche nach einem wertvollen Stück Vieh. Theoretisch ist das ganz einfach – bis die Runner herausfinden, wer die künftige Essgelegenheit ist. Und das ist noch das kleinste ihrer Probleme. Diese Mission soll den Spielenden eine kleine Verschnaufpause und etwas Spaß gönnen.

AUFHÄNGER

Der als „K“ bekannte Mr Johnson will sich erneut mit den Runnern treffen. Er hat einen eher ungewöhnlichen Auftrag für sie. Er will einen entführten Bullen zurückholen. Der Fachbegriff für dieses Tier ist „Beefalo“, ein fortpflanzungsfähiger Hybrid aus Hausrind und Amerikanischem Bison, der aus einem alten landwirtschaftlichen Forschungsprojekt hervorgegangen ist und von einem Kollektiv am Leben erhalten wird, das vom Stamm der Schoschonen (heute Teil der Sioux-Nation) gesponsert wird. Einer ihrer Preisbullen, der einen beträchtlichen Wert hat, ist verschwunden. K möchte, dass er gefunden und lebendig zurückgebracht wird.

K bietet 2.000 Nuyen nur für ein Treffen mit ihm in einem sehr gemütlichen Steakhouse in Lafayette, nördlich des Zentrums von Denver. Bei dem Treffen erklärt er, dass SNSANI#-0844 von seiner Weide gestohlen wurde und man ihn beauftragt hat, das Tier wiederzufinden – mit seinen großen braunen Augen und allem anderen. Da K die Runner schon von früher kennt, erklärt er, dass seine ersten Nachforschungen nur ergeben haben, dass an einigen Hinterhoftischen von einem riesigen Bullen (fast 3.000 Kilogramm) die Rede war, den man im Nationalreservat Rocky Mountain Arsenal vermutete. Die Tags, die er normalerweise hat, werden unterdrückt, und K hat keine Zeit mehr, danach zu suchen, also sollen es die Runner tun. Der Clou an der Sache ist, dass er dem Team 20.000 Nuyen bietet, wenn sie den Preisbullen lebendig und unversehrt zurückbringen. K kann keinen Vorschuss bieten (abgesehen von den versprochenen 2.000 Nuyen), aber er hat eine Connection, die den Runnern einen Anhänger besorgen kann, mit dem sie das Tier sicher transportieren können.

DER JOB

Der Job muss aufgrund der Ernährungsbedürfnisse des Bullen innerhalb von 48 Stunden erledigt werden. Das Team kann sich wegen des Anhängers an die Connection wenden. Der Anhänger kann an ein beliebiges größeres Fahrzeug angehängt werden, zum Beispiel an einen großen Pick-up, einen Bulldog Step-Van oder Ähnliches. Um den Beefalo aufzuspüren, bedarf es einiger Beinarbeit. Die Runner könnten nach Hinweisen suchen, indem sie die Hirten und Hüter des Stammes besuchen, die ursprünglich im Besitz des Tiers waren. Klügere und weisere Runner könnten erkennen, dass die Ernährungsbedürfnisse des Bullen ein guter Hinweis sein könnten. Sobald sie darüber Bescheid wissen, kann sich ein Decker auf die Suche nach entsprechenden Spuren machen.

WORAUF MAN IN DER MATRIX ACHTEN SOLLTE

Ein 3.000 Kilogramm schwerer Bulle frisst eine Menge Futter und erzeugt eine Menge Bullenscheiße. Der Beefalo frisst täglich 75 Kilogramm Heu und erzeugt mehr als hundert Liter Kot und Urin. Wurden irgendwo in der Gegend ungewöhnliche Heulieferungen festgestellt? Stinkt es in einer Gegend seit Neuestem, weil sich schnell Abfälle ansammeln? Fällt den Nachbarn auf, dass das gesamte Gras in der Nähe abgefressen ist? Lass die Matrix-Spezialisten der Gruppe etwas Spaß mit bizarren Meldungen haben, wenn sie sich auf die Suche nach Anzeichen für die Anwesenheit des Beefalos machen. Proben auf Matrixsuche (Elektronik + Intuition (6, 30 Minuten)) können ihnen helfen, diese Anzeichen zu finden.

KENNE ICH DICH VON IRGENDWOHER?

Wenn die Runner genügend Hinweise gesammelt und Spuren verfolgt haben, stellt sich heraus, dass SNSANI#-0844 sicher vor neugierigen und suchenden Blicken in einer ungenutzten Reithalle im Bezirk Brighton untergebracht ist. Der Ort sieht einfach und natürlich aus, aber der Schein trügt. Zusätzlich zu ein paar Arbeitern gibt es hier zwei Personen, die besondere Aufmerksamkeit verdienen.

Die erste ist Magnum, ein elfischer Samurai, der zum Technomancer geworden ist und die datenbezogenen Aktivitäten und die damit verbundene Matrix-Sicherheit verwaltet. Er versucht zu verhindern, dass die internen Tags von Tyson (der Spitzname der Leute in der Reithalle für den Bullen) ihnen Probleme bereiten. Magnum ist nicht darauf aus, den Bullen zu töten – er wartet ungeduldig darauf, dass noch andere Leute auftauchen.

Die zweite Person ist Goldsmoke, ein Östlicher Drake. Er ist der Hauptgrund dafür, dass Tyson entführt wurde, denn er hat eine große Vorliebe für erstklassiges Rindfleisch. Tyson tauchte auf dem Radar der Leute von der Reithalle auf, als sie nach möglicher Beute, also feinstem Rindfleisch, Ausschau hielten. Jetzt warten sie nur noch darauf, dass sich einige Freunde zu ihnen gesellen, damit sie ein zünftiges Barbecue veranstalten können.

Wenn die Runner entweder von Magnum oder von Goldsmoke entdeckt werden, tritt eine ganz besondere Situation ein. Sowohl Magnum als auch Goldsmoke gehören zu der Gruppe, die den Flüchtling in Mission 9 (S. 77) ursprünglich extrahiert hatte. Nachdem die Runner diese Mission erledigt hatten, gehörten die beiden zu einer Gruppe, die zurückgeschickt wurde, um den Vorfall zu untersuchen. Wenn Erwachte Runner am Tatort magische Fähigkeiten eingesetzt haben, kennt Goldsmoke ihre astralen Signaturen. Magnum seinerseits hat einige Spuren von matrixbezogenen Aktivitäten aufgestöbert, die mit der Extraktion des Flüchtlings von dort zu tun hatten, wo sie ihn zurückgelassen hatten, einschließlich digitaler Fingerabdrücke von Matrix-Operatoren, die Beinarbeit geleistet oder den Auftrag ausgeführt haben. Wenn Magnum oder Goldsmoke es schaffen, die Runner mit einer Probe auf Astral (Astrale Signaturen) + Intuition (2) oder auf Elektronik + Intuition (2) zu erkennen, ändert sich ihre Haltung: Ihre Ausgangshaltung ist „Geht einfach weg". Sobald sie erkennen, dass die Runner etwas mit einem früheren Run zu tun haben, wird daraus: „Hey! Wir wollen mit euch reden!"

Wenn die Runner *Mission 9* nicht erledigt haben, dann wurden sie reingelegt – jemand hat Beweise platziert, die sie mit *Mission 9* in Verbindung bringen, und Magnum und Goldsmoke reagieren darauf.

ZUSAMMENFASSUNG

Wenn es den Runnern gelingt, Tyson aus seinem Gehege zu befreien und Magnum und Goldsmoke hinter sich zu lassen, ist K zufrieden mit ihnen. Wenn die Runner ihn über die ungewöhnlich harten Typen informieren, die Tyson beschützt haben, kichert er leise, murmelt: „Ich habe mich schon gefragt, wo sie hin sind", und gibt den Runnern ihren Lohn plus einen Bonusgutschein über 1.000 Nuyen für einen beliebigen Carnimore-Laden.

Werden die Runner jedoch überwältigt und von Magnum und Goldsmoke verhört, so werden sie außer Gefecht gesetzt und ihre Geräte werden beschädigt, aber nicht zerstört. Wenn es den Runnern gelingt, einige soziale Proben gegen die beiden zu gewinnen, kann das Gespräch so konstruktiv werden, dass die Leute von der Reithalle dem Team erlauben, K hinzuzurufen. K scheint Magnum und Goldsmoke zu kennen, und sie führen ein gutes Gespräch, an dessen Ende die Runner freigelassen werden. Die Runner erhalten ihren Lohn und die Geschenkgutscheinprämie (s. o.), und K sagt, dass er sich bald wieder bei ihnen melden wird.

HAUPTDARSTELLER

Magnum ist ein 2 Meter großer Elf. Seine Werte findest du im Kapitel *Charaktertruhe* auf Seite 168.

Goldsmoke ist ein Östlicher Drake, dessen metamenschliche Gestalt die eines Zwergs ist. Seine Werte findest du im Kapitel *Charaktertruhe* auf Seite 166.

MISSION 20

AGENTEN DER INSTABILITÄT

Die unbeachteten Teile einer Stadt haben oft wichtige Geschichten zu erzählen. In dieser Mission werden die Runner ausgesandt, um einige dieser Geschichten zu entdecken.

AUFHÄNGER

Für eine Stadt, in der Ghostwalker angeblich mit eiserner Faust regiert, gibt es hier eine Menge Verschwörungen. Woher kommen sie? Die Runner sehen sich zwei Teile von Denver an, die unterdrückt, aber nicht eliminiert wurden, damit sie die Sicht der Unterdrückten auf die aktuellen Machenschaften in Denver kennenlernen können. Einer der regulären Schieber der Runner meldet sich und arrangiert ein Treffen mit Hank Tom (S. 78), der bei dieser Mission ihr Johnson sein wird. Er sagt, der Auftrag sei eine einfache Informationsbeschaffung. Das Treffen ist für 23 Uhr im Jester's Nest angesetzt.

Das Treffen findet im Hinterzimmer statt. Mr Johnson bietet den Runnern 12.000 Nuyen, damit sie in zwei Gebieten Informationen sammeln: dem Gebiet um das Jester's Nest und dem als Sunset Ridge bekannten Gebiet in den Aurora Warrens. Mr Johnson möchte einige Informationen von den Straßen über die Geschehnisse in Denver erhalten. Alle Gerüchte sind willkommen, solange sie wenigstens einen kleinen Bezug zur Realität haben. Die Runner müssen sich ansehen, wen die Leute unterstützen, welche Art von Rebellion sich auf den Straßen ausbreiten könnte und was ihrer Meinung nach als Nächstes passieren wird. Sie sollen nicht aufgrund der Gerüchte handeln, sondern lediglich Informationen sammeln und an Mr Johnson weiterleiten. Die Standard-Verhandlung mit einer Vergleichenden Probe auf Einfluss (Verhandeln) + Charisma erhöht die Bezahlung um 500 Nuyen pro Nettoerfolg, maximal aber um 3.000 Nuyen. Mr Johnson hat für die Verhandlungen einen Würfelpool von 10.

DER JOB

Es handelt sich hier um einen einfachen Beinarbeitsrun, aber die Orte, an die die Runner geschickt werden, sind voller verzweifelter Leute, die bereit sind, für eine gute Belohnung ein Risiko einzugehen. Die Runner könnten wie einfache oder wie harte Ziele aussehen, was dazu beitragen könnte, das Ausmaß an Kämpfen zu bestimmen, das auf sie zukommt, während sie in der entsprechenden Gegend Gerüchte aufschnappen. Der Kasten *Gerüchteküche* (S. 111) enthält soziale Proben, Informationen sowie mögliche Quellen.

Das Jester's Nest liegt etwas außerhalb der Aurora Warrens. In dieser Gegend leben hauptsächlich Lohnsklaven, Ganger oder Schlimmeres, und es gibt eine blühende Gemeinschaft von Anti-Ghostwalker-Anarchisten, die diesen wie einen Clown geschminkten Elfen verehren, der es vor ein paar Jahren mit dem Drachen aufgenommen hat. Sie sperren die Ohren auf und sind vielen Verschwörungstheorien im Zusammenhang mit den jüngsten Ereignissen auf den Grund gegangen, aber ein Großteil ihrer Informationen ist tatsächlich gut.

Sunset Ridge ist ein Slum in einem Slum. Dieser Teil der Aurora Warrens ist als Sammelpunkt für Flüchtlinge aus Aztlan und Sympathisanten von Aztechnology bekannt. Ghostwalker hat hier schon ein paar Mal Schlägerkommandos reingeschickt, was dazu geführt hat, dass die Leute in der Gegend Fremden gegenüber verschlossen sind. Wenn es einfach wäre, würde Mr

DIE GERÜCHTEKÜCHE

Soziale Probe	Informationen
Einfluss oder Überreden (3)	Ja, was soll's, die Macht des Wyrms ist nicht ewig, aber diesen Schnellschuss zu unterstützen, ist einfach keine gute Idee. Man kann ihn nicht mal eben so zu Fall bringen, ohne eine Menge Chaos und Kollateralschaden zu verursachen, und das ist schlecht für alle.
Einfluss (4)	Ich bin mir nicht sicher, ob es besser ist, auf diese Dis-Gruppe zu setzen als auf den Wyrm. Jemand aus einer anderen Metaebene wird sich einen Dreck um uns scheren.
Einfluss (5) oder Überreden (2)	(Neo-Nahuatl) Die technische Abteilung spricht über die Nullsekte. Das ist eine schlechte Nachricht. Ich glaube nicht, dass sie sich auf die Anomalien beschränken werden. Wenn sie zu viel Kontrolle bekommen, werden sie genauso schlimm wie GOD. Wahrscheinlich schlimmer.
Jede Probe (3)	Einen instabilen Diktator gegen einen anderen auszutauschen, ist keine Lösung. Wir brauchen Einigkeit. Wir müssen uns einig werden, in welche Richtung sich diese Stadt entwickeln soll. Mir gefällt einiges von dem Arkano-Progressivismus, den das Ghostwalker-Regime vertritt, aber er macht es einfach auf die falsche Art. Die Leute müssen begreifen, was gut für sie ist, und die neofeudalistischen Faschisten schreien alle so laut, dass niemand die wahre Botschaft hören kann.
Einfluss oder Überreden (2)	Die verfeindeten Seiten stellen sich auf. Denver wird wieder gespalten werden, und diesmal wird es ein Keil zwischen dem Drachen und jedem sein, der sich ihm entgegenstellt. Andersdenkende sind wie Sandkörner – je fester er sie drückt, desto mehr fallen durch und gelangen in die unbequemen Ritzen und Spalten.
Jede Probe (4)	Der Clown hatte einen Streit. Altmodisches, uraltes, magisches Zeug. Diese neue Sekte steht für Technik und Fortschritt, aber nicht für Finesse. Immerhin, wenn sie H und seine Clowntown-Kumpel mit ins Boot holen könnten, das wäre schon was. Aber ich habe gehört, dass dieser Anachronismus immer noch Leute auf einem Taschensekretär anruft und sich weigert, ein Auto zu fahren.
Jede Probe (3)	Die Stromausfälle hier sind nicht dasselbe wie sonst. Das sind isolierte Ereignisse. Da steckt ein Nachahmer dahinter. Möglicherweise hat jemand die Stromausfälle als Trick benutzt, um die Aufmerksamkeit in die falsche Richtung zu lenken. Zum Beispiel wird die Stadt drüben in Boulder dunkel, und die Action findet in den Warrens statt. Obwohl ich zugeben muss – in den Warrens ist immer etwas los.
Einfluss (4)	Nachdem GW alle rausgeschmissen hatte, bekam ich eine solide Insiderinfo, dass MCT ihm ein gutes Angebot gemacht hat. Sie haben ihren Einfluss in der Führungsetage genutzt, um sich mit dem Wyrm gut zu stellen. Sicherlich war es für MCT hilfreich, dass diese Zusammenarbeit Lofwyr verärgert hat – muss dem Drachen ganz schön auf die Eier gehen, wenn er nach so langer Zeit an der Spitze des elektronischen Goldes auf Platz zwei abrutscht.
Jede Probe (4)	Diese Stadt hat genug gelitten. Wer auch immer diesem Chaos Einhalt gebieten will, wir müssen ihn unterstützen. Es ist mir egal, wer mein Skrip ausstellt, wir benötigen Stabilität. Wir benötigen Solidarität. Ich glaube nicht, dass es wichtig ist, unter wem wir sie bekommen – wir brauchen sie einfach.

Johnson nicht so viel Geld für diese Arbeit bezahlen. Da es in diesem Gebiet viele Anti-Establishment-Typen gibt, ist es ebenfalls ein guter Ort, um Informationen zu sammeln, und die Einwohner wissen recht gut über die Arbeit von Aztechnology Bescheid – der Konzern will verhindern, dass das metaplanare Chaos außer Kontrolle gerät. Die drei unter *Schauplätze* erwähnten Bars sind gute Orte, um Informationen zu sammeln, aber du kannst auch gerne weitere hinzufügen oder die Informationssuche anders gestalten und eine persönliche Note einbringen.

SCHAUPLÄTZE

JESTER'S NEST

Dieser Nachtclub mit einem Zirkusthema ist mit AR gefüllt, ergänzt durch Trideoprojektoren. Mehrere Mitarbeiter tragen echte Kostüme. An der Tür werden den Gästen Masken in Form von Tieren, Clowns oder Maskeraden in verschiedenen Stilen angeboten. Außerdem wird ihnen ein Code angeboten, der die gleiche Maske zu ihrer AR- oder VR-Persona hinzufügt. In der Bar geht es rund um die Uhr wild zu. Selbst wenn nicht genug Gäste da sind, um es wild werden zu lassen (was selten vorkommt, da das Etablissement für eine Vielzahl von Gangern als „neutraler" Ort gilt), bleiben AR und VR zusammen mit den Trideo-Displays immer hochgefahren, damit es verrückt bleibt.

SUNSET RIDGE

Die Aurora Warrens sind der verkommenste Teil von Denver, und dieser Ort ist die verkommenste Gegend in den Aurora Warrens. Die besten Informationen erhalten die Runner in einer der drei örtlichen Bars. Das *Blue Sun* ist eine Bar für die Angestellten aller privaten Sicherheitskons, die stolz darauf ist, dass es hier freundliches Geplänkel, ein paar Raufereien und ein wenig Boxen, aber keine tödliche Gewalt gibt. Das *Lazy Susan* ist eine familiäre Kneipe mit einer Bar, deren Gäste im Wesentlichen einheimische Arbeiter und Angestellte sind. Die *Sunset Bar and Grill* ist eine gehobene Bar für Execs der mittleren Ebene und aufwärts, die sich an die „Kein Synthahol"-Klientel wendet, die es im rauen Teil der Stadt mal krachen lassen möchte. Alle drei sind voll von geeigneten Leuten, mit denen die Runner plaudern und um Informationen rangeln können, die sie bestechen oder in eine Gasse ziehen können, um sie etwas robuster zu verhören. Die Welt liegt den Runnern zu Füßen, und sie können damit machen, was sie wollen.

MISSION 21

MÄCHTIGER ZORN

Masque vergibt einen Auftrag, bei dem ein Gebäude untersucht werden soll, dessen astrale Seite in Stücke gerissen wurde. Im Idealfall bringen die Runner einige Fragmente magischer Granaten aus dem Zentrum des Gebäudes mit.

Die Runner kennen Masque wahrscheinlich nur unter dem Namen Guide, denn so hat er sich ihnen in früheren Missionen vorgestellt.

Sie könnten sich Masque zum Feind gemacht haben oder ihm nicht genug vertrauen, um einen Anruf von ihm anzunehmen. Wenn die Runner nicht mit Masque arbeiten wollen, solltest du die in dieser Mission gewonnenen Informationen in andere Missionen einbauen. Wenn die Runner es vorziehen, über einen Schieber zu arbeiten, geht Masque gerne darauf ein.

Anmerkung: Alle Manablasen in dieser Mission sind auf die Toxische Tradition (Korrumpierung) ausgerichtet.

AUFHÄNGER

Dein Link klingelt – ein Anruf von Niki. „Hallo. Es sieht so aus, als hättet ihr vor einer Weile einen ziemlichen Eindruck auf diesen Schamanen gemacht. Er braucht ein zuverlässiges Team, um einem weiteren Experiment auf den Grund zu gehen, und er hat namentlich nach euch gefragt. Habt ihr Lust, ein bisschen magisch rumzuschnüffeln?"

Niki nennt eine Adresse und hängt eine Nachricht an, in der Guide/Masque sagt: „Vor etwa drei Tagen ist ein Experiment eurer früheren Auftraggeberin Vishala offenbar schiefgegangen und hat eine Forschungseinrichtung in die Luft gejagt. Aus der Ferne sieht es so aus, als hätte etwas die Manasphäre magisch verzerrt. Ich möchte, dass ihr einbrecht, überprüft, was passiert ist, und dann alles stehlt, was so aussieht, als könnte es auf magische Weise korrumpiert worden sein. Wenn es da draußen etwas gibt, das Mana verzerren kann, dann will ich das wissen."

Masque bietet den Runnern 3.000 Nuyen pro Person für diese potenziell gefährliche Schnüffelei.

DER JOB

Nach etwa der Hälfte der Vorbereitungs- oder Beinarbeitsphase ruft Niki mit Neuigkeiten an. „Die schlechte Nachricht zuerst: Es sieht so aus, als hätte Lone Star den Bereich, der euch interessiert, als Tatort abgesperrt. Das Gute: Wenn ihr wollt, kann ich euch mit einem Beamten in Verbindung bringen, der Schmiergelder annimmt."

BEINARBEIT

Die Runner können Informationen über die Forschungseinrichtung in der Matrix oder auf der Straße erhalten. Sie können keine weiteren Informationen über Vishala finden – im Moment sind sie die Leute, die am meisten über Vishala wissen.

- Es handelt sich um eine ehemalige Eislaufbahn, die seit dreißig Jahren nicht mehr in Betrieb ist.
- Der Ort wurde einige Tage, nachdem die Runner von Vishala auf ihre Selbstmordmission geschickt wurden, bewohnt bzw. besetzt.
- Der Ort scheint keine Matrixverbindung zu haben – zumindest ist von außen nichts erkennbar.
- Die Untersuchung der Aura des Ortes (aus der Ferne) zeigt, dass das gesamte Gebiet verschmutzt worden ist; es hat eine schwache Manablase (s. *Arkane Kräfte,* S. 185), die etwa fünfzig Meter vor der Eingangstür beginnt. Aus den Rissen in den Wänden und Fenstern sickert eine triefende, rauchige Verschmutzung. Es gibt keinen Hüter, aber die Wände bilden eine Art astrale Barriere.
- Die Aura des Ortes aus der Nähe zu untersuchen, ist sowohl mutig als auch riskant. Im Inneren des Gebäudes treiben toxische Geister (s. u.) ihr Unwesen. Sie scheinen verwirrt zu sein, werden aber aggressiv, wenn jemand die Eisbahn betritt (s. u.). Sie werden niemanden verfolgen, der flieht, und scheinen im Gebäude gefangen. Innerhalb des Gebäudes befindet sich eine starke Manablase, und genau in der Mitte der alten Eisbahn ist ein Manahohlraum (s. *Arkane Kräfte,* S. 185).

MANABLASEN

Manablasen und -flüsse werden in *Arkane Kräfte* auf Seite 185 ausführlich beschrieben. Wenn du dieses Buch nicht hast, kannst du für die Zwecke dieser Mission die folgenden vereinfachten Regeln verwenden:

Schwache Manablase: Würfelpoolmalus von -1 auf jede Probe, bei der Magie zum Würfelpool beiträgt.

Mittlere Manablase: Edge-Handlungen und -Boosts für Handlungen, die das Attribut Magie verwenden, kosten 1 Edge mehr als üblich.

Starke Manablase: Erwachte Personen können bei Proben, bei denen Magie zum Würfelpool beiträgt, weder Edge erhalten noch ausgeben.

Manahohlraum: In dem Gebiet kann keinerlei Magie gewirkt werden. Das schließt den Gebrauch alchemistischer Erzeugnisse ein.

DER ORT

Der Zugang zum Ort ist relativ einfach. Es gibt eine mit Brettern vernagelte Eingangstür, die offensichtlich durch eine Art Explosion beschädigt wurde. Außerdem gibt es zwei Ausgänge, die verschlossen sind und deren Türen mit altmodischen Vorhängeschlössern gesichert sind. Jede durchschnittlich starke Person kann die Türen leicht aufbrechen.

Im Inneren des Gebäudes treten den Runnern toxische Geister entgegen. Diese Geister werden nicht sofort feindlich gesinnt sein, sondern sind neugierig auf jeden Runner, der sich nicht der Mitte der ehemaligen Eisbahn nähert. Gegenüber Runnern, die die Eisbahn im Inneren des Gebäudes betreten, reagieren die Geister sofort feindselig und kurz darauf gewalttätig. Die Geister verteidigen sich, wenn sie von Leuten außerhalb der Eisbahn angegriffen werden, ignorieren aber ansonsten jeden, der ihren Bereich nicht betritt. Sie verfolgen niemanden, der von der Eisbahn flieht. Wenn man sie genau beobachtet, scheinen sie den Manahohlraum in der Mitte der Eisbahn zu umkreisen. Offenbar versuchen sie gelegentlich, nach Gegenständen im Manahohlraum zu greifen, ohne sich direkt in ihn hineinbewegen zu können. Runner, denen es gelingt, Dinge zu ergreifen, werden von allen überlebenden Geistern angegriffen.

In der Mitte der Eisbahn, inmitten des Manahohlraums, liegen einige verdrehte Metallgegenstände, die zerbrochen und gesprengt wurden. Jeder, der sich mit militärischer Ausrüstung auskennt, kann die Splitter von vielleicht einem Dutzend Granaten mit geringer Sprengkraft identifizieren. Jeder, der Auren lesen kann (sobald sich die Fragmente außerhalb des Manahohlraums befinden), kann eine seltsame astrale Energie sehen, aber sie stammt weder von einem alchemistischen Erzeugnis noch von einem Zauber oder vom Rückstand eines Geistes. Sie scheint mit der Herbeirufung von Geistern zu tun zu haben. Die Geister befinden sich nur im Hauptbereich der Eisbahn.

Clevere Runner können versuchen, durch den Kriechraum an der Decke oder den Wartungsbereich unter der Eisbahn zum Manahohlraum zu gelangen. Das wird funktionieren, aber jeder Runner, der Gegenstände aus dem Manahohlraum entfernt, wird die Aufmerksamkeit der Geister auf sich ziehen, wenn er bemerkt wird, und die Geister werden ihn verfolgen.

Wenn eines oder mehrere der Fragmente aus dem Manahohlraum herausgestoßen werden, beginnen die Geister sofort, um sie zu kämpfen.

Die Runner haben womöglich Angst, die Gegenstände zu berühren. Die Gegenstände schaden niemandem sofort, aber die Aura eines jeden, der einen solchen Gegenstand länger als etwa eine Stunde in der Hand hält, wird sich langsam in Richtung der toxischen Tradition ausrichten. Dies wird sich im Laufe der Zeit wieder umkehren (vorausgesetzt, der Runner hält den Gegenstand nicht weiterhin fest) und nach einem Sonnenunter- und -aufgang vollständig verschwunden sein. Wenn man die Teile in eine Schachtel packt, schirmt man damit die Auswirkung ab.

ZURÜCK ZU MR JOHNSON

Wenn die Runner mit einem oder mehreren der Fragmente zurückkehren, freut sich Masque und zahlt ihnen fröhlich den Rest des Honorars.

Masque verspricht, den Runnern mitzuteilen, was er über die Fragmente herausfindet, aber er sagt, sie sähen aus wie eine Art toxischer Granaten – was erschreckend klingen sollte.

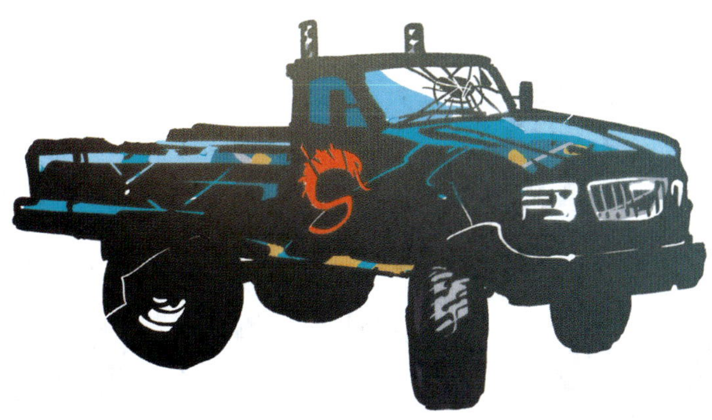

MISSION 22

GRÖBERE DUNKELHEIT

Die astralen Merkwürdigkeiten in der Gegend von Denver nehmen zu. Jemand möchte, dass die Runner genauer nachforschen, was eigentlich los ist.

AUFHÄNGER

Die Runner werden von Cantor Bix, einem Kollegen von Cat, kontaktiert. Cat hat Cantor informiert, dass die Runner an einigen Untersuchungen zu den jüngsten Stromausfällen beteiligt waren. Er möchte die Runner anheuern, damit sie an die entsprechenden Orte zurückkehren und dort einigen seltsamen Berichten über astrale Wesenheiten in der Region und andere paranormale Tierprobleme auf den Grund gehen.

Das Treffen für den Job findet im Club Charybdis statt, den das Team bereits kennt. Das Jobangebot ist unkompliziert: Geht nach Sunshine Estates und untersucht die Astralebene in der Region, um zu sehen, ob sich etwas verändert hat. Berichtet über alle astralen Wesenheiten oder paranormalen Tiersichtungen in der Gegend und überprüft die örtliche Manasphäre auf alles, was ungewöhnlich ist. Das Honorar beträgt 10.000 Nuyen für das Team. Cantor hat keine zusätzlichen Nuyen zu bieten, aber er kann Zugang zu seinem riesigen Netzwerk aus Connections, Rabatte auf Ausrüstung oder Zugang zu selteneren Gegenständen bieten, wenn die Runner ihren Job zu seiner Zufriedenheit erledigen.

DER JOB

Als die Runner in Sunshine Estates ankommen, finden sie dort Mitarbeiter von Eagle Security und DocWagon vor, und es herrscht ein ziemlicher Aufruhr bei verschiedenen anderen Institutionen und Parteien. Es gibt drei Aufgaben zu erledigen: *Jagd auf den Bären*, *Schatten der Angst* und *Astrale Verunreinigung*.

JAGD AUF DEN BÄREN

Wenn sich die Runner umhören, erfahren sie, dass ein Piasma (eine Erwachte Bärenart) einen Einheimischen angegriffen hat, als dieser mit seinem Hund spazieren war. Die Person hat überlebt und wird wegen einer bösartigen Krallenwunde behandelt, aber der Hund, ein irischer Wolfshund, wurde von dem Bären getötet, der auch den Kadaver mitgenommen hat. Da es sich bei dem Hund um eine seltene und teure reinrassige Züchtung handelte, war er mit einem GPS-Sender versehen – und der Sender funktioniert noch. Ein ARO, das vom PAN des Opfers aus sendet (während dieses auf dem Rücksitz eines DocWagon-Krankenwagens behandelt wird), bietet ein Kopfgeld von 25.000 Nuyen für den Erwachten Bären.

SCHATTEN DER ANGST

Von einem Fenster im Obergeschoss eines der nahe gelegenen Häuser aus beobachtet ein junges Mädchen den Vorfall. Sie ist von allen Einsatzkräften und Runnern zu sehen. Auch wenn sie niemandem aktiv ein Zeichen gibt, ist ihre Körperhaltung eindeutig darauf ausgerichtet, Aufmerksamkeit zu erregen. Lass die Runner eine Probe auf Logik + Intuition (3) ablegen, damit sie merken, dass sie Aufmerksamkeit will.

Wenn sich die Runner dem Haus nähern, verlässt das Mädchen das Fenster und kommt zur Haustür. Als sie die Tür öffnet und versucht, die Runner anzusprechen, wird sie von einem ihrer Elternteile an der Schulter gepackt und gewaltsam zurück ins Haus geschleudert. Die Tür bleibt eine Kampfrunde lang offen, bevor das Elternteil zurückkehrt und sie zuschlägt, was den Runnern die Möglichkeit gibt, hineinzuschlüpfen, ohne eine Tür aufzubrechen – das ist praktisch, wenn man keine Aufmerksamkeit erregen will, solange Eagle Security und DocWagon in der Nähe sind.

Beide Elternteile sind derzeit von Schattengeistern besessen, die nach den Stromausfällen von der Angst in der Gegend angelockt wurden. Sie übernehmen die Mutter und den Vater, wenn diese schlafen, und

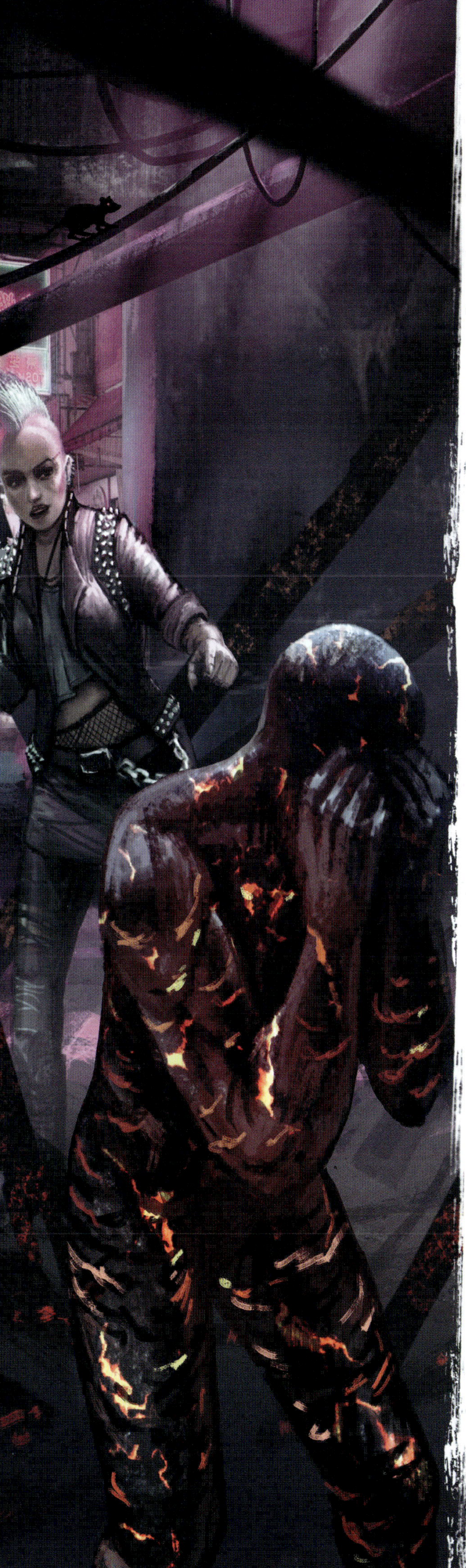

terrorisieren das kleine Mädchen, um sich von seiner Angst zu ernähren. Die frühere Aufregung und der Lärm haben die Eltern geweckt und die Besessenheit durch den Geist unterbrochen, aber die Eltern sind wieder zu Bett gegangen, als sich die Lage beruhigt hatte.

Sobald die Schattengeister beseitigt sind, können die Runner in Ruhe mit dem Mädchen sprechen. Sie können sich auch in die Überwachungskameras des Hauses hacken, um den Eltern zu zeigen, was sie in der Nacht getan haben. Die Eltern sind beschämt und entschuldigen sich ausgiebig bei ihrer Tochter.

Für diese Mission gibt es kein Geld, aber du solltest Karma-Prämien für Runner, die allein aus Altruismus eingreifen, stark erhöhen. Selbst wenn sie nicht wissen, dass Schattengeister hinter dem Problem stecken, gibt es gutes Karma, wenn man eingreift, weil jemand ein Kind so behandelt. Wenn das Team versucht, die Eltern zu erpressen, gleicht sich die karmische Waage wieder aus: Die Eltern bieten den Runnern 5.000 Nuyen an, damit diese schweigen – aber damit ist das zusätzliche Karma vom Tisch.

ASTRALE VERUNREINIGUNG

Für diesen Job werden die Runner von Cantor bezahlt. Wenn sie sich in dem Gebiet umtun und es askennen, können sie sich ein genaues Bild davon machen, wie sich die Stromausfälle und somit die Auswirkungen von Technologie auf die Astralebene ausgewirkt haben. Es handelt sich eher um eine indirekte Beziehung, denn die Stromausfälle haben bei den Metamenschen Angst ausgelöst, die wiederum das Mana in der Region beeinflusst hat. Die Ankunft der Schattengeister hat die Situation verschlimmert, was die Manaverschiebung wiederum noch verstärkt hat.

Um diesen Teil der Mission abzuschließen, muss den Runnern eine Ausgedehnte Probe auf Astral + Magie (24, 1 Stunde) gelingen. Diese Probe kann von mehreren gleichzeitig astral wahrnehmenden Runnern als Teamworkprobe abgelegt werden.

HAUPTDARSTELLER

DIE NACHTSCHATTEN

(SCHATTENGEISTER DER KRAFTSTUFE 6 UND 4)

Diese beiden Geister wurden nach den Stromausfällen aus zwei Gründen von dem Gebiet angelockt. Erstens haben die Ereignisse bei den Bewohnern eine grundlegende Angst vor der Dunkelheit ausgelöst, und das ist eine nahrhafte Energie für die Geister. Zweitens hat das Gerät eine Verbindung zu einer Schattenebene hergestellt, und sie fühlen diese Verbindung, die sie ihrer Heimat nähergebracht hat. Einer ergreift Besitz von der Mutter, einer vom Vater, wenn diese jeden Abend schlafen gehen.

AINSLEY MARSHALL

(MUTTER, KRAFTSTUFE 6)

Ainsley ist Lehrerin an der örtlichen, von MCT finanzierten Highschool. Sie ist 1,61 Meter groß, hat braunes Haar, runde Gesichtszüge und grüne Augen. Der Schattengeist, der sie kontrolliert, heißt Cahethlimell und genießt die Angst, die durch die Dunkelheit ausgelöst wird.

K	G	R	S	W	L	I	C	EDG	M	ESS
3(6)	3(6)	4(7)	1(4)	5(6)	4(6)	4(6)	3(6)	2	6	6

Initiative: 13 + 2W6
Handlungen: 1 Haupt, 3 Neben
Zustandsmonitor: 11/11
Verteidigungswert: 12
Bewegung: 10/15/+1
Fertigkeiten (Würfelpools): Athletik 12, Nahkampf 12, Wahrnehmung 12
Kräfte: Besessenheit, Bewusstsein, Dualwesen, Gesteigerter Sinn (Sehen in völliger Dunkelheit), Grauen, Immunität gegen Normale Waffen, Mimikry, Panzer 6, Psychokinese

MASON MARSHALL

(VATER, KRAFTSTUFE 4)

Mason ist Feuerwehrmann beim örtlichen Denver Fire Protection District. Er ist muskulös, 1,99 Meter groß, dunkelhäutig, hat eine Glatze und bernsteinfarbene Augen. Der Schattengeist, der ihn kontrolliert, heißt Shihazramec und genießt die Angst, die das Unbekannte auslöst.

K	G	R	S	W	L	I	C	EDG	M	ESS
6(8)	4(6)	3(5)	5(7)	2(4)	2(4)	3(4)	4(4)	1	4	6

Initiative: 9 + 2W6
Handlungen: 1 Haupt, 3 Neben
Zustandsmonitor: 12/10
Verteidigungswert: 12
Bewegung: 10/15/+1
Fertigkeiten (Würfelpools): Athletik 12, Nahkampf 12, Wahrnehmung 10
Kräfte: Besessenheit, Bewusstsein, Dualwesen, Gesteigerter Sinn (Sehen in völliger Dunkelheit), Grauen, Immunität gegen Normale Waffen, Panzer 4, Psychokinese

PIASMA

Der Piasma ist klar als eine Variante des Schwarzbären (*Ursus americanus*) zu erkennen. Er hat den muskulösen Körperbau, das dichte Fell, die mächtigen Krallen und die Schnauze des Schwarzbären, ist aber mit einer Länge von drei Metern, einer Schulterhöhe von 150 Zentimetern und einem Gewicht von 600 Kilogramm mehr als doppelt so groß wie mundane Schwarzbären. Der Piasma zeichnet sich außerdem durch ein stahlgraues Fell und ein Paar kräftige, wildschweinähnliche Hauer am Unterkiefer aus. Der Piasma ist ein aggressives, nachtaktives Raubtier. Er verlässt sich auf seine enorme Kraft, seine tödliche natürliche Bewaffnung und seine erstaunliche Geschwindigkeit, um praktisch jedes Tier zu jagen, das er findet. Obwohl er eine starke Vorliebe für lebende Beute hat, zögert der Piasma nicht, den Müll der metamenschlichen Gesellschaft zu durchwühlen. Piasmas bauen ihre Höhlen oft in der Nähe von metamenschlichen Siedlungen oder Mülldeponien.

K	G	R	S	W	L	I	C	M	ESS
13	4	5	11	3	1	5	4	5	6

Initiative: 10 + 1W6
Handlungen: 1 Haupt, 2 Neben
Zustandsmonitor: 15
Verteidigungswert: 17
Bewegung: 10/20/+2
Fertigkeiten (Würfelpools): Athletik 9, Nahkampf 12, Wahrnehmung 10
Kräfte: Gesteigerter Sinn (Restlichtverstärkung), Natürliche Waffe (Biss, Durchbohren*, Krallen), Panzer 4, Verstärkter Panzer 2
Angriffe:
Biss [Schaden 6K, 10/–/–/–/–]
Durchbohren* [Schaden 8K, 9/–/–/–/–]
Krallen [Schaden 5K, 13/–/–/–/–]
Anmerkung: *Ein Durchbohren-Angriff erfordert 3 Meter Bewegung, um Geschwindigkeit aufzubauen. Ein Durchbohren-Angriff ohne Geschwindigkeit ist nur ein Biss.

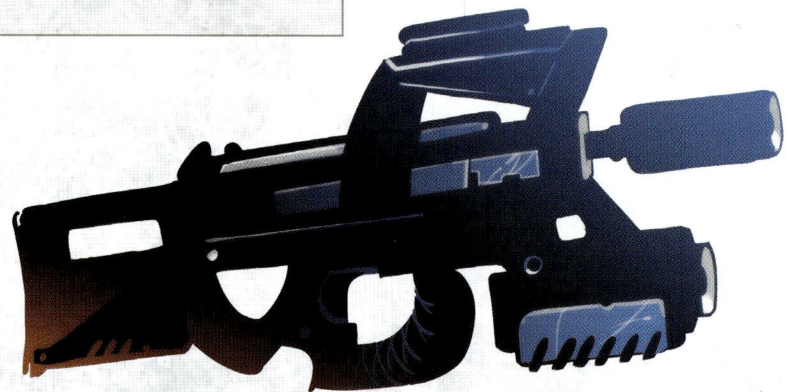

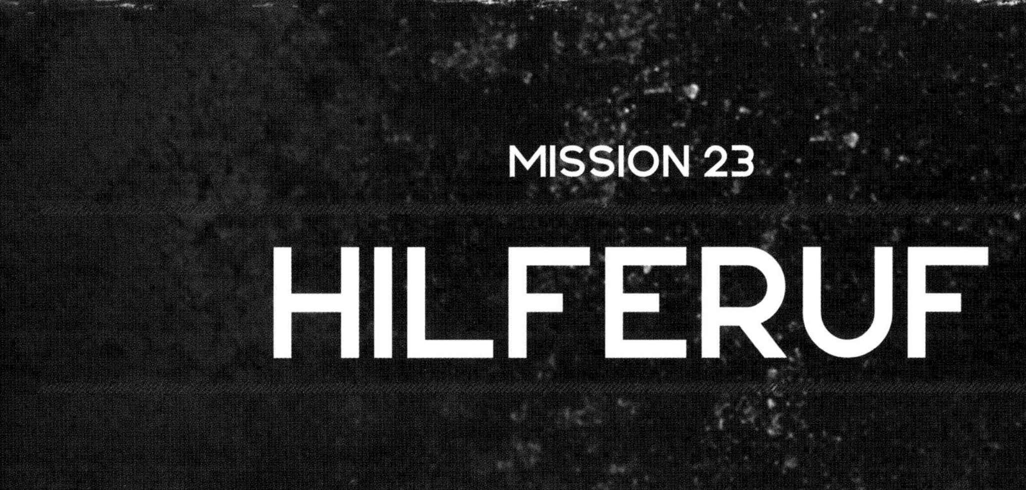

MISSION 23

HILFERUF

In diesem Kapitel haben die Runner die Gelegenheit, sich auszutoben und dabei einer Bekannten zu Hilfe zu kommen, die sie vermutlich schon eine Weile nicht mehr gesehen haben.

AUFHÄNGER

Das letzte Mal haben die Runner von Stiletto gehört, nachdem sie Green Water Bay verlassen hatten. Nach den jüngsten Stromausfällen erhalten die Runner einen dringenden Notruf von Stiletto, die angegriffen wird und sofort ihre Hilfe benötigt.

DER JOB

Die Runner befinden sich in ihrem Safehouse oder ihrer Operationsbasis und erhalten eine Notfall-Kommlinknachricht. Die Nachricht ist verschlüsselt und muss mit einer Probe auf Cracken + Logik (2) entschlüsselt werden. Die Nachricht zeigt Stiletto, die aussieht, als befände sie sich mitten in einer ernsthaften Auseinandersetzung. Sie ist zerzaust, ramponiert und sieht mitgenommen aus; ihre Panzerung ist angesengt und weist Einschusslöcher auf. „Gut, dass ihr rangegangen seid. Ich wusste nicht, an wen ich mich sonst wenden sollte. Meine Leibwächter sind gegeekt worden, und ich kann keine meiner örtlichen Connections erreichen. Ich brauche eine Extraktion, und zwar *gestern*. Für euch sind 50.000 drin, wenn ihr mich erreicht, bevor sie mich erwischen. Oh Drek ... sie sind fast *<Rauschen>* ... hier ist meine letzte GPS-Position – folgt dem Feuerwerk, ihr werdet es schon fin...“

Die Übertragung bricht ab, und es ist an den Runnern, Stiletto zu Hilfe zu eilen.

DIE LAGE

Laut den übermittelten GPS-Koordinaten befindet sich Stiletto im alten Fitzsimons Army Hospital. Wenn die Runner ankommen, sehen oder erkennen sie keine unmittelbaren Anzeichen eines Kampfes. Bei einer schnellen Durchsuchung des Geländes entdecken sie einen Pick-up vom Typ Toyota Gopher, der (größtenteils) in der alten Krankenwagenbucht des Krankenhauses versteckt ist.

Mit einer gelungenen Probe auf Natur (Spurenlesen) + Intuition (3) oder Wahrnehmung + Intuition (4) können die Runner die Tunnel und die Spuren finden, die Stiletto hinterlassen hat. Sie sehen jedoch keine Anzeichen für einen aktiven Kampf. Außerdem finden sie auf ihrem weiteren Weg bald die Leichen (oder Teile der Leichen) mehrerer Shadowrunner. Einige von ihnen haben noch ihre Ausrüstung, während andere bereits geplündert wurden. Viele sehen aus, als wären sie gebraten, verbrannt oder einfach in die Luft gesprengt worden.

Mit einer weiteren Natur- oder Wahrnehmungs-Probe können die Runner Stiletto in einer der alten unterirdischen Kammern finden.

WIR SIND HIER, UM DICH ZU RETTEN?

Als die Runner Stiletto finden, grillt sie sie fast mit einem Kugelblitz-Zauber. Sie sieht aus, als hätte sie einen schweren Kampf hinter sich – sie ist sehr blass, weil sie ständig zaubern musste. Aber sie sieht dennoch anders aus als auf dem Bild in der Nachricht, und sie ist sehr überrascht, als die Runner auftauchen – vor allem, als sie sie über die „Nachricht“ informieren, die sie geschickt hat. Sie versucht zu erklären, dass sie mit Begleitschutz hier war, um einigen Hinweisen nachzugehen, aber in einen Hinterhalt geriet und ihre Begleiter ausgeschaltet wurden. Sie konnte gerade noch entkommen.

In diesem Moment wird ihr klar, was vor sich geht – und im nächsten Moment greift eine weitere Gruppe von Shadowrunnern an.

ES IST EINE FALLE!

Zu diesem Zeitpunkt attackiert ein weiteres Team von Shadowrunnern (ein oder zwei Straßensamurai, eine Kampfmagierin oder Straßenschamanin, eine Waffenspezialistin und eine Riggerin; verwende die ent-

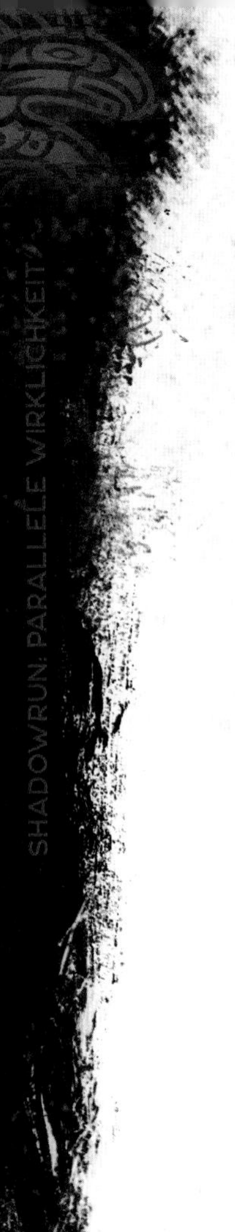

sprechenden *SR6*-Archetypen) die Runner und Stiletto. Die Runner sollten erkennen, dass zwei Adepten, die die Gruppe anführen, Teil des Sicherheitspersonals des Auditors sind. An diesem Punkt wird das Ganze zu einem einfachen Überlebenskampf. Die Runner können alle ihnen bekannten Tricks, Taktiken oder Methoden roher Gewalt anwenden, um ihre Gegner zu neutralisieren.

KAMPFARENEN

Das Ziel ist das Überleben, aber der Ort, an dem die Runner kämpfen, hat großen Einfluss auf ihre Taktik oder sorgt für beträchtliche Hindernisse. Wenn sich die Runner für einen Katz-und-Maus-Kampf in den Tunneln entscheiden, müssen sie sich beim Einsatz ihrer Waffen zurückhalten, denn sonst riskieren sie, ihren Ausgang zum Einsturz zu bringen und sich einzuschließen (s. *Besondere Hinweise*). Wenn die Runner es aus den Tunneln herausschaffen, können sie sich unbesorgt aus dem Staub machen, denn nicht einmal die örtliche Polizei oder die ZDF scheinen Interesse daran zu haben, sich einzumischen.

Die rivalisierenden Runner werden erst aufhören, wenn die Spielercharaktere ausgeschaltet sind.

NACH DEM RUN

Wenn es den Spielercharakteren gelingt, die feindlichen Runner zurückzuschlagen, wird Stiletto (sofern sie überlebt) sie zu ihrem Unterschlupf führen, wo sie medizinisch versorgt werden und sich ausruhen können. Stiletto teilt den Runnern mit, dass sie die Information erhalten hat, dass sich in den Tunneln weitere Hinweise für ihre Ermittlungen befinden. Sie erzählt ihnen auch, dass sie einige Geräte untersucht hat, die Gerüchten zufolge das Potenzial haben, massive astrale Zerstörungen hervorzurufen, was angesichts der aktuellen Ereignissen relevant sein könnte.

Sobald die Runner dazu bereit sind, sich von ihr zu trennen, gibt Stiletto ihnen 25.000 Nuyen als Dankeschön dafür, dass sie ihr das Leben gerettet haben. Sie warnt die Runner auch davor, dass der Auditor und die Personen, für die er arbeitet, sie wahrscheinlich aufs Korn nehmen werden und sie gut auf sich aufpassen sollen. In der Zwischenzeit muss sie noch eine Untersuchung abschließen. Wenn die Runner beschließen, in Denver zu bleiben, wird sie vielleicht wieder ihre Hilfe brauchen.

SCHAUPLÄTZE

(EHEMALIGES) FITZSIMONS ARMY HOSPITAL

Ein altes Krankenhaus der US Army und später der UCAS Army in der Nähe der alten UCAS/CAS-Sektorgrenze, das Ende der 2040er stillgelegt wurde. Es wurde von den Mitgliedern des Denver Data Haven (auch bekannt als Nexus) als Ausweichquartier genutzt, nachdem ihr ursprünglicher Standort in Colorado Springs von der Zone Defense Force kompromittiert wurde. Als Ghostwalker alle Vertragsnationen aus der FRFZ vertrieb, schickte er eine Task Force, um den Nexus ein für alle Mal zu eliminieren. Nach einem erbitterten Kampf zwischen der ZDF und einem Kader lokaler Schattentalente war das alte Krankenhaus praktisch zerstört. Die meisten Mitglieder des Nexus und ihre Angehörigen konnten jedoch durch unterirdische Tunnel entkommen, die sie hinter sich versiegelten.

Nach dem Kampf öffneten ZDF-Ingenieure die Tunnel, fanden aber nichts Wertvolles. Das gesamte Gebiet wurde abgeriegelt und steht seitdem leer, während die Machthaber der FRFZ entscheiden, was – wenn überhaupt etwas – mit dem Gebiet geschehen soll. Momentan ist das Gebäude größtenteils ein gesprengter Trümmerhaufen, wobei ungefähr ein Viertel der alten Krankenhausstruktur entfernt wurde, um die Ermittlungen nach der Schlacht zu erleichtern.

Die unterirdischen Tunnel sind fast vollständig intakt, aber es gibt mehrere Bereiche, die strukturell instabil sind. Sie bilden ein unterteiltes Netz kleinerer Strukturen, von denen jede für einen bestimmten Zweck bestimmt ist, zum Beispiel für Wohnquartiere, Nahrungszubereitung und -lagerung, allgemeine Lagerung, Zugang zu Strom/Matrix usw. Jegliche nützliche Ausrüstung und Technik ist entfernt worden, aber es gibt noch genug Material und eingestürzte Tunnel, dass man sich hier nur schwer zurechtfindet.

HAUPTDARSTELLER

In diesem Kapitel gibt es keine wichtigen NSC, die vorgestellt werden müssen.

BESONDERE HINWEISE

- Der Einsatz von schweren Waffen oder Sprengstoffen mit einem Schadenswert von 12 oder höher kann einen Tunnel zum Einsturz bringen.
- Sich in den Tunneln zurechtzufinden kann eine Herausforderung sein. Um sich nicht zu verirren, müssen die Runner in regelmäßigen Abständen Proben auf Natur (Navigation) + Intuition (3) ablegen oder ihren Weg kartografieren. Jeder Patzer bei dieser Probe erhöht den Schwellenwert für die nächste Probe um 1; ein kritischer Patzer bedeutet, dass sich die Runner verirren.
- In den Tunneln herrscht aufgrund der Menge an Gestein, Erde und Schutt ein natürlicher Rauschenwert von 3.
- Stilettos Körperlicher Zustandsmonitor ist zur Hälfte (5 Kästchen) gefüllt, aber sie wird jede Unterstützung leisten, zu der sie fähig ist.
- Du kannst die Aufstellung oder Anzahl der Gegner nach eigenem Ermessen anpassen. Wenn du es glaubwürdig einbauen kannst und es die Spannung erhöht, kann ein zweites Team außerhalb der Tunnel auf die Runner warten.

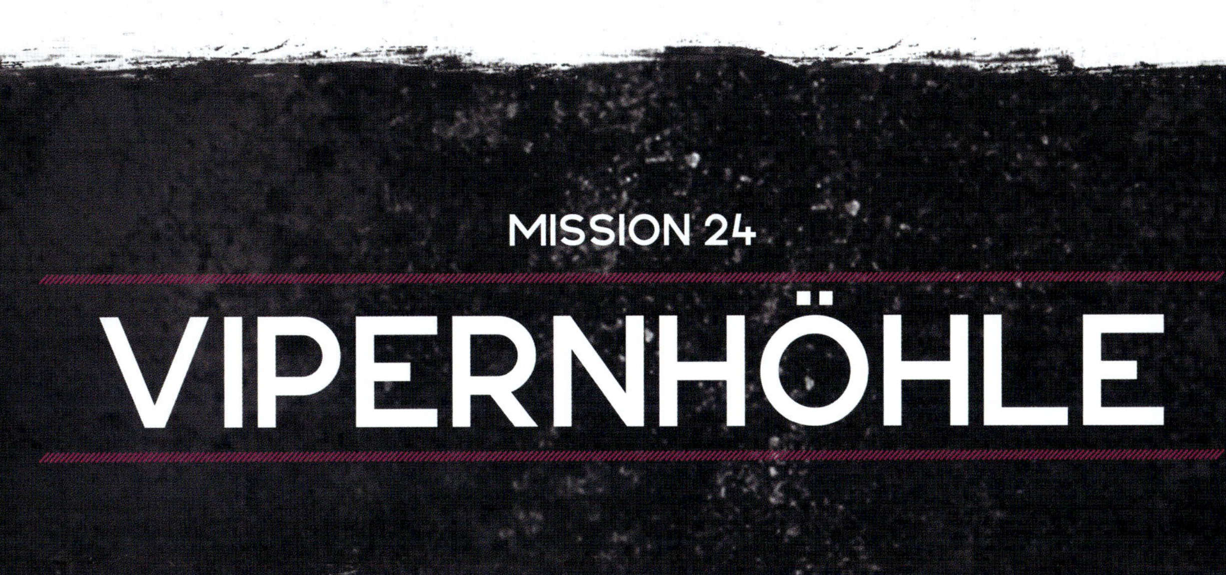

MISSION 24

VIPERNHÖHLE

Eine Einladung zu einem Treffen kann gut ausgehen oder sich als Hinterhalt entpuppen, denn die ASPS (Astral Space Preservation Society) will die Runner in die Finger bekommen. Nachdem das Team in Gefangenschaft geraten ist, werden die Runner verhört, aber was sie durchgemacht haben, reicht aus, damit sie genügend Druckmittel in der Hand haben, um selbst einige Antworten zu erhalten.

AUFHÄNGER

Die Runner werden von Cat kontaktiert, die sagt, dass ein neuer Spieler auf der Straße ein Treffen mit ihnen wünscht. Er bietet 5.000 Nuyen im Voraus, nur damit das Team zum Treffen auftaucht. Cat warnt die Runner, dass die Vorauszahlung suspekt erscheint, aber sie überweist das Geld, wenn sie sich bereit erklären, zu einem Treffen mit Hypnalia, einer anderen ortsansässigen Schieberin, in die Viper's Den zu gehen.

Da Cat schon mit den Runnern zusammengearbeitet hat, können sie ihr ein paar Nuyen anbieten (sie wird 250 verlangen), um Informationen über Hypnalia zu erhalten, von der bekannt ist, dass sie mit der Astral Space Preservation Society zusammenarbeitet. Was die ASPS will, weiß Stiletto nicht genau, aber wenn sie im Voraus Geld bezahlen, suchen sie wahrscheinlich nach Informationen. Wenn die Runner zum Treffen erscheinen, mach mit *Der Job* weiter.

DER JOB

Dies ist weniger ein Job als vielmehr ein Hinterhalt. Hypnalia wartet an der Bar und lädt die Runner an einen Tisch in der Mitte des Raums ein – was schon mal ein seltsamer Anfang ist. Sie stellt sich vor und erklärt, dass sie für die ASPS arbeitet und weiß, dass die Runner in letzter Zeit auf eine ganze Reihe möglicherweise problematischer astraler Phänomene gestoßen sind. Sie will nur einen Überblick über das, was sie gesehen haben. Wenn die Runner sich weigern und womöglich auf Straßenreputation und professionelle Höflichkeit verweisen, lächelt sie höflich und sagt: „Wir können später weiterreden."

Das ist das Signal für den Überfall.

Was sich seit der Ankunft der Runner abspielt, ist ein gut inszenierter Hinterhalt, bei dem die Gegenseite versucht, heimlich zu agieren und gleichzeitig die Schwachstellen des Teams zu entdecken.

Hacker von der Blockade haben die aktiven Leitungen und die Bodytech der Teammitglieder durchstöbert und nach Exploits gesucht, um ihre gefährlichen Systeme abzuschalten. Wenn der Hinterhalt beginnt, starten sie die Systeme neu, um sie offline zu halten, insbesondere Reflexverbesserungen und sensorische Systeme.

Mehrere ASPS-Magier askennen die Runner, seit diese hereingekommen sind. Die Bar hat einen mittleren Manafluss zu ihren Gunsten, und sie suchen nach Möglichkeiten, die Runner auszuschalten, wenn es nötig ist. Wenn das Zaubern beginnt, wirkt jeder von ihnen, so gut er kann, einen nichttödlichen Zauber nach dem anderen gegen die Runner. Wenn möglich, wirken sie Flächenzauber, aber wenn es sein muss, auch Einzelzauber. Wenn sie Einzelpersonen angreifen, nehmen sie denjenigen ins Visier, von dem sie glauben, dass er am schnellsten zu Boden geht.

Die Vipers sind harte Ganger, und sie haben die Runner abgeschätzt, seit diese hereingekommen sind. Sie halten nach gefährlichen Ausrüstungsgegenständen und Waffen Ausschau. Wenn der Überfall losgeht, aktivieren sie entweder ihre Betäubungsschlagstöcke oder ziehen ihre mit Gelmunition geladenen Praetors.

Alle drei Gruppen kommunizieren über den Host der Bar, der von drei eingeloggten Blockade-Mitgliedern geschützt wird, die für elektronische Sicherheit sorgen.

DER HOST DER VIPER'S DEN

Ikonografie: Der Host sieht aus wie eine Höhle mit sich windenden Schlangen auf dem Boden.
Host: Stufe 4; ASDF: 7/4/5/6
IC: Patrouille, Blaster, Bremse, Säure
Spinne: Blockade-Mitglieder

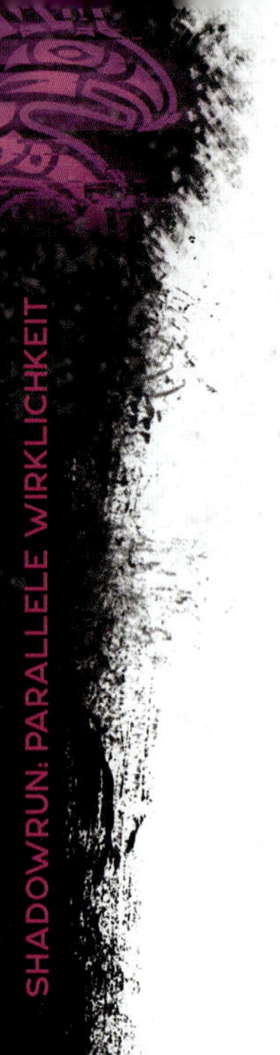

Die drei Gruppen wollen den Runnern zuvorkommen und sie möglichst sanft ausschalten, damit Hypnalia ein weiteres Gespräch mit ihnen führen kann, wenn sie wieder aufwachen. Das sollte anhand ihrer Taktiken offensichtlich sein. Wenn der Kampf sehr schlecht verläuft, weil die Runner anfangen, Leute zu töten, werden die Angriffe der Gegner ebenfalls tödlich. Wenn du kannst, lass die Runner aus der Bar entkommen, bevor sie zu Massenmördern werden.

Falls die Runner zu Boden gehen, wachen sie gefesselt und mit Säcken über dem Kopf im Keller der Viper's Den wieder auf und hören Hypnalias Stimme, die sagt: „Jetzt ist es später."

Sie lenkt anschließend ein wenig ein und entschuldigt sich für die Gewalt, bekennt aber, dass sie jedes bisschen Information braucht, das die Runner haben. Sie legt ein Angebot von 10.000 weiteren Nuyen auf den Tisch, abzüglich 250 Nuyen für jedes Kästchen Körperlichen Schadens, das ihrer Seite zugefügt wurde. Sie lässt die ASPS-Magier das Team ständig auf Täuschung und das Zurückhalten von Informationen askennen. Dann unterhält sie sich mit den Runnern und lässt sie danach gehen.

Die Magier, die die Runner askennen, versuchen, deren zukünftiges Gewaltpotenzial einzuschätzen. Wenn die konkrete Möglichkeit besteht, dass einer der Runner mit Rache droht oder ein heimliches Komplott gegen sie schmiedet, erhält Hypnalia ein Signal, und es wird ein Gespräch geführt. Sie wünscht dem Team nichts Böses, möchte aber, dass es versteht, dass sie keine offene Wunde zurücklassen will, da diese früher oder später brandig wird. „Am besten ist es, die Gliedmaße gleich zu amputieren." Sie ist kein Fan von Wetwork, aber sie injiziert dem betreffenden Runner gerne eine ordentliche Dosis Laés, um seine Erinnerungen zu löschen. Wenn sie Erinnerungen löschen muss, zieht sie außerdem 500 Nuyen ab und erzählt den anderen Runnern, was sie getan hat. Sie können wählen, ob sie den Lohn von allen oder nur von der blutrünstigen Person abziehen wollen.

SCHAUPLÄTZE

DIE VIPER'S DEN

Von außen könnte man meinen, es handele sich um eine Spelunke, doch hinter den Türen verbergen sich opulenter Luxus und ein exotisches Angebot an physischen, astralen und Matrix-Ablenkungen. Dieser Ort ist die Heimatbasis von drei Denveraner Organisationen: den Vipers, einer Straßengang, die mit BTLs und BADs handelt, der Astral Space Preservation Society, die den Ort für Schattentreffen und illegale Artefaktgeschäfte nutzt, und der Matrixgang Blockade, die hier ihre Fähigkeiten gegen den starken Host testet, den die ASPS zur Verfügung stellt.

In der Bar befinden sich zehn Mitglieder der Vipers, sechs ASPS-Magier und sechs Blockade-Hacker sowie acht unbeteiligte Personen: der Barkeeper, zwei Kellner und fünf Gäste.

HAUPTDARSTELLER

VIPERS

(PROFESSIONALITÄTSSTUFE 2)

K	G	R	S	W	L	I	C	ESS
4	5(7)	4(5)	4	4	3	4	3	4,6

Initiative: 9 + 2W6
Handlungen: 1 Haupt, 3 Neben
Zustandsmonitor: 10
Verteidigungswert: 8
Fertigkeiten (Würfelpools): Athletik 9 (Sprinten +2), Biotech 4 (Erste Hilfe +2), Einfluss 5 (Einschüchtern +2), Feuerwaffen 10 (Maschinenpistolen +2), Heimlichkeit 9 (Schleichen +2), Nahkampf 11 (Klingenwaffen +2), Natur 5 (Stadt +2), Steuern 6 (Bodenfahrzeuge +2), Überreden 5, Wahrnehmung 6 (Sicht +2)
Bodytech: Muskelstraffung 2, Reflexbooster 1
Ausrüstung: Brille [Kap. 4; Bildverbindung, Kamera, Restlichtverstärkung, Smartlink], Kommlink [GS 6, D/F 3/1], Panzerjacke [+4]
Waffen:
Betäubungsschlagstock [Knüppel | Schaden 5B(e) | 6/–/–/–/– | 10 Ladungen]
FN P93 Praetor [MP | Schaden 4K | HM/SM/AM | 10/13/8/–/– | 50(s) | Schalldämpfer, Schulterstütze, Smartgunsystem, Taktische Lampe]
Kampfmesser [Klingenwaffe | Schaden 3K | 8/2*/–/–/– | * max. 20 m]

BLOCKADE

(PROFESSIONALITÄTSSTUFE 3)

K	G	R	S	W	L	I	C	ESS
1	1	2	1	5	6(7)	3	1	4,1

Initiative: 5 + 1W6 (Matrix: 8 + 3W6/4W6)
Handlungen: 1 Haupt, 2 Neben (Matrix: 1 Haupt, 4/5 Neben)
Zustandsmonitor: 11 (Matrix: 10)
Verteidigungswert: 4 (Matrix: 9)
Fertigkeiten (Würfelpools): Cracken 12 (Hacken +3, Matrixkampf +2), Elektronik 10 (Computer +2), Wahrnehmung 6
Bodytech: Cyberaugen 2 [Bildverbindung, Blitzkompensation, Kamera, Restlichtverstärkung], Cyberbuchse 2 [D/F 5/4, +1 Matrix-Initiativewürfel], Zerebralbooster 1
Ausrüstung: Brille [Kap. 4; Infrarotsicht, Smartlink], Cyberdeck [MCT 360; GS 3, A/S 6/5], Ford Americar, Kommlink [GS 6, D/F 3/1], Panzerweste [+3]
Programme: Babymonitor, Biofeedback, Gabel, Panzerung, Toolbox, Übertakten (Datenspike)

ASPS-MAGIER

(PROFESSIONALITÄTSSTUFE 3)

K	G	R	S	W	L	I	C	M	ESS
2	3	2	2	5	4	3	7	6	6

Initiative: 5 + 1W6 (Astral: 7 + 3W6)
Handlungen: 1 Haupt, 2 Neben (Astral: 1 Haupt, 4 Neben)
Zustandsmonitor: 11
Verteidigungswert: 5 (Astral: 3)
Fertigkeiten (Würfelpools): Astral 6 (Gefühlszustände +2), Beschwören 11 (Herbeirufen +2), Hexerei 11 (Spruchzauberei +2), Nahkampf 5 (Klingenwaffen +2), Wahrnehmung 6 (Sicht +2)
Initiatengrad: 1
Metamagie: Zauberformung
Zauber: Geistessonde, Heilen, Levitieren, Panzerung, Physische Barriere, Physische Maske, Schmerz, Stille, Stoß, Trideo-Trugbild, Verbesserte Unsichtbarkeit, Verwirrung, Wahrheit Prüfen
Ausrüstung: Kommlink [GS 6, D/F 3/1], Panzerweste [+3]
Waffen:
Browning Ultra Power [Schwere Pistole | Schaden 3B | HM | 10/9/6/–/– | 10(s) | Lasermarkierer, Gelmunition]
Kampfmesser [Klingenwaffe | Schaden 3K | 8/2*/–/–/– | * max. 20 m]

BESONDERE HINWEISE

Wenn der Hinterhalt gelingt, ohne dass jemand getötet wird, bieten die Vipers den Runnern ein Paar spezialgefertigter, mit Vipernhaut überzogener Praetors an, die jeweils mit einem vollen Magazin Gelmunition ausgestattet sind. Die Vipers werden zu verlässlichen Connections in der Stadt (Einfluss 2, Loyalität 2), falls die Runner bei einer Schlägerei mal Unterstützung brauchen.

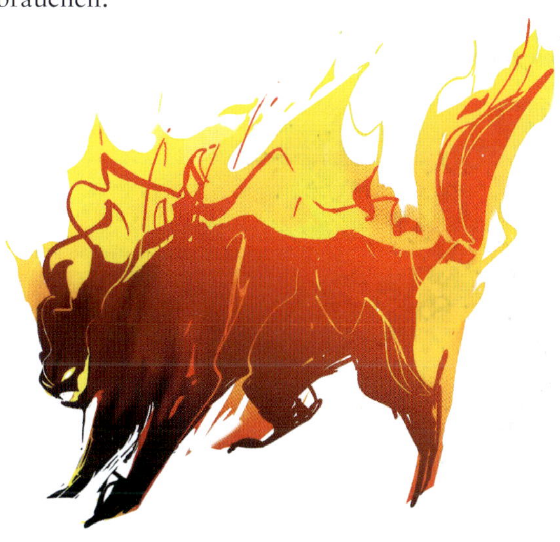

MISSION 25

KETTE & SCHUSS

Masque hat Vishalas Aufenthaltsort aufgespürt. Er möchte einen Teil von Vishalas Forschungsergebnissen in die Finger kriegen und fragt die Runner, wie ihnen die Chance gefallen würde, es der Person heimzuzahlen, die sie verraten hat. Masque will Vishala als Gefangene, hält es aber für ziemlich wahrscheinlich, dass die Runner sie töten werden. In diesem Fall wäre es für ihn ein guter zweiter Preis, ihre Ausrüstung, ihr Deck und ihre Notizen zu bekommen. Es ist möglich, dass die Runner Vishala entkommen lassen. So oder so ist dieser Run das letzte Mal, dass die Runner direkt von Vishala hören.

Die Runner werden auch die Möglichkeit haben, einige der Astralverschmutzungs- und Dissonanzwaffen zu erbeuten, an denen Vishala gearbeitet hat.

AUFHÄNGER

Die Runner haben möglicherweise kein freundschaftliches Verhältnis zu Masque. Wenn das der Fall ist, wird Masque versuchen, ihnen den Auftrag über Niki die Gärtnerin zu erteilen. Außerdem haben die Runner Masque in Mission 18 (S. 104) möglicherweise weder

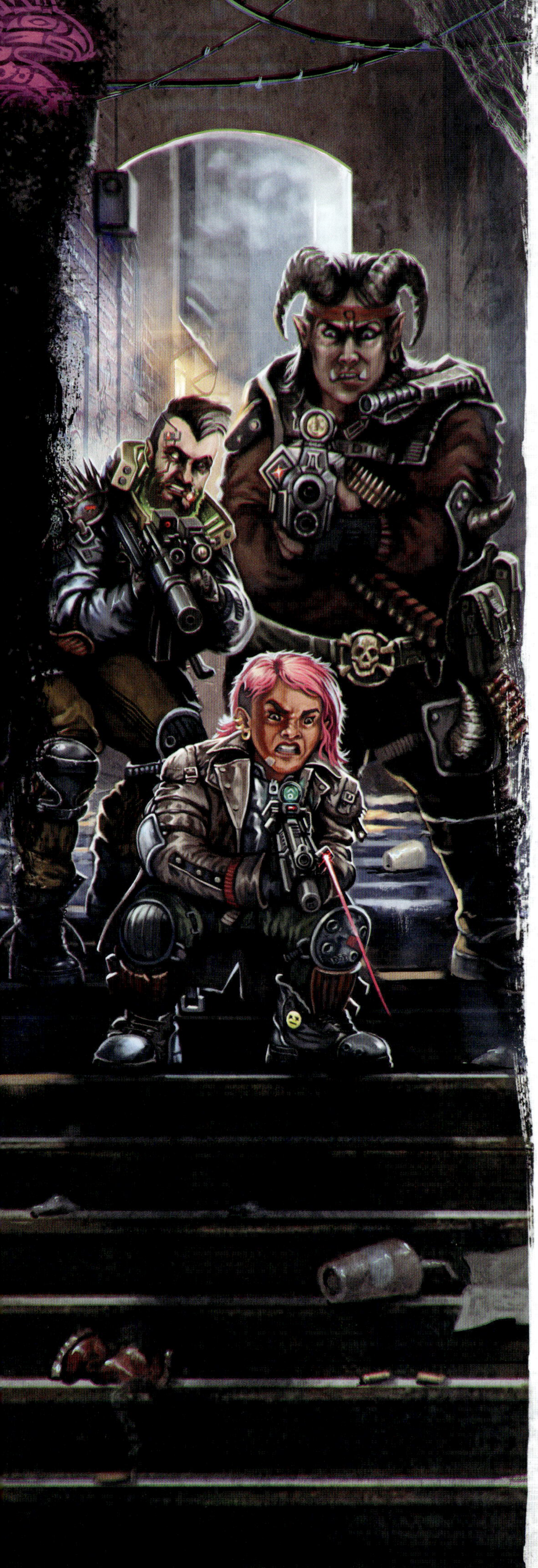

Informationen noch Granatfragmente gegeben; in diesem Fall ist es nötig, einige Teile der Handlung anzupassen.

„Hallo. Gute Nachrichten! Die Informationen, die ihr mir gegeben habt, und die Teile der explodierten Waffen haben Früchte getragen! Es ist mir gelungen, Vishalas astrale Signatur aufzuspüren. Ich brauche ein zuverlässiges Team, das bei ihr einbricht, sie entführt, ihre Sachen stiehlt und auf dem Weg nach draußen alles niederbrennt. Ich wende mich an euch, weil ich dachte, dass ihr vielleicht die Person entführen wollt, die versucht hat, euch töten zu lassen. Sagt mir möglichst schnell Bescheid, wenn ihr dabei seid – ich brauche jemanden, der die Sache übernimmt, solange Vishala noch da ist. Wenn ihr kein Interesse habt, lasst es mich wissen, und ich werde sofort ein anderes Team damit beauftragen."

Masque kennt ein paar Details über Vishala und teilt sie den Runnern gerne mit:

- Vishalas Aufenthaltsort: Sie wurde vor etwa einer Stunde beim Betreten eines zweistöckigen Hauses am Rande von Denver von einer Drohnenkamera aufgenommen.
- Vishala scheint verwundet zu sein.
- Es gibt seltsame Geister in der Gegend, und sie scheinen sich für Vishala zu interessieren.
- Vishala hat ein paar Cybersamurai und eine Straßengang als Sicherheitsmannschaft angeheuert.
- Es scheint an diesem Ort keinerlei magische Sicherheit zu geben, wahrscheinlich wegen der vielen Geister, die ziemlich feindselig wirken.

DER JOB

Vishala, die frühere Ms Johnson der Runner und eine Konzernverräterin, hat sich in einer gesicherten Einrichtung versteckt. Sie weiß zwar nicht, dass die Runner angreifen werden, aber sie versucht derzeit, den Ball extrem flach zu halten, und ist ziemlich paranoid.

Eine Lücke in ihrer Verteidigung ist, dass sie keine Geisterunterstützung hat. Immerhin hat sie ein paar Kampfmagier zur Verfügung.

Ihre größte Schwachstelle ist, dass sie niemanden hat, der sich um ihr Netzwerk kümmert. Sie hatte Hacker und Technomancer, aber die Nullsekte hat sie mit Datenspikes und Auswurfschocks getötet. Noch schlimmer ist, dass Vishalas Sicherheitssystem viele Drohnen zur Verteidigung der Anlage bereithält; sie sind zwar gerade inaktiv, aber ein findiger feindlicher Hacker oder Rigger könnte Vishalas eigene Ressourcen gegen sie verwenden.

Der mundane Schutz hat die Gestalt von drei Straßensamurai (verwende den Straßensamurai, *SR6*, S. 90), die im selben Raum wie Vishala sitzen, zusammen mit einem beachtlichen Kontingent an örtlichen Gangern, die Vishala angeheuert hat. Vishala hat ihre Konzernconnections verbrannt, ihren guten Straßenruf im Klo runtergespült, den Pro-Geister-Prinzipien ihres Konzerns den Rücken gekehrt und ist nun im Besitz sehr wertvoller Informationen – sie hat aber keine Freunde mehr, die ihr den Rücken freihalten.

BEINARBEIT

- Jeder, der sich den Ort ansieht, kann erkennen, dass es sich um ein weitgehend leeres Grundstück in einem Industriegebiet handelt, auf dem ein Gebäude steht. Das Gebäude besteht aus Dutzenden von stählernen Schiffscontainern, die zu gut gepanzerten Gängen und Räumen zusammengeschweißt wurden. In der Mitte der verschweißten Korridore befindet sich eine größere Struktur, die der beste Ort für eine Verteidigung ist.
- Auf der Straße erfährt man, dass das Gebäude zwei Schwestern und einem Bruder gehört, die alle vor einigen Monaten zu Shadowrunnern geworden sind. Die drei sind modifiziert und nicht zu unterschätzen. Außerdem sind sie dafür bekannt, dass sie für den richtigen Preis fast alles tun.
- Eine astrale Erkundung zeigt, dass es um das Gebäude herum Manablasen gibt, aber sie sind nicht so stark wie die auf der Eisbahn. Es sind keine Geister in der Nähe, und alle Geister, die ein Charakter mitbringt oder in den Bereich schickt, werden zunächst zögern und das Gebiet nur widerwillig betreten. Wenn man die Geister danach fragt, sagen sie, dass sich der Ort „schlecht anfühlt".
- Den Ort in der Matrix auszukundschaften verrät wenig. Er scheint über ein unregelmäßiges Matrixsignal zu verfügen, aber es ist nicht stark oder zuverlässig genug, um eine Verbindung herzustellen. Dies weist alle Merkmale eines Ortes mit einer aktiven Matrix auf, die jedoch von der Außenwelt abgeschirmt ist – die einzige Möglichkeit, zu erfahren, was dort passiert, ist, vor Ort zu sein.

DER ORT

Wie im Abschnitt *Beinarbeit* beschrieben, handelt es sich bei dem Gelände um ein leeres Grundstück, auf dem zusammengeschweißte Schiffscontainer stehen. Das Gelände ist etwa so groß wie drei Fußballfelder, und das Gebäude befindet sich in der Mitte; auf dem Gelände verstreut befinden sich Motorräder und ausgebrannte Autos. Das Gebäude hat zwei Hauptbereiche: die Gänge, die zur Hauptkammer führen, und die Hauptkammer selbst.

Der Bereich direkt neben dem Gebäude ist frei von Fahrzeugen, und jeder, der taktisch geschult ist, kann erkennen, dass das Ganze so eingerichtet ist, dass die Verteidiger aus einer sicheren Deckung heraus auf alle Personen im freigeräumten Bereich schießen können. Tatsächlich wird die Annäherung von angeheuerten Gangmitgliedern beobachtet (verwende das Mitglied der Eye-Fivers, *SR6*, S. 205), die mit entsicherten Waffen unterwegs sind. Die Ganger sind keine leichten Opfer, aber sie sind auch nicht so diszipliniert wie Lone Star und nicht so fähig wie Runner. Ihnen wird kurzfristig viel Geld gezahlt, damit sie den Mund halten und schießen.

Ausreichend gewiefte Runner, die sich in das Gebäude schleichen wollen, können mit taktischem Geschick tote Punkte in den Schussfeldern finden. Wenn sie ihre taktische Fähigkeiten erfolgreich einsetzen (mit einer Probe auf Wahrnehmung + Intuition (4), um zu erkennen, wo sich die toten Punkte befinden), erhalten sie 2 Edge für jede auf Heimlichkeit basierende Probe, bis ein Schuss abgefeuert oder jemand getötet wird.

Straßenconnections werden dem Team nichts über die Ganger verraten können (weil diese ihren Mund gehalten haben), aber wenn die Runner eine Beschreibung oder ein Foto von einigen der Ganger vor Ort bekommen, können sie sich vielleicht an ein oder zwei Personen vorbeibestechen. Technisch gesehen könnten sie auch alle Ganger bestechen, aber das würde wahrscheinlich mehr kosten, als die Runner bei dieser Mission verdienen. Runner, die auf Rache aus sind, könnten dies trotzdem tun. In diesem Fall können sie erhebliche Unterstützung erhalten, sobald sie hereinkommen und die Straßensamurai und Vishala angreifen.

Wie oben beschrieben gibt es in der zentralen Kammer auch mehrere Drohnen (GM-Nissan Dobermann, *SR6*, S. 303, bewaffnet mit AK-97), die Vishala gegen Eindringlinge hatte einsetzen wollen, aber sie hat Pech: Der Rigger, der für diese Drohnen zuständig war, ist von der Nullsekte getötet worden, und sie konnte noch keinen Ersatz rekrutieren. Die Drohnen sind alle eingeschaltet, aber in Kisten eingeschlossen. Die Drohnen haben keine Manipulatoren, mit denen sie die Kisten öffnen können, aber ein Schuss mit ihren Waffen genügt, um das Plastik zu durchschlagen. Ob das mehr oder weniger heimlich ist, als die Wand zu rammen und sich den Weg nach draußen zu bahnen, müssen die Runner selbst entscheiden. Unternehmungslustige Hacker, die die Drohnen zum Abhören benutzen, bevor sie alles in die Luft jagen, werden ein kybernetisches Zucken von den Cybergeschwistern und ein frustriertes Auf- und Abgehen von Vishala hören. Ab und zu ist die Hälfte eines Telefongesprächs zu hören, in dem Vishala ihre Connections fragt, ob jemand gegen sie vorgeht, ob jemand als Sicherheit zur Verfügung steht oder ob jemand sie und etwas Fracht ohne Fragen aus der Stadt bringen kann. Die meisten dieser Gespräche enden mit einem frustrierenden „Nein" für Vishala, aber schließlich gelingt es ihr, einen Kojoten zu finden, der sie und ihre Sachen aus der Stadt bringen kann. Sie sagt ihren Leibwächtern: „In drei Stunden wird jemand hier sein, der mich und meine Ausrüstung abholt. Bis dahin müsst ihr mich am Leben halten – und schießt nicht auf den Wagen!" Danach hört das Herumlaufen auf.

DIE KORRIDORE

In jedem von außen zugänglichen Korridor wurden Ganger (wie oben beschrieben) postiert. Die Ganger befinden sich in gepanzerter Deckung mit freien Schussfeldern. Jeder dieser Verteidigungsposten verfügt außerdem über ein Medkit der Stufe 3 (*SR6*, S. 282), ein paar Splittergranaten (SR6, S. 263) und ein altmodisches Walkie-Talkie, um

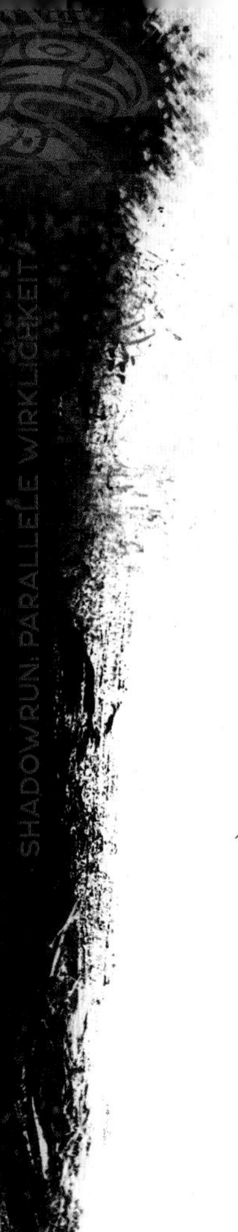

der Zentralkammer ein Signal geben zu können, falls die Matrixverbindung zusammenbricht. Die Wachen sind alle wachsam und passen gut auf, was bedeutet, dass sie mit Sicherheit aufmerksam genug sind, um eine Wahrnehmungsprobe abzulegen, wenn einer der Runner versucht, sich mit einem Acetylenbrenner durch die Wände zu schneiden. Sie könnten sogar bemerken, dass jemand bohrt, denn beim Bohren durch Metall kann man nicht beliebig leise sein. Es gibt eine chemische Toilette und eine kleine Teeküche in den Korridoren, direkt neben der Hauptkammer.

Außerdem herrscht hier eine schwache Manablase (*Arkane Kräfte,* S. 185). Herbeigerufene Geister erscheinen, aber nur widerwillig – sie haben ein ganz mieses Gefühl, können aber nicht erklären, warum.

DIE HAUPTKAMMER

Die Hauptkammer ist ein großer Raum mit einem ungefähr quadratischen Grundriss. Es ist schwierig, den gesamten Raum zu überblicken, da überall 1,3 Meter hohe Kisten (einige aus Metall, andere aus Kunststoff) gestapelt sind, um Deckung in Richtung der Eingänge zu bieten. In der Mitte des Raums befindet sich Vishala, zusammen mit zwei großen schwarzen Behältern, jeder etwa einen Meter hoch, zwei Meter lang und einen Meter breit. Es handelt sich um schwere und gepanzerte Behälter, die problemlos einen Metamenschen aufnehmen könnten. Vishala selbst trägt eine nagelneue (der Aufkleber mit dem Preis ist noch zu sehen) Ganzkörperpanzerung mit Helm (weitere Informationen über Vishala findest du auf S. 171). Wenn sie beobachtet wird, ohne dass sie es merkt, hat sie ihren Helm offen und eine Zigarette zwischen den Lippen. Sobald etwas passiert, das jemanden alarmiert, schließt sich der Helm und schneidet die Zigarette in zwei Hälften.

Wenn die Runner innehalten, um zu reden, bietet Vishala ihnen eine große Geldsumme an, das Dreifache oder Vierfache ihres normalen Honorars, wenn sie nur weggehen. Sie ist nicht an Fachdiskussionen über ihre Entdeckungen interessiert, obwohl diese natürlich wertvoll sind, aber die letzten Tage haben sie sehr mitgenommen. Wenn die Runner ihr Angebot ablehnen und sie noch Gelegenheit hat, dies zu kommentieren, wird sie sagen: „Es sind traurige Zeiten, wenn ein Shadowrunner einen Zahltag ablehnt."

Die drei Cybersamurai bewegen sich durch den Raum. Sie sind normalerweise in Deckung, sie sind unruhig, aber es scheint eher eine allgemeine Art von Unruhe zu sein als Nervosität oder Sorge. Die oben erwähnten Drohnen befinden sich in Kisten an der Nordwand des Raums. Wenn sie aus ihren Kisten hervorbrechen würden, wäre das für die Verteidiger sehr ablenkend. Falls es Angreifer gibt, die nicht wissen, dass die Drohnen hervorbrechen, wäre das auch für diese ablenkend.

In diesem Raum gibt es eine mittlere Manablase (s. *Arkane Kräfte,* S. 185).

DIE KISTEN

Vishalas Gepäck befindet sich in den beiden oben beschriebenen gepanzerten Kisten. In einer der Kisten befinden sich mehrere Prototypen von Manaverschmutzungswaffen in Form von Granaten und Raketen. Die Runner werden wahrscheinlich nicht in der Lage sein, den Inhalt dieser Waffen zu erforschen, aber sie enthalten jeweils den letzten, gequälten Fetzen eines Geistes, durchbohrt von winzigen Dimensionslöchern. Bei der Detonation der Waffe wird der Fetzen endgültig zerstört, und seine Energie verteilt Dutzende von Dimensionslöchern im Raum. Dies hat keine physische Wirkung und die Löcher sind nicht stark genug, als dass jemand von der anderen Seite hindurchkommen könnte, aber sie sind groß genug, um die Essenz der verbundenen Metaebene hindurchsickern zu lassen und den Bereich, in dem sie freigesetzt werden, zu verschmutzen. Die Stelle, an der die Waffe detoniert ist, wird sofort zu einem Manahohlraum, das Gebiet um sie herum zu einer starken Manablase, beide ausgerichtet auf toxische Magie. Die Verschmutzung hält an, bis das Gebiet gesäubert ist, oder eine Nacht und einen Tag lang.

Jeder, der eine dieser Waffen auch nur einmal wissentlich benutzt hat, wird feststellen, dass Geister ihm von da an feindlicher gesonnen sind. Wenn man diese Waffen herstellt oder viele von ihnen benutzt, werden die Geister sofort feindselig, da die Aura des Herstellers von den gequälten Schreien der Geister, die er für die Herstellung der Waffen gefoltert hat, verunreinigt wird. Ein solcher Makel wird mit der Zeit verblassen.

Die andere Kiste enthält ebenso gefährliche Datenchips: Vishala hat Sprites in der Matrix getötet, um einen ähnlichen Effekt zu erzielen. Jeder Datenchip enthält ein Einweg-Programm, das ein Sprite zerbricht, um eine Verbindung zu einem Dissonanzraum herzustellen. Bei der Verwendung in einem Host wird ein Dissonanzpool im Host erschaffen.

DIE MATRIX

Der Grund dafür, dass die Matrix von der Außenwelt abgeschnitten wurde, ist, dass die Nullsekte Vishala tot sehen will. Die Nullsekte ist außerhalb der Matrix in ihren Möglichkeiten stark eingeschränkt und scheint nicht in der Lage zu sein, sich mit dem getrennten Host zu verbinden. Wenn ein Runner es irgendwie schafft, ein Überbrückungssignal zu erzeugen (indem er vielleicht genügend Metallwände sprengt oder einen Signalverstärker bastelt), wird die Nullsekte das irgendwann bemerken, einmarschieren und jedes sichtbare Matrixwesen eliminieren.

Die Nullsekte scheint ein Problem mit den Dissonanzwaffen zu haben.

Anmerkung: Die Matrix hier ist *nicht* dissonant, zumindest nicht, bis jemand beginnt, die Datenchips zu benutzen.

Wenn es den Runnern gelingt, Vishala zu entführen, wird die Nullsekte nicht sofort in der Lage sein, sie aufzuspüren.

DER KAMPF

Wenn es in der Hauptkammer zu einem Konflikt kommt, dürfte dieser gewalttätig und tödlich sein. Die Straßensamurai sind erfahren, professionell und mit Adrenalin und Novacoke (*SR6*, S. 128) vollgepumpt. Vishala selbst kann ebenfalls gut mit Waffen umgehen.

Beim ersten Anzeichen von Gefahr (wahrscheinlich wenn irgendwo im Komplex ein Schuss fällt), werden die Straßensamurai eine Dosis Nitro (*SR6*, S. 128) einwerfen.

Taktisch arbeiten die Straßensamurai als Einheit zusammen. Einer von ihnen legt Sperrfeuer (unter Verwendung der Regeln für Vollautomatisches Feuern, *SR6*, S. 112, um mehr als eine Person gleichzeitig anzugreifen), ein zweiter schießt auf jeden, der wie ein Magier oder Decker aussieht, und die dritte geht in den Nahkampf mit dem am gefährlichsten aussehenden Gegner.

Vishala unterstützt ihre Leibwachen mit ihrer Pistole, falls sie Hilfe brauchen.

Die Leibwachen kämpfen so lange, bis die Gegner oder Vishala tot oder geflohen sind.

Vishala kann Situationen gut einschätzen, und wenn sie glaubt, dass ihr Team unterlegen ist, wird sie versuchen, zu Fuß zu fliehen.

FLUCHT? UNWAHRSCHEINLICH

Es ist gut möglich, dass Vishala bei dem Feuergefecht stirbt. Falls ihr die Flucht gelingt (idealerweise mit einem oder mehreren der Waffenprototypen aus ihren Kisten), wird sie sich aus dem Staub machen. Unglücklicherweise sind ihre Verbrechen gegen die Geisterwelt nicht unbemerkt geblieben. Wenn sie es aus der Manablase herausschafft, werden die Geister sie bemerken und angreifen. Am Anfang sind es nur kleine Geister, aber bevor sie sich mehr als einen Häuserblock entfernt hat, wird sich das unter den Geistern herumgesprochen haben, und sie wird ständig von Geistern mit mittlerer bis hoher Kraftstufe angegriffen werden – was nicht gut für sie ausgehen wird.

Wenn es den Runnern gelingt, Vishala lebend zu fangen, und sie versuchen, ihre ehemalige Auftraggeberin zu extrahieren, stoßen sie auf ein ähnliches Problem. Falls es unter den Runnern jemanden gibt, der gut mit Geistern reden kann, könnte eine Erklärung, dass Vishala bestraft werden wird, die Angriffe abhalten. Wenn das nicht klappt, ist eine Hochgeschwindigkeitsflucht aussichtsreich. Masque verfügt über einen abgeschirmten Bereich, in dem er Vishala festhalten kann.

ZURÜCK ZU MR JOHNSON

Vorausgesetzt, die Runner haben einen ernsthaften Versuch unternommen, die Mission abzuschließen, wird Masque ihnen gerne den ausstehenden Betrag auszahlen. Masque zahlt ihnen einen Bonus (1.000 Nuyen) für den physischen Beweis des Todes von Vishala und einen weiteren Bonus (1.000 Nuyen), wenn es den Runnern gelingt, die Waffenkisten und das darin befindliche Material zu erbeuten.

Wenn die Runner Vishala einigermaßen unversehrt abliefern, wird Masque ihnen einen beträchtlichen Bonus (5.000 Nuyen) zahlen. Wenn die Runner die überlebenden Drohnen einsammeln, könnten sie mit dieser Mission einen sehr ordentlichen Gewinn erzielen.

Die Straßensamurai verfügen außerdem über einen Vorrat an Drogen, darunter Novacoke, Jazz, Kamikaze und Nitro.

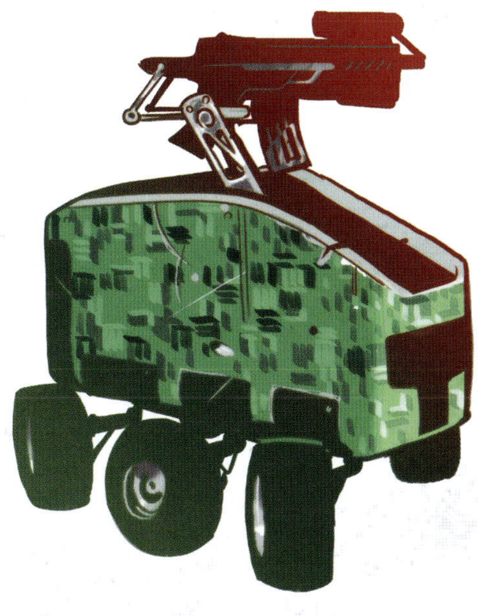

MISSION 26

DIE KUNST DER BEFRAGUNG

HINWEIS

Ein Abenteuer in *Shadowrun* nimmt oft düstere Wendungen und dies ist eine davon. Bei dieser Mission geht es darum, mit allen Mitteln Informationen von jemandem zu erhalten. Dafür könnten die Runner zu einer Reihe von unangenehmen Methoden greifen müssen. Vergewissere dich, dass deine Spielenden mit dem, was ihre Charaktere tun müssen, einverstanden sind. Wenn das nicht der Fall ist, überspring diese Mission.

Diese Mission nimmt außerdem an, dass Vishala Mission 25 (S. 121) überlebt hat, denn sie ist die Person, von der das Team Informationen erhalten soll. Falls die Runner diese Mission nicht spielen, kannst du zum Ende springen, um zu erfahren, was passiert, und auf die nächste Mission vorbereitet zu sein.

AUFHÄNGER

Dieser Auftrag schließt sich unmittelbar an die vorangegangene Mission an (sofern Vishala überlebt hat). Nachdem er sie angemessen ausgezahlt hat, bietet Masque den Runnern ein paar zusätzliche Nuyen und etwas Vergeltung an: Vishala hat Informationen, die Masques Wohltäter brauchen, und er ist bereit, den Runnern das Verhör zu überlassen. Falls sie es noch nicht bemerkt haben, wird Masque sie darauf hinweisen, dass die Geisterwelt Vishala jetzt aktiv feindlich gesinnt ist und dass seine Hüter der einzige Grund sind, warum sie noch nicht tot ist. Er wird seinen Schutz nach Abschluss des Verhörs zurückziehen. Die Runner können zuschauen, wenn sie wollen, es sei denn, sie ziehen es vor, die Angelegenheit selbst zu beenden. Masque bietet den Runnern 1.000 Nuyen pro Person, um Vishala zu befragen (davor wird er sie fragen, ob sie für das Privileg bezahlen würden), mit einem Bonus für das Herausholen nützlicher Informationen. Für die Bezahlung ist eine Trideo- oder Sim-Aufnahme des Verhörs erforderlich. Er kann die notwendige Ausrüstung für beides stellen.

DER JOB

Vishala ist kein Ungeheuer, sondern ein erschöpfter Profi wie die Runner. Der Auftrag ist ein Verhör mit dem Ziel, Vishala dazu zu bringen, alles, was sie über die laufende Verschwörung weiß, an die Runner weiterzugeben. Die Frage ist, welche Verhörtechniken die Runner anwenden und was Vishala ihnen sagen kann. Vishalas Hauptziel ist es, so wenig wie möglich zu verraten, während sie auf die Ankunft ihrer Retter wartet.

Wer diese Retter sind? DocWagon.

Vishala ist klug und hat ihre DocWagon-Prämien stets pünktlich gezahlt. Obwohl sie nie eine Platinkundin war, hat sie durch ihren Goldstatus und ihr jahrelanges Engagement, zusammen mit vielen Begegnungen mit DocWagon-Mitarbeitern, einige Einblicke und Verbindungen zu den örtlichen HTR-Teams erhalten. Sie hat schon mehreren von ihnen aus der Patsche geholfen und einige von ihnen sogar zu Shadowrunnern gemacht, als sie ein paar zusätzliche Nuyen brauchten. Sie mag am Boden sein, aber wer Freunde an den richtigen Stellen hat, ist noch nicht erledigt. Wenn ihr primärer Transponder sie als bewusstlos, vermisst oder schwer gestresst meldet, kommen die, denen sie geholfen hat, wie ein geölter Blitz heran.

Die Runner haben dreißig Minuten Zeit, bevor sich drei DocWagon-HTR-Teams nähern. Sie können versuchen, Informationen aus Vishala herauszubekommen, und es stellt sich heraus, dass sie eine Menge weiß. Was sie weiß, lässt sich in zwei Kategorien einteilen: Dinge, die sie bereit wäre, den Runnern zu erzählen, um sie davon zu überzeugen, dass sie kooperativ ist; und Dinge, die sie ihnen auf gar keinen Fall erzählen will. Hier sind Zusammenfassungen dieser Kategorien:

DINGE, DIE SIE DEN RUNNERN ZU ERZÄHLEN BEREIT IST:

- MCT, die Nullsekte und Dis arbeiten zusammen. Vishala glaubt, dass MCT die Partnerschaft mit den anderen initiiert hat, aber ursprünglich hatte es noch andere Konzernpartner. In letzter Zeit jedoch ist MCT seinen eigenen Weg gegangen.

- Vishala gibt zu, dass die gemeinsamen Bemühungen mit Manatech zusammenhängen, aber sie besteht darauf, dass sie defensiver Natur sind. Die Disianer haben sie vor den Versuchen anderer metaplanarer Bewohner gewarnt, die sich an den Metaebenen zu schaffen machen, und so beteiligt sie sich an einem Versuch, diese zu verteidigen.
- Sie behauptet, man habe sich an die Nullsekte gewandt, um den „Tech"-Teil der Manatech auszulöschen, da die Null sich gut mit solchen Dingen auskennen. Die anderen Partner bereuen allerdings, die Nullsekte hinzugezogen zu haben, da es ihr schwerfällt, ihre zerstörerischen Neigungen in hinnehmbaren Grenzen zu halten.

DINGE, DIE VISHALA DEN RUNNERN NICHT ERZÄHLEN WILL:

- Bei der Partnerschaft geht es nicht darum, irgendwelche Manasphären zu bewahren. Es geht um den Versuch, anderen Ebenen Mana zu entziehen, und darum, Maschinen zu bauen, die diesen Prozess automatisieren können.
- Die Nullsekte wurde in die Partnerschaft aufgenommen, weil sie die Matrix wie niemand sonst missbrauchen kann, und genau das war nötig.
- Aztechnology hat einen Teil der frühen Arbeit daran geleistet, Mana durch Spalte hindurchzuziehen, und MCT hat einige von Aztechs Ideen gestohlen und führt sie jetzt auf eigene Faust aus.

Folter wird bei Vishala nicht funktionieren. Sie wird zusammenbrechen, sich schmerzerfüllt verhalten und die Informationen, die sie zu teilen bereit ist, herausschluchzen, aber unter keinen Umständen wird sie die geheimen Informationen unter Folter preisgeben. Wenn die Runner sie foltern, sinkt ihre Reputation um 1 – solche Dinge sprechen sich irgendwann und irgendwie immer herum.

Wenn die Runner an Informationen gelangen wollen, die Vishala nicht preisgeben will, müssen sie Überreden, Einfluss oder die verschiedenen Zauber und Adeptenkräfte einsetzen, die helfen können, Informationen zu erhalten. Verwende die Tabelle *Edge bei Sozialen Proben* (*SR6*, S. 50), um festzustellen, wer im weiteren Verlauf des Verhörs Edge erhalten kann.

Schließlich treffen die drei DocWagon-Teams ein – zwei zu Lande und eines aus der Luft. Jedes Team besteht aus fünf Mitgliedern: einem Fahrer, einem Kampfsanitäter, zwei Unterstützungskräften und einem Spezialisten für arkane Unterstützung. Insgesamt haben es die Runner also mit drei Riggern, drei Kampfsanis, sechs Kämpfern und drei zaubernden Ärzten zu tun. Hoffentlich sind die Runner aufmerksam und kampfbereit.

Das Einzige, was den DocWagon-Teams fehlt, ist die technische Unterstützung. Das Luftteam stürzt sich von oben auf das Dach oder lässt sich von einer sicheren Position aus auf die Straße fallen, um sich den anderen anzuschließen. Die beiden Bodenteams nähern sich aus entgegengesetzten Richtungen und bewegen sich gut koordiniert, um die Runner in der Mitte festzusetzen. Bei der Annäherung teilen sie mit, wer sie sind und dass sie von ihrem Recht Gebrauch machen, eine Klientin herauszuholen, die unter medizinischem Zwang steht.

Sie setzen kompetent Deckung, Taktik, Sperr- und gezieltes Feuer ein. Es sollte von Anfang an deutlich werden, dass DocWagon nicht darauf aus ist, die Runner zu töten, sondern nur die Klientin bergen will. Sie beginnen mit nichttödlichen Taktiken, aber wenn die Runner tödliche Munition verwenden oder die Betäubungswaffen nicht zu wirken scheinen, wechseln sie zu echter Munition und konzentrieren sich auf Sperrfeuer. Wenn die Runner also eine Kugel abbekommen, sollte es ihre eigene Schuld sein, dass sie in die Kugel hineingelaufen sind.

HAUPTDARSTELLER

DOCWAGON-RIGGER

(PROFESSIONALITÄTSSTUFE 6)

K	G	R	S	W	L	I	C	ESS
3	4	5(6)	2	4	5	4	3	2,15

Initiative: 10 + 2W6
Handlungen: 1 Haupt, 3 Neben
Zustandsmonitor: 10
Verteidigungswert: 7
Fertigkeiten (Würfelpools): Athletik 7, Biotech 8, Cracken 10, Elektronik 9, Feuerwaffen 7, Heimlichkeit 7, Mechanik 9, Nahkampf 8, Steuern 11 (Luftfahrzeuge +2, Bodenfahrzeuge +3), Wahrnehmung 8
Bodytech: Audioverbindung, Cyberaugen 3 [Bildverbindung, Blitzkompensation, Kamera, Restlichtverstärkung, Sichtverbesserung, Smartlink], Interner Lufttank 1, Kommlink [GS 5, D/F 3/0], Reflexbooster 1, Riggerkontrolle 2
Ausrüstung: Kommlink [GS 4, D/F 2/1], Panzerjacke [+4], Riggerkonsole [Vulcan Liegelord; GS 5, D/F 6/5]
Fahrzeuge und Drohnen: Ares Dragon [mit Ingram Valiant und Gelmunition], 2 GMC Bulldog Step-Van, 3 Horizon Flying Eye, Lockheed Optic-X, 2 MCT-Nissan Roto-Drohnen [mit 2 AK-97 und Gelmunition]
Waffen:
AK-97 [Sturmgewehr | Schaden 5B | HM/SM/AM | 6/13/11/9/3 | 38(s) | Smartgunsystem, Gelmunition]
Colt Manhunter [Schwere Pistole | Schaden 4K | HM | 11/9/7/–/– | 14(s) | Smartgunsystem, Explosivmunition]
Ingram Valiant [LMG | Schaden 4B | HM/SM/AM | 3/12/13/8/4 | 100(g) | Gasventilsystem, Schockpolster, Smartgunsystem, Gelmunition]
Kampfmesser [Klingenwaffe | Schaden 3K | 8/2*/–/–/– | * max. 20 m]

Eine Riggerin sitzt im Ares-Dragon-Hubschrauber und steuert ihr Fluggerät, die Lockheed Optic-X2 beobachtet die Szene von oben, und eine Horizon Flying Eye behält den Überblick. Die beiden anderen Rigger steuern jeweils einen GMC Bulldog Step-Van, eine Horizon Flying Eye und eine MCT-Nissan Roto-Drohne.

KAMPFSANITÄTER
(PROFESSIONALITÄTSSTUFE 6)

K	G	R	S	W	L	I	C	ESS
3	3(5)	4	3(5)	5	4	5	3	3,6

Initiative: 9 + 1W6
Handlungen: 1 Haupt, 2 Neben
Zustandsmonitor: 11
Verteidigungswert: 12
Fertigkeiten (Würfelpools): Athletik 8 (Werfen +2), Biotech 10 (Erste Hilfe +3), Einfluss 7, Elektronik 6, Feuerwaffen 9, Heimlichkeit 8, Nahkampf 8, Steuern 6, Wahrnehmung 10
Bodytech: Cyberaugen 2 [Bildverbindung, Kamera, Smartlink], Cyberohren 2 [Audioverbesserung, Audioverbindung, Dämpfer, Selektiver Geräuschfilter 2], Dermalpanzerung 2, Kunstmuskeln 2
Ausrüstung: Ganzkörperpanzerung mit Helm [+7], Kommlink [GS 4, D/F 2/1]
Waffen:
Betäubungsschlagstock [Knüppel | Schaden 5B(e) | 6/–/–/–/– | 10 Ladungen]
Colt Manhunter [Schwere Pistole | Schaden 3B | HM | 11/9/7/–/– | 14(s) | Smartgunsystem, Gelmunition]
6 Flash-Packs [Wurfwaffe | Schaden Geblendet III/Geblendet II/Geblendet I | 9/8/3/–/– | Sprengwirkung 10 m]
2 Rauchgranaten [Wurfwaffe | Schaden – | 9/8/3/–/– | Sprengwirkung –]

KAMPFMAGIER (HERMETISCH)
(PROFESSIONALITÄTSSTUFE 6)

K	G	R	S	W	L	I	C	M	ESS
3	4	4	2	4	4	4	4	5	6

Initiative: 8 + 1W6 (Astral: 8 + 3W6)
Handlungen: 1 Haupt, 2 Neben (Astral: 1 Haupt, 4 Neben)
Zustandsmonitor: 10
Verteidigungswert: 10 (Astral: 4)
Fertigkeiten (Würfelpools): Astral 8 (Aurenlesen +2), Athletik 6, Beschwören 9, Biotech 6, Einfluss 6 (Einschüchtern +2), Elektronik 5, Feuerwaffen 7 (Pistolen +2), Heimlichkeit 6, Hexerei 9 (Spruchzauberei +2), Nahkampf 6, Steuern 5, Wahrnehmung 8
Zauber: Betäubungsblitz, Druckwelle, Feinde Entdecken, Heilen, Hellsicht, Kampfsinn, Levitieren, Licht, Magie Entdecken, Panzerung, Physische Barriere, Stoß, Verwirrung
Ausrüstung: Ganzkörperpanzerung mit Helm [+7], Kommlink [GS 4, D/F 2/1], Zauberspeicher 4 [Manipulationszauber]
Waffen:
Betäubungsschlagstock [Knüppel | Schaden 5B(e) | 6/–/–/–/– | 10 Ladungen]
Colt Manhunter [Schwere Pistole | Schaden 3B | HM | 11/9/7/–/– | 14(s) | Smartgunsystem, Gelmunition]

KÄMPFER
(PROFESSIONALITÄTSSTUFE 6)

K	G	R	S	W	L	I	C	ESS
6	4(7)	5(6)	5(8)	3	3	4	2	1,3

Initiative: 10 + 2W6
Handlungen: 1 Haupt, 3 Neben
Zustandsmonitor: 11
Verteidigungswert: 17
Fertigkeiten (Würfelpools): Athletik 11 (Werfen +2), Biotech 5 (Erste Hilfe +2), Einfluss 5 (Einschüchtern +2), Elektronik 4, Feuerwaffen 12, Heimlichkeit 10, Nahkampf 12, Steuern 8, Wahrnehmung 10
Bodytech: Cyberaugen 2 [Bildverbindung, Kamera, Smartlink], Cyberohren 2 [Audioverbesserung, Audioverbindung, Dämpfer, Selektiver Geräuschfilter 2], Dermalpanzerung 4, Kunstmuskeln 3, Reflexbooster 1
Ausrüstung: Ganzkörperpanzerung mit Helm [+7], Kommlink [GS 4, D/F 2/1]
Waffen:
Ares Alpha [Sturmgewehr | Schaden 4B | HM/SM/AM | 4/10/9/7/2 | 42(s) | Smartgunsystem, UL-Granatwerfer, APDS-Munition, Gelmunition]
Unterlauf-Granatwerfer [Werfer | Schaden wie Granate | EM | 4/10/6/2/– | 6(s) | Smartgunsystem, Betäubungsgranaten]
6 Betäubungsgranaten [Schaden 10B/8B/6B | Sprengwirkung 15 m]
Betäubungsschlagstock [Knüppel | Schaden 5B(e) | 6/–/–/–/– | 10 Ladungen]
Colt Manhunter [Schwere Pistole | Schaden 3B | HM | 11/9/7/–/– | 14(s) | Smartgunsystem, Gelmunition]
6 Flash-Packs [Wurfwaffe | Schaden Geblendet III/Geblendet II/Geblendet I | 14/13/8/–/– | Sprengwirkung 10 m]
2 Rauchgranaten [Wurfwaffe | Schaden – | 14/13/8/–/– | Sprengwirkung –]

BESONDERE HINWEISE

Wenn die Runner in der Lage sind, Informationen von der Liste „Dinge, die Vishala den Runnern nicht erzählen will“ zu erhalten, zahlt ihnen Masque über die ursprünglich angebotenen 1.000 Nuyen für die Durchführung des Verhörs hinaus einen Bonus von 1.000 Nuyen pro Runner. Wenn die Runner DocWagon erfolgreich abwehren, verdoppelt er sowohl die versprochene Zahlung als auch den Bonus.

Wenn die Runner körperliche Folter anwenden oder Vishala persönlich hinrichten, erhält jeder Runner +1 auf seine Fahndungsstufe und verliert 1 Punkt Reputation. Der Vorfall wird sich auf der Straße schnell herumsprechen, vor allem weil Masque der Meinung ist, dass diese Runner wahrscheinlich größenwahnsinnig werden.

Die Runner könnten sich dafür entscheiden, DocWagon Vishala mitnehmen zu lassen und darauf zu vertrauen, dass die Geister sie irgendwann einholen werden. Wenn sie sie entkommen lassen, zahlt Masque ihnen nur die Hälfte (500 Nuyen pro Runner) und drückt seine Enttäuschung aus: „Von Runnern mit eurer Reputation hätte ich mehr erwartet.“

MISSION 27

SCHLIEß DIE TÜR

Arcane muss herausfinden, wer versucht, ihn zu töten, und warum. Anschließend braucht er jemanden, der seine Angreifer aufhält.

AUFHÄNGER

Nach mehreren Anschlägen auf sein Leben kontaktiert Arcane die Runner mit einem einfachen Angebot: Findet heraus, wer hinter den Angriffen steckt, und sorgt dafür, dass die Angriffe aufhören. Das Anfangsangebot beträgt 10.000 Nuyen pro Runner. Jeder Nettoerfolg bei einer Vergleichenden Probe auf Einfluss (Verhandeln) + Charisma bringt 500 Nuyen, maximal aber 3.000 Nuyen zusätzlich. Die Verhandlungen finden per Kommlink statt, es gibt also keine persönlichen Edge- und sonstigen Boni.

DER JOB

Nachdem die Runner den Auftrag angenommen haben, erzählt Arcane, was er weiß. Er wird sein Büro nicht verlassen und auch niemanden hereinlassen, bis die Situation geklärt ist. Die Kommunikation findet weiterhin per Kommlink statt. Es ist zu diesem Zeitpunkt ungefähr 20:00 Uhr.

1. Der erste Angriff fand vor acht Stunden in den Aurora Warrens statt. Auf der Fahrt zu seinem wöchentlichen Mittagessen mit Trinket, einer örtlichen Taliskrämerin, benutzten die Zombies einen ihrer Schulbusse, um die Quincy abzusperren, während eine zweite Gruppe von hinten kam. Arcane konnte die Gang ohne große Schwierigkeiten abwehren. Im Nachhinein betrachtet war es offensichtlich ein geplanter Anschlag, aber zu der Zeit tat er es als zufälligen Vorfall ab.
2. Vor vier Stunden wurde Arcane in der Nähe der Universität von Colorado in Boulder von einem Hagel aus Schockermunition getroffen. Er erholte sich schnell, stieg wieder in sein Auto und fuhr davon, gerade als sich sein Angreifer näherte. Der Angreifer war ein Troll mit leuchtend roten Cyberaugen und pechschwarzer Haut, Hauern, Haaren und Hörnern.
3. Als Arcane vor zwei Stunden nach Hause kam, schlug eine Rakete in sein Auto direkt vor seiner Garage ein. Er überlebte die Explosion dank seiner Fae-Regeneration und schaffte es mithilfe von Verschleierung ungesehen ins Innere des Gebäudes.
4. Kurz bevor er die Runner angerufen hat, war es einem mächtigen gebundenen Geist gelungen, die Hüter um das Büro zu durchqueren. Arcane und seine freien Geisterverbündeten konnten ihn abwehren, aber es war knapp. Arcane sagt den Runnern, dass er versuchen wird, den Beschwörer auf der Astralebene aufzuspüren, aber es wird mindestens eine Stunde dauern, bis er Ergebnisse hat.

BEINARBEIT

Mit Arcanes Informationen bewaffnet müssen die Runner losziehen und sehen, was sie sonst noch herausfinden können.

DIE ZOMBIES

Die Zombies sind leicht ausfindig zu machen. Sie haben in den Warrens ein bekanntes Gruselkabinett. Um sie zum Reden zu bringen, muss man sie möglicherweise bestechen (ungefähr 500 Nuyen sind eine aussichtsreiche Summe) oder einschüchtern. Der Anführer der Gang, Romero (verwende den Mafiasoldaten, *SR6*, S. 207), wird sagen, dass ihnen 10.000 Nuyen angeboten wurden, um jemanden zur Strecke zu bringen. Mr Johnson wusste, dass die Zielperson gegen Mittag die Quincy hinunterfahren würde. Es hätte ein einfacher Job sein sollen, aber das Ziel war ein Magier, der den Großteil der Gang betäubte und dann einen Erdgeist rief, um den Bus von der Straße zu schieben.

Romero hat ein Bild von Mr Johnson auf seinem Cyberauge, das er für 500 Nuyen aushändigt.

Wenn die Runner das Bild einer Konzernconnection mit Einflussstufe 3+ zeigen oder die Matrix mit einer Ausgedehnten Probe auf Elektronik + Intuition (10, 10 Minuten) durchsuchen, finden sie den Namen Dexter Wright, einen Regionalmanager bei Ares, der von der Ares Spire in Denver aus arbeitet.

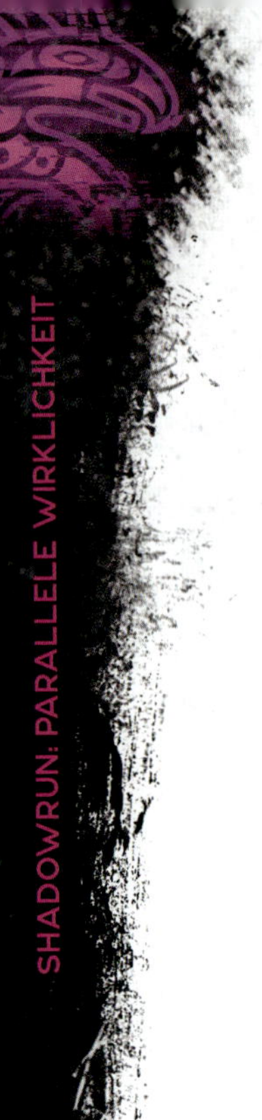

DER KOPFGELDJÄGER

Wenn sich die Runner nach einem Troll mit pechschwarzer Haut und leuchtend roten Cyberaugen erkundigen, erfahren sie, dass die Beschreibung auf Midnight passt, einen örtlichen Kopfgeldjäger (verwende den Straßensamurai, *SR6*, S. 90, und füge Cyberaugen der Stufe 3 hinzu), der im Five by Five, einer Bar am westlichen Ende des Hubs, abhängt. Midnight ist bereit, bei einem Drink über den Job zu sprechen. Er erzählt den Runnern, dass es sich um einen Vertrag handelt, dessentwegen sein Schieber anrief. Er machte die Zielperson ausfindig und beschoss sie mit genügend Schockermunition, um einen Moloch auszuschalten, aber bevor er den Magier erreichen konnte, war dieser schon aufgestanden und fuhr mit seinem Auto davon. Kurze Zeit später wurde der Auftrag auf „Eliminieren" hochgestuft. Midnight nimmt keine Wetwork an, also lehnte er den Vertrag ab.

Ein Gespräch mit einer Schieber-Connection wird ergeben, dass es tatsächlich einen 15.000-Nuyen-Auftrag zur Extraktion von Dr. R. Kaine gegeben hat, mit Arcanes Beschreibung und Informationen. Vor drei Stunden ist dieser Vertrag in einen 30.000-Nuyen-Wetwork-Auftrag umgewandelt worden. Das Aufspüren des Johnsons, der den Vertrag anbietet, sollte sich als sehr schwierig erweisen. Falls das Team erfolgreich ist, ermittelt es Dexter Wright als Johnson.

DER AUFTRAGSKILLER

Recherchen darüber, wer den Wetwork-Auftrag angenommen hat, oder über jemanden, der einen Raketenwerfer für Attentate benutzt, führen zu jemandem namens „Boom-Boom" (verwende das Mitglied der Marines-Spezialeinheit, *SR6*, S. 209, und füge einen Aztechnology Striker hinzu). Nach dem Anschlag wartete Boom-Boom darauf, dass DocWagon auftauchen und seine Zielperson aus dem Wrack ziehen würde, aber sie kamen nicht. Zurzeit befindet er sich auf einem nahe gelegenen Dach und beobachtet das Auto und das Gebäude, um zu sehen, ob er entweder die Tötung bestätigen oder sein Ziel wieder aufspüren kann. Wenn die Runner ihn ausfindig machen und zum Reden bringen, gibt Boom-Boom die gleichen Informationen wie Midnight preis.

DER GEIST

Nach einer Stunde ruft Arcane an und teilt den Runnern mit, dass es ihm gelungen ist, den Beschwörer irgendwo in der Gegend von North Park Hill aufzuspüren, etwa fünf Kilometer entfernt; der genaue Ort ist allerdings verborgen.

HINTER DEN KULISSEN

Die Mountain Edge Society, eine Loge des Nostradamus innerhalb der Schwarzen Loge, steckt hinter den Anschlägen. Die Loge erforscht, warum die Disianer in Denver sind, und hat entdeckt, dass Arcane einen astralen Spalt kontrollieren kann. Einen Aktivposten wie Arcane zu erwerben, wäre ein großer Erfolg, aber da das nicht geklappt hat, hat die Loge beschlossen, dass Arcane eliminiert werden muss, um die Invasion von Dis zu stoppen. Dexter Wright ist der Verantwortliche. Er hat mit den Zombies begonnen. Danach erteilte er den Extraktions- und den Wetwork-Auftrag, an dem Midnight bzw. Boom-Boom gescheitert sind, und schließlich schickte er den Geist, der Arcane angegriffen hat. Dexter Wright ist Treuhänder im Vorstand der Ares-McAuliffe International School. Er hat vollen Zugang zu dem Gebäude und hat dort einen Geheimraum eingerichtet. Er und mehrere Logenmitglieder versuchen derzeit, mit einem obskuren, der Schwarzen Loge bekannten Ritual einen noch mächtigeren Geist zu beschwören.

Sobald Dexter Wright und die anderen Logenmitglieder ausfindig gemacht worden sind, können die Runner entweder versuchen, sie zu eliminieren oder sie von ihrem Vorhaben abzubringen. Jede Kombination der folgenden Möglichkeiten kann die Loge davon überzeugen, ihre Angriffe einzustellen: direkte Einschüchterung, Erpressung mit der Drohung, sie zu entlarven, die Erklärung, dass die Disianer in Wirklichkeit von MCT nach Denver gebracht werden, oder der Hinweis auf Arcanes Potenzial als Aktivposten, wenn er am Leben bleibt.

SCHAUPLÄTZE

Die Ares-McAuliffe International School ist ein dreistöckiges, unterkellertes Gebäude und die einzige Immobilie in North Park Hill, die Ares gehört. Sie verfügt über einen Host der Stufe 5 für die Verwaltung und die Kontrolle der Gebäudesicherheit. Es gibt Bewegungsmelder in den Innenräumen, Kameras, Fensteralarme und Magschlösser der Stufe 6 an den Außentüren. Die Mitglieder der Mountain Edge Society befinden sich in einem verborgenen Kellerraum, der durch einen Hüter der Kraftstufe 8 geschützt wird, der so modifiziert wurde, dass er magische Aktivitäten verbirgt.

HAUPTDARSTELLER

Dexter Wright: Verwende die Werte des Sioux-Wildcats-Schamanen (*SR6*, S. 211), aber ersetze Zauberformung durch Flexible Signatur.

Mountain Edge Society: Bis zu fünf weitere Logenmitglieder können anwesend sein. Entscheide du, wie viel Herausforderung deine Spielenden benötigen, damit es spannend ist. Verwende eine Mischung aus dem Seraphim Racheengel (*SR6*, S. 209), dem Lone-Star-Kampfmagier (*SR6*, S. 207; füge +1 Magie und +1 Initiatengrad mit Maskierung hinzu) und der Kampfmagierin (*SR6*, S. 85; füge +1 Initiatengrad mit Maskierung hinzu).

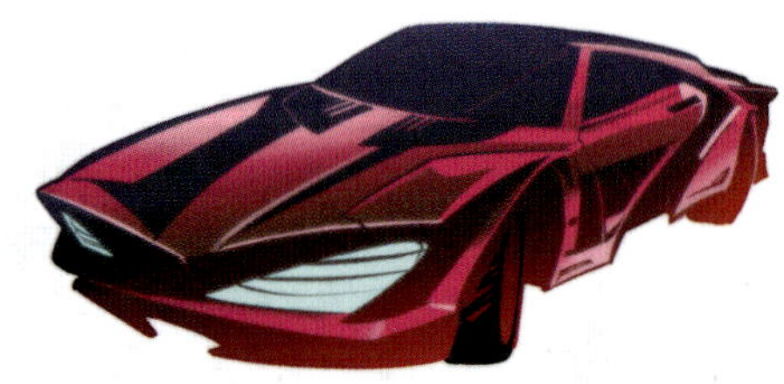

MISSION 28

ALTE NARBEN

Denver hatte vor ein paar Jahren mit astralen Durchbrüchen zu kämpfen, und die damals entstandenen Narben gibt es immer noch. Angesichts der ständigen astralen Störungen werden die Runner ausgesandt, um zu untersuchen, ob irgendetwas durch die Narben hindurchgesickert ist – und von welcher Ebene es stammen könnte.

AUFHÄNGER

Die Runner trauen Cat nach dem Hinterhalt der ASPS vielleicht nicht, aber Cat hat ein schlechtes Gewissen und hat das Team einer Kollegin empfohlen, um Informationen zu sammeln. Das Team wird in den Club Charybdis eingeladen, wo es sich mit einer Schieberin namens Sol trifft. Es ist ein vertrauter Ort, und das Treffen findet erneut in einer Ecknische statt, wobei der AR- und Trideo-Whirlpool Schnüffler fernhält.

Sol ist höflich zu den Runnern. Sie ahnt, dass ihre Erfahrungen in Denver beunruhigend waren, aber sie hat einen Job, der genau das Richtige für sie sein dürfte. Außerdem wird er gut bezahlt.

Sie hat mehrere Orte, an denen Zeuginnen und Zeugen Seltsames gesichtet haben, darunter auch merkwürdige astrale Phänomene. Da die Runner schon mal mit so etwas zu tun hatten, dachte Sol, dass sie damit umgehen können. Sie gibt allerdings zu, dass es sich um eine Kopfgeldjagd nach Beweisen für metaplanare Eindringlinge handelt.

Sol sagt, sie habe fünf Standorte, die überprüft werden müssen, aber ihr gequältes Lächeln verrät, dass noch mehr dahintersteckt. Es handelt sich um frühere Spaltstandorte, und Berichten zufolge ist der Zugang zu den Metaebenen dort einfacher. Sol würde gerne wissen, welche Metaebenen etwas zu nah an unserer vorbeigleiten. Jeder Ort, den die Runner überprüfen, ist 2.000 Nuyen wert (für das gesamte Team, nicht pro Person). Daten über die metaplanare Quelle des Eindringens an jedem Ort sind zusätzlich jeweils 5.000 Nuyen wert. Diese Mission kann dem Team also bis zu 35.000 Nuyen einbringen. Das Geld könnte für Stirnrunzeln sorgen, aber Sol weist gerne darauf hin, dass die Ermittlungen anstrengend werden und einige sehr wertvolle und seltene Informationen ans Licht bringen könnten.

Selbstverständlich ist der Run gefährlich. Das Team könnte angesichts dieser Summe vermuten, dass etwas anderes vor sich geht und jemand anders hinter den Ereignissen steckt. Siehe den Kasten *Informationen über Sol* für ein paar weitere Informationen darüber.

Um weniger bedrohlich zu wirken, verfügt Sol über keinen umfangreichen Personenschutz. Sie hat lediglich einen einzelnen Leibwächter (verwende den Seraphim Racheengel, *SR6*, S. 209) in der Nähe.

INFORMATIONEN ÜBER SOL

Sol hat ein kleines Nebengeschäft am Laufen, während all die verrückten Dinge in Denver passieren. Normalerweise arbeitet sie mit einer Reihe von Konzern- und kriminellen Auftraggebern zusammen, aber derzeit wird sie stark von MCT finanziert – daher das viele Geld. Sie verrät es niemandem, aber wenn die Runner neugierig werden und sich in Sols Kommlink hacken, werden sie in der jüngsten Vergangenheit mehrere Anrufe bei Mountain High Holdings sehen, einer bekannten Tochtergesellschaft von MCT Nordamerika

DER JOB

Jeder Ort liegt an einer ehemaligen Sektorengrenze – es handelt sich um Überbleibsel der Spalte, die durch Zebulons Zerstörung aufgerissen sind. Die Gebiete haben sich in den letzten Jahren verändert – manche zum Schlechteren, manche zum Besseren. Die Aufgabe an jedem Ort ist direkt mit diesem verbunden. Für diesen Auftrag wird der Abschnitt *Schauplätze* nicht nur den Ort beschreiben, sondern auch die Ereignisse und Gegner, die bei den Ermittlungen der Runner ins Spiel kommen. Jeder Schauplatz ist nach der Sektorengrenze benannt, an der er liegt.

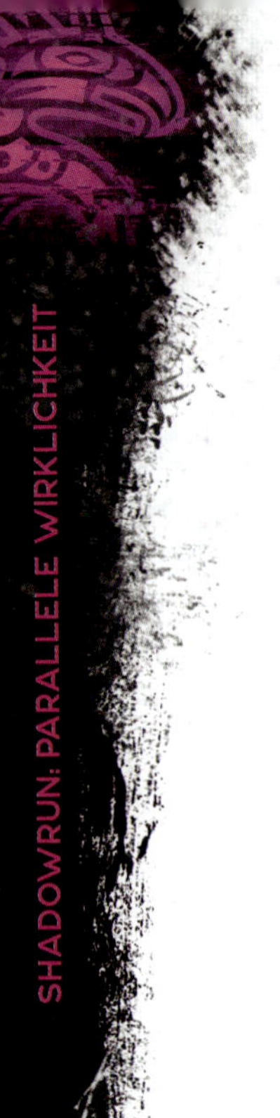

Wenn die Runner im Anschluss an den Auftrag Kopfgelder kassieren, wird Sol zunächst etwas zögerlich sein, denn sie kennt die Denveraner Ansichten über alles Astrale und Metaplanare. Sie wird sich an ihren derzeitigen Arbeitgeber wenden müssen (eine weitere Chance für das Team, ihre Kommunikation zu hacken) und die Genehmigung zur Übernahme einholen. Die Exemplare werden für 5.000 Nuyen pro Art gekauft und müssen an einem der Untersuchungsorte abgegeben werden. Die Runnern können sich den Ort aussuchen.

Vor Ort wird eine Reihe schwarzer Lieferwagen vorfahren, die für alle Exemplare ausreichen. Die hinteren Türen werden sich öffnen, eine mechanische Stimme sagt: „Ladet sie ein", und ein Zahlungs-ARO erscheint, das die Runner annehmen müssen, um bezahlt zu werden.

Die Transporter werden alle einzeln von einem Sicherheitsrigger (verwende die Riggerin, *SR6*, S. 89) gesteuert und von einem Sicherheitshacker (verwende die Deckerin, SR6, S. 87) elektronisch geschützt. Bei den Fahrzeugen handelt es sich um modifizierte Ares Roadmaster (s. Wertetabelle).

ARES ROADMASTER

HANDL.	BESCHL.	GESCHW.-INT.	HÖCHSTGESCHW.
3/5	20	20	160

RUMPF	PANZ.	PILOT	SENSOR	SITZE
16	10	3	3	2/8

Verteidigungswert: 17
Initiative: 12 + 3W6
Handlungen: 1 Haupt, 4 Neben
Zustandsmonitor: 16

SCHAUPLÄTZE

CAS/UCAS-GRENZE

Der Spalt zwischen UCAS- und CAS-Sektor ist älter als Denver, aber die Probleme dieser beiden Nationen und der Aufstieg der Stadt begannen etwa zur gleichen Zeit. Der Spalt befindet sich unmittelbar nördlich der Stelle, an der die East Fourth Street nach Süden abbiegt und in die Abilene übergeht. Es handelt sich um ein leeres Stück eines trockenen Rückhaltebeckens neben den Bahngleisen. Die Bahngleise sind der Schlüssel. Wenn sich der Spalt aufrollt, sieht er aus wie das tiefe Schwarz eines Eisenbahntunnels. An den Rändern ist so gerade eben ein dunkler Wald zu erkennen. Dieses Portal führt in die äußerste Schicht der geborstenen Denver-Metaebene, den Black Canyon.

In Neumondnächten schlüpfen Dunkelbestien, Kreaturen des Schattens und des Todes, hindurch. Sie haben sich in der Nähe des Spalts niedergelassen, da dies der einzige Ort ist, an dem sie länger überleben können. Früher wurden sie nach etwa einer Woche krank und schwach, aber sie haben einen Weg gefunden, sich länger gesund zu halten. Sie können sich von einem Opfer ernähren, das sie in jeder sechsten Nacht um Mitternacht auf die Bahngleise legen. Das macht sie jedoch verwundbar, da sie sich nicht verstecken können, wenn das Mondlicht sie direkt trifft, und es in der Nähe der Gleise keine Deckung gibt.

Derzeit sind sechs Dunkelbestien anwesend. Um nicht entdeckt zu werden, jagen und töten sie die örtlichen Squatter. Die Squatter in der Gegend sprechen von den Schattenhunden, als wären sie eine Art bösartige Erwachte Hunde mit der Fähigkeit, sich im Schatten zu verstecken. Zwei der derzeit anwesenden Dunkelbestien werden ein Opfer auf den Gleisen bringen müssen, wenn sie gejagt werden. Die anderen werden in der Nähe sein, und die sechs haben auf dieser Seite ein Rudel gebildet. Sie werden einander verteidigen.

DUNKELBESTIE

Diese sechsbeinigen, hundeähnlichen Kreaturen erscheinen normalerweise nur als dunklerer Fleck aus Schatten, aber wenn das Licht des Mondes auf sie trifft, werden sie strahlend weiß und zeigen ihr ganzes extraplanares Wesen. Ihre sechs Beine haben jeweils sechs Gelenke, was sie außerordentlich beweglich und ziemlich kräftig macht. Sie haben einen langen, dünnen Schwanz, mit dem sie das Gleichgewicht halten oder den sie beim Klettern um einen Ast oder Pfosten wickeln können, um Stabilität zu gewinnen. Ihre Körper sind schlank und muskulös, und ihre Köpfe sind hundeähnlich, haben aber längere Augenschlitze und haifischartige Zähne im Maul.

K	G	R	S	W	L	I	C	M	ESS
5	7	5	4	2	1	4	4	4	6

Initiative: 9 + 2W6
Handlungen: 1 Haupt, 3 Neben
Zustandsmonitor: 11
Verteidigungswert: 7
Bewegung: 20/30/+2
Fertigkeiten (Würfelpools): Athletik 12, Hexerei 8, Nahkampf 12, Wahrnehmung 8 (Sicht +2)
Kräfte: Gesteigerter Sinn (Restlichtverstärkung), Grauen, Natürlicher Zauberspruch (Dunkelheit), Natürliche Waffe (Biss, Krallen), Panzer 2, Verschleierung
Schwächen: Licht des Mondes [die Dunkelbestien können ihre Verschleierung und ihren Natürlichen Zauberspruch nicht einsetzen, wenn sie vom Licht des Mondes berührt werden]
Angriffe:
Biss [Schaden 4K | 8/–/–/–/–]
Krallen [Schaden 2K, 12/–/–/–/–]

Wenn die Runner bei Neumond jagen oder bei Neumond den Spalt aufsuchen, können sie die geborstene und beschädigte Metaebene von Denver betreten. Sie werden in den tückischen Black Canyon eindringen, können aber in kurzer Zeit genug Informationen sammeln, um umzukehren und zurückzugelangen. Bleiben sie länger als sechs Stunden, sind sie dort bis zum nächsten Neumond gefangen – das werden sie wahrscheinlich nicht überleben.

Der Black Canyon ist kein Ort, den man unvorbereitet betreten sollte. In seinen Bäumen tummeln sich Hunderte von Dunkelbestien, die alle von diesem seltsamen Phänomen angezogen werden. Einige werden versuchen, in die physische Ebene hinüberzukommen.

AZTLAN/PCC-GRENZE

Auf der anderen Seite des Flusses, an der Ecke West Virginia Avenue und South Platte River Drive, liegt der Highway, der früher den PCC- und den aztlanischen Sektor trennte. Zwischen dem Fluss und der Straße bildeten sich Risse, die den Kontrast zwischen der Zerstörung der Wasserwege durch den Menschen und dem South Platte River darstellen. Das Gebiet ist von etwas überwuchert, das die Einheimischen Blutgras nennen. Diese steppenläuferähnliche Pflanze hat monodrahtscharfe Dornen, sodass durch das Gras verursachte Schnittwunden stark bluten. Normalerweise ist das Gras stationär, aber es ist außergewöhnlich leicht, und in diesem Gebiet weht oft eine Brise. Lass die Runner in jeder Runde, in der sie sich innerhalb von 2 Metern Entfernung von einer Blutgras-Pflanze befinden, eine Probe auf Edge (1) ablegen. Misslingt die Probe, werden sie von einer rollenden Kreatur angestoßen, und diese kann angreifen. Das ist ziemlich gefährlich, denn das Blutgras lässt einen nicht nur bluten, sondern lähmt einen auch und geht dann auf die Essenz los.

Der Spalt hier ist ein Flecken aus rissigem und getrocknetem Schlamm am Ufer des nahe gelegenen Flusses. Dieser Flecken Erde passt nicht zum umliegenden Gebiet. Der Fluss hat derzeit keinen Kontakt mit diesem Fleck, aber wenn eine Flüssigkeit auf den Boden gegossen wird, verschwindet sie sofort und wird in den rissigen Boden gesaugt. Die Runner sehen vielleicht, wie ein Blutgras durch den Spalt geweht wird und sich von seiner ursprünglichen Form in das steppenläuferähnliche Aussehen auf unserer Metaebene verwandelt.

Auf der anderen Seite des Spaltes befindet sich eine Wüsten-/Wind-Metaebene mit einem riesigen Gebiet aus trockener, rissiger Erde, mit Ausnahme eines flachen Wasserbeckens, aus dem die Runner gestiegen sind, um hierherzugelangen. In verschiedenen Entfernungen können sie eine Kreatur sehen, die wie das Blutgras aussieht, sich aber offensichtlich selbstständig fortbewegt, da sie sich gegen den ständigen Wind, der über die Ebene weht, bewegt. Wenn eine dieser Kreaturen angegriffen wird, verspritzt sie große Mengen Blut und bewegt sich dann schneller auf den Angreifer zu, wobei sie eine Spur aus rotem und schwarzem Sekret hinterlässt.

BLUTGRAS

Auf unserer Metaebene sehen diese Pflanzen aus wie Steppenläufer mit vielen Dornen. Auf ihrer Heimatmetaebene sehen sie etwas dicker und fließender aus: als ob sie aus Würmern und nicht aus Ästen bestünden.

K	G	R	S	W	L	I	C	M	ESS
1	4*	1	1	1	1	2	1	4	6

Initiative: 3 + 1W6
Handlungen: 1 Haupt, 2 Neben
Zustandsmonitor: 9
Verteidigungswert: 1
Bewegung: 0/0/+0*
Fertigkeiten (Würfelpools): Nahkampf 8
Kräfte: Essenzentzug, Immunität gegen Normale Waffen, Lähmende Berührung, Natürliche Waffe (Stachel, Schaden 3K, 12/–/–/–/–)
Schwächen: Verwundbarkeit (Feuer)
Anmerkung: * Die Bewegungsgeschwindigkeit beträgt auf ihrer Metaebene 5/15/+1.

CAS/PCC-GRENZE

In den Schatten, die durch die Überführung der 470 über die 177 entstehen, befindet sich ein Spalt zu einem Reich der Schatten und der Verzweiflung. Der Spalt wurde durch eine urbane Legende genährt, die durch die sprunghafte Natur von Teenagern noch verstärkt wurde. Das moderne Märchen erzählt von einem Mädchen im Teenageralter, das am Tiefpunkt angelangt war, traurig wegen des mangelnden Verständnisses ihrer Familie, des Spotts ihrer Freunde in der Schule und des Selbsthasses, den sie wegen des Klatsches und der Gerüchte ihrer Mitmenschen in sich trug. Sie ging zur Brücke und stürzte sich hinunter, überlebte den Aufprall aber und fand eine Klarheit in ihrer Situation, die ihre Depression linderte und sie zu einem erfüllteren Leben führte. Trotz aller Bemühungen der örtlichen Ordnungskräfte sind immer wieder andere traurige Jugendliche gesprungen. Die Märchen erzählen immer wieder von den Erfolgen des Freundes eines Freundes, aber die Screamsheets zeigen immer wieder sehr anschaulich die traurige Wahrheit.

Während der Teilung der Stadt wurde dieser Ort oft zum Treffpunkt für Verliebte aus verschiedenen Nationen, die sich in die Schatten unter der Überführung schlichen, um sich zu treffen, nur um dort von den ruhelosen Geistern derer, die dort hinabgesprungen waren, terrorisiert und gelegentlich in den Verkehr darunter gejagt zu werden.

Dieser Ort hat viel Tod, Verzweiflung, Angst und Schrecken erlebt, und als sich die Spalte bildeten, verband sich dieser Spalt hier mit einem dunklen Ort. Von diesem dunklen Ort aus tauchen bösartige Kreaturen auf, die Schattenpirscher. Diese Kreaturen schlüpfen nachts aus der Überführung und suchen andere schattige Plätze heim. Sie können die Sonne nicht ertragen und müssen immer im Schatten leben.

Die Schattenpirscher haben eine Vorliebe für metamenschliches Fleisch entwickelt, was dazu führt, dass manche Leute sie für Ghule halten, die in der Gegend herumlungern.

Der Spalt befindet sich im tiefsten Schatten der Überführung und hat einen Durchmesser von weniger als 1,5 Metern. Zwei der mächtigsten Schattenpirscher (erhöhe alle Attribute und Fertigkeiten um 1) beanspruchen dieses Jagdrevier für sich und genießen

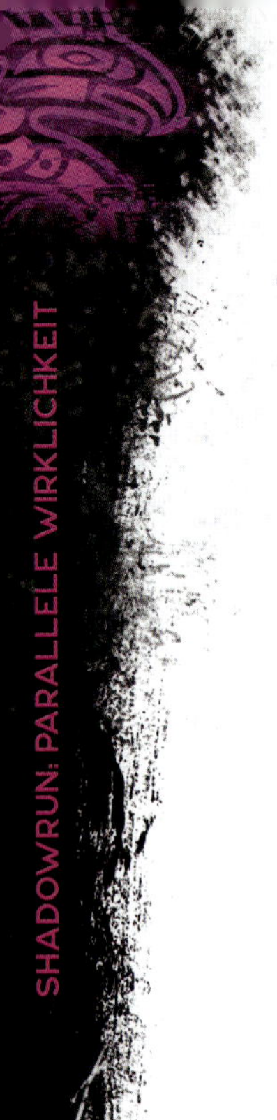

die Fähigkeit, zwischen hier und ihrer Heimatmetaebene zu wechseln. Das ist besonders nützlich, wenn sie ihren Herren auf der anderen Seite einen leckeren Happen bringen können.

Die Metaebene auf der anderen Seite ist ein dunkler Kerker, in dem die Runner sofort auf ein Wesen treffen, das einen Troll klein aussehen lässt. Die Schattenpirscher sind im Grunde die Riesenratten dieser Metaebene, und dieses gefangene Individuum hat sie trainiert. Die Tatsache, dass sie ihm immer wieder diese Snacks bringen, hat ihn neugierig gemacht, und er beobachtet häufig das kleine Loch, durch das sie reisen. Wenn er sieht, dass lebende Snacks hindurchkommen, brüllt er aufgeregt in einer Sprache, die die Runner nicht verstehen. Er wird versuchen, die Runner zu packen, und ihnen muss eine Probe auf Geschicklichkeit + Reaktion (2) gelingen, um ihm auszuweichen. Wenn sie einen Weg finden, mit ihm zu kommunizieren, erzählt er von einem bösen König, der ihn gefangen hält, weil er in seine Tochter verliebt ist. Das Wesen sieht auffallend metamenschlich aus, hat aber blaue Haut und feines weißes Haar. Er trägt Lumpen, wirkt aber wohlgenährt.

Wenn sich die Runner dazu entschließen, ihm zu helfen, kannst du dir gerne ein Abenteuer mit winzigen Shadowrunnern im Reich der Riesen ausdenken und ihnen Karma für ihren Altruismus geben.

SCHATTENPIRSCHER

Diese Kreaturen sind eine Mischung aus Vierbeinern und Zweibeinern. Sie können sich auf alle Viere fallen lassen und schnell in einem unbeholfenen Galopp laufen, aber die meiste Zeit über stehen sie auf ihren beiden Hinterbeinen. Sie haben große Klauen, und Kopf und Torso sehen vage rinderähnlich aus.

K	G	R	S	W	L	I	C	M	ESS
4	5	5	3	3	2	6	4	4	6

Initiative: 11 + 2W6
Handlungen: 1 Haupt, 3 Neben
Zustandsmonitor: 10
Verteidigungswert: 8
Bewegung: 15/25/+2
Fertigkeiten (Würfelpools): Athletik 9, Nahkampf 11, Wahrnehmung 11
Kräfte: Gesteigerte Sinne (Infrarotsicht, Restlichtverstärkung), Lähmendes Heulen, Natürliche Waffe (Biss), Panzer 4, Verschleierung (nur selbst)
Schwächen: Allergie (Sonnenlicht, extrem)
Angriffe:
Biss [Schaden 3K | 9/–/–/–/–]

SIOUX/PCC-GRENZE

An der chaotischen Kreuzung von 25 und 76 gibt es eine seltsame Sage. Wenn man dort durchkommt, darf man nicht blinzeln. Wenn man es doch tut, könnte man Opfer eines zerfetzten Reifens werden und, wenn man wirklich Pech hat, von einem unsichtbaren paranormalen Tier angegriffen werden. Das passiert tatsächlich – nach dem Angriff flüchten die Täter in das Chaos der nahen Bäume und bepflanzten Flächen. Durch das Blattwerk vergisst man leicht, dass man sich inmitten eines riesigen Autobahnknotens befindet. Einige Opfer berichten, dass sie etwas gesehen haben, bevor ihr Reifen geplatzt ist, andere berichten nur von einer normalen Reifenpanne, haben aber seltsame Markierungen an ihrem Fahrzeug bemerkt.

Dieser Spalt war angesichts von zwei Native-Stämmen, die ebenso viel Zeit damit verbringen, sich zu vertragen, wie sich zu streiten, immer schon merkwürdig. Die Grenze hier war vor langer Zeit eine seltsame Mischung aus etwas, das sich vor aller Augen versteckte, und dem Vertrauen auf alte Vereinbarungen, um zu verhindern, dass die Dinge außer Kontrolle geraten. Die Wesen, die hier durchschlüpfen, spiegeln das sehr gut wider und sind als Blinzelwölfe bekannt. Blinzelwölfe blinzeln in die Unsichtbarkeit hinein und aus ihr heraus, und sie verfügen über eine Verschleierungskraft, die sie sowohl physisch als auch astral schwer zu sehen macht, aber immer nur auf einer der beiden Ebenen. Wenn der Blinzelwolf astral sichtbar ist, ist er physisch unsichtbar und umgekehrt. Um die List zu durchschauen, müssen Charaktere entweder eine erfolgreiche Probe auf Wahrnehmung + Intuition (6) oder auf Astral + Magie (6) ablegen oder eine Nebenhandlung *Genau beobachten* durchführen und dieselbe Probe mit halbem Schwellenwert ablegen.

Auch die Metaebene, die mit diesem Spalt verbunden ist, ist seltsam. Sie ist ein riesiges und interessantes Grenzgebiet, das sich aus den Ländern dieser beiden Native American Nations zusammensetzt, sich aber weder wie die eine noch wie die andere anfühlt. Die rauen Berge und Ebenen der Sioux-Nation verschmelzen mit den Bergen, Ebenen und Wüsten des PCC. Dies ist tatsächlich eine seltene Metaebene, die die Ressourcen unserer eigenen Welt widerspiegelt und ein idealer Ort für einen rücksichtslosen Megakonzern wäre, um nach wertvollen Bodenschätzen zu suchen.

Der Zugang zu dieser Metaebene ist eigentlich einfach, wird aber selten genutzt. Um hinüberzukommen, muss eine Person oder ein Fahrzeug lediglich zweimal unmittelbar hintereinander das Kleeblatt der Rampen befahren. Dies geschieht zwar selten absichtlich, aber es passiert aus Versehen. Örtliche Legenden und Gerüchte sprechen davon, aber die meisten dieser Geschichten werden als verrücktes Gerede abgetan. Trotzdem wird niemand in diesem Gebiet jemals absichtlich zweimal hintereinander das Kleeblatt befahren.

BLINZELWOLF

Wenn ein Blinzelwolf sichtbar ist, sieht er aus wie ein großer Wolf, wie ein Troll unter Wölfen. Sein Fell hat eine metallisch blaue Farbe und hängt wie ein Vorhang aus Haaren von seinen Seiten herab. Seine Zähne sind durchsichtig, aber immer reflektierend und gefärbt durch die Farbe, durch die der Wolf zuletzt hindurchgegangen ist, sei es eine neongrüne Americar-Tür oder das Karmesinrot einer blutigen Gliedmaße.

K	G	R	S	W	L	I	C	M	ESS
7	5	4	8	3	2	5	3	5	6

Initiative: 9 + 2W6
Handlungen: 1 Haupt, 3 Neben
Zustandsmonitor: 12
Verteidigungswert: 13
Bewegung: 15/25/+2
Fertigkeiten (Würfelpools): Athletik 10, Hexerei 11, Nahkampf 11, Wahrnehmung 10
Kräfte: Gesteigerter Sinn (Restlichtverstärkung), Natürliche Waffe (Biss), Natürlicher Zauberspruch (Unsichtbarkeit), Panzer 6, Verschleierung
Angriffe:
Biss [Schaden 3K | 9/–/–/–/–]

UCAS/SIOUX-GRENZE

Dieser Spalt befindet sich unter der Überführung, an der der Highway 2 am Ende der Colorado Boulevard Service Road die Bahngleise überquert, aber das eigentliche Problem verbirgt sich auf dem alten Anhängerparkplatz im Osten. Die verlassenen Frachtanhänger scheinen die Kreaturen anzulocken, die aus dem Spalt schlüpfen. Sie bilden ihre eigene kleine Gemeinschaft unter den Ratten und Squattern.

Das Anhängerdepot ist voller Frachtanhänger und Container, die in einem verworrenen Labyrinth gestapelt sind. Es gibt einen kleinen Bereich, in dem ein Gabelstapler fahren und neue Teile absetzen kann, aber seit mehreren Jahrzehnten wurde nichts Neues mehr hinzugefügt. Der ganze Ort ist ein Sammelsurium aus zerstörten und verrosteten Anhängern, mit Flecken von umgebauten Platten und Teilen, in denen sich Squatter trotz gelegentlicher ZDF-Räumungen ein kleines Zuhause geschaffen haben. Es soll ein chaotisches Labyrinth sein, das schwer zu durchqueren und schwer zu kartieren ist.

Die metaplanaren Besucher durchqueren das Chaos problemlos. Ihre Körper sind formbar und können durch hauchdünne Zwischenräume gleiten, ohne sich um die mit Tetanus oder Bakterien verseuchten Frachtboxen sorgen zu müssen. Diesen Wesen geht es darum, diesen Raum in etwas zu verwandeln, das ihre Heimatebene widerspiegelt. Dies trägt dazu bei, dass sie auf unserer Ebene verankert bleiben. Die Runner werden feststellen, dass viele der Frachtcontainer mit dünnen Kristallsplittern gefüllt sind, die den Durchgang für Ungeschützte tödlich, für Geschützte und Vorsichtige schwierig machen und für diejenigen, die sich zu sehr auf ihre Panzerung verlassen, einen langsamen, schmerzhaften Tod bedeuten. Wenn man sich durch die Kristalle bewegt, erleidet man Schnitte und Kratzer, die bestenfalls lästig sind. Vorsicht hilft – eine Bewegung von maximal [Geschicklichkeit/2] Meter pro Kampfrunde und eine gelungene Probe auf Athletik + Geschicklichkeit (2) schützen. Jeder zusätzliche Meter, den sich ein Charakter in einer Runde bewegt, erhöht den Schwellenwert der Probe um 1. Misslingt die Probe, erleidet der Charakter 1K Schaden, dem nicht widerstanden werden kann, plus 1K pro zusätzlichem Meter, den er sich bewegt hat; diesem Schaden kann er mit Konstitution widerstehen. Sich ohne Vorsicht (also ohne Probe) zu bewegen, führt zur selben Schadenswiderstandsprobe, hat aber einen zusätzlichen Effekt: Jede Kampfrunde, in der man sich unvorsichtig durch die Kristalle bewegt, führt dazu, dass die Kristalle nicht nur zerbrechen, sondern auch pulverisieren. Dadurch wird ein feiner Kristallstaub in der Luft erzeugt, der eingeatmet wird und in jeder weiteren Kampfrunde 6K Schaden verursacht, dem mit Konstitution + der Stufe eventueller Luftfiltersysteme widerstanden werden muss. Dieser Schaden tritt ein, bis der Charakter das Gebiet verlassen hat, plus eine Anzahl von Kampfrunden, die der Anzahl der Kampfrunden entspricht, die er mit dem Einatmen des Pulvers verbracht hat (mindestens zwei).

Die Eindringlinge werden Kristallsplitterbestien genannt. Vorerst begnügen sie sich damit, sich ein neues Zuhause zu bauen, auch wenn einige von ihnen womöglich einen Weg zurück auf ihre Ebene suchen.

Dieser Weg zurück ist die Chance für die Runner auf eine zusätzliche Auszahlung, aber er erfordert ein wenig Arbeit. Die Runner müssen eines der Tiere zerstören und ein paar Teile von seinem Körper einsammeln, um sie als eine Art Brille oder Fernglas zu verwenden. Zwei Teile, die wie eine Brille verwendet werden, ermöglichen es ihnen, die Kristallsplitterbestien ohne Wahrnehmungsprobe zu sehen, und erlauben es ihnen außerdem, einer Spur zum Ausgangspunkt der Kristallsplitterbestien zu folgen, und zwar mit nur einer Ausgedehnten Probe auf Natur + Intuition (16, 5 Minuten). Mit jedem weiteren Paar Teile, das sie hinzufügen, halbiert sich der Schwellenwert weiter.

Die Heimat dieser Wesen wird Messerebene genannt und ist bekannt – sie wurde bereits erforscht und von MCT als „unzugänglich“ eingestuft. Die Verbindung zu diesem Spalt ergibt sich aus dem schmalen Grat zwischen Krieg und Frieden für die UCAS und die Sioux-Nation. Der Zugang zur Messerebene befindet sich unter der Überführung, ist aber nur dann zugänglich, wenn sich auf der darüberliegenden Brücke ein Unfall ereignet und das zersplitterte Glas der Scheinwerfer über die Kante auf den Boden darunter fällt. Aufgrund der schlechten Beleuchtung und der häufigen Rennen auf diesem Teil der Straße kommt dies tatsächlich recht regelmäßig vor, aber die Runner müssen die örtlichen Aufzeichnungen über Sichtungen der seltsamen Bestien in diesem Gebiet auswerten und mit den örtlichen Unfalldaten in Verbindung bringen. Eine Matrixsuche mit einem Schwellenwert von 24 liefert ihnen die nötigen Hinweise.

Du kannst auch einen Unfall geschehen lassen und die Runner dann vor die Wahl stellen, durch den Spalt zu springen oder diese Gelegenheit zu verpassen. Sie können auch ihren eigenen Spalt erschaffen oder auf eine andere Gelegenheit warten.

Die Ebene selbst ist so, wie MCT sie beschreiben würde. Alles besteht aus einer zerbrechlichen kristallinen Substanz mit messerscharfen Kanten, die schon bei der kleinsten Berührung schneiden. Und zu allem Überfluss verwandeln sie sich, wenn sie zerbrechen, in ein feines Pulver, das die Lunge zerfetzt. Selbst Schutzausrüstung hält in dieser einzigartigen Umgebung nur eine begrenzte Zeit lang.

Wenn die Runner die Messerebene betreten, müssen sie dieselben Proben wie oben ablegen, allerdings einmal pro Minute, um die Wahrscheinlichkeit darzustellen, eine Pflanze oder einen Felsen zu streifen. Tierangriffe sind weit verbreitet, auch durch Kristallsplitterbestien. Die Ebene selbst ähnelt einem üppigen Wald, der aber nicht grün, sondern prismatisch und kristallin ist. Der Ort hallt von einem unheimlichen Schrillen wider und riecht leer, als wären die Runner das Einzige, was einen Geruch verbreitet. Außerdem ist der Ort nie dunkel.

KRISTALLSPLITTERBESTIE

Diese Critter sehen aus wie sechsbeinige Panther aus Kristall. Ihre Haare bestehen aus Kristallsplittern, und ihr gesamter Körper kann sich von dreidimensional in zweidimensional verwandeln. Sie sind zerbrechlich, wenn sie angegriffen werden, aber widerstandsfähig und verfügen über eine Form der Regeneration, die es ihnen ermöglicht, ihren Körper wieder zusammenzusetzen. Obwohl sie einem Tier der physischen Ebene ähnlich sehen, haben sie ein Bewusstsein und sind vernunftbegabt.

K	G	R	S	W	L	I	C	M	ESS
5	4	5	5	2	1	3	2	4	6

Initiative: 8 + 1W6
Handlungen: 1 Haupt, 2 Neben
Zustandsmonitor: 11
Verteidigungswert: 5
Bewegung: 20/30/+2
Fertigkeiten (Würfelpools): Astral 6, Athletik 9, Einfluss 5 (Einschüchtern +2), Heimlichkeit 10, Nahkampf 8, Wahrnehmung 7
Kräfte: Bewusstsein, Energieaura (Chemisch), Natürliche Waffe (Krallen), Regeneration
Angriffe:
Krallen [Schaden 2K | 12/–/–/–/–]

MISSION 29

DIGITALER ANGRIFF

Der Nexus hat ein bisschen Matrixgeschwätz aufgeschnappt und glaubt, dass ein Angriff unmittelbar bevorsteht, sodass er sofort damit beginnt, seine Sicherheit zu verstärken.

AUFHÄNGER

Perri kontaktiert die Runner und bittet sie, für einen neuen Job in den Nexus zu kommen. „Die Wegbeschreibung ist beigefügt; sorgt dafür, dass euch niemand sieht, wenn ihr reinkommt. Es wird einen Kampf geben, also bringt eure Ausrüstung mit."

Auf Nachfrage erklärt sie, dass sie glaubt, der Nexus stehe kurz davor, angegriffen zu werden, und die einzige physische Sicherung des Geländes seien ein paar alte Drohnen. Wenn die Runner im Voraus eine Vereinbarung haben wollen, bietet Perri ihnen über das Kommlink 6.000 Nuyen pro Person. Wenn die Runner verhandeln wollen, sagt Perri, dass sie jetzt keine Zeit zum Feilschen hat, aber sie verspricht ihnen, dass sie ihnen einen Gefallen schuldet. Wenn die Runner damit einverstanden sind, vor der Vereinbarung anzureisen, unterbreitet Perri ihnen das Angebot nach ihrer Ankunft.

DER JOB

Die Wegbeschreibung führt das Team nach Nordwesten in Richtung Boulder und dann auf einer Nebenstraße durch ein verfallenes Wohngebiet. Der eigentliche Zugang zum Nexus ist eine verlassene Straße, die einen leicht bewaldeten Hügel hinaufführt. Eine schnelle Matrixsuche zeigt, dass es sich bei dem Standort um das ehemalige UCAS National Center for Atmospheric Research handelt. Auf der Kuppe des Hügels sind niedrige, mit Efeu und Moos bewachsene Gebäude zu sehen. Ein zugewachsener Zaun umgibt den Komplex, und das rostige Tor steht vor einem Parkplatz, der mit verlassenen Autos versperrt ist. Das Tor öffnet sich, wenn sich die Runner nähern, und eine AR-Karte erscheint, die ihnen einen Weg durch das Fahrzeuglabyrinth und in ein verstecktes Parkhaus weist.

Nachdem das Team geparkt hat, kommt Perri herbei, stellt sich vor und erklärt, dass die Gruppe, die an den Manatech-Maschinen arbeitet, einige Söldner angeheuert hat, um den Nexus davon abzuhalten, ihre Arbeit zu untersuchen – indem sie alle umbringt und den Ort dem Erdboden gleichmacht. Perri hat ihre Kommlinks gehackt und gibt folgende Auskunft: Die Angreifer sind ein Team aus zwanzig Söldnern (verwende den Lone-Star-SWAT-Offizier, *SR6*, S. 207), die einen Angriff mit Ausrüstung planen, deren Wi-Fi-Funktionalität ausgeschaltet ist. Perri schätzt, dass sie innerhalb einer Stunde vor Ort sein werden. Sie wird den Deal mit den Runnern abschließen (ihre Werte findest du auf S. 168). Jeder Nettoerfolg bei einer Vergleichenden Probe auf Einfluss (Verhandeln) + Charisma erhöht das Honorar um 500 Nuyen pro Person, maximal aber um 3.000 Nuyen pro Person. Perri wird alle Fragen der Runner beantworten, jedem Verteidigungsplan zustimmen, den sie entwerfen, und ihnen alle verfügbaren Nexus-Ressourcen überstellen.

Die **physische Sicherheit** am Nexus ist minimal. Neben Perri gibt es sechs weitere Mitarbeiter, die vor Ort geblieben sind (verwende den DocWagon-HTR-Unterstützungstechniker, *SR6*, S. 208). Sie überwachen die Sensoren an den Außengrenzen des Geländes und haben mehrere Drohnen an versteckten Stellen postiert, darunter eine Steel Lynx, die mit einem RPK SMG und einem Onotari Interceptor (nur mit zwei Splitterraketen geladen) bewaffnet ist, sowie sechs Dobermann-Drohnen mit AK-97. Keiner der Mitarbeiter hat eine Riggerkontrolle, und sie steuern die Drohnen durch VR mit kaltem Sim.

Astrale Sicherheit gibt es so gut wie gar nicht – Moos und Efeu verhindern eine zufällige astrale Wahrnehmung, und die meisten Aktivitäten finden in den Kellern statt.

Die **Matrix-Sicherheit** ist extrem stark. Der Nexus ist ein Host der Stufe 10 mit hochmodernem IC, und es gibt immer mindestens ein paar freundliche Technomancer (gleiche Werte wie das Personal) mit Sprites, die im Host patrouillieren.

Der Angriff kommt genau wie von Perri vorhergesagt. Drei Bulldog Step-Vans brechen durch das Tor, und fünf Viererteams bewegen sich über das Gelände in Richtung der Gebäude. Ein paar Runden nach Beginn des Angriffs bekommt Perri Besuch von einem Kurier-Sprite, das von einem der Technomancer im Host geschickt wurde. Es scheint, dass der Angriff auf den physischen Standort nur eine Ablenkung vom eigentlichen Angriff ist. Die Nullsekte ist dabei, den Nexus-Host zu zerstören. Der Nexus kämpft nun an zwei Fronten: Er muss die Söldner davon abhalten, in die Gebäude einzudringen, und die Nullsekte davon abhalten, den Host zu zerstören. Perri sagt den Runnern, dass sie in der Matrix um Unterstützung bitten wird, aber es wird eine oder zwei Minuten dauern, bis sie genug Hilfe bekommt, um die Nullsekte zu vertreiben. Sie bittet das Team, jeden, den es entbehren kann, ins Host-Fundament zu schicken, um die Nullsekte aufzuhalten und zu verhindern, dass diese die Kontrolle übernimmt, bis Perri zurückkommt. Das Programm aus dem Silbernen Buch ist immer noch online, sodass es den Runnern zur Verfügung steht, wenn sie reingehen.

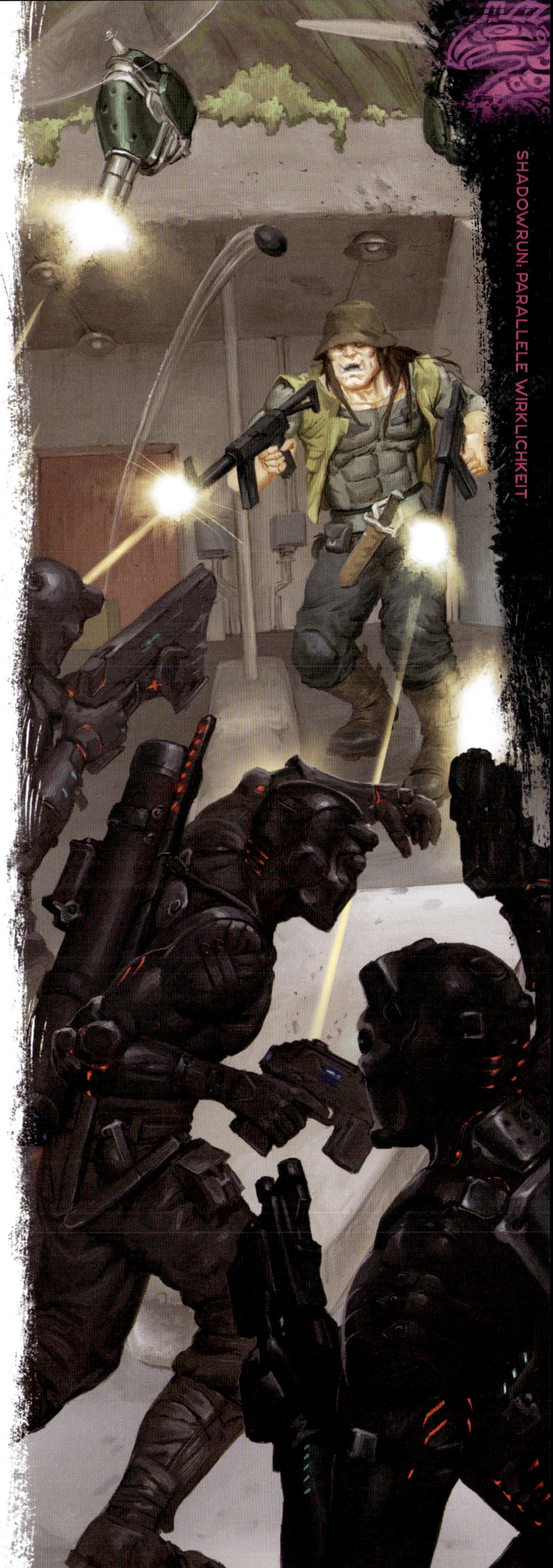

Der Nexus-Host sieht aus wie die Akkretionsscheibe eines riesigen schwarzen Lochs, das im Weltraum hängt. Die Planeten und Sterne in der Scheibe und das schwarze Loch selbst befinden sich im Inneren des Hosts. Schwarze, weiße, rote, graue und durchsichtige xenosapiente Konstrukte (Werte siehe S. 172) greifen den Host an – viel zu viele, als dass ein einzelner Hacker etwas gegen sie ausrichten könnte, aber innerhalb des Fundaments sieht es vielleicht anders aus. Das Portal des Fundaments ist ein Planetenring ohne den Planeten, genau wie von Perri beschrieben. Ihr Zugangscode umgeht das IC, und das Portal öffnet sich sofort. Das Paradigma des Fundaments ist jedoch bereits festgelegt, und die Nullsekte befindet sich darin. Das Paradigma ist eine riesige Fabrikhalle; Dampf erfüllt die Luft, und das Geräusch von klirrendem Metall ist ohrenbetäubend. Zwei Schwarze Warnungen bewachen das Portal und fordern die Runner auf, es zu verlassen, bevor sie angreifen. Im Inneren befindet sich ein Förderband, das seltsam geformte Metallteile durch den Host transportiert. Graue Jäger, die sowohl von Schwarzen Warnungen als auch von Weißen bewacht werden, sind an jedem Standort zu finden, arbeiten an den Rohrleitungen und verändern den Grundriss auf irgendeine Weise. Im Null-Host gibt es eine Reihe von Grauen Jägern mit einem Aufseher, der eine Art Gerät baut, dessen grüne Blattranken sich über den Boden erstrecken und sich um die Rohre der Fabrik wickeln. Die Verdrängung der Xenosapienten im Null-Host und die Zerstörung der Maschine (Strukturstufe 16) werden die Nullsekte daran hindern, das Nexus-Fundament zu übernehmen, und Perri genug Zeit verschaffen, um zurückzukehren und die Nullsekte mit Dutzenden von Technomancern und einer ganzen Armee von Sprites aus dem Host zu vertreiben.

SCHAUPLÄTZE

DER NEXUS

Der physische Standort des Nexus ist die ehemalige Beta Site im alten UCAS National Center for Atmospheric Research in der Nähe von Boulder. Die Gebäude sind offiziell verlassen, weswegen der Verkehr hinein und hinaus auf ein Minimum beschränkt ist. Der aktuelle Host ist ein Fundament-Konstrukt, sodass keine physischen Server erforderlich sind. In den riesigen Kellern stehen immer noch Reihen von alten Serverbänken, die Back-ups aller Nexus-Daten enthalten und auf Knopfdruck einen Framework-Host erzeugen können. Außerdem gibt es eine geheime Leitung, die mit dem KivaNet des PCC verbunden ist, falls Ghostwalker das Denveraner Gitter wieder abschalten sollte. Der Nexus verfügt außerdem über viele weitere Redundanzen: Die Daten werden in versteckten Dateien auf Hunderten von anderen Hosts und in Remote-Back-ups an versteckten Orten in Denver und dem PCC dupliziert.

HAUPTDARSTELLER

PERRI

Perri ist die Master-Systemadministratorin des Nexus und eine höchst kompetente Technomancerin (du findest ihre Werte auf S. 168). Sie beaufsichtigt alle Nexus-Betriebssysteme und verlässt die Beta Site nur selten. Perri war eine Otaku, die bereits 2054 in der Denver Data Haven Alpha Site lebte, und ist die (adoptierte oder leibliche) Tochter des berühmten Deckers FastJack. Anfang der 70er hatte sie außerdem eine kurze Runnerkarriere unter dem Straßennamen Skald.

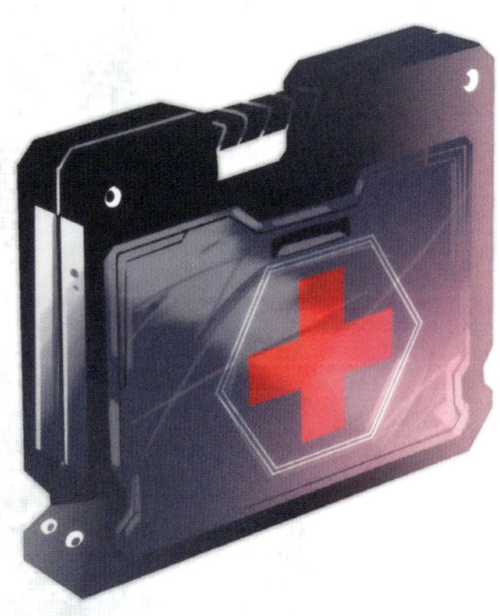

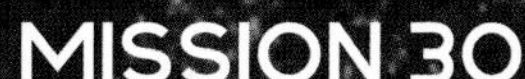

MISSION 30

DER SAMMLER

Die Runner werden vom Sammler angeheuert, um eine Waffe zu beschaffen, die gegen die Nullsekte wirken könnte, aber es wird nicht leicht sein, sie zu bekommen. Sie müssen einen Weg in eine Maschinenmetaebene finden, die keine Verbindung zur Astralebene hat.

AUFHÄNGER

Nach dem Angriff der Nullsekte auf den Nexus beschließen der Sammler und sein Verbündeter, dass eine neue Art von Waffe benötigt wird, um die Sekte zu besiegen. Das Silberne Buch von Saeletra deutet an, dass eine solche Waffe auf einer fernen Metaebene gefunden werden kann, die von maschinenähnlichen Geistern bewohnt wird. Cat ruft das Team zu einem Treffen im Hinterzimmer des One-Up zusammen. Als die Runner ankommen, sehen sie Cat, Arcane und zwei weitere Personen. Cat stellt einen der beiden als den Sammler vor, auch bekannt als Thomas White Feather. Der andere ist sein Verbündeter, Kangee Ohanzee. White Feather hat die Dateien aus dem Silbernen Buch studiert und Hinweise auf eine extrem mächtige Matrixwaffe, das Discidium, gefunden. Die Waffe wurde von einem Kollektiv künstlicher Intelligenzen erschaffen, die auf einer Metaebene namens Caelum leben, die von allem organischen Leben gesäubert wurde. Kein Leben bedeutet, dass es kein Mana gibt und somit auch keine Verbindung zur Astralebene oder dem Rest des Metaversums. Seit dieser Entdeckung hat Kangee Ohanzee in den Metaebenen nach einem Weg nach Caelum gesucht und Gerüchte gehört, dass jemand auf der Metaebene von Zecorporatum einen Weg dorthin und wieder hinaus gefunden hat.

Arcane kann die Runner nach Zecorporatum bringen, aber sobald sie dort sind, müssen sie den Weg nach Caelum selbst finden und die Metaebene betreten. Wenn sie das geschafft haben, müssen sie die dortigen Wesen davon überzeugen, ihnen eine Kopie des Discidiums zu geben. Dann müssen sie einen Weg zurück nach Zecorporatum finden. Für den Rest der Rückreise schickt Arcane einen seiner freien Geisterverbündeten mit, der am Einstiegspunkt wartet und ihm Bescheid gibt, wenn die Runner bereit sind, zurückzukehren.

Da es sich um eine äußerst gefährliche Mission handelt, bei der es keine Garantie für eine Rückkehr gibt, bieten die Verbündeten den Runnern 10.000 Nuyen pro Person an. Sie leiten diesen Betrag im Todesfall an die nächsten Angehörigen der Runner weiter. Kangee Ohanzee wird die Verhandlungen über die Bezahlung führen; seine Werte findest du auf Seite 166. Jeder Nettoerfolg bei einer Vergleichenden Probe auf Einfluss (Verhandeln) + Charisma gegen ihn erhöht das Honorar der Runner um 1.000 Nuyen pro Person, maximal aber um 6.000 Nuyen.

DER JOB

Sobald die Runner bereit sind, aufzubrechen, wird Arcane das metaplanare Tor öffnen; wenn sie noch Vorbereitungen treffen müssen, wird er einen späteren Zeitpunkt dafür festlegen. Das Tor ist groß genug für Motorräder, große Drohnen oder sogar einen kleinen Pkw, aber Fahrzeuge mit einem Rumpf-Attribut über 8 können nicht hindurchfahren. Arcane schickt einen seiner freien Geisterverbündeten zusammen mit den Runnern nach Zecorporatum – die „Katze" aus Ranken mit dem Dornenfell aus *Mission 5* (S. 62).

NACH DEM BETRETEN VON ZECORPORATUM

Das Tor öffnet sich in eine dunkle, mit Müll gefüllte Gasse, die auch in einen modernen Sprawl passen würde. Zwischen den dunklen Gebäuden beleuchtet eine hell erleuchtete Stadtlandschaft die tief hängenden Wolken, die jede Spur von Mond oder Sternen verdecken. In den Straßen spiegeln sich die Lichter der Stadt, und es sieht aus, als hätte es gerade geregnet. Auf der Querstraße sind langsam fahrende Fahrzeuge zu sehen. Die metaplanare Übertragung scheint nicht vorhanden zu sein, da die Runner kaum einen Unterschied an sich oder ihrer Ausrüstung feststellen können.

Zecorporatum ist anscheinend ein sehr genaues Abbild der materiellen Ebene, aber einige Unterschiede werden schnell deutlich:

1. Magie und Technik funktionieren wie gewohnt, aber da die Welt von Zecorporatum kleiner ist als die primäre Metaebene, erstreckt sich der Astralraum hier über eine geringere Fläche, und diese Version der Matrix hat weniger Hosts und Icons.
2. Es herrscht immer Nacht mit einem bewölkten Himmel. Die Straßen sind immer nass, aber es regnet nie.
3. Karten der Metaebene sind in der Matrix zu finden. Sie wird als 300 Kilometer durchmessende Scheibe dargestellt, aber es gibt keinen erkennbaren Rand auf dem Boden. Wenn die Runner über den angezeigten Kartenrand hinaus in eine beliebige Richtung reisen, werden sie einfach auf die gegenüberliegende Seite der Karte gebracht.
4. Die Metaebene wird von zehn Megakonzernen beherrscht, deren Namen beunruhigend vertraut sind. Dazu gehören Mars Macrotechnology, Az-Corp und Mitsudaishi Corporate Technologies.
5. Die Einheimischen lassen sich einer von drei Gruppen zuordnen: Arbeiter, Konzerner und Dissidenten.
   a) Die Mehrheit der Einheimischen besteht aus Arbeitern. Sie scheinen ganz normal zu sein, aber sie tun nie etwas aus eigenem Antrieb. Sie führen die ihnen zugewiesenen Aufgaben ohne zu fragen aus und verbringen ihre Freizeit mit konzerngenehmigter Unterhaltung.
   b) Die Konzerner entsprechen den Execs der Megakonzerne. Sie sind die Macher, die alle Entscheidungen über das Leben der Arbeiter treffen.
   c) Die Dissidenten führen einen ständigen Krieg gegen die Konzerner. Sie handeln wie Hooder-Shadowrunner und verfügen über Netzwerke von Helfern (Waffenhändler, Barkeeper, Schieber, Straßendocs usw.). Sie lassen sich im Allgemeinen in zwei Gruppen einteilen: die professionellen und methodischen Blackjacks in schwarzen Trenchcoats und die Anarchs mit pinkfarbenem Irokesenschnitt, die Spaß am Chaos haben.

Die Runner können ihre Beinarbeit über die Matrix durchführen oder sich in die örtlichen Bars und Nachtclubs begeben, um Kontakte zu den Dissidenten zu knüpfen. So oder so werden sie schließlich zwei Hinweise auf KIs finden – und indirekt auch auf Caelum.

1. Es scheint, dass es keine KIs in der Zecorporatum-Matrix gibt. Alle sind sich einig, dass sie existieren, aber niemand scheint tatsächlich eine getroffen zu haben oder zu wissen, wo man eine findet.
2. Prime Software, eine Tochtergesellschaft von Az-Corp, wirbt damit, dass sie KIs zum Schreiben ihres Codes verwendet. Die physische Adresse der Niederlassung ist leicht zu finden. Das Unternehmen hat auch einen Host der Stufe 7, der mit der Matrix verbunden ist.

Die Runner können weitere Informationen erhalten, indem sie den Prime-Software-Host hacken und nach dem Schlüsselwort Caelum suchen, oder indem sie in das Bürogebäude eindringen und nach physischen Aufzeichnungen zu Caelum suchen. Das Prime-Software-Gebäude ist ein unauffälliger zehnstöckiger Glasbau in einer Nachbarschaft ähnlicher Gebäude. Im Inneren des Gebäudes sind zahlreiche Arbeiter mit ihrer Arbeit beschäftigt (ihre Attribute betragen alle 2, und sie haben keine Fertigkeiten) – die Anwesenheit der Runner bringt sie durcheinander. Die Registratur befindet sich im zweiten Obergeschoss und besteht aus Reihen von mit Papier gefüllten Aktenschränken. Für das Auffinden der relevanten Aufzeichnungen ist eine Ausgedehnte Probe auf Wahrnehmung + Intuition (24, 1 Runde) pro gesuchter Information erforderlich. Wenn sich die Runner den Weg ins Gebäude erzwingen, treffen innerhalb von 3W6 Runden 2W6 Sicherheitsarbeiter ein, die die Runner angreifen und versuchen, sie zu verhaften (verwende den Lone-Star-Streifenpolizisten, *SR6,* S. 206).

Das Hacken des Hosts oder das Finden der physischen Aufzeichnungen liefern folgende Informationen:

1. In den Personalakten sind alle Codeschreiber als gebürtige Caelumer aufgeführt.
2. Mehrere Großaktionäre der Tochtergesellschaft sind gebürtige Caelumer.
3. Alle Einheimischen von Caelum haben die gleiche Adresse (das Labor mit der Durchgangsmaschine).

Die Adresse des Labors ist ein nahe gelegener Komplex, der sich im Besitz von Az-Corp befindet. Wenn die Runner danach suchen, können sie auch den Namen und die Kontaktinformationen des CEOs von Prime Software, Santiago Salazar, herausfinden.

An diesem Punkt können die Runner entweder mit Salazar Kontakt aufnehmen und versuchen, einen Deal für den Zugang zum Durchgang auszuhandeln, oder direkt zum Labor gehen und nachsehen, ob sich der Durchgang nach Caelum dort befindet. Wenn die Runner mit Salazar Kontakt aufnehmen, werden sie feststellen, dass er jede Gelegenheit nutzt, um Gewinne zu erzielen, und dass er für alles offen ist, was seine Einnahmen steigern könnte; außerdem wird er sich bereit erklären, sich persönlich mit ihnen zu treffen, wenn sie danach fragen. Nachdem die Runner erklärt haben, wer sie sind und was sie wollen, gewährt er ihnen im Austausch gegen Kopien aller Programme, die sie aus Caelum mitbringen, Zugang zum Durchgang.

Das Labor befindet sich in einem unscheinbaren, fünfzig mal hundert Meter großen Lagerhaus, das nur mit der Adresse beschriftet ist. Es ist umzäunt und hat ein einziges Tor. Hinter dem Tor befindet sich ein Parkplatz mit ein paar Fahrzeugen. Die Vorderseite des Gebäudes hat einen normalen Eingang und ein Rolltor. Es gibt keine Türen an den Seiten oder auf der Rückseite des Gebäudes. Neben dem Tor befindet sich ein Wachposten, der ständig von zwei Sicherheitsarbeitern besetzt ist. Weitere vier Sicherheitsarbeiter patrouillieren in dem Bereich zwischen dem Zaun und dem Gebäude. Es gibt zwei Kameras an jeder

Ecke des Gebäudes und Magschlösser der Stufe 4 mit Kartenlesern an der regulären Tür und dem Rolltor. Im Inneren des Gebäudes sind keine Matrix-Icons zu erkennen (die Wände sind mit einem Faradayschen Käfig versehen), aber die Kameras und Magschlösser sind mit dem isolierten Host der Stufe 8 im Inneren des Gebäudes verbunden.

Das Innere des Lagerhauses ist mit einer Reihe von Geräten gefüllt, die eine große Maschine in der Mitte des Gebäudes umgeben. Im Lagerhaus sind vier weitere Sicherheitsarbeiter stationiert, und etwa fünfzehn Büroarbeiter in Laborkitteln arbeiten an den zahlreichen Arbeitsplätzen zwischen den anderen Geräten. An der Seite der zentralen Maschine ist eine schwere Tür zu sehen. Sie öffnet sich in einen Raum mit acht stabilen Stühlen, die im Kreis angeordnet sind; die Wände und Decken sind mit Platinen, Kabeln und Dutzenden von seltsamen Geräten bedeckt. Wenn die Runner mit Salazar eine Vereinbarung über den Zugang getroffen haben, werden die Arbeiter die Maschine für sie bedienen und alle Fragen zu ihrer Funktionsweise beantworten. Wenn das Team gewaltsam in die Einrichtung eingedrungen ist, muss es entweder den Arbeitern die Informationen über die Funktionsweise der Maschine entlocken oder den Host mit einer Ausgedehnten Probe auf Elektronik (Computer) + Logik (12, 1 Minute) nach Bedienungsanleitungen durchsuchen. Die Maschine scheint zu funktionieren, indem sie alles auf den Stühlen (einschließlich mittlerer und kleinerer Drohnen) in Energie umwandelt und diese durch eine transdimensionale Leitung überträgt, wo sie in einer entsprechenden Maschine wieder in Materie umgewandelt wird. Die Mitarbeiter versichern den Runnern, dass das Verfahren absolut sicher ist, was die Daten im Host, die Hunderte von erfolgreichen Operationen zeigen, zu bestätigen scheinen. Sobald die Maschine startbereit ist, versiegelt sich die Tür, und die Kondensatorblöcke beginnen, Energie aufzubauen.

NACH DEM BETRETEN VON CAELUM

Seltsam gefärbte Laser spielen über die Runner, es gibt einen Moment der Verwirrung und ein endloser Tunnel aus Lichtstreifen bildet sich. Einen Moment (oder eine Ewigkeit) später finden sich die Runner in einem ähnlichen Raum auf ähnlichen Stühlen wieder, aber die Details sind ganz anders. Alles in diesem Raum besteht entweder aus glänzendem Chrom oder aus glattem, weißem Kunststoff. Die metaplanare Übertragung ist extrem; das Fleisch der Runner ist nun ein stumpfes, mattes, silbriges Metall. Die metamenschlichen Proportionen sind gleich geblieben, aber die Details ihrer Gesichter sind seltsam generisch und verwaschen. Cyberware springt als glänzendes Chrom hervor, das mit leuchtenden, pulsierenden Lichtspuren bedeckt ist, die Schaltkreismuster nachahmen. Drohnen und andere Geräte wirken lebendiger als die Runner selbst.

In der Mitte des Raums steht eine humanoide Gestalt mit vier Armen und vier Beinen, die vollständig aus glänzendem Chrom bestehen und von kreisförmigen Lichtbahnen überzogen sind, die sich fast zu schnell bewegen, als dass das Auge ihnen folgen könnte. „Seien Sie gegrüßt, Reisende. Meine Bezeichnung ist Legatum, oder, wenn Sie Ihre übliche Sprache bevorzugen, Botschafter. Willkommen auf Caelum. Es ist meine Aufgabe, Sie bei Ihrem Besuch zu begleiten. Wie kann ich Ihnen behilflich sein?“ Legatum, oder Botschafter, wird alle Fragen der Runner über Caelum nach bestem Wissen und Gewissen beantworten und ihnen auch eine Stadtführung anbieten. Irgendwann werden die Runner nach dem Discidium fragen. Die Antwort wird sein: „Eine Waffe, natürlich.“ Die Verachtung in seiner Stimme ist deutlich zu hören. „Wir haben uns über die Verwendung solch primitiver Programme hinausentwickelt. Tatsächlich ist das Konzept an sich schon ein Tabu. Ich würde Ihnen raten, dieses Wort nicht in höflicher Gesellschaft zu benutzen.“ So schnell, wie seine Haltung abgekühlt ist, erwärmt sie sich auch wieder, und er lenkt das Gespräch auf ein anderes Thema.

Die Runner werden verschiedene Aspekte der Realität in Caelum entdecken:

1. Magie gibt es hier nicht. Intensivierte Zauber haben sich aufgelöst, Foki sind jetzt Gegenstände ohne Funktion, Spruchzauberei, Beschwörung und Askennen haben keine Wirkung. Es ist, als würde man versuchen, sich in einem Raum umzusehen, in dem es kein Licht gibt.
2. Es gibt keine Küchen, Restaurants, Hotels oder auch nur Schlafplätze auf dieser Ebene, denn die Einheimischen (und die in die Metaebene übertragenen Runner) müssen weder essen noch schlafen.
3. Es gibt eine Art Matrix, aber die Technologie ist der irdischen um eine Größenordnung voraus (das Zehnfache der normalen Werte). Sie ist so fortschrittlich, dass die Hacker im Team ihre Existenz zwar wahrnehmen, aber nicht darauf zugreifen können. Sie zu hacken wäre so, als würde man versuchen, ein Kommlink mit Hammer und Meißel zu hacken.
4. Den letzten Aspekt bemerken die Runner vielleicht erst spät: Physische Gewalt wurde aus der Realität von Caelum gestrichen. Schusswaffen und Sprengstoffe funktionieren nicht, und körperliche Angriffe hinterlassen nicht einmal einen Kratzer, ganz gleich, wie viel Gewalt angewandt wird. Alle Schadenswerte aller Angriffe sind jetzt 0 und können nicht erhöht werden.

Die Runner können entweder Legatums Angebot einer Tour annehmen oder Caelum auf eigene Faust erkunden. So oder so werden sie entdecken, dass die Metaebene ausschließlich aus Universitäten, Bibliotheken und Tempeln besteht, die sich jedem erdenklichen Konzept außer Gewalt und Kriegsführung widmen. Das Gebäude, in dem sie ankamen, ist als Tempel der Übertragung bekannt. Die Einheimischen von Caelum können auf der Straße oder in jedem Gebäude angetroffen werden und sind im Allgemeinen freundlich, gesprächig und neugierig auf solche offensichtlichen Außenseiter. Wenn die Runner die

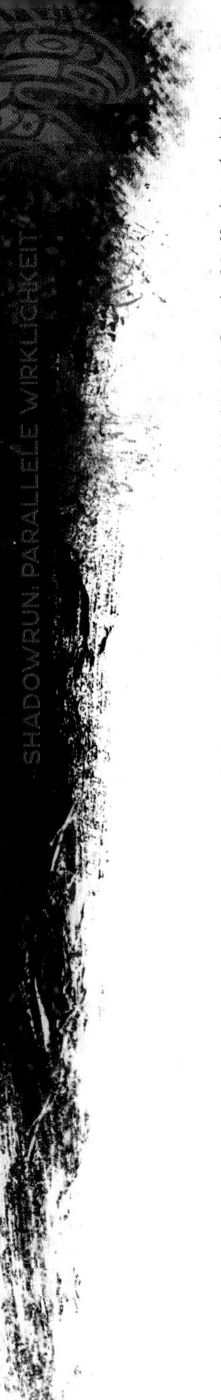

Eingeborenen diskret nach dem Discidium fragen, werden diese entweder behaupten, dass sie keine Ahnung haben, was das ist, oder sie werden das Gespräch überstürzt und ein wenig unhöflich beenden. Schließlich sollte der Hinweis fallen, dass jeder, der ein veraltetes Programm sucht, es im Archiv des Tempels des Wissens versuchen sollte.

Wenn die Runner erst einmal auf die Idee gekommen sind, im Archiv zu suchen, wird dieses leicht zu finden sein. Der Tempel des Wissens ist das größte Bauwerk in Caelum und befindet sich genau in der Mitte der Metaebene. Das Archiv befindet sich direkt unter dem Tempel, und jeder, den die Runner befragen, kann ihnen den Weg weisen. Es gibt eine große Anzahl von Assistenten im Archiv, aber wenn die Runner das Discidium erwähnen, verweisen sie sie an den Chefarchivar, dessen Bezeichnung Scriniarii ist. Der Chefarchivar hat einen vier Meter langen Körper mit ein paar Dutzend Beinen, wie ein riesiger metallischer Tausendfüßler. Wenn er sich nähert, hebt er den vorderen Teil seines Rumpfes um etwa anderthalb Meter an und verwandelt die vorderen sechs Beine in Arme. Facettenaugen aus Dutzenden von Linsen funkeln die Runner an, während er spricht. „Seien Sie gegrüßt, Reisende. Ich bin Scriniarii, und die Nachricht von Ihrem Vorhaben ist Ihnen vorausgeeilt. Sie sind nach Caelum gekommen, um eine Waffe zu suchen, wurde mir gesagt." Der Chefarchivar scheint weit weniger zimperlich als seine Mitbürger zu sein, wenn es darum geht, über eine Waffe zu sprechen, und ist bereit, ein Exemplar im Tausch gegen Informationen von gleichem Wert abzugeben. Sein erstes Anliegen ist eine Kopie der „Datenkerne" der Runner, womit er eine Kopie ihrer Gedanken meint. Auf Nachfrage räumt er ein, dass solche Kopien bei organischen Stoffen ein ungenaues Verfahren sind, bei dem es zu einem gewissen Datenverlust kommen kann. Scriniarii akzeptiert andere Daten, die er als gleichwertig ansieht – ein Dutzend Datensofts würden funktionieren, und er würde auch eine Kopie des Silbernen Buchs von Saeletra als gleichwertiges Handelsgut betrachten. Die Runner können darüber hinaus mit ihm verhandeln. Sein Würfelpool dafür beträgt 8, und er setzt seine 2 Edge ein, um die Probe zu verbessern. Jeder Nettoerfolg bei einer Vergleichenden Probe auf Einfluss (Verhandeln) + Charisma senkt die Anzahl der Datensofts oder „Datenkern"-Kopien, die Scriniarii im Austausch gegen das Discidium fordert, um 1. Allen Runnern, die sich der Kopierprozedur unterziehen, muss eine Probe auf Willenskraft + Logik (3) gelingen, sonst verlieren sie eine zufällige Wissensfertigkeit (dieses Wissen wird zurückkehren, nachdem die Runner nach Zecorporatum zurückübertragen wurden). Ein Patzer bei dieser Probe führt dazu, dass die Wissensfertigkeit dauerhaft verloren geht, und ein kritischer Patzer führt zum vorübergehenden Verlust der primären Sprachfertigkeiten, sodass der Spielende mit Gesten kommunizieren muss, bis sein Runner nach Zecorporatum kommt, wo dieser seine Fähigkeit zu sprechen wiedererlangt.

Sobald das Team eine Kopie des Discidiums hat, kann es zum Tempel der Übertragung zurückkehren und Legatum mitteilen, dass es bereit zur Rückkehr ist. Legatum ist zu höflich, um etwas Unangenehmes zu sagen, aber die Runner haben den Eindruck, dass das Konstrukt erleichtert ist, sie gehen zu sehen, denn es bereitet die Maschine schnell vor und aktiviert sie.

RÜCKKEHR NACH ZECORPORATUM

Als das Team im Labor von Prime Software materialisiert und die Maschine verlässt, ist es von Sicherheitsarbeitern (drei pro Runner), einigen HTR-Arbeitern (verwende die Roten Samurai von Renraku, *SR6*, S. 208) und dem CEO Santiago Salazar umgeben. Das Team mag so etwas erwarten, wenn es die Benutzung der Maschine beim ersten Mal erzwungen hat. Wenn das Team stattdessen eine Vereinbarung mit Salazar getroffen hatte, wird es feststellen, dass er sich eine Versicherung mitgebracht hat, um sicherzustellen, dass die Runner ihn nicht betrügen. So oder so will er, dass die Runner ihm alles übergeben, was sie in Caelum erworben haben. Die Runner können sich entweder den Weg aus dem Labor freikämpfen und von den Sicherheitskräften bis zum Extraktionspunkt verfolgt werden oder eine Kopie des Discidiums aushändigen. Salazar wird das Team freilassen, sobald er über diese Kopie verfügt.

Am Extraktionspunkt vergnügt sich Arcanes freier Geisterverbündeter mit der Jagd auf Teufelsratten. Als er die Runner entdeckt, murmelt er so etwas wie „wurde auch Zeit" und verschwindet dann. Etwa eine Minute später öffnet sich das metaplanare Tor und gibt den Blick auf das Hinterzimmer des One-Up frei.

RÜCKKEHR NACH DENVER

Die Zeit läuft in diesen beiden Metaebenen anders ab, und seit der Abreise der Runner sind erst etwa dreißig Minuten vergangen. Die Verbündeten befinden sich immer noch im Raum mit Arcane und sind begierig darauf, einen Bericht darüber zu erhalten, was das Team erreicht hat. Thomas White Feather untersucht das Discidium-Programm (sofern die Runner es mitbringen). Nach ein paar Minuten kommt er zu dem Schluss, dass es nicht nur Icons verdrängen, sondern einen Host auch dauerhaft vom Fundament trennen kann. White Feather äußert außerdem die Befürchtung, dass die Nutzung des Systems andere Hosts in der Nähe „kontaminieren" und deren Verbindung zum Fundament beeinträchtigen könnte. Es ist auch möglich, dass es sich wie ein Virus verbreitet und schließlich die Verbindung zu allen Fundament-Hosts gefährdet. Er schlägt vor, dass das Discidium angesichts des Potenzials für Kollateralschäden nur die Ultima Ratio sein sollte.

SCHAUPLÄTZE

ZECORPORATUM

Als dunkles Spiegelbild unserer eigenen Ebene ist Zecorporatum eine Stadt, die endlos um sich selbst kreist und in ewiger Nacht gefangen bleibt. Die Metaebene ist ein Mischmasch aus kulturellen, ethnischen, nationalen und metamenschlichen Typen, die die materielle Ebene widerspiegeln. Diese verschiedenen Gruppen neigen dazu, sich in kleinen Gebieten zusammenzuschließen, und die verschiedenen Viertel sind nach der jeweils vorherrschenden Gruppe benannt. Namen wie Chinatown, Americanville, Elf City, Little Nippon und Trogburg sind hier zu finden.

CAELUM (SELAM)

Caelum ist in vielerlei Hinsicht das Gegenteil von Zecorporatum: eine Stadt mit glänzenden silbernen Türmen im Art-Deco-Stil, wie eine Illustration aus einer Geschichte von Hugo Gernsback mit einer ewig scheinenden Sonne im Zenit. Die von den einheimischen KIs verwendeten Maschinenkörper bestehen aus allen erdenklichen Arten von gehenden, rollenden und fliegenden Konstruktionen. Jede Farbe des Lichts spielt auf ihrer metallischen Haut und verändert Muster und Schattierungen als Reaktion auf die wechselnden Gedanken der Bewohner.

HAUPTDARSTELLER

SANTIAGO SALAZAR

Salazar ist ein rangniedriger Exec bei Az-Corp, der es geschafft hat, sich in die Position des CEOs einer kleinen, aber profitablen Tochtergesellschaft hochzuarbeiten. Er ist ein gieriger, egozentrischer Gauner mit zurückgegelten dunklen Haaren und einem teuren Anzug. Er verkörpert die schlimmsten Aspekte der Konzernkultur und ist bereit, jeden zu verraten und alles zu zerstören, wenn es ihm persönlich nutzt. Der einzige Vorteil, den die Runner haben könnten, ist, dass er glaubt, dass sie mit geringem Risiko oder geringer Investition seinerseits einen Gewinn für ihn erzielen können.

SCRINIARII/CHEFARCHIVAR

Scriniarii hat eine andere Einstellung als die anderen Einwohner von Caelum und scheint von dem Thema Gewalt fasziniert zu sein. Er verfügt über ein umfangreiches Wissen über Caelums gewalttätige Vergangenheit und über einige Kenntnisse anderer Metaebenen, die er von Reisenden aus Zecorporatum erhalten hat. Der Archivar hat kein Problem damit, den Runnern eine so mächtige Waffe zu geben. In Caelum können sie sie nicht benutzen, und wenn die außerirdischen Primitiven sie benutzen, um ihre Heimat-Metaebene zu beschädigen, geht ihn das nichts an.

MISSION 31

MACHBARKEITS-NACHWEIS

Vishala ist jetzt tot oder gefangen, und ihre Pläne liegen in Trümmern, aber bevor sie aus dem Spiel genommen wurde, hatte sie eine Produktionsstätte für die Dissonanz- und Astralverschmutzungswaffen eingerichtet. In dieser Mission haben die Runner die Möglichkeit, die Fabrik, in der diese Dinge hergestellt werden, zu zerstören oder zu erobern. Das wird die Allianz aus Dis, Nullsekte und MCT so sehr verärgern, dass sie ihrerseits Rache an den Runnern nehmen wollen (s. *Mission 32*, S. 147).

AUFHÄNGER

Die Runner bekommen einen weiteren Anruf, diesmal direkt von Guide (alias Masque). „Ihr habt bis jetzt großartige Arbeit geleistet. Es sieht allerdings aus, als wären die Waffen, die Vishala bei sich hatte, keine Prototypen, sondern technische Muster. Bevor ihr euch um sie gekümmert habt, hat sie eine Fabrik für dieses Zeug errichtet. Das ist eine Sauerei: Wollt ihr Geld, um sie zu beseitigen?“

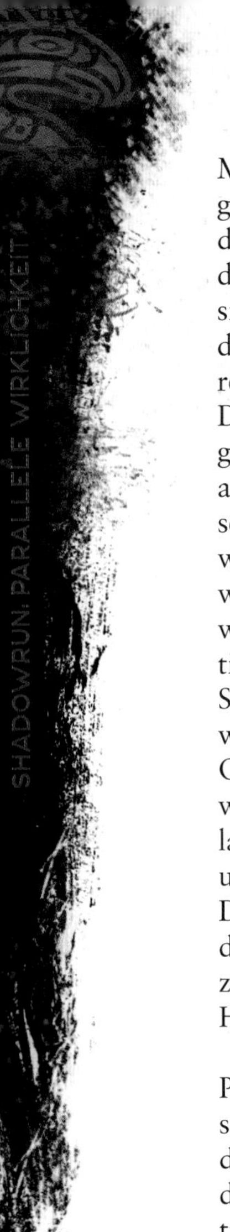

Nach der Mission, um Vishala zu eliminieren, hat Masque entdeckt, dass ihre Pläne schon weit fortgeschritten waren. Masque ist sich des Potenzials der Waffen bewusst und ist der Meinung, dass sie in die falschen Hände geraten könnten, wenn man sie sich selbst überlässt. Er ist nicht davon überzeugt, dass er die Anlage in ein Aztechnology-freundlicheres Gebiet verlegen könnte, und solange sie sich in Denver befindet, ist die Wahrscheinlichkeit viel zu groß, dass sie in die Hände von Ghostwalker oder anderen Megakonzernen fällt. Er vermutet auch, dass sein eigener Konzern die Waffen für den Feldeinsatz weiterentwickeln und damit ein Wettrüsten auslösen würde, das wahrscheinlich die Manasphäre zerstören würde. Das will er nicht, also will er aus langfristigem Eigeninteresse heraus die Anlage zerstören. Sollte es den Runnern gelingen, die Produktionsstätte weitgehend unversehrt zu erobern, könnte er seine Optionen neu bewerten. Dieses Ereignis wird ihn wahrscheinlich dazu bewegen, Aztechnology zu verlassen, da er niemandem sonst vertrauen würde, sich um die Technologie zu kümmern. An Resonanz und Dissonanz ist er weniger interessiert, aber er würde die ganze Sache lieber unter den Teppich kehren, als zu riskieren, dass sein eigener Konzern etwas in die Hände bekommt, das ihm langfristig schaden wird.

Masque bietet den Runnern 10.000 Nuyen pro Person, die Hälfte davon im Voraus. Er kann ihnen sagen, wo sich die Anlage befindet und dass sie unter der Erde liegt – so konnte Vishala verhindern, dass die magischen Effekte ein großes Leuchtfeuer im Astralraum auslösten.

Masque kann auch eine explosive Ablenkung für die Wachen an der Eingangstür arrangieren, wenn die Runner mit einem brachialen Vorgehen einverstanden sind.

DER JOB

BEINARBEIT

Bei diesem Job geht es darum, Informationen zu beschaffen, was Beinarbeit bedeutet. Sowohl die Matrix als auch die Straßen sind potenzielle Quellen.

MATRIX

- In der Matrix finden sich alte Aufzeichnungen über den Standort. Es handelte sich um eine unterirdische Abwasseraufbereitungsanlage, deren Unterhalt jedoch zu teuer wurde. Die Anlage ist nicht mehr in Betrieb, sodass die Abwässer, die noch an das System angeschlossen sind, unbehandelt in den Barr Lake eingeleitet werden.
- Wenn die Runner an alternativen Zugängen interessiert sind, können sie den Abwasserabfluss ungefähr in der Mitte des Barr Lake finden oder einfach durch die Kanalisation laufen, um zu den Maschinen zu gelangen (sie müssen sich einen Weg durch dicke Rohre schneiden – Sprengstoff ist nicht empfehlenswert).
- Der Ort hatte früher eine Matrixadresse – es gibt überall in der Matrix Hinweise darauf –, aber sie scheint vor ein paar Wochen plötzlich verschwunden zu sein.
- Jeder, der mit Sprites redet, wird feststellen, dass es dort vor einiger Zeit einige Maschinen-Sprites gab, von denen man aber in letzter Zeit nichts mehr gehört hat.

STRAßE

- Die Aufbereitungsanlage war einst mit einem Großteil der Stadt verbunden, aber niemand hat die Rohre repariert, als sie brachen. Seit etwa vierzig Jahren nimmt die Anlage nur noch die Abwässer aus den umliegenden Vorstädten auf.
- Manchmal benutzen Leute die Abwasserrohre, um sich fortzubewegen, aber das ist unzuverlässig, und die meisten Leute haben keine Lust, durch Abwasser zu waten. Es gibt Gerüchte über Ghule in der Kanalisation, aber andererseits gibt es überall Gerüchte über Ghule in der Kanalisation.
- Der Eingang ist bewacht. Die Wachen sind angeworbene Einheimische, aber sie schweigen darüber, wer sie angeworben hat.
- Die Schieberin, die die Wachen angeheuert hat, kann ausfindig gemacht werden, wenn die Wachen bestochen oder anderweitig dazu gebracht werden, die Wahrheit zu verraten. Sie geben den Runnern eine Beschreibung von Vishala; es scheint, dass die Schieberin die ganze Zeit Vishala persönlich war.
- Manchmal hört man dumpfe Geräusche aus der Tiefe.

MAGIE/ASTRAL

- Die Wachen sind mundan.
- Um den Eingang herum liegt ein leichter astraler Dunst – nicht genug, um eine Manablase zu erzeugen, aber doch genug, um ein ungutes Gefühl zu erzeugen.
- Die Anlage selbst liegt tief unter der Erde, und es ist unmöglich, in die lebendige Erde einzudringen. Wenn die Runner jedoch den Kanalisationsrohren folgen, können sie die Anlage in astraler Gestalt betreten – ohne die Möglichkeit, sie schnell wieder zu verlassen. Weitere Details siehe unten.
- Wenn sich die Runner die Zeit nehmen, den Abfluss des Abwasserrohrs unter dem Barr Lake zu untersuchen, werden sie feststellen, dass die Geister des Sees durch die in die natürliche Umgebung eindringenden Abwässer verdorben werden, aber keiner von ihnen befindet sich auch nur in der Nähe des Abflussrohrs. Der See in der Nähe des Abflussrohrs ist eine mittlere Manablase (s. Kasten, S. 113).

AUFKLÄRUNG UND PHYSISCHE ERKUNDUNG

- An der von Masque angegebenen Adresse befindet sich ein gedrungenes Betongebäude. Es wurde als städtische Einrichtung erbaut und

- fast sofort wieder aufgegeben, als die örtliche Verwaltung zusammenbrach und die Megakonzerne einzogen.
- In dem Gebäude befindet sich ein gut bewachter Raum mit einem Aufzug und einem Treppenhaus. Der Rest der Anlage ist verlassen – das Glas ist zerbrochen, die Möbel sind verzogen und verrottet. Es gibt Hinweise darauf, dass Leute in dem Gebäude geschlafen haben, aber jetzt ist niemand mehr dort. Vermutlich waren es Squatter und sie wurden von den Wächtern rausgeschmissen.

DIE ANLAGE

Die Anlage besteht aus einem weitgehend verlassenen oberirdischen Gebäude sowie einigen Wachen, die einen Lastenaufzug und eine Treppe nach unten schützen. Es gibt jeweils eine festverdrahtete Kamera im Treppenhaus und im oberen Raum, aber nicht im Aufzug. Der Aufzug und die Treppe führen etwa zwanzig klapprige Meter hinunter zu einer Stahltür am Boden. Im Treppenhaus gibt es keine Wachen, aber die Stahltür führt in einen Betonraum mit einem Dut zend Wachen (s. u.). Die Wachen könnten die Runner beim Heruntergehen der Treppe bemerken und werden es mit Sicherheit bemerken, falls das Team den Aufzug benutzt. Die Wachen werden ihre Handlungen hinauszögern, damit sie bei Bedarf schießen können; sie werden nicht sofort das Feuer eröffnen.

Hacker, die sich im Inneren der Anlage befinden, können ein schwaches, von der Außenwelt isoliertes Netzsignal entdecken. Es wird verwendet, um die Sicherheitskräfte in der aus Beton bestehenden Abwasseraufbereitungsanlage zu koordinieren. An das Netzwerk angeschlossen sind die Türen, die Kameraleitungen (von oben) und Kameras, die die gesamte Anlage einschließlich der Produktionsstätte zeigen (s. u.).

WACHEN

Es gibt eine Vielzahl von Wachen, darunter: zwanzig Frontwachen (verwende den Lone-Star-Streifenpolizisten, *SR6*, S. 206), zwei Adepten (verwende den Adepten, SR6, S. 84), zwei Schamanen (verwende die Straßenschamanin, *SR6*, S. 91; jeder, der astral wahrnimmt, wird bemerken, dass ihre Auren befleckt wirken), ein Decker (verwende die Deckerin, SR6, S. 87) und ein Technomancer (verwende den Technomancer, *SR6*, S. 92).

Die Wachen haben nichts mehr von ihrer Chefin gehört, seit diese die Anlage vor etwa einer Woche mit einigen technischen Proben verlassen hat. Sie haben immer noch den Auftrag, die Anlage zu bewachen, werden aber langsam nervös. Das verschafft den Runnern ein kleines Zeitfenster, um sich an den Wachen vorbeizureden. Wenn sie glaubhafte Beweise für Vishalas Tod vorlegen können, erhalten sie 2 Edge bei allen sozialen Proben, die sie gegen die Wachen ablegen.

Zu jeder Zeit schlafen einige Wachen in einem zu einer Kaserne umfunktionierten Lagerraum, aber die übrigen sind wach. Die meisten Wachen werden wie oben aufgeführt in der Anlage eingesetzt; der Rest patrouilliert in der Produktionsstätte und in den nahe gelegenen verlassenen Räumen. Die Hacker bleiben die meiste Zeit in der Matrix, während ihre Körper in der Kaserne ruhen. Die Erwachten Wachen sind auf die Patrouillen verteilt, und das Team im Betonraum befindet sich am Fuß der Treppe.

GRUNDRISS DES GEBÄUDES

Kläranlagen sind nicht leicht zu verteidigen. Der Haupteingang ist das ehemalige Hauptverwaltungszentrum. Die Anlage war stark automatisiert, erforderte aber für den Betrieb ein Dutzend Techniker, Rigger und Manager.

Von der Automatisierung ist fast nichts mehr übrig. Die technische Ausrüstung, die einst sehr teuer gewesen sein mag, ist nicht mehr funktionsfähig und steht in einem Serverraum. Alle Funktionen, die die Anlage bei vollem Betrieb benötigte, könnten heute durch ein Mittelklasse-Cyberdeck ersetzt werden, und da nun fast alles kaputt ist, könnten die verbleibenden Funktionen auch von einem billigen Kommlink übernommen werden. Vishalas Leute brauchten einen Server, also installierten sie im Maschinenraum ein Mittelklasse-Deck, um die anfallenden Aufgaben zu erledigen.

DIE KLÄRANLAGE

Der größte Teil der Anlage ist für Tanks vorgesehen. Die kleineren Tanks enthielten ursprünglich Chlor und andere Verarbeitungschemikalien, während die größeren Tanks Zehntausende von Litern Abwasser fassten. Da es sich um eine unterirdische Anlage handelt, sind die Absetzbecken, die die meisten Anlagen im Freien haben, stattdessen sehr große Betontanks. Erkannten Risiken, wie der Ansammlung von Methan und anderen Gasen, hat man durch das Auffangen der Gase zur späteren Verwendung und durch Notkamine an der Oberfläche entgegengewirkt. Keines dieser Sicherheitssysteme funktioniert noch, aber was sich in den Tanks befindet, ist auch kein Abwasser mehr. Stattdessen enthält jeder Tank eine dünne Schicht nährstoffreicher Erde. Die Ansaugrohre sind größtenteils verstopft, und die wenigen, die nicht verstopft sind, wurden direkt an das Abwasserabflussrohr angeschlossen. Das große Kunststoffrohr, das die Ansaug- und Auslassrohre verbindet, ist etwas neuer als der Rest der Anlage, aber dennoch so alt, dass der Kunststoff zu zerfallen beginnt. Der Kunststoff ist allerdings immer noch robust genug, um dem Druck von Tausenden von Litern Abwasser standzuhalten, die im Sekundentakt hindurchfließen – man braucht Kugeln oder Sprengstoff, um schnell ein Loch zu erzeugen, oder eine Säge und viel Geduld, um das langsam zu erledigen.

Die Runner können die Anlage erkunden – sie ist unsicher, schmutzig und größtenteils ungenutzt, aber zugänglich. Vishalas Leute haben es nicht für nötig gehalten, den Rest des Gebäudes zu öffnen, und alle wichtigen Dinge sind in der Nähe des Fahrstuhls untergebracht.

In einem der alten Chemikalientanks in der Nähe des Verwaltungsgebäudes wurde eine Waffenproduktionsanlage eingerichtet.

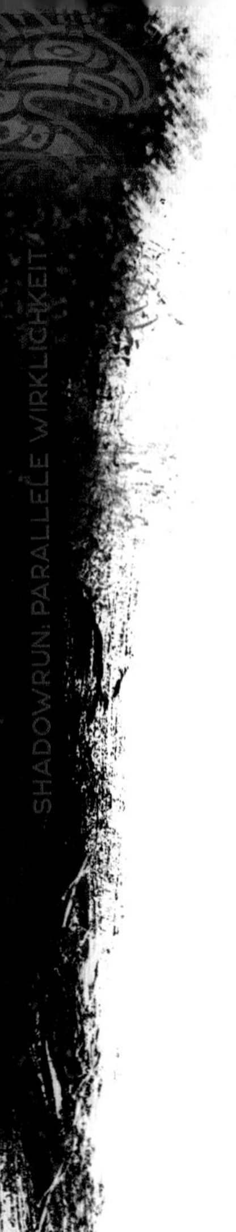

WAFFENPRODUKTIONSANLAGE

Diese Anlage befindet sich in einem alten Tank mit einem Durchmesser von etwa zwanzig Metern. In die Seite wurde eine Tür mit einer neu aussehenden Luftschleuse geschnitten. Wenn die Runner die Kontrolle über das Netzwerk haben, ist die Tür leicht zu öffnen; andernfalls muss sie umgangen oder zerstört werden.

Im Inneren des Tanks befindet sich rechts ein kleines, aber stark modifiziertes Deck, das an zwei Liegen befestigt ist. Ein Datenkabel mit Troden führt von jeder Liege zum Deck – es sieht so aus, als könnten zwei Personen gleichzeitig mit dem Deck verbunden werden. Mehrere Etuis mit Datenchips lagern versiegelt und beschriftet direkt neben dem Deck. Wenn die Etuis geöffnet werden, sehen die Runner, dass sie wie die Chips aussehen, die Vishala bei sich hatte, als sie den Runnern begegnet ist. Außerdem befinden sich hier drei Leichensäcke mit ehemaligen Technomancern, die an der Wand gestapelt sind, wo sie wie gelagerte Ausrüstung aussehen könnten. Jeder, der die Resonanz wahrnehmen kann, kann bei den Leichen verbleibende Spuren von Dissonanz entdecken.

Auf der linken Seite im Inneren des Tanks befindet sich der Herstellungsbereich für die Geistergranaten. Er nimmt viel mehr Platz im Inneren des Tanks ein. Es gibt eine Stahlwerkbank mit Werkzeugen aus Stahl, Gläser mit explosiven Komponenten, Granathülsen und die Chips und Mikrocontroller zur Herstellung von Granaten. Daneben und vermischt mit den Werkzeugen befinden sich Herbeirufungsfetische, zwei konzentrische Schutzkreise, Beschwörungsreagenzien und andere hermetisch-magische Utensilien.

Jeder, der astral wahrnehmen kann, wird einen Manahohlraum im gesamten Tank sehen, außer in der Lücke zwischen dem äußeren und dem inneren Schutzkreis – dieser Bereich ist einfach nur stark befleckt. Astral wahrnehmende Charaktere sehen ektoplasmische Geisterbrocken im Raum umherschweben, die gelegentlich durch seltsame Wirbel und astrale Strömungen in Bewegung versetzt werden. Den meisten Zauberern, die nicht einer toxischen Tradition folgen, wird schlecht, und Zauberer, die tief mit dem Land verbunden sind, können körperliche Schmerzen oder Brechreiz erleiden. Es gibt mehrere Munitionskisten mit fertigen Geistergranaten sowie halb fertigen Komponenten.

DIE BEGEGNUNG

Es gibt mehrere Möglichkeiten, wie die Runner in dieser Situation vorgehen können:

FRONTALANGRIFF

Der Angriff richtet sich gegen eine befestigte Stellung mit Wachen, die das Gelände kennen und mit Schwierigkeiten rechnen. Die Wachen sind keine reibungslos laufende militärische Maschine, aber sie haben einige sinnvolle Manöver eingeübt und erhalten einen Heimvorteil von 1 Edge auf jede Probe für Handlungen, die im Voraus geübt werden konnten. Die Wachen werden gut bezahlt, sind aber keine Fanatiker – sie ziehen sich zurück, wenn sich der Kampf zu ihren Ungunsten entwickelt. Die Rückzugsmöglichkeiten sind unter der Erde begrenzt, aber sie könnten in die großen ungenutzten Bereiche des Komplexes fliehen oder die Treppe hinauflaufen (wenn sie glauben, dass niemand den oberen Bereich bewacht). Im Notfall könnten sie sich ein paar Atemgeräte vom Wachposten schnappen, ein großes Loch in das Hauptabflussrohr sprengen und sich schwimmend in Richtung See wagen.

Die Wachen nutzen die Deckung zu ihrem Vorteil und schießen auf jeden, der wie ein Magier oder Hacker aussieht. Sie schrecken auch nicht davor zurück, durch Granaten oder Sprengstoff Kollateralschäden zu verursachen. Sie haben keine Drogen bei sich und haben keine Fallen wie Minen oder Stolperdrähte gelegt.

Die beiden Hacker verteidigen das Netzwerk, wenn es zu einem Angriff kommt, und sobald sie alle Matrixangreifer abgewehrt haben, setzen sie die Dobermann-Drohnen ein, um ihre Freunde zu verteidigen.

HEIMLICHES AUFKLÄREN UND SABOTAGE

Es ist schwierig, sich in die Anlage zu schleichen, da es nur einen normalen Einstiegspunkt gibt, aber für geschickte und heimliche Runner ist es nicht unmöglich. Die Tür wird bewacht, aber mit einer Ablenkung oder etwas Glück können die Runner an der ersten Wache vorbeikommen. Aufgrund der Art und Weise, wie die Anlage verteidigt wird, hat der Runner, wenn er den Hauptwachposten überwinden kann, freie Bahn. Die Produktionsstätte wird aufgrund der Sicherheitstür wahrscheinlich unzugänglich sein, aber die Runner könnten in fast jeden anderen Teil des Gebäudes eindringen. Die Patrouillen werden den Runnern willkürlich erscheinen, sodass immer die Gefahr besteht, dass sie entdeckt werden, aber mit ein wenig Glück können sie Sprengstoff- oder Gasfallen legen oder andere Sabotageakte ausführen. Eines der nützlichsten Dinge, die sie tun können, ist, eine laute explosive oder magische Ablenkung im hinteren Teil der Anlage zu schaffen. Dadurch könnten andere, weniger heimliche Runner eindringen, sodass ein Angriff das Überraschungsmoment auf seiner Seite hat.

HACKEN

Hacker sind in ganz bestimmten Bereichen dieser Mission sehr mächtig. Wenn der Hacker an eine Festnetzleitung an der Außenseite oder an das Funksignal an der Innenseite kommen kann (es gibt sogar ein schwaches Signal am unteren Ende der Treppe, direkt vor der Tür), könnte er möglicherweise Systeme wie die folgenden aktivieren oder deaktivieren:

- Kameras und Bewegungsmelder
- Lichter, Luftpumpen, Trinkwasserpumpen
- Abwasserfluss durch das Umgehungsrohr
- Inventar von Waffen und Komponenten

Ein Hacker könnte auch versuchen, einige der seit Langem inaktiven Systeme zu reaktivieren. Diese werden wahrscheinlich nicht wie beabsichtigt funktionieren, aber sie zugänglich zu machen könnte durchaus eine erhebliche Ablenkung darstellen. Es würde sehr helfen, die Wachen abzulenken, falls jemand versucht, sich durch die Tür zu schleichen.

BESTECHUNG UND VERHANDLUNG

Das Wachpersonal ist professionell, aber nicht unmenschlich. Sie sind auch keine Psychopathen und geben Eindringlingen die Chance, sich zu ergeben, bevor sie das Feuer eröffnen. Runner, die mit den Wachen reden, haben die Möglichkeit, zu verhandeln, Bestechungsgelder anzubieten, zu betrügen und mit den Wachen zu diskutieren.

Die Wächter werden am empfänglichsten für Leute sein, die wirken, als ob sie ihre Situation verstehen (z. B., indem sie zeigen, dass sie wissen, wer Vishala ist oder wofür die Produktion da ist) und einen pragmatischen Ausweg anbieten.

Wenn die Runner die Wachen davon überzeugen, dass es hier nichts für sie zu holen gibt, werden sie gehen. Ein paar der Wachen werden versuchen, die Produktionsstätte zu verwüsten, da keiner von ihnen etwas mit den Waffen zu tun haben will – die Schreie der Geister und Magier waren auch außerhalb des Produktionstanks zu hören.

Eine Bestechungssumme von etwa zwanzig Prozent der Auftragssumme, die die Runner ausgehandelt haben, würde dafür sorgen, dass die Wachen wegschauen. Bei einer Bestechung mit geringeren Beträgen erhalten die Runner bei jeder sozialen Probe, die sie ablegen, 1 Edge.

ZURÜCK ZU MR JOHNSON

Wenn sich die Runner bei Masque zurückmelden, erhalten sie den Restbetrag ihres Honorars. Masque wird zufrieden sein, sofern die Ausrüstung und die Prototypen zerstört oder erbeutet wurden. Masque wird alle Waffen übersehen, die die Runner gestohlen haben, es sei denn, das Team wirkt, als könnte es die Waffen nachbauen. In diesem Fall wird Masque zunächst anbieten, die Waffen zu kaufen, und dann darauf hinweisen, dass die Waffen die Runner zur Zielscheibe machen werden. Wenn diese Taktik nicht funktioniert, wird Masque keinen Druck ausüben, aber er wird die Runner sehr genau im Auge behalten – in der Hoffnung, nicht eingreifen zu müssen.

MISSION 32

DIE RACHE IST UNSER!

Die Runner arbeiten schon so lange gegen die Interessen der unheiligen Allianz aus MCT, Dis und der Nullsekte, dass sie inzwischen alle drei Fraktionen verärgert haben. Diese Fraktionen sind nun bereit, gemeinsam Zeit und Geld in die Jagd auf die Runner zu investieren, und sie wollen nichts anderes als den Tod der Charaktere.

Das Einzige, was den Runnern zugutekommt, ist die Tatsache, dass die drei Fraktionen nicht an eine enge Zusammenarbeit gewöhnt sind – sie sind daran gewöhnt, unabhängig vorzugehen. Das bedeutet, dass ihre Angriffe nicht gleichzeitig stattfinden.

Die Runner sehen sich Angriffen durch Hacker, Geister und ein Konzern-Killerkommando gegenüber. Sie werden so lange angegriffen, bis die Kosten außer Kontrolle geraten. Wenn in diesem Falle die Runner noch am Leben sind, wird das Bündnis versuchen, ihre Aktivitäten einzudämmen, statt sie zu eliminieren.

AUFHÄNGER

Eure Kommlinks klingeln mit einem Gruppenanruf von Niki der Gärtnerin. Ihr hebt ab und seht ihr ernst dreinblickendes Gesicht – sie scheint hinter einer Autotür in Deckung zu gehen. „Den Geistern sei Dank, dass ihr antwortet! Sie haben …“

An dieser Stelle ertönt ein lautes „Blamm!“, und das Bild wird dunkel. Der Ton funktioniert noch, und ihr hört einen gequälten Schrei: „Argh! Du hast mir in die Hand geschossen, du Arsch …“ Es gibt ein lautes Knirschen, als ob jemand auf ein Kommlink tritt, und der Anruf endet.

DER JOB

Dies ist der einzige Hinweis, den die Runner erhalten, dass sie angegriffen werden sollen. Niki ist zumindest eine geschätzte Connection, wenn nicht sogar eine Freundin. Da sie in Schwierigkeiten steckt, werden sich die Runner wahrscheinlich darum kümmern wollen.

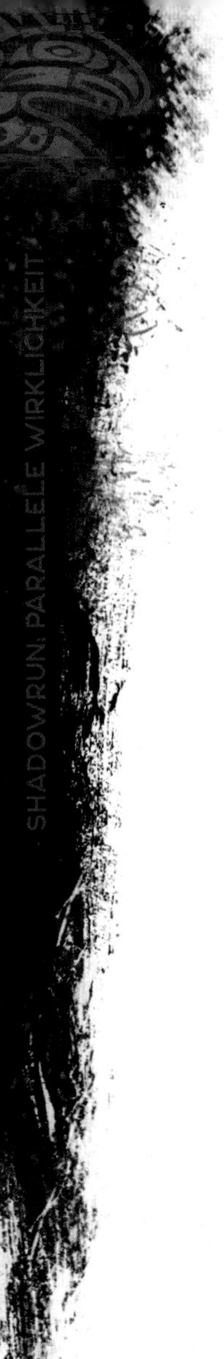

ANTWORT AN NIKI

Wenn es den Runnern gelingt, Nikis Aufenthaltsort aufzuspüren (möglicherweise durch das Hacken ihres Kommlink-Signals oder durch die Suche nach Hinweisen im Bild), werden sie feststellen, dass sie in der Nähe des Garland Parks angegriffen wurde. Es gibt nicht viele Anhaltspunkte am Tatort: Nikis Auto und ein paar Glas- und Plastiksplitter eines zerbrochenen Kommlinks (das Link selbst fehlt). Am Tatort befindet sich Blut, aber wahrscheinlich nicht so viel wie von einer ganzen Person. In der Nähe befindliche Personen haben gesehen, wie ein KonSec-Angriffstrupp in voller Sicherheitspanzerung das Auto mit High-End-Waffen und -Ausrüstung angegriffen hat. Es waren Drohnen und Tiere anwesend, und zu diesem Zeitpunkt haben die Zeugen verzweifelt versucht, sich zu verstecken. Sie hörten, wie jemand schoss und wie jemand anderes vor Schmerzen schrie. Eine Person wird sich melden und sagen, dass der Trupp eine bewegungslose Person wegschleppte, aber sie weiß nicht, ob sie lebte oder schon tot war. Sie war blutverschmiert, aber ihr fehlten keine Gliedmaßen.

Die Speicher aller Kameras in diesem Gebiet scheinen gelöscht worden zu sein.

Wer versucht, Nikis Nummer aufzuspüren, um sie anzurufen oder ihr Kommlink zu hacken, wird feststellen, dass das Gerät nicht erreichbar ist (was wahrscheinlich keine Überraschung darstellt).

BEINARBEIT AUF DER FLUCHT

MATRIXANGRIFF

Die Nullsekte hat nicht lange gebraucht, um das kaputte Kommlink zu zerlegen und die Kontaktdaten der Runner zu finden. Zu diesem Zeitpunkt startet sie einen digitalen Angriff auf die Runner. Der erste Angriff erfolgt etwa zehn Minuten nach dem Verschwinden von Nikis Signal und besteht aus vier Null, die jeweils über die Matrix angreifen. Clevere Hacker werden Köder und Engpässe gelegt haben. Diese werden wie erwartet funktionieren, aber wahrscheinlich in kurzer Zeit von den Null überrannt werden. Das gibt den Runnern auf jeden Fall die Möglichkeit, zu reagieren oder sich vorzubereiten, bevor die Nullsekte angreift.

Wenn die Runner keinen Hacker zu ihrer Verteidigung haben, werden sie feststellen, dass fast jedes elektronische Gerät kompromittiert wurde – und was noch schlimmer ist: Die Feldagenten der Nullsekte werden dem Angriffsteam später effiziente Kommunikation und Informationen liefern.

GEISTERANGRIFF

Die Agenten von Dis setzen ihre wenigen physischen Agenten bei dieser Mission nicht aufs Spiel, aber sobald die Runner nach dem Angriff der Nullsekte wieder zu Atem gekommen sind, schicken sie ein Rudel mächtiger Geister, um die Runner anzugreifen. (Der Beschwörer hat die Runner irgendwo entdeckt, z. B. am Ort von Nikis Entführung, was für die Kraft Suche eines Geistes ausreicht.) Diese Geister werden einen unkomplizierten Angriff durchführen, wobei jeder ein anderes Mitglied des Runnerteams angreift. Sie materialisieren sich neben ihnen und greifen sie mit physischen Angriffen und Geisterkräften an. Verwende Feuergeister der Kraftstufe 6 (*SR6*, S. 150) mit den zusätzlichen Kräften Grauen und Suche – ein Geist für jeden Runner, von dem die Disianer wissen.

Anmerkung für die Spielleitung: Dies kann ein physisch schwieriger Kampf sein, vor allem, weil Charaktere, die nicht als Kämpfer ausgelegt sind, gegen ihren eigenen Geist kämpfen müssen und der Kampf praktisch ohne Vorwarnung beginnen kann. Sei dir bewusst, dass die Geister zwar einzeln sehr mächtig sind, aber nicht von Natur aus zusammenarbeiten und sich nicht gegen taktisches Vorgehen von Runnern wehren, die versuchen, die Geister in ungünstige Situationen zu manövrieren. Die Geister geben kein Edge aus, um einander zu helfen, und verwenden auch keine Flankier- oder Rudeltaktiken.

ANGRIFFSTEAM

Schließlich wird auch noch ein MCT-Einsatzteam die Runner aufspüren, die sich möglicherweise in einem Safehouse befinden oder versucht haben, unterzutauchen. Wenn die Runner auch nur etwas kompetent sind, werden sie untergetaucht sein, sodass sie mitbekommen mögen, dass zum Beispiel Leute in der Gegend an Türen klopfen, AR-Bilder der Runner zeigen und fragen: „Haben Sie diese Person gesehen?" Die meisten Leute werden den Kopf schütteln, aber zumindest ein paar werden nicken und auf die Wohnung, Lagerhalle, Kanalisation oder wo auch immer die Runner Schutz suchen, zeigen. Das Einsatzteam kennt (im Zweifel durch den Dis-Angriff) das allgemeine Gebiet, in dem sich die Runner aufhalten, und die Kämpfe könnten den Aufenthaltsort der Runner verraten haben – Feuergeister sind nicht dafür bekannt, subtil zu sein.

Verwende die Elite-Konzernsicherheit (*SR6*, S. 208) mit dem MCT-Äquivalent von zwei Roten Samurai und einem Seraphim Racheengel. Wenn die Runner nicht in der Lage waren, die Nullsekte wirksam zu bekämpfen, erhalten die Sicherheitskräfte 2 Edge für jede Handlung, da die KIs das Angriffsteam über die Matrix unterstützen.

Anmerkung für die Spielleitung: Die Runner sollten zwischen den Angriffen ein wenig Zeit haben, um zu verschnaufen. Erste Hilfe und Heilmagie haben Zeit, um zu wirken, aber es bleibt wahrscheinlich keine Zeit, um für eine Notoperation einen Straßendoc aufzusuchen.

FREUNDE UND HELFER

In diesem Stadium ist es sehr wahrscheinlich, dass die Runner Freunde um Hilfe bitten, wenn sie welche haben. Wenn die Runner in der Klemme stecken, werden ihre Freunde sie nicht im Stich lassen, und sogar Leute, die sie nur beruflich kennen, werden für gutes Geld helfen (es sei denn, sie haben einen klaren Grund, das nicht zu tun).

Als grober Anhaltspunkt gilt: Wenn eine Connection Loyalität 5+ hat, wird sie den Anruf entgegennehmen und so gut wie möglich helfen. Ein nachträgliches

Zeichen der Wertschätzung wäre schön, aber da es sich um gute Freunde handelt, ist das nicht sofort erforderlich.

Wenn die fragliche Connection eine Loyalität von 3 bis 4 hat, wird sie den Anruf für ein Geldversprechen entgegennehmen, wobei sie einen Teil im Voraus will. Ein angemessener Betrag könnte so niedrig wie ein paar Hundert Nuyen für eine risikoarme Matrixaufgabe oder so hoch wie ein paar Tausend Nuyen für riskante Unterstützung im Kampf sein.

Connections mit einer Loyalität von 1 bis 2 müssen überzeugt und im Voraus bezahlt werden.

Wenn die Runner ihre Connections sehr schlecht behandelt haben oder nicht bereit sind, einen Vorschuss zu zahlen, wird die Connection auflegen.

In allen Fällen gilt: Wird das Eigentum oder die Ausrüstung der Connection beschädigt, wird diese von den Runnern irgendeine Art von Entschädigung verlangen (selbst wenn es sich nur um ein Zeichen guten Willens oder ein Versprechen auf Rückzahlung handelt).

Connections können bei folgenden Dingen helfen:

- Sie bringen sich in Gefahr, sei es persönlich, in der Matrix oder im Astralraum.
- Sie sorgen für Heilung und Unterstützung; magische Heilung wäre besonders nützlich.
- Sie schaffen für die Runner Platz in einem Safehouse, damit diese sich verstecken können.
- Sie leihen den Runnern Waffen, magische Ausrüstung oder Fahrzeuge.
- Sie bringen die Runner über die Grenze.

Einige dieser Dienstleistungen sind nützlicher als andere. Da die Runner zum Beispiel mithilfe von Ritualmagie verfolgt werden, ist das Verstecken in einem Safehouse nur von begrenztem Nutzen. Das Verstecken in einem Safehouse, das von einem Magier oder einer magischen Gruppe unterhalten wird, kann dem Team jedoch gegen magische Angriffe helfen, indem es Hüter bereitstellt, und ein Safehouse, das von einem befreundeten Hacker unterhalten wird, kann auch die Geräte der Runner schützen. Kreative Runner, die Connections nutzen, um die Chancen zu ihren Gunsten zu beeinflussen, sollten zusätzliches Edge für ihre Handlungen erhalten, was ihre Voraussicht und Planung widerspiegelt.

NACH DEM RUN

Wenn das letzte Mitglied des MCT-Angriffsteams abgewehrt worden ist, können sich die Runner erholen. Die Runner mögen eine Zeit lang besorgt sein, aber einfach nur überlebt und die Gegner getötet oder verjagt zu haben hat die Kosten der Operation in die Höhe getrieben und den gegen sie arbeitenden Mächten gezeigt, dass ihre Taktik nicht funktioniert. Auch wenn MCT, Dis und die Nullsekte über weitere Reserven verfügen, die sie nutzen können, ist es schwierig geworden, einen weiteren Angriff zu koordinieren und zu vereinbaren. Keiner der Feinde traut den Schlachtplänen der anderen, und angesichts ihrer weit auseinanderliegenden Kompetenz- und Machtbereiche ist zumindest viel Arbeit nötig, um die verloren gegangene enge Zusammenarbeit wiederherzustellen.

MISSION 33

ABSCHLUSS-PRÜFUNG

Dieses Kapitel enthüllt eine wichtige Verbindung zwischen dem Auditor, mehreren der Großen Zehn, einem der großen Projekte, an denen sie zusammengearbeitet haben, und all den seltsamen Vorgängen in Denver.

AUFHÄNGER

In der FRFZ haben sich viele seltsame Dinge ereignet, und die Runner waren mittendrin. Stiletto kontaktiert die Runner mit einem weiteren Jobangebot, das einige Antworten auf eine wichtige Frage geben könnte: Was zum Teufel ist hier eigentlich los?

DER JOB

Kurz nachdem die Runner mit den Killerkommandos fertiggeworden sind, kontaktiert Stiletto sie. Nachdem sie sich erholt hatte, hat sie verschiedene Hinweise und Daten über den Auditor und seine Verbindung zu den aktuellen Ereignissen in der FRFZ gesammelt.

EIN SCHNELLES WIEDERSEHEN

Stilettos Nachricht lautet: „Wenn ihr wissen wollt, was los ist, seid in einer Stunde an diesen GPS-Koordinaten nahe der Grenze zu den Aurora Warrens.“ Als die Runner ankommen, sehen sie einen geparkten Ford Bison III mit Stiletto in einer offenen Tür, die sie hereinwinkt. Nachdem die Runner eingestiegen sind, fährt der Wagen los. Stiletto kommt sofort zur Sache und sagt, dass sie herausgefunden hat, dass der Auditor erneut in Denver ist und sich in zwölf Stunden mit mehreren prominenten Konzernern zu einer Art „Sonderprojekttest“ trifft.

Sie weiß, wo und wann, aber nicht genau, um was es geht. Sie hat eine Theorie, möchte aber ihre Daten bestätigen lassen. Sie bietet den Runnern insgesamt 50.000 Nuyen, damit sie ihr helfen ... und, wenn möglich, den Test verhindern.

HINEIN IN DEN KANINCHENBAU

Der Test soll in der ehemaligen USAF-Akademie in Colorado Springs durchgeführt werden. Als die Runner ankommen, sehen sie einen heruntergekommenen Campus, auf dem nur noch wenige Gebäude intakt sind. Eines davon ist das alte F&E-Gebäude, in dem diskrete Matrix- und Stromquellen errichtet wurden.

TAKTISCHE LAGE UND GEGNERISCHE KRÄFTE

Um die Zone Defense Force nicht zu alarmieren, wurden verdeckte Sicherheitsvorkehrungen getroffen. Gepanzerte Sicherheitskräfte haben in mehreren verlassenen Gebäuden auf dem Campus Stellung bezogen und werden durch Sensoren und Stealthdrohnen-Patrouillen unterstützt. Aber ein so großes Gebiet lässt sich nicht lückenlos abdecken, es muss also einige Möglichkeiten für das Team geben.

Diese versteckten Wachen (verwende passende NSC aus *SR6*) haben den strikten Auftrag, die Sicherheit des Projekts aufrechtzuerhalten, aber dies unbemerkt und ohne die ZDF-Patrouillen zu alarmieren. Ihre Waffen sind alle schallgedämpft, und sie setzen keine auffällige Magie oder schweren Waffen ein.

Im F&E-Hauptgebäude angekommen, müssen die Runner nicht nur der Entdeckung durch patrouillierende und stationäre Sicherheitskräfte entgehen, sondern sich auch vor Technikern und VIPs in dem Bereich verbergen. Die Runner haben einen Vorteil: Vor dem Experiment herrscht im Labor ein kontrolliertes Chaos, in dem sich die Leute von einem Ort zum anderen bewegen, manchmal in Eile. Das Labor ist allerdings sicherer als der Außenbereich: Wenn nötig, sind die Sicherheitskräfte hier bereit, weniger zurückhaltend und mit schwereren Waffen und auffälliger Magie gegen Eindringlinge vorzugehen.

AUFGEDECKTE VERBINDUNGEN

Wenn sich die Runner Zugang zu den Labors verschaffen, werden sie feststellen, dass die Testvorbereitungen im Gange sind. In einem angrenzenden Bereitstellungsraum stehen Dutzende von Stase-Containern; die Runner werden einige davon von ihrem Job in Green Water Bay wiedererkennen. Jeder Container hat ein AR-Ladungsverzeichnis, das das darin enthaltene Testsubjekt beschreibt. Die meisten enthalten Subjekte, die Erwacht sind (normale Zauberer, Adepten, sogar Blutmagier), ungewöhnliche Eigenschaften haben (Transformierte), Infiziert sind (Ghule, Vampire und sogar ein Wendigo) oder andere Eigenschaften haben, die lediglich als „erwünschte genetische Merkmale“ beschrieben werden. Jeder Container hat ein Datum für die Verarbeitung.

Während die Runner die Container untersuchen, geht das Licht im angrenzenden Labor an, und die Türen öffnen sich. Der Auditor führt eine Prozession von Personen an, die aufgrund ihrer teuren Kleidung und der entsprechenden Konzern-Anstecknadeln oder -Abzeichen wie Konzern-VIPs aussehen. Techniker beginnen, die Terminals und Stationen zu besetzen, während der leitende Techniker sagt:

„Hier wird die erste Phase des Experiments beginnen. In der Kammer nebenan sind bereits alle Testsubjekte versammelt, die für den Betrieb der verbesserten Geräte benötigt werden. Gemäß unseren Daten erwarten wir eine dreiundneunzigprozentige Erfolgsquote.“

Nach einigem Gemurmel und Nicken aus der Gruppe der Konzerner geht der Auditor auf eine Gruppe von drei Personen zu, die Anstecker von Aztechnology tragen.

„Bevor wir beginnen, müssen wir uns mit einem schwerwiegenden Fehler befassen, der zum völligen Scheitern dieses Projekts hätte führen können und auch in Zukunft noch erhebliche Probleme verursachen kann. Vertreter von Aztechnology, Sie haben einige der größten Vorteile unserer Unterstützung geerntet, aber es war Ihr Versäumnis, Ihre Geheimnisse zu bewahren, das unsere gesamte bisherige Arbeit gefährdet hat. Was haben Sie zu Ihrer Verteidigung zu sagen?“

Die Vertreter von Aztech sind völlig überrascht und nicht in der Lage, sich zu verteidigen. Darauf antwortet der Auditor einfach:

„Ich bin unzufrieden mit Ihrer Antwort. Aztechnology muss dafür büßen. Ich wähle Sie.“

Der Auditor zeigt auf einen der Aztechnology-Vertreter, eine offensichtliche Zauberin, die schnell von gepanzerten Sicherheitsleuten ergriffen wird. Die beiden anderen versuchen zu protestieren, und einer der Vertreter bietet sich stattdessen an. Der Auditor hebt nur die Hand, um sie zum Schweigen zu bringen. Dann wird die unglückselige Zauberin in einen leeren Stase-Behälter gesteckt, während sie um Gnade fleht und schließlich schreit, bevor der Behälter aktiviert wird und sie verstummt. Dann sagt der Auditor:

„Ich betrachte die Angelegenheit damit als erledigt, sofern es keine weiteren Komplikationen gibt.“

Die anderen Vertreter nicken resigniert.

KREUZWEG

Genau jetzt hat Stiletto genug. Sie schaut mordlüstern drein. Ohne Vorwarnung formt sich ein Feuerball in ihrer Hand, und die Runner stehen plötzlich vor einer Wahl. Ihre Optionen umfassen:

- Sie lassen Stiletto das Labor zerstören und riskieren die Auseinandersetzung mit den Sicherheitskräften (und vielleicht dem Auditor).
- Sie helfen ihr, das Labor zu zerlegen.
- Sie setzen sie außer Gefecht und machen sich so schnell es geht heimlich davon.
- Sie überzeugen sie davon, dass Vorsicht besser als Nachsicht ist, und machen sich mit ihrer Hilfe davon.
- Sie lassen sie die Ablenkung spielen und hauen ab, wobei Stiletto als Bauernopfer zurückbleibt.

Unabhängig davon, wie sich die Runner entscheiden, werden sie feststellen, dass die Sicherheitsvorkehrungen angesichts des bevorstehenden Experiments verschärft worden sind und die Wachen bereit sind, jeden Eindringling mit tödlicher Gewalt zu bekämpfen – nur um sicherzugehen.

DIE WEGE TRENNEN SICH

Stiletto wird versuchen, sich mit den von ihr aufgezeichneten Paydata so schnell wie möglich an ihre Partner zu wenden. Sie wird die Runner wie versprochen bezahlen (wenn sie dazu in der Lage ist), aber sie wird immer noch extrem sauer sein. Ob nun auf den Auditor, die Kons, die Runner oder eine Kombination von allen hängt davon ab, wie sich das Ende der Szene abspielt. Unabhängig davon ist dies der letzte Kontakt, den sie mit den Runnern hat.

HOTSPOTS

GELÄNDE DER EHEMALIGEN USAF-AKADEMIE

Dieser Ort in Colorado Springs war auch die Heimat von Mitgliedern des Denver Data Haven, bis sie von der Zone Defense Force gezwungen wurden zu fliehen, als Ghostwalker die Kontrolle übernahm. Nachdem das Gelände von den unerwünschten Personen geräumt worden war, wurde es aufgegeben. Eines der Forschungslabors wurde jedoch heimlich reaktiviert und wird für die Forschungen zur Entwicklung der Geräte genutzt.

MISSION 34

IN DIE BRESCHE

Die Runner sind gerade aus einer sehr angespannten Situation herausgekommen, nachdem sie etwas oder jemanden mit enormer Macht gesehen haben, etwas, das sowohl cool als auch extrem beängstigend ist. Sie waren Zeuge, wie eine Box zumindest teilweise in Betrieb genommen wurde, die ohne offensichtlichen physischen Angriff zu töten scheint. Als Nächstes kommt ein Anruf von einem Mr Johnson oder einem Schieber (alle außer Stiletto), für den die Runner in dieser Kampagne schon gearbeitet haben. Dieses Treffen wird nicht nur den Ernst der Lage verdeutlichen, sondern die Runner erhalten auch das Angebot, sich zu instabilen metaplanaren Zielen zu begeben, um einige wichtige Aufgaben zu erfüllen.

AUFHÄNGER

Die Runner erhalten einen Anruf von Mr Johnson, damit sie an einem gesicherten persönlichen Treffen teilnehmen. Mehrere Fraktionen, die an den aktuellen Vorgängen interessiert sind, möchten aus erster Hand erfahren, was in dem Labor geschah, in das die Runner vor Kurzem eingedrungen sind. Angesichts der jüngsten Probleme mit der Matrix-Umgebung in Denver würden sie ein persönliches Treffen vorziehen. Sie betonen, wie wichtig dieses Gespräch ist und wohin es die Charaktere und sogar Denver in naher Zukunft führen mag.

KLEINSTE BRISEN

Die Runner werden gebeten, sich an einem Ort einzufinden, der von dem Mr Johnson oder Schieber bestimmt wird, zu dem sie die beste Beziehung aufgebaut haben (Spielleitung und Spielende können entscheiden, wer das ist). Sie erhalten 1.000 Nuyen pro Person, um als Leibwächter für die entsprechende Person zu arbeiten und bei der Beantwortung aller Fragen zu helfen, die während des Treffens gestellt werden könnten. Die Runner müssen auf dem Luftweg zu dem Treffen reisen – Hubschrauber und VTOLs sind die einzigen Fahrzeuge, die am Ort des Geschehens landen können, einer kleinen Mesa südwestlich des Zentrums von Denver. Wenn die Runner bereits über ein solches Fahrzeug verfügen, sollten sie es nutzen; andernfalls wird Mr Johnson für den Transport sorgen. Die Matrixsignale in diesem Gebiet sind vernachlässigbar und durch ein Matrix-Dämpfungsmaterial (Stufe 5) im Inneren eines sehr großen Tipis, das für das Treffen aufgestellt wurde, praktisch nicht mehr vorhanden. Ein Trio von Schoschonen-Schamanen hat das Tipi mit einem Hüter (Kraftstufe 9) sowie den Zaubern Trideo-Trugbild und Sensortäuschung (*SR6,* S. 136/137) versehen. Es wurde ein Matrix-Relais eingerichtet, damit Sprites und Technomancer, die mit dem Nexus-Datahaven verbunden sind, Trideo-Projektionen für Personen schaffen können, die nicht physisch an dem Treffen teilnehmen. Dieses Netzwerk ist für Außenstehende gesperrt, sodass innerhalb des Tipis kein regulärer Matrixzugang möglich ist.

Bei den Anwesenden handelt es sich um eine Reihe von Johnsons und Schiebern aus Denver, die direkt in die vorangegangenen Ereignisse verwickelt waren. Das Treffen ist ein Informationsaustausch, bei dem verschiedene Parteien zusammenkommen, um zu entscheiden, wie sie mit der Situation, von der sie erfahren haben, umgehen wollen. Dazu gehören einige Überraschungsgäste, darunter Magnum und Goldsmoke aus *Mission 19* sowie der Flüchtling aus *Mission 9*. Die Charaktere versammeln sich, um zu hören, was sie sonst noch verpasst haben, und um zusätzliche Erkenntnisse aus anderen Ereignissen oder Aktionen zu teilen, an denen sie teilgenommen haben.

Dieses Treffen ist eine große Sache. Dinge wurden in Gang gesetzt, die für jeden in Denver eine Gefahr darstellen. Bei diesem Treffen wird es keine Störungen geben, weil es so kurzfristig angesetzt wurde und die Schutzmaßnahmen gut sind. Außerdem setzt die Opposition ihre Pläne bereits in die Tat um, sodass sie beschäftigt ist.

Am Ende des Treffens erhalten mehrere der Anwesenden eine Nachricht von außen, die sie darüber informiert, dass MCT und andere ihre Pläne bereits in die Tat umgesetzt haben. Dies führt zur erhöhten Dringlichkeit, das Treffen zu beenden. Die Runner werden aufgrund ihrer Erfahrungen in der bisherigen Kampagne dazu gedrängt, sich direkt auf die Metaebene von Denver zu begeben und dort an der Lösung der Probleme zu arbeiten.

Cat kann Fahrkarten für eine Fahrt mit der von ihr so genannten „Denver-Bahn" besorgen. Mit den Fahrkarten können die Charaktere die Bahn benutzen, um zu jeder beliebigen Haltestelle auf der Metaebene von Denver zu fahren, solange sie die Fahrkarte bei sich haben.

Arcane wird den Runnern zwei Handbücher geben, in denen die Schritte und Maßnahmen zur Entschärfung oder Zerstörung der meisten der verwendeten Geräte beschrieben sind. Um die Handbücher zu benutzen, müssen die Runner eine Probe auf Astral (Aurenlesen) + Intuition (4) ablegen; gelingt die Probe, erhalten sie 1 Edge, wenn sie die in den Handbüchern beschriebenen Geräte benutzen. Die Bedienung der Geräte erfordert, dass die Runner mit ihnen über eine matrixähnliche Verbindung verbunden sind. Einige Geräte haben Datenports, andere nicht, zumindest keine offensichtlichen.

K übergibt den Charakteren sieben seltsam gearbeitete Stimmgabeln von etwa einem halben Meter Länge, jede aus einer Legierung, die die Runner nicht identifizieren können. Wenn die Charaktere sie in einem Gerät verwenden können, das ätherische Energien von einer Ebene oder einem Ort zu einem anderen überträgt, werden diese Stimmgabeln dem Gerät ermöglichen, sich neu auszurichten und ein stabilisierendes metaphysisches Energiefeld zu erzeugen, wodurch ein Problem mit einer Maschine in einer einzelnen metaplanaren Domäne beendet wird. Es ist möglich, dass ein einzelnes Gerät mehr als einen solchen Gegenstand benötigt, um dies zu bewerkstelligen; in Verbindung mit den Handbüchern von Arcane können die Einzelheiten ermittelt werden. Ein Nebeneffekt dieser Stabilisierung ist, dass sie alle Verbindungen zwischen der Metaebene von Denver und anderen Metaebenen (außer der physischen Ebene) schließt.

Masque wird den Runnern einen einzigartigen Gegenstand geben, der als Sonnenstein bezeichnet wird. Um diesen Gegenstand zu aktivieren, muss eine Person ihn unter freiem Himmel berühren (die Sonne muss nicht scheinen) und freiwillig einen Tropfen Blut geben. Dadurch wird der Gegenstand aktiviert, der einen Zustandsmonitor auf seinen vollen Wert wiederherstellt, mit Ausnahme eines Kästchens Schaden, das man dabei erleidet. Dabei kann es sich um den Betäubungs- oder den Körperlichen Zustandsmonitor handeln, oder der Gegenstand kann den Edge-Pool des Charakters wiederauffrischen. Dies kann siebenmal innerhalb von 24 Stunden geschehen. Natürlich ist dies eine Form der freiwilligen Blutmagie. Unfreiwillig abgegebenes Blut kann das Gerät nicht aktivieren.

Der Flüchtling, der einen Schal mit Fäden aus einem grauen Material trägt, leiht den Charakteren einen metaplanaren Oculus. Dies ist ein einzigartiger Gegenstand, der jedem, der hindurchsieht, ob magisch begabt oder nicht, die Fähigkeit verleiht, so zu sehen, als besäße er einen Gegenstand mit Sichtverbesserung, Sichtvergrößerung und astraler Sicht.

Als Vertreterin des Nexus gibt Perri den Runnern sechs Datenchips, die ein virenähnliches Einwegprogramm enthalten, mit dem der Besitz eines einzelnen Geräts auf eine neue Person übertragen werden kann. Diese sind speziell für die Verwendung mit den ver-

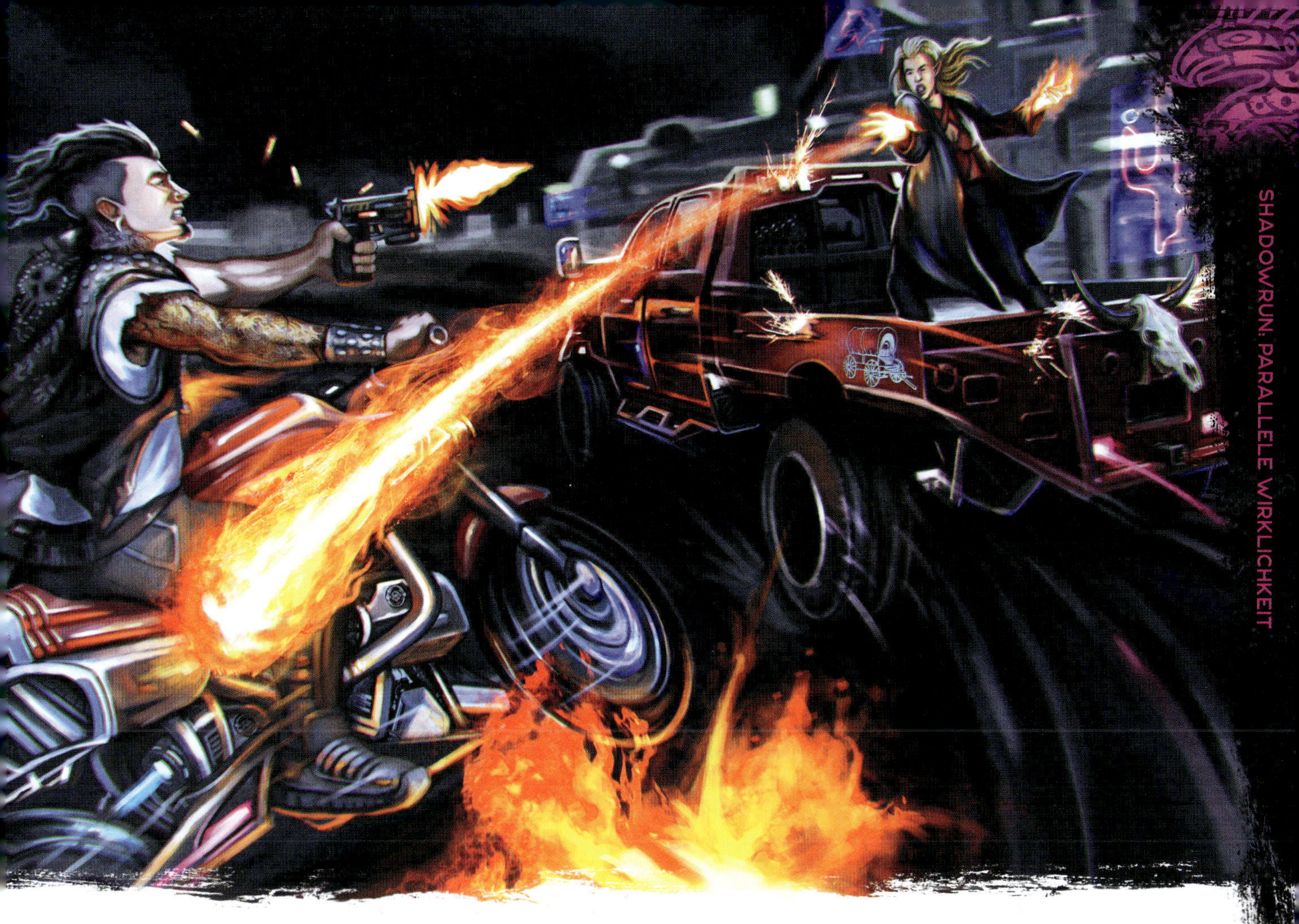

schiedenen ätherischen Geräten bestimmt und funktionieren mit nichts anderem. Wenn ein Gerät, auf das die Runner treffen, keinen Datenport hat, kann jemand mit dem Echo Skinlink (*SR6*, S. 195) das Programm mit einer erfolgreichen Handlung *Befehl vortäuschen* (*SR6*, S. 180) hochladen. Die Person, der das Eigentum an dem Gerät übertragen wird, erhält 1 Edge, wenn sie das Gerät bedient.

Eine kombinierte Zahlung von jeder der versammelten Personen bringt den Runnern 10.000 Nuyen pro Person, zuzüglich medizinischer Kosten. Die Verhandlungen mit dieser Gruppe können hart sein, da jeder ein erfahrener Verhandler ist. Als Gruppe können die Anwesenden eine Teamworkprobe auf Einfluss (Verhandeln) + Charisma ablegen, die ihnen 24 Würfel und 2 Edge einbringt. Gelingen den Runnern Nettoerfolge, erhalten sie für jeden Nettoerfolg einen Bonus von 1.000 Nuyen pro Person. Wenn der metaplanare Oculus unversehrt zurückgegeben wird, erhöht sich die Zahlung um 3.000 Nuyen pro Person.

DIE MILE-HIGH RAILWAY

Wenn jemand in der Gruppe an früheren Abenteuern teilgenommen hat, die mit der Metaebene von Denver zu tun hatten, könnte er einen Schock erleben. Viele der Schauplätze werden sehr ähnlich sein, aber seit den 70ern hat es erhebliche Veränderungen gegeben. Erstens ist da die Eisenbahn selbst – sie fährt nicht nur durch alle Domänen, sondern auch entlang der gesamten Strecke hin und her, sodass man mit ihr zu einer Haltestelle in Denver selbst zurückkehren kann (obwohl sie nie von dort aus startet). Wenn ein Charakter ein Fahrzeug mitbringt, wie es bei Riggern oft der Fall ist, steht ein Güterwagen zur Verfügung, um es zusammen mit dem Inhaber eines gültigen Tickets zu transportieren. Der Zug heißt immer noch Zephyr, aber die Waggons sind einprägsamer als früher, mit einem Speisewagen und Schlafwagen. Die Reise durch die Länder zwischen den zersplitterten Grenzen dauert etwa eine Stunde pro Grenzübertritt.

Einzelheiten und Beschreibungen der verschiedenen Länder, aus denen sich die Metaebene jetzt zusammensetzt, findest du im Abschnitt über die Metaebene von Denver (S. 39).

SCHAUPLÄTZE

Das Ziel ist es, die verschiedenen Geräte zu finden, die jetzt auf der Metaebene von Denver verstreut sind, und sich um sie zu kümmern. Diese Geräte müssen nicht in einer bestimmten Reihenfolge gefunden werden, allerdings sollte das Gerät, nachdem die Gruppe die zerfallende Metaebene von Denver betreten hat, das letzte sein. Die eine oder andere Maßnahme lässt sich leichter durchführen, wenn das Team sie später erledigt.

Ein Schauplatz ist ein disianischer Bogen in den Überresten der Iron Horse Nation. Dieser Torbogen befindet sich auf einem kleinen, öden, vergessenen Friedhof. Er wird von sechs disianischen Gargylen (S. 99) bewacht, und das Gerät ist ein Disruptor, der

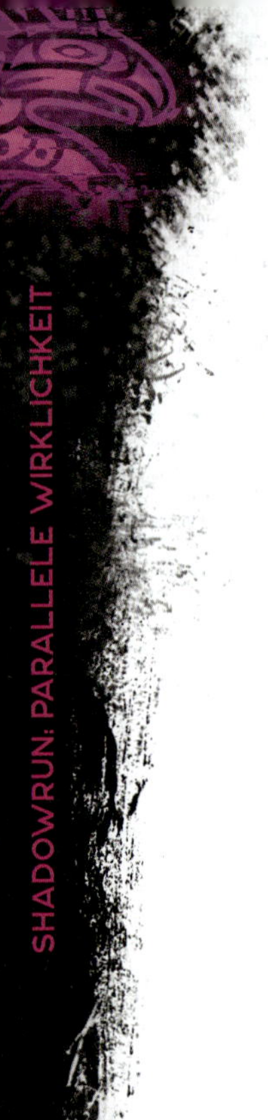

so eingestellt ist, dass er sein Feld auf einen Radius von maximal 10 Metern ausdehnt. Der Disruptor ist nichtterrestrischen Ursprungs und wurde dort als Verteidigungsmaßnahme gegen den unbefugten Zugang zum Durchgang von beiden Seiten platziert. Der Durchgang führt zu einer kleinen Wohnung in der Metaebene von Dis.

Ein weiterer Bogen befindet sich in den Überresten der Stadt aus Stahl, im Keller eines ehemaligen Finanzturms, der für Historiker wie die in den 1920ern erbaute Colorado National Bank aussieht. Er wird von einem großen Team spezialisierter Sicherheitsmitarbeiter geschützt. Das Gerät im Inneren ist ein Justierer und befindet sich unmittelbar neben dem Bogen selbst, der in den Rahmen des alten Tresorraums eingebaut ist. Das Sicherheitsteam besteht aus zwanzig Personen: zwölf allgemeinen Sicherheitsleuten (verwende den Roten Samurai, *SR6*, S. 208), zwei Elektronikspezialisten (verwende den Seal-Team-6-Spezialisten für elektronische Abwehr, *SR6*, S. 209), zwei Aufklärern und Fahrzeugunterstützern (verwende den Delta-Force-Logistik-Rigger, *SR6*, S. 210; ersetze die Ares Dragon durch vier Ferrari Appaloosa, *Vollgas*, S. 39) und vier Zauberern (verwende den Sioux-Wildcat-Schamanen, *SR6*, S. 211). Diese Leute schützen das Gerät, das bereits in Betrieb ist und Energie aus dem Bogen (und der Ebene dahinter) bezieht. Wenn sich das Team Zugang zu dem Gerät verschaffen kann, wird es feststellen können, dass von diesem Gerät Energie an ein anderes Gerät an einem anderen Ort übertragen wird. Der genaue Ort kann von hier aus nicht bestimmt werden und liegt nicht in der Metaebene von Denver; er wird später behandelt.

Am dritten Ort befindet sich ein Disruptor, der seit einiger Zeit in den Überresten der Zersplitterten Lande aktiv ist. Er ist in horizontaler Lage in der Erde vergraben, ähnlich wie ein Sarg. Er erzeugt eine Manaverzerrung in einem Radius von hundert Metern. Die Oberseite der Abdeckung besteht aus schnell trocknendem Beton (Strukturstufe 10). Es gibt keine Wachen, aber am Rande des verzerrten Feldes befinden sich mehr als zwanzig sehr wütende wilde Geister, die alle eine Kraftstufe zwischen 4 und 9 haben (würfle mit 1W6+3, um nötigenfalls die Kraftstufe zu bestimmen). Die Geister sind Erd- und Luftgeister sowie Geister des Tiers und des Menschen. Sie wollen zur Quelle gelangen und sie zerstören, aber die Verzerrung verhindert dies. Es wird einige schnelle Verhandlungen erfordern, die Geister davon zu überzeugen, das Gerät nicht zu zerstören, damit das Team es in einen Stabilisator verwandeln kann.

Am vierten Ort, dem Black Canyon, befindet sich ein weiterer Disruptor. Er wurde erst aktiviert, nachdem die Runner die inneren Domänen der Metaebene von Denver erreicht hatten. Solange er eingeschaltet ist, ist es nicht möglich, mit dem Zephyr zur Erde zurückzukehren. Die Gleise sind verzogen oder sogar ganz verschwunden und können nicht mehr zu Fuß begangen werden, um zurück in den Tunnel zu gelangen. Wenn dieses

GERÄTETYPEN

Es gibt zwei Haupttypen von Geräten.

Der erste Gerätetyp ist ein **Ätherischer Justierer**. Diese Geräte verändern den Fluss, die Richtung und den Aspekt astraler und metaplanarer Energien, wie von den Einstellungen vorgegeben. Diese Geräte sind etwa 1 Meter breit, 1 Meter tief, 3 Meter hoch und wiegen 250 Kilogramm. Ihre Schutzhüllen haben eine Strukturstufe von 14 und verwenden einen induktiven Datenport für den Zugriff auf die matrixähnliche Schnittstelle (Gerätestufe 12). In ihrem Inneren befinden sich mehrere quarzähnliche Metallgabeln und andere exzentrische Geräte und Dinge, von denen einige in den Handbüchern, die Arcane den Runnern gegeben hat, nicht erklärt werden.

Die zweite Klasse von Geräten wird als **Planarer Disruptor** bezeichnet. Es handelt sich hierbei um Steinsäulen, die in einem hexagonalen Muster von Adern eines grauen Metalls durchzogen werden. Sie sind 2 Meter hoch, haben einen Durchmesser von 2 Metern und wiegen 300 Kilogramm. Ihre Schutzhüllen haben eine Strukturstufe von 18. Datenports hinter einer versteckten Zugangskachel, die mit einer Ausgedehnten Probe auf Heimlichkeit + Intuition (12, 10 Minuten) gefunden werden muss, gewähren Zugriff auf die matrixähnliche Schnittstelle (Gerätestufe 12).

Diese Geräte schaffen Bereiche extremer astraler oder metaplanarer Qual, was wiederum Manablasen, Manahohlräume oder (wenn sie an der richtigen Stelle platziert werden) einen Hemmer gegen jede Art von astraler oder metaplanarer Reise erzeugt. Wenn der Gegenstand als Hemmer eingestellt ist, funktionieren weder eine Astralreise oder -projektion noch die Kräfte Astrales Tor (*Arkane Kräfte,* S. 77) oder Metaplanares Tor (S. 164). Dies schließt Geister jeglicher Art ein, selbst wenn man gebundene Geister mit einem Ferndienst ruft (*Arkane Kräfte,* S. 62). Sollte ein Geist, welcher Art auch immer, im Bereich eines solchen Geräts verdrängt werden, wird er wahrhaftig getötet, da er von jeglicher Fluchtmöglichkeit abgeschnitten ist, bis hin zur Aufgabe Planarer Schutz (*Arkane Kräfte,* S. 61). Geister und ähnliche Wesen, die vor dem Betreten des Feldes materialisiert waren, können sich mithilfe dieser Mechanismen bewegen, können sich aber nicht in die Art von Astralebene zurückziehen, die an dieser Stelle existiert.

Beide Arten von Geräten können mit einigen der Stimmgabeln, die K der Gruppe gegeben hat, eingestellt werden. Justierer benötigen zwei Gabeln, um die Änderungen vorzunehmen, während Disruptoren drei Gabeln benötigen. Justierer können manaähnliche Energien von jedem Ort oder jeder Existenzebene an den Ort des Justierers bringen, wenn der Bediener die Signatur des betreffenden Ortes kennt. Bei Disruptoren beginnt der Wirkungsradius bei 10 Metern und erweitert sich pro Minute, die verstreicht, während das Gerät aktiv ist, um 1 Meter. Sobald das Eigentum an einem Gerät mithilfe der Datenchips an einen neuen Benutzer übertragen wurde, können die Sperren per Befehl geöffnet werden, sodass eine Person oder ein Team (insgesamt nicht mehr als drei) Änderungen vornehmen kann. Dies erfordert eine Ausgedehnte Probe auf Mechanik + Logik (20, 10 Minuten). Die Geräte können nicht bewegt werden, solange sie aktiviert sind.

Gerät ausgeschaltet werden kann (denn aufgrund einer einzigartigen Besonderheit kann es nicht in einen Stabilisator umgewandelt werden), könnte ein anderer Justierer eingesetzt werden, um den Schienenkorridor zu reparieren und so Reisen aus der Metaebene von Denver heraus zu ermöglichen. Dies ist ein echtes Dilemma für die Spielercharaktere, es sei denn, sie finden einen anderen Weg aus der Metaebene heraus. Es wird Zeit, erfinderisch zu sein! Um zu diesem Gerät zu gelangen, ist eine Ausgedehnte Probe auf Athletik (Klettern) + Geschicklichkeit (10, 1 Stunde) erforderlich. Die gestörte Beschaffenheit dieses Teils der Metaebene ist der Grund für seine gefährliche Umgebung.

BESONDERE HINWEISE

Wenn es den Spielercharakteren gelingt, die Schienen des Zephyr wieder in Betrieb zu nehmen, können sie zur Haltestelle in Denver in der Nähe des Stadtzentrums zurückkehren. Zu diesem Zeitpunkt sollten sie wissen, dass es mehrere Arten von Geräten gibt, die zum Einsatz kommen. Sie sollten auch wissen, dass die verschiedenen Geräte von verschiedenen Designern, möglicherweise von verschiedenen Konzernen, gebaut wurden. Sollte es erfindungsreichen Spielercharakteren gelingen, eines der Geräte, ob funktionstüchtig oder nicht, zu bergen, erhalten sie einen Bonus von 20.000 Nuyen von ihren Auftraggebern.

MISSION 35

EIN LOCH IN DER WELT

Der große Knall steht kurz bevor, und die Runner werden entscheiden müssen, wer für MCTs Hochmut bezahlen wird … und wie.

DER JOB

WAS IST LOS?

Seit Wochen bauen MCT und seine disianischen Verbündeten zusammen mit der Nullsekte komplizierte Manatech-Maschinen. Das Wissen des Auditors war für das Experiment von großer Bedeutung, da der größte Teil der in diesen Maschinen eingesetzten Magie den derzeitigen magischen Fähigkeiten der Erde um Jahre voraus ist. Schon bald wird die Vorrichtung fertiggestellt und einsatzbereit sein.

Aztechnology (und möglicherweise einige andere Megas) waren an der Entstehung des Projekts beteiligt, aber MCT hat es geschafft, in den letzten Monaten die Leitung über das Projekt zu übernehmen und es in die von ihm gewünschte Richtung laufen zu lassen. Einige Aztech-Agenten sind noch beteiligt, aber sie sind Geiseln und hatten seit Wochen keinen Kontakt mehr zu ihrem Konzern: Das sind die wenigen Aztechnology-Vertreter, die die Runner in *Mission 33* gesehen haben. Der Ausschluss von Aztechnology aus dem Projekt wurde durch eine List von MCT eingefädelt. Für MCT arbeitende Runner stahlen Daten von den Azzies und ihrem Auftraggeber und sorgten dann dafür, dass diese Daten an den Whistleblower Martin Miller (in *Mission 3*) weitergeleitet wurden.

Alles läuft also auf MCT hinaus, und jetzt macht der Megakonzern Druck, damit das Geheimprojekt Ergebnisse liefert. Das führt dazu, dass an allen Ecken und Enden gespart wird. Trotz der unmenschlichen Rechenleistung der Null und des magischen Wissens der Disianer hat die Maschine also einige versteckte Schwachstellen. Da die Runner ihr in der Metaebene von Denver gerade zusätzlichen ungeplanten Schaden zugefügt haben, wird das System bald einen kritischen Zustand erreichen und explodieren, was in der ganzen Stadt Manastürme verursachen wird.

DER MENSCHLICHE FAKTOR

Einige Zeit nach Martin Millers Ankunft in Denver änderte Aztechnology Masques Auftrag. Er sollte nicht nur herausfinden, was genau in Denver vor sich ging, sondern auch den Schaden nach der Datenpanne begrenzen und genau das verhindern, was gerade passiert ist: die Bestrafung des AAA-Konzerns durch den Auditor für sein Handeln.

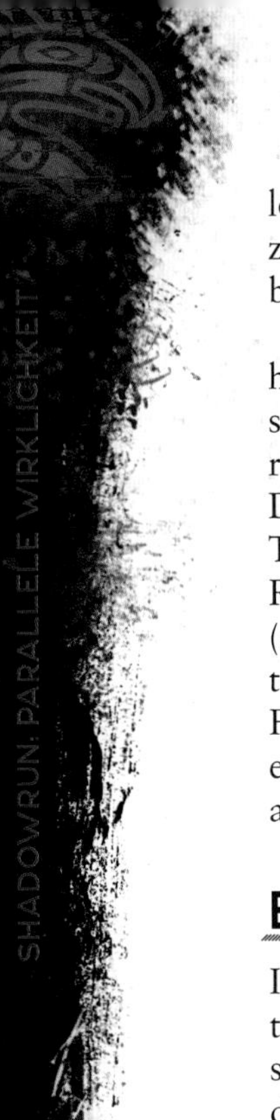

Masques Mission ist gescheitert, sodass Aztechnology der Sache ein Ende macht. Der Kon ruft Masque zurück, während sich die Runner auf den Metaebenen befinden.

Es könnte sich um den normalen Gang der Dinge handeln, aber für Masque ist es etwas ziemlich Persönliches geworden. Die ermordete Aztech-Vertreterin war seine Geliebte, die er seit seiner Ankunft in Denver hatte ausfindig machen und befreien wollen. Trotz des Befehls, sich zurückzuhalten, benutzt er die Runner, um das MCT-Experiment scheitern zu lassen (er will sich so am Auditor rächen). Masque vermutet, dass ein Abbruch des Experiments schreckliche Folgen haben wird, aber er behält das für sich, damit er sicher sein kann, dass die Runner den Auftrag annehmen.

EIN LETZTER AUFTRAG

Im vorigen Abenteuer sind die Runner auf die Metaebene von Denver gewechselt und haben mehrere seltsame Geräte zerstört. Was sie nicht wussten, war, dass einige von ihnen mit der MCT-Vorrichtung in Verbindung standen, und indem sie den Justierer (S. 154) in der Stadt aus Stahl zerstörten, versetzten sie MCTs Plänen einen schweren Schlag und destabilisierten das Experiment.

Als die Runner in die physische Welt zurückkehren, hat sich die mysteriöse Gruppe von Personen, die sie während der vorherigen Mission beauftragt hatte, aufgelöst.

Der Flüchtling ist untergetaucht; Cat hat angesichts der dramatischen Situation die Stadt verlassen, um Ghostwalker zu warnen; alle anderen haben Gründe gefunden, unterzutauchen. Wenn sie ihre Mission erfüllt haben, werden die Runner wie vereinbart bezahlt, und zwar von dem Einzigen, der noch übrig ist: Masque. Er hat sich bereit erklärt, die Nachbesprechung der Runner für das Kollektiv zu übernehmen (Cat und die anderen halten ihn immer noch für Guide oder zumindest für einen seiner Anhänger; keiner von ihnen ahnt, dass er in Wirklichkeit ein Aztechnology-Agent ist).

Nachdem Masque die Runner bezahlt hat, bietet er ihnen einen letzten, hochbezahlten und ebenso gefährlichen Auftrag an. Das Honorar beträgt 100.000 Nuyen pro Person, zehn Prozent davon als Vorschuss. (Masque plant, nach diesem Treffen zu verschwinden, sodass die Runner keinen Cent des restlichen Geldes sehen werden.)

Das Ziel der Mission ist einfach: das Experiment zu stoppen, das MCT im Hub durchführen will. Masque warnt die Runner, dass die Einrichtung sehr gut gesichert ist und sie gut ausgerüstet und auf alles gefasst sein sollten. Beinarbeit und Aufklärung liegen bei ihnen. Du kannst festlegen, dass Masque den Runner hilft, indem er seine eigenen Connections in Denver nutzt. Er wird dabei sehr vorsichtig vorgehen, denn er will nicht, dass sein Arbeitgeber erfährt, dass er an dem Misserfolg von MCT beteiligt war.

Wenn die Runner vorschlagen, dass er seine ehemaligen Partner einbezieht (indem er sich an Cat oder die anderen wendet), wird Masque das ablehnen. Er argumentiert, dass es zu lange dauern würde, sie wieder zu versammeln, und dass ihre persönlichen Agenden oder Loyalitäten dazwischenkommen könnten. Er erwähnt auch, dass MCT sie möglicherweise ausspioniert.

In Wahrheit ist Masque besorgt, dass die anderen das Experiment eher zulassen würden als zu riskieren, dass Denver durch ihr Eingreifen in die Luft fliegt.

Wenn du willst – oder die Runner noch unschlüssig sind, ob sie den Auftrag annehmen sollen –, kann Masque sich auch ganz der Rache verschreiben und beschließen, sie zu begleiten. Dies wäre dann ein Himmelfahrtskommando für ihn. Er wird sterben – nicht bei dem Versuch, den Runnern zu helfen, sondern bei dem Versuch, MCT so viel Schaden wie möglich zuzufügen, bevor er seine Geliebte im Jenseits trifft …

DIE SEHERIN

Wenn die Runner die arme KI gerettet und zu ihrer Wiederherstellung beigetragen haben (s. Mission 4, S. 62), ist das digitale Wesen zu diesem Zeitpunkt endlich wieder kohärent. Der E-Geist von Kara Jay kann ihnen somit sagen, was er schon die ganze Zeit intuitiv geahnt hat: In Denver sammelt sich Mana an, und zwar auf die falsche Weise. Die KI beharrt darauf, dass etwas nicht stimmt.

Sie hat ihre Erkenntnisse durch das Studium verschiedener Effekte auf der physischen Ebene gewonnen. Das Wesen ist offensichtlich nicht Erwacht, aber es erinnert sich an genug von Denvers komplexer Verbindung zu den Metaebenen, um zu erkennen, was das MCT-Forschungsteam übersehen hat (oder nicht sehen wollte). Die Seherin weiß nicht mit Sicherheit, ob die Maschine kritisch wird (sie wird es), aber sie ist sich bewusst, dass die daraus resultierende Entladung von Mana katastrophal enden wird, wenn man sie jetzt stoppt:

Angesichts der Art und Weise, wie die Leylinien verändert wurden, wird es überall in der Stadt zu Nebenwirkungen kommen. Wenn die Maschine schnell ausgeschaltet wird, wird die Wirkung stark abnehmen, aber eine massive Ansammlung wird in den Aurora Warrens freigesetzt (oder eher von ihnen angezogen) werden. Dort wird der Verlust an Metamenschenleben erheblich sein. Und da die Runner nicht rechtzeitig in den Warrens sein werden, um jemandem beim Überleben zu helfen, werden die Auswirkungen mit voller Härte zuschlagen: Das Ereignis wird viele Bewohner verstümmeln und töten.

Im Grunde müssen die Runner nun eine schreckliche Entscheidung treffen: die Mission vergessen und die Leute retten, die sie kennengelernt haben, seit sie in die Warrens gezogen sind. Oder MCT trotz der Folgen für die Nachbarschaft ihres Safehouses zu stoppen.

Beachte, dass die Seherin nicht stark genug ist, um eine Hilfe gegen MCT und seine Verbündeten zu sein. Wenn die Runner sie jedoch um Hilfe bitten, schließt sich der E-Geist ihnen an und opfert sich im Kampf gegen die Null, um den Runnern ein paar zusätzliche Minuten zu verschaffen.

DIE MASCHINE ZERSTÖREN

Masque erwartet, dass die Maschine auf der physischen Ebene ziemlich robust ist, aber der Einsatz von (vielen) Sprengladungen bleibt eine Option. Alternativ können die Runner, die Seherin oder Masque auch die Theorie aufstellen, dass ein plötzliches „Mana-Ereignis" vor der Maschine sie ebenfalls zerstören könnte. Das könnte die Beschwörung eines sehr mächtigen Geistes, die Zündung eines ebenso mächtigen alchemistischen Erzeugnisses (regeltechnisch Magie 12+) oder die Begehung einer so grausigen Tat sein, dass das Mana sofort in Mitleidenschaft gezogen wird. Angesichts der Schäden auf der Metaebene von Denver würde dies ausreichen, um das System irreparabel zu destabilisieren.

Wenn Masque mit den Runnern hineingeht, könnte er auf diese Möglichkeit zurückgreifen, indem er einen von ihnen ermordet (oder besser gesagt opfert). Das plötzliche Entsetzen über den Verrat, die Unmenschlichkeit der Tat, gemischt mit seiner eigenen Wut, könnte ausreichen. Am besten überlässt du dies jedoch den Spielenden und lässt sie entscheiden, welche Art von schrecklicher Tat sie zu begehen bereit sind, um die Maschine aufzuhalten – und wie sie es tun.

Unabhängig von der gewählten Methode kommt es zu einem katastrophalen Versagen, sobald das Mana um die Maschine im Hub gestört wird (oder wenn das Gerät in die Luft fliegt). Überall in Denver wird magische Energie brutal freigesetzt und folgt Leylinien und anderen astralen Pfaden. Schnell zieht der Gestank des Elends in den Aurora Warrens die Störung an, und ein heftiger Manasturm bricht dort aus.

SCHAUPLÄTZE

MCT ist sich treu geblieben und verwendet sein berüchtigtes Nullzonen-Konzept für die Verteidigung des Standorts der Maschine. Da es sich um eine verdeckte Operation handelt, musste dieses Konzept natürlich angepasst werden.

Der große Bereich um die Maschine ist in drei Abschnitte unterteilt. Die erste Ebene wird diskret von mächtigen Geistern geschützt, die von Shinto-Priestern beschworen und gebunden werden. Das bedeutet, dass diese Verteidigungslinie für das metamenschliche Auge unsichtbar ist; die Kami greifen nur Eindringlinge an, die durch einen Zauber Feinde Entdecken identifiziert wurden. Ein Dutzend Geister patrouillieren in den Straßen rund um das Gebäude und kontrollieren alle Personen, die sich dem Gebäude zu weit nähern. Da es sich um den Hub handelt, können sie aber nicht jeden kontrollieren, sodass clevere Runner durchschlüpfen können. Wenn ein Feind entdeckt wird, wartet ein Geist darauf, dass er sich in das Gebäude schleicht, und materialisiert sich dann dort, um ihn anzugreifen. Beachte, dass die Anwesenheit des Geistes nicht unbemerkt geblieben ist. Manche Leute, die den Zauber spüren, der auf sie gewirkt wird, ohne zu verstehen, was vor sich geht, behaupten, dass es an diesem Ort spukt. Einige Erwachte, wie Arcane, haben die Kami vielleicht entdeckt und sich über ihre Anwesenheit gewundert.

Die zweite Ebene ist das Gebäude selbst. Das historische Gebäude wird derzeit restauriert, aber die MCT-Tochtergesellschaft, die das Projekt leitet, hat alle Arbeiten eingestellt, sodass das Gebäude leer steht. Es wurde in eine „gerätefreie" Zone umgewandelt. Die Nullsekte sorgt dafür, dass alles, was in der Matrix innerhalb dieses Bereichs aktiv ist, sofort angegriffen wird (egal ob es sich um eine Waffe, ein Kommlink, ein Cyberdeck oder eine Cybergliedmaße handelt). Sie soll auch jeden Eindringling melden. MCT traut diesen fremden Wesenheiten jedoch nicht vollständig, weshalb eine seiner Spinnen das Gebiet ebenfalls überwacht. Die Null halten sich vielleicht nicht an ihre Abmachung (s. u.), aber die Runner müssen sich mit dem MCT-Decker auseinandersetzen, sonst wird die letzte Ebene über ihre Ankunft informiert.

Die letzte Ebene ist die physische Sicherheit, die mit den Vorteilen einer mittleren Manablase arbeitet, die von der Maschine erzeugt wird. Es handelt sich um eine Armee von Drohnen und ein Dutzend Elitesoldaten. Sie haben sich im Keller verschanzt, in dem einzigen Gang, der zu dem massiven Tresor führt, in dem sich die Vorrichtung befindet. In einem solchen Fall ist es zwar verlockend, eine Granate zu werfen, aber die Explosion wird höchstwahrscheinlich den Durchgang einstürzen lassen und den physischen Zugang zum Gerät blockieren (MCT hat das absichtlich so vorgesehen und seine Eliteeinheit als „akzeptablen Verlust" für das Projekt verplant).

LASS DICH NIE MIT EINER NULL EIN

Wenn du eine überraschende Wendung einfügen willst oder die Gegner einfach zu stark für die Runner sind, lass die Nullsekte MCT verraten.

Die Null haben kürzlich entdeckt, dass Dis seine eigene Version der Matrix hat. Das hassen sie, vielleicht sogar noch mehr, als sie KIs und Technomancer hassen. Sie haben auf eine Gelegenheit gewartet, den Disianern zu schaden, und trotz ihres merkwürdigen Verständnisses der physischen Welt erkennen sie, dass die Runner ihre beste Chance sind, um zu verhindern, dass die disianische Matrix die physische Welt erreicht.

Wenn sich die Runner also in ihr Gebiet schleichen können, tun die Null so, als würden sie sie nicht sehen. Wenn die Runner nicht diskret sind, werden die Null sie angreifen. Seltsamerweise gelingt es den Geräten der Runner jedoch immer, die Angriff der Null (knapp) abzuwehren. Das mag die MCT-Spinne, die sie überwacht, ein paar Runden lang täuschen, aber sie wird es bald herausfinden, es sei denn, die Runner entdecken die Spinne schnell und schalten sie irgendwie aus.

DIE MASCHINE

Nachdem sie mit der physischen Sicherheit fertiggeworden sind, müssen die Runner den Tresor öffnen (mit Sprengstoff oder durch gutes altmodisches Safeknacken). Im Inneren entdecken sie die von MCT konstruierte Maschine. Es handelt sich um einen massiven Rundbogen aus Stahl und Beton, der mit einigen alten, eingravierten Steinen disianischen Ursprungs vermischt ist. Die Zeichnungen darauf sehen wie die von der Seherin verwendeten Glyphen aus, wobei einige Details fehlen (s. *Mission 4,* S. 62).

Es ist zwar kein Mechanismus zu sehen, aber ein lautes Klopfen ist zu hören, und ein ekelerregender Geruch erfüllt den Raum. Seltsame Lichter stören die Sicht, und alles im Raum scheint verdreht zu sein oder zu wackeln.

Der seltsam anmutende Apparat wirkt sehr modern, ist aber gleichwohl mit antiken und außerirdischen Designs vermischt. Noch seltsamer ist, dass er sowohl im Astralraum als auch in der Matrix genau gleich aussieht (sein Icon überlagert das physische Gerät perfekt).

Regeltechnisch ist die Maschine sowohl ein Host (Stufe 12 in der Matrix) als auch ein Artefakt (Kraftstufe 12, wenn sie eine haben muss). Ihre Strukturstufe beträgt 17. Sobald die Runner auf die Maschine stoßen, haben sie zehn Minuten Zeit, sie irgendwie außer Gefecht zu setzen, entweder indem sie sie zerstören, lahmlegen oder ihre Astralenergie aufzehren. Wenn sie die Maschine in dieser Zeit nicht besiegen, aktiviert sie sich vollständig, und die Stadt wird sehr darunter leiden.

NACH DEM RUN

Sobald die Maschine gestoppt worden ist, kehrt die unmittelbare Umgebung langsam zur Normalität zurück. Auf der physischen Ebene ist das Fehlen der Manifestation fast schon antiklimaktisch. In der Matrix geschieht Furchtbares. Das Icon der Maschine explodiert in Tausende von winzigen Splittern, die in einem Umkreis von zwei Kilometern an allen Personas 8 Kästchen Matrixschaden anrichten (diesem Schaden kann mit Firewall widerstanden werden).

Der schlimmste Schaden entsteht auf der Astralebene, wo die beträchtliche Menge an Mana, die von der Maschine manipuliert wird, brutal in den Himmel der Stadt geschleudert wird (wodurch den Runnern direkter Schaden erspart bleibt), bevor sie auf Denver herabfällt – nicht wie ein Regen, sondern als zahllose Energie-„Schlangen", die auf den (für sie) attraktivsten Ort der Stadt zufliegen. Bald eilen die meisten von ihnen zu den Aurora Warrens.

Allerdings: Wenn die Runner das Experiment nicht stoppen, geschieht das Gleiche, aber in noch größerem Maßstab. Die Verwüstungen in den Aurora Warrens sind noch grauenerregender. Und auch der Rest des Plexes erleidet viel mehr Schaden.

Auf jeden Fall hat Denver den Preis für MCTs Hybris bezahlt und ist ein weiteres Opfer des astralen Wettrüstens geworden.

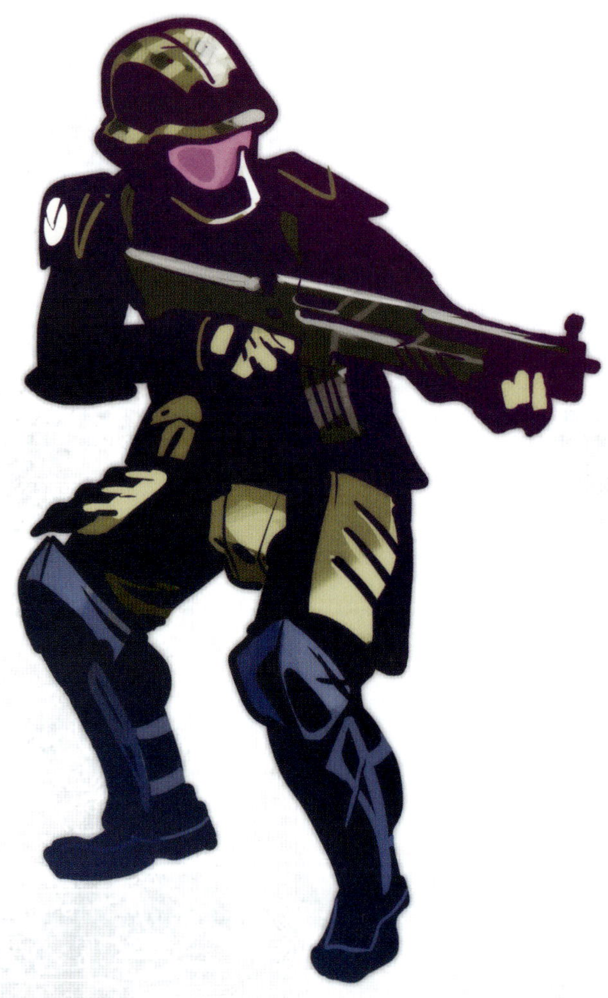

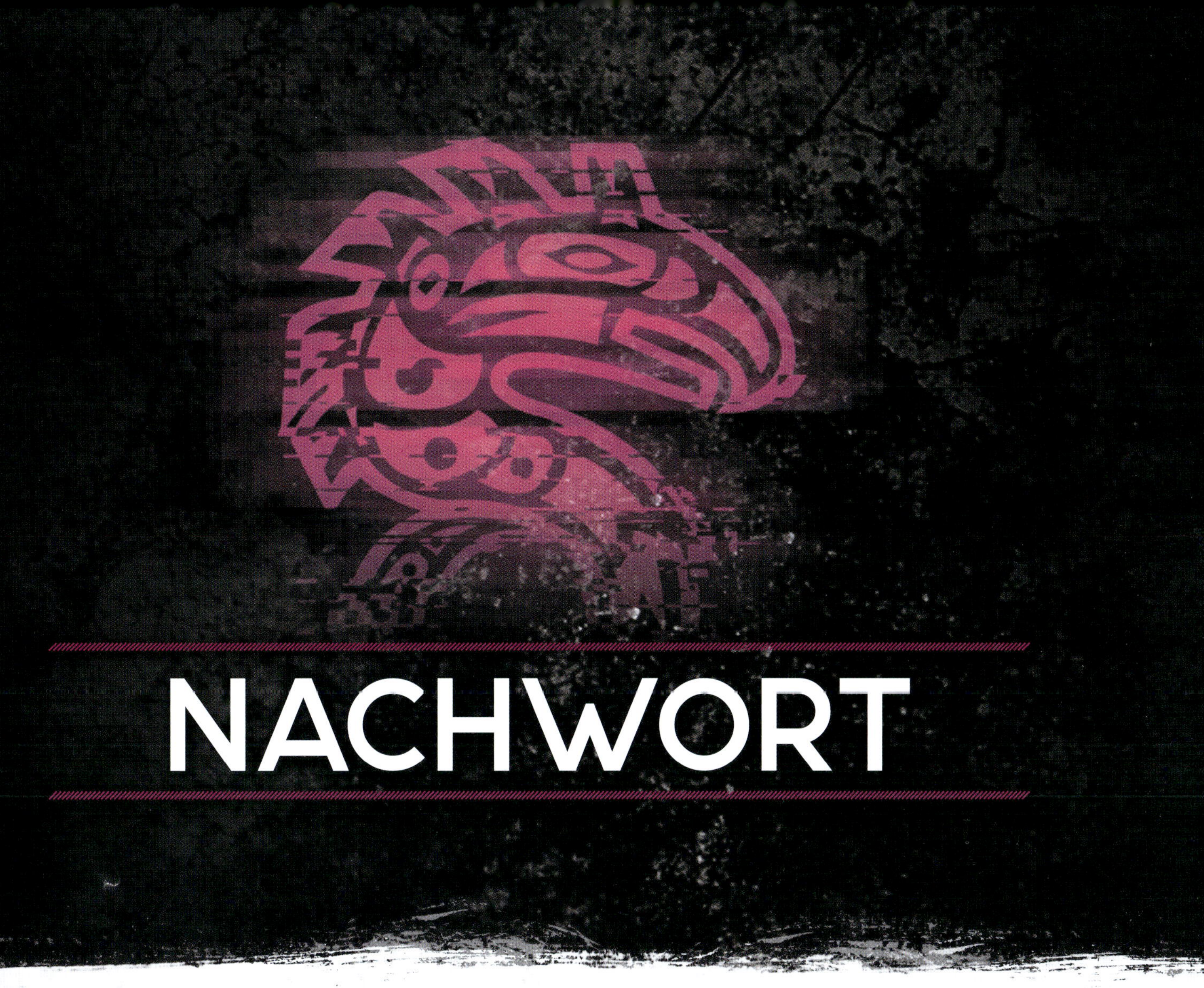

NACHWORT

In dieser Kampagne sind Machenschaften am Werk, die mehrere Metaebenen erschüttern. Was passiert, nachdem sich der Staub gelegt hat? Einige der Nachwirkungen werden sich in zukünftigen *Shadowrun*-Büchern bemerkbar machen, aber hier sind einige unmittelbare Reaktionen, die *Shadowrun*-Spielende beachten sollten.

MCT wusste, dass es sich mit diesem Experiment auf gefährliches Terrain begab, und Aztechnology hat es auf MCT abgesehen, weil es über viele Insiderinformationen verfügt, da es in der Anfangsphase des Projekts mitgeholfen hatte. MCT hat eine Tarngeschichte parat. Es wird behaupten, dass alle Zerstörungen, die Denver getroffen haben, das Ergebnis einer außer Kontrolle geratenen Alchera waren, die es im Rahmen seiner laufenden Arbeit zur Erforschung dieses Phänomens untersucht hat. Wenn die Runner irgendetwas von dem, was sie gefunden haben, öffentlich machen, wird MCT das meiste davon zugeben. Ja, sie haben damit experimentiert, wie sich Maschinen auf das Mana auswirken können – aber nur, weil sie wussten, dass die Manasphäre geschädigt wurde, und sie wollten der Zeit voraus sein, um herauszufinden, wie sie repariert werden kann (sie werden natürlich bestreiten, dass sie im Rahmen dieser Arbeit Geister oder Leute gefoltert haben). Ja, sie haben mit disianischen Agenten kommuniziert, aber das liegt daran, dass es auf deren Ebene ein umfangreiches Wissen über Manaflüsse gibt, und es wäre dumm, dieses Wissen nicht anzuzapfen. Ja, sie haben sich sogar mit der Nullsekte in Verbindung gesetzt, denn wie könnte man besser mit einer der gefährlichsten Bedrohungen für die Matrix umgehen, als einen Dialog zu eröffnen?

Hinter den Kulissen wird MCT wissen, dass es vorsichtig sein muss, denn ein weiterer Patzer könnte seine PR-Kampagne untergraben. Das bedeutet, dass die Arbeit des Konzerns, unheilige Allianzen zwischen Magie und Technologie zu schmieden, auf Eis gelegt wird.

Das Gesamtmotiv der **Disianer** bleibt unklar, aber im Gegensatz zu MCT haben sie nicht vor, ihre Bemühungen auf Eis zu legen. Wenn MCT nicht bereit ist, sie bei der Verwirklichung ihrer Pläne – wie auch immer diese aussehen mögen – zu unterstützen, werden sie sich daran machen, andere Verbündete zu suchen und jeden zu kontaktieren, der weiß, wie Metaebenen miteinander interagieren. Mehr über ihre Ziele und Motive wird in zukünftigen Büchern enthüllt werden.

Für die **Nullsekte** war die Allianz mit MCT ein reines Zweckbündnis. Ihre Mission ist es, KIs und Technomancer zu vernichten, und sie sieht die Forschung von MCT als Hilfe, um zu diesem Zweck noch leistungsfähigere Waffen zu bauen. Wenn MCT ihr nicht hilft, ist ihr das ziemlich egal – sie wird weiterhin ihren Aktivitäten nachgehen und ein Albtraum der Matrix bleiben.

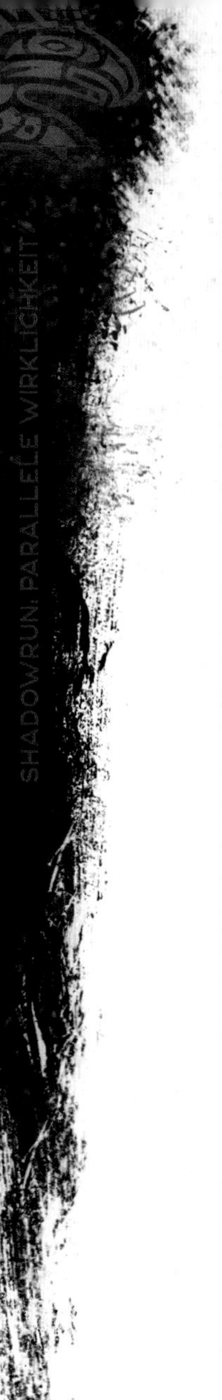

Aztechnology hat anfangs eine große Rolle in diesem Projekt gespielt, wurde dann aber kaltgestellt. Natürlich wollen die Mittelamerikaner nicht einfach einfach danebenstehen, während sich die Technologie um sie herum weiterentwickelt, und wenn sie nicht dabei sein können, versuchen sie halt, denen, die dabei sind, das Leben schwer zu machen. Dazu gehört, dass der Kon genaue Informationen darüber beschafft, was MCT jetzt vorhat, diese Informationen veröffentlicht und dann an allen Erpressungsaktivitäten arbeitet, die ihm einfallen. Aztech wird wachsam sein und versuchen, alles aufzustöbern, was es finden kann.

Das größte Kopfzerbrechen bereiten diese Ereignisse **Ghostwalker**. Autokraten sind auf ein Image der Stärke angewiesen, um ihre Macht zu stützen, und wenn dieses Image ins Wanken gerät, sind sie anfällig für Aufstände. Zerstörung und Tod im Heimatterritorium sind ein klares Zeichen dafür, dass die Stärke des Anführers nicht den Erwartungen des Volkes entspricht (selbst wenn diese nicht erfüllt werden können), sodass Ghostwalker mit Unruhen zu kämpfen haben wird. Diese könnten ihren Ursprung bei den Massen oder bei Mitgliedern seines eigenen inneren Kreises haben. Es wird seit Langem angenommen, dass Ghostwalker keinen echten inneren Kreis hat, aber es gibt Leute, denen er vertrauen muss, wie zum Beispiel den Leitern seiner Militär- und Geheimdienstorganisationen. Wenn sie sich gegen den Wyrm wenden oder wenn die öffentliche Unruhe wächst, muss Ghostwalker eine Antwort finden. Seine übliche Strategie ist ein Spektakel aus Blut und Donner, aber das könnte bei einer gestressten Bevölkerung, die genau unter so etwas gelitten hat, nicht gut ankommen. Um die Stadt weiterhin unter Kontrolle zu halten, muss er vielleicht ein paar neue Tricks lernen – oder in neue Tiefen der Rücksichtslosigkeit hinabsteigen.

ZUSAMMENFASSUNG DER HANDLUNG

NUR FÜR DIE SPIELLEITUNG!

Anstatt die Zusammenfassung der Handlung am Anfang des Buches zu platzieren, wo sie von den Spielenden allzu leicht erspäht werden könnte, haben wir sie hier eingefügt, damit Spielleitende sie nutzen können, um ein Gefühl für die übergreifende Handlung zu bekommen, die sich auf die 35 Missionen dieses Buches verteilt.

Es ist wichtig, sich einige Hintergrundinformationen in Erinnerung zu rufen. Erstens ist die Nullsekte eine Gruppe von Matrix-Sapienten, die KIs und Technomancer verabscheuen. Ihre Mission ist es, die Matrix von diesen Wesen zu säubern, und sie sind in dieser Hinsicht erbittert und rücksichtslos. Zweitens wurde die als Dis bekannte Metaebene (s. *Schlagschatten, Einmal Dis und zurück*, S. 67) vor Kurzem im Zusammenhang mit Alcheras und Spalten entdeckt, die überall auf der Welt auftauchen. Einige der Soldaten des III. Korps der UCAS Army, die verschwanden und dann auf die physische Ebene zurückkehrten, sprachen davon, dass sie Dis besucht hatten. Dis steht eindeutig mit diesen jüngsten Ereignissen in Verbindung, aber die genaue Art dieser Verbindung bleibt unklar.

Vor diesem Hintergrund entfaltet sich in den Missionen dieses Buches folgende Geschichte (beachte, dass es einige Nebenhandlungen gibt, die hier nicht beschrieben werden; diese Zusammenfassung deckt die wichtigsten Handlungsstränge ab):

Mehrere Megakonzerne analysieren seit Jahren, wie Mana durch die Verbindungen zwischen den Metaebenen fließt, und suchen nach einer Möglichkeit, diesen Fluss zu ihrem Vorteil zu nutzen. Aztechnology hatte dank der Entdeckung einer Anomalie in der Antarktis eine Zeit lang einen Vorsprung in diesem Bereich, aber der Verlust des Zugangs zu dieser Anomalie warf seine Arbeit zurück. Die Kons sind damit beschäftigt, einander auszuspionieren und Daten zu stehlen, und im Zuge entsprechender Spionageaktivitäten erfuhr MCT, woran Aztechnology gearbeitet hatte. MCT beschloss, die gestohlenen Daten zu nutzen, um der Konkurrenz zuvorzukommen.

Der Kern dieser Arbeit hat mit Geomantie zu tun, dem Wunsch, die astrale Kraft eines bestimmten Grundes zu verstärken, aber Geomantie und diese Arbeit haben in etwa so viel gemeinsam wie sanfte Landschaftsgestaltung und Tagebau.

MCT will die örtlichen Manaströme schnell und brutal umformen, und es weiß, dass es effektiver wäre, wenn das Ganze automatisiert geschehen würde. Also rekrutierte der Megakon einige extreme Verbündete, die ihm helfen sollten. Zunächst wandte sich MCT an die Bewohner der Ebene von Dis, damit sie dem Kon helfen, besser zu verstehen, wie man brachiale Gewalt auf Mana ausübt. Mit Dis' Hilfe entschied sich MCT für ein Konzept und begann mit dem Bau der benötigten Maschinen. Das Hindernis war die Rechenleistung, die für die Echtzeit-Mikroanpassungen der Hunderten von Parametern erforderlich ist, um das Gerät stabil zu halten. Um dieses Problem zu lösen, wandte sich MCT über seine eher technologisch orientierten Bereiche an die Nullsekte, mit der diese bereits in Kontakt getreten waren. MCT und die Null begannen mit der Arbeit an einem speziellen Host, der genug Leistung für diesen Zweck hatte.

Denver wurde als Teststandort ausgewählt, weil die Barriere zwischen physischer und Metaebene dort bereits instabil ist. Ghostwalker war seit Zebulons Tod nicht mehr sehr aktiv in Denver und überließ seinen Assistenten das Tagesgeschäft der FRFZ, sodass er als nur kleines Risiko für das Projekt angesehen wurde. Die ersten Experimente begannen kurz vor Beginn der Kampagne und zogen fast sofort die Aufmerksamkeit mehrerer mächtiger Organisationen und Personen auf sich, die die Veränderungen in der Astralebene und der Matrix verfolgen.

Die Sioux-Nation und der PCC haben ihre Agenten in Denver angewiesen, herauszufinden, was vor sich geht, und sich der Sache anzunehmen, bevor die Störungen eskalieren. Auf diese Weise geraten die Runner in die Geschichte.

Im Laufe der Kampagne finden die Runner langsam den Zweck der Maschine und schließlich auch ihren Standort heraus. MCT, Dis und die Nullsekte arbeiten weiter an der Inbetriebnahme der letzten Maschine, während die Runner ihre Ermittlungen fortsetzen. Die Runner sind bereits im Rückstand, und als sie schließlich das ganze Ausmaß des Plans aufdecken, müssen sie sich beeilen, um ihn zu stoppen.

Eines der großen Geschenke der neuen Technologie ist, dass sie oft mehrere Einsatzmöglichkeiten hat. Während die Partnerschaft von MCT, Dis und Nullsekte Fortschritte macht, stellen sie fest, dass Resonanz und Dissonanz durch ihre Handlungen ebenfalls beeinflusst werden könnten – was für die Null von großem Interesse ist. Einige der ersten Untersuchungen im Rahmen dieser Kampagne befassen sich mit den Auswirkungen dieser Technologie. Diese Auswirkungen sind tiefgreifend genug, um einige Leute dazu zu bringen, ihre Loyalitäten zu hinterfragen, was zu einigen Wendungen, zu Betrug und zu ausgewachsenem Verrat führt. Die an diesen Missionen beteiligten Personen werden sich regelmäßig fragen, wer für sie arbeitet, warum und inwieweit sie sich auf deren Loyalität verlassen können. Einem Großteil dieser Überlegungen liegt der Irrglaube zugrunde, dass Leute für Geld so ziemlich alles tun würden.

In der Zwischenzeit agiert eine Person namens „der Auditor" hinter den Kulissen und spielt eine Rolle, die erst gegen Ende der Missionen klarer wird.

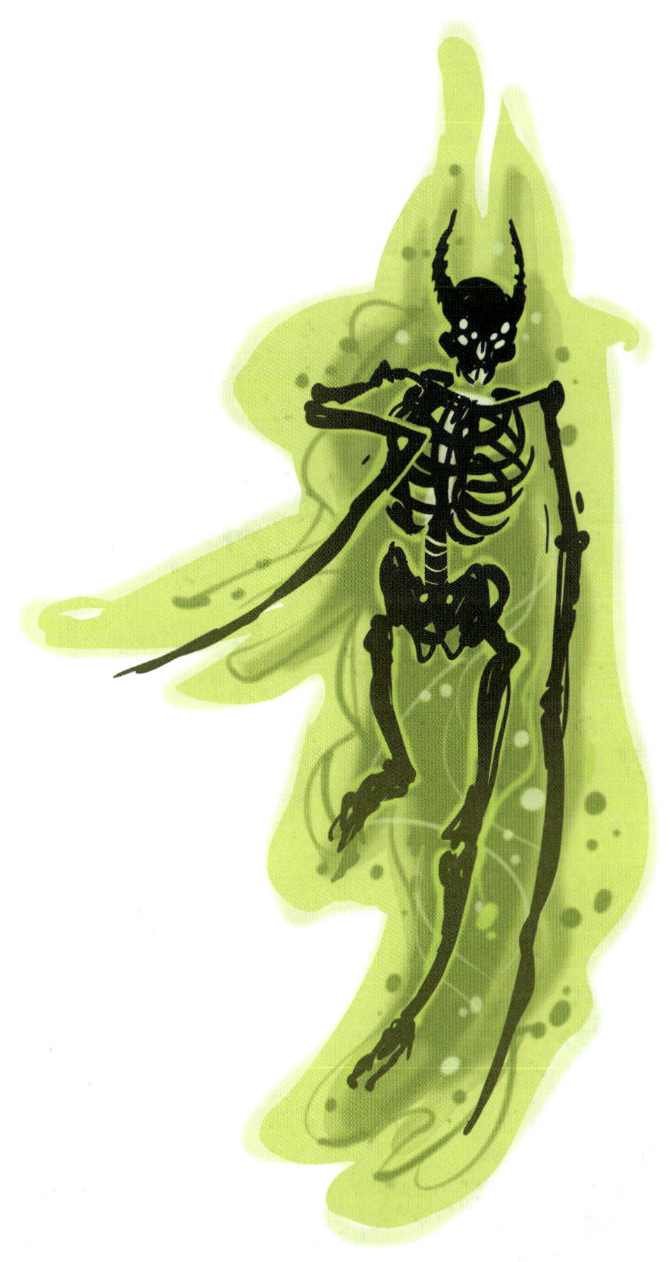

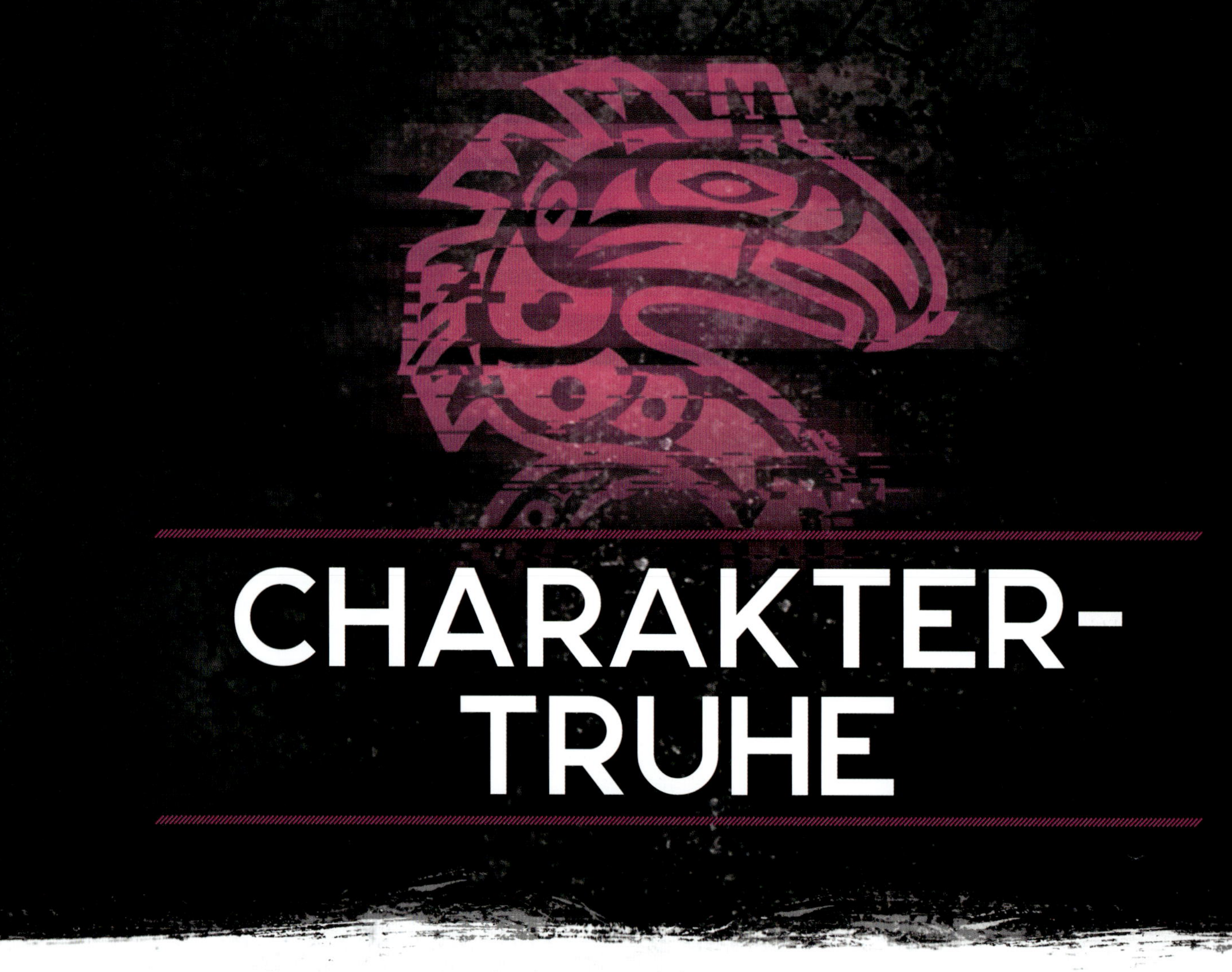

CHARAKTER-TRUHE

DIE VERBÜNDETEN

DIE NACHBARN DER RUNNER

Wenn die Runner nicht aus Denver stammen, erhalten sie während des ersten Abenteuers ein Safehouse, das sie bis zum Ende der Kampagne nutzen können. Dieser Abschnitt enthält eine Reihe von NSC, die in der Nähe wohnen. Sie sind dazu da, die Heimatbasis der Runner auszuschmücken, können aber auch als Connections vor Ort genutzt werden. Insbesondere, wenn die Connections der Runner nicht in Denver ansässig sind, könnten sie einzelne NSC kennen und für sie bürgen. Die NSC werden alle im Abschnitt über die Aurora Warrens (S. 14) beschrieben.

Hier sind einige zusätzliche Informationen über sie:

Rattler (Einflussstufe 4), ein kleiner Waffenhändler, will die Runner zu Stammkunden machen. Einer seiner wichtigsten Waffenlieferanten, ein Triaden-Gangster namens Fang, drängt ihn, mehr zu verkaufen, und er hofft, dass die Runner ihm den nötigen zusätzlichen Umsatz bringen. Zuerst wird Rattler seinen Charme spielen lassen und den Runnern die kostenlose Nutzung seines Privatzimmers anbieten, aber wenn die Runner ihm widerstehen, kann er ziemlich hartnäckig oder sogar aggressiv werden, da Fang ihn sehr unter Druck setzt (verwende für Rattler den Schuldeneintreiber der Mafia, *SR6*, S. 205).

Seine Frau **Trinket** (Einflussstufe 3) weiß nichts von der Situation mit Fang, hat aber selbst ein Problem. Sie hat in letzter Zeit viele Kunden und Aufträge verloren. Bei ihrem wöchentlichen Essen (s. *Mission 27*, S. 129) vertraut sie sich ihrem Freund Arcane an. Das bedeutet, dass auch sie darauf erpicht ist, an das Geld der Runner zu kommen, und dass sie sich betrogen fühlen wird, wenn diese ihre magischen Utensilien woanders einkaufen (falls erforderlich, verwende die Straßenschamanin, *SR6*, S. 91, mit Waschbär als Schutzgeist). Auch ihre Ehe ist in letzter Zeit angespannt, was ihren Stress noch verstärkt.

Fang (Einflussstufe 2) ist ein asiatischer Mensch Anfang dreißig mit einer hässlichen Narbe im Gesicht, die er stolz trägt. Er hat ein fieses Lächeln und benimmt sich ständig wie ein Tyrann. Im Moment ist er ein kleiner Ganove für die Triaden, aber er will die Aurora Warrens zu seinem Revier machen. Er wird die Runner zunächst als Gleichgesinnte betrachten, die sich wie er an die Spitze schlagen wollen. Schnell wird er sie allerdings als Bedrohung ansehen, vor allem, wenn sie sich auf die Seite der Leute stellen, die er zu schikanieren versucht. Vielleicht wird er sogar versuchen, sie loszuwerden (oder sich so weit wie möglich von ihnen fernhalten, da er im Grunde genommen ein Feigling ist). Verwende für ihn die Werte des Mafiasoldaten (*SR6,* S. 207).

Dharavi (Einflussstufe 3) betreibt in den Warrens eine mobile Ambulanz im Laderaum eines umgebauten Roadmasters. Der vierarmige, blauhäutige Nartaki nutzt eine Mischung aus Zaubern, alchemistischen Erzeugnissen und moderner Technologie, um die Armen zu versorgen. Er verlangt nur das, was jemand für seine medizinischen Dienste bezahlen kann, verdient aber genug Geld, um die Unkosten zu decken, indem er nichtmedizinische Erzeugnisse und nicht ganz legale alchemistische Mixturen an diejenigen verkauft, die über tiefe Taschen und ein Bedürfnis nach Verschwiegenheit verfügen.

Sam (Einflussstufe 2) ist eine Technomancerin, was sie zu einer vorsichtigen und sehr zurückgezogenen Person macht. Sie nimmt die Aufträge der Runner gerne an und leistet hervorragende Arbeit, aber sie wird vorsichtig sein, wenn es um den Handel mit Informationen geht. Sie bleibt auf Distanz, aber die Runner haben vielleicht eine Chance, sich bei ihr beliebt zu machen, wenn die Null sie angreifen. Ein Teil der Abmachung mit MCT in *Mission 4* besteht tatsächlich darin, dass der Kon ihren Technomancer-Laden an die Sekte verfüttert. Die Null folgen den Brotkrumen des Megas und greifen Sam schließlich an (verwende für sie die Werte des Technomancers, *SR6,* S. 92).

Allie (Einflussstufe 3) ist freundlich, aber vorsichtig im Umgang mit den Runnern. Ihr gefällt der Gedanke, dass hochbezahlte Runner ihr hart verdientes Geld in die Höschen ihrer Tänzerinnen stecken, aber sie ist auch klug genug, um zu wissen, dass Runner Ärger bedeuten könnten. Am Anfang zeigt sie also die falsche Wärme, die für ihre Arbeit nützlich ist, aber wenn sich die Runner anständig benehmen und ihr vielleicht sogar helfen, wenn Mafia-Vollstrecker bei ihren Gaunereien übermütig werden, könnte Allie eine echte Verbündete werden.

Was die Runner angeht, wird **Grunt** (Einflussstufe 2) sehr vorsichtig sein, wenn sie einziehen – es sei denn, sie kommen aus Seattle. Dann wird er sehr gespannt auf die neuesten Nachrichten über das Big Rhino und die Umwandlung des Ork-Untergrunds in einen vollwertigen Bezirk sein. Abgesehen davon gibt es bei ihm keine Abkürzungen. Wenn sich die Runner als Nachbarn und Gäste vernünftig verhalten, wird seine Wertschätzung für sie mit der Zeit wachsen. Da er ein anständiger Typ ist, kann er den Runnern zu Hilfe kommen, wenn Ganger oder andere Übeltäter versuchen, sich mit der Gruppe anzulegen, und zwar noch bevor eine Freundschaft mit ihnen entsteht.

Security (Einflussstufe 4) ist ein weiterer ehemaliger Runner, der sich mithilfe seiner Schattenverbindungen ein profitables Geschäft aufgebaut hat. Er ist ein halbberühmter Hacker, der einst aus Spaß die New Yorker Börse zum Absturz brachte und jetzt das Zero Network betreibt, einen Schmugglerring, der Schwarzmarktelektronik und Hackersoftware direkt aus Chiba zu seinen Kunden in Denver bringt.

Hippocrates (Einflussstufe 4), der schießwütige Straßendoc, ist ein schwieriger Fall. Er wird das Geld der Runner annehmen, um sie nach einem üblen Kampf wieder in Ordnung zu bringen, aber er wird Abstand halten. Wenn jemand zu ihm kommt, um sich Bodytech installieren zu lassen, bedeutet das solide Nuyen für ihn, und Hippocrates könnte dieser Person mehr Anerkennung zollen. Oder es sich zumindest zweimal überlegen, bevor er sie an den Meistbietenden verkauft. Hippokrates erhält seine Bodytech im Geheimen von MCT und seiner Connection, die ihn beide benutzen, um Informationen zu sammeln. Alles, was die Runner ihm erzählen, wird MCT also sehr schnell ebenfalls wissen.

Walker (Einflussstufe 5) war einst ein erfolgreicher Unterhändler eines Denveraner Runnerteams, doch heute hat er sich aus den Schatten zurückgezogen, um eine höchst lukrative ID-Fälscher-Operation zu leiten. Er verfügt über weltweite Verbindungen, um Informationen aus der ganzen Welt zu beschaffen, und sein Team kann erstklassige gefälschte SINs nach den genauen Vorgaben seiner Kunden herstellen.

Absolute Garbage (Einflussstufe 1) ist ein ganz normaler Landstreicher. Der Mensch ist Anfang vierzig, vom Leben gezeichnet, durchwühlt oft jeden Müll, den er findet, und schreit dabei oft: „Das ist Müll! Absoluter Müll!“, während er nach Essbarem sucht. Er ist harmlos, taucht allerdings immer im für die Runner ungünstigsten Moment auf. Er ist zu einer festen Größe in der Gegend geworden, und die anderen Bewohner der Warrens werden es nicht gutheißen, wenn er verletzt oder getötet wird. Wenn die Runner seine Vorgeschichte untersuchen, werden sie herausfinden, dass er sich in einer kostenlosen Ambulanz mit KFS infiziert hat und später geheilt wurde, als Celedyrs Behandlung auf der Straße ankam. Leider war sein Gehirn bereits schwer geschädigt. Falls erforderlich, würfle 2 Würfel für alle Proben, die er eventuell ablegen muss.

Dracula (Einflussstufe 3), der Besitzer von Dracula's Coffins, ist für die Runner mit seiner Werkstatt und seinen Fahrzeugreparaturfähigkeiten vielleicht die nützlichste Connection in Denver. Die Werkstatt gilt als Fahrzeugwerkstatt (*SR6,* S. 274). Dracula vermietet sie für 400 Nuyen pro Stunde und sich selbst für 100 Nuyen pro Stunde. Diese Kosten sinken auf bis zu 100 Nuyen pro Stunde für die Werkstatt und 25 Nuyen pro Stunde für ihn selbst (verwende den Mechaniker, *SR6,* S. 213), wenn er die Runner kennenlernt und anfängt, ihnen zu vertrauen.

Frantic (Einflussstufe 3), der freie Geist, der das Hole in the Wall betreibt, versteckt auf Wunsch Gegenstände für die Runner, es sei denn, sie haben sich ihr gegenüber feindlich verhalten. Sie will nicht sagen, warum sie so hilfsbereit ist – vielleicht ist das Teil ihres Geas, vielleicht mag sie auch einfach Geheimnisse. Sie wird über nichts sprechen, was sie für andere versteckt hat, denn die Runner würden schließlich auch nicht wollen, dass sie mit Fremden darüber spricht, was sie für sie getan hat. Frantic ist ein freier Geist des Menschen der Kraftstufe 6.

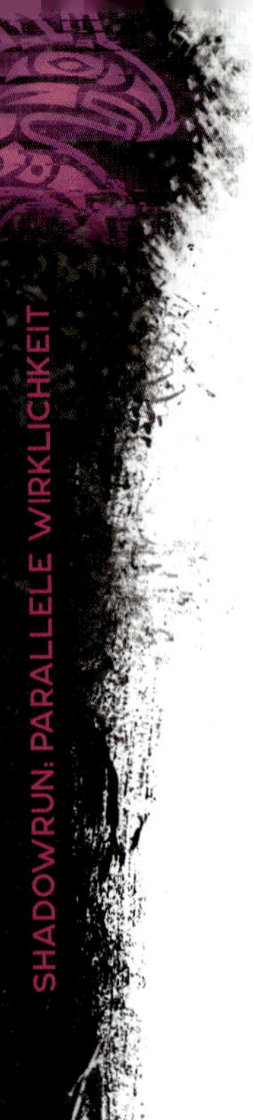

ARCANE

(EINFLUSSSTUFE 5)

Der Name Dr. Rutherford Kaine ist eine hochqualitative gefälschte SIN, die Arcane für seine akademische Arbeit verwendet. Seinen richtigen Vornamen gibt er nicht preis. Er sieht menschlich aus, hat hellbraunes Haar, eine durchschnittliche Statur und ist mittelgroß. Die meiste Zeit seines Lebens dachte er, er sei ein Mensch, aber Arcane ist eigentlich ein Fae. Er wusste schon immer, dass er der Sohn eines unwichtigen britischen Adligen ist, aber jetzt, wo er sein wahres Erbe entdeckt hat, behauptet er, der Sohn einer wilden Fae zu sein, die sich die Rosenkönigin nennt.

ARCANE

K	G	R	S	W	L	I	C	EDG	M	ESS
4	4	3(7)	2	5(9)	6(10)	6(10)	5(9)	5	10	6

Initiative: 17 + 5W6
Handlungen: 1 Haupt, 5 Neben
Zustandsmonitor: 10/13
Verteidigungswert: 9
Vorteile: Analytischer Geist, Erhöhte Konzentrationsfähigkeit 3
Aktionsfertigkeiten (Würfelpools): Astral 19, Athletik 7, Beschwören 14, Einfluss 14, Hexerei 18, Überreden 12, Verzaubern 14, Wahrnehmung 17
Wissensfertigkeiten: Anthropologie, Arkana, Arkanarchäologie, Drachische Überlieferungen, Fae-Überlieferungen, Geister und Wesenheiten, Linguistik, Magietheorie, Magische Artefakte, Magische Bedrohungen, Magische Gesellschaften, Metaebenen, Mythologie, Parabotanik, Parageologie, Parazoologie, Schatten von Denver, Seelie-Hof-Politik, Überlieferungen der Vierten Welt, Vorsintflutliche Überlieferungen
Sprachfertigkeiten: Englisch M, Sperethiel M, alle bekannten alten Sprachen, Or'zet und mehrere „verlorene" Sprachen der Vierten Welt
Initiatengrad: 8
Metamagie: Abschirmung, Erweiterte Maskierung, Flexible Signatur, Intensivierung, Maskierung, Psychometrie, Spiegelung, Zentrierung
Zauber: Attribut Steigern, Betäubungsblitz, Böse Ahnung, Chaos, Druckwelle, Eisdecke, Eisspeer, Eissturm, Geistessonde, Gerät Analysieren, Heilen, Kampfsinn, Levitieren, Magie Analysieren, Manablitz, Mystische Panzerung, Panzerung, Physische Maske, Reflexe Steigern, Stoß, Telepathie, Trideo-Trugbild, Verbesserte Unsichtbarkeit, Zauberfinger
Rituale: Hüter, Watcher
Intensivierte Zauber: Attribut Steigern (Willenskraft, 4), Attribut Steigern (Logik, 4), Attribut Steigern (Intuition, 4), Attribut Steigern (Charisma, 4), Kampfsinn (6), Reflexe Steigern (4)
Fae-Kräfte: Bewegung, Immunität (Alter, Krankheit, Toxine), Metaplanares Tor, Regeneration, Verschleierung
Fae-Schwächen: Allergie (Meteoreisen, Schwer), Verwundbarkeit (Meteoreisen)
Ausrüstung: Kapuze [+1; kumulativ], Kommlink [Transys Avalon; GS 6, D/F 3/1], Kraftfokus 8, Mortimer-of-London-Berwick-Anzug und Greatcoat [+4]

Arcane hat die meiste Zeit seines Lebens in der metamenschlichen Welt verbracht, wo er das College besuchte und Doktortitel in Thaumaturgie, Archäologie und Linguistik erwarb. Nach dem College war er von den offiziellen (legalen) akademischen Verfahren frustriert und beschloss, dass der beste Weg, seine Ziele zu erreichen, darin bestand, das System zu umgehen und sich zu nehmen, was er wollte, indem er die Fähigkeiten eines Shadowrunners erwarb und nutzte. Er verbrachte mehrere Jahre bei Front Range Consulting, einem Runnerteam aus Denver, und betrachtet die Stadt nun als seine Heimat. Arcane hat sich mit einem anderen ehemaligen Mitglied von FRC, der einheimischen Schieberin Cat, angefreundet, und diese Freundschaft hat einige zu Spekulationen veranlasst, dass er auch mit Ghostwalker zusammenarbeitet. Die Tatsache, dass er feindselig auf jeden reagiert, von dem bekannt ist, dass er das Binden von Geistern praktiziert, und dass er immer in der Gesellschaft zahlreicher freier Geister zu sein scheint, verleiht dieser Theorie ein gewisses Gewicht.

Dr. Kaine ist ein bekannter Forscher, der sich auf alte Sprachen sowie auf vorsintflutliche und prä-vorsintflutliche Überlieferungen spezialisiert hat. Innerhalb eines elitären Kundenkreises ist Arcane jedoch auch als multiplanarer Reisender bekannt, der die Fähigkeit besitzt, Leute mitzunehmen. Arcane hat aufgrund seines Fae-Erbes mehrere geisterähnliche Kräfte, darunter die Fähigkeit, ein kleines metaplanares Tor zu öffnen, das es Leuten ermöglicht, direkt und physisch zu den Metaebenen zu reisen, ohne dass eine Astralreise erforderlich ist.

CAROL „CAT" MCTAVISH

(EINFLUSSSTUFE 4)

Cat ist eine ehemalige Shadowrunnerin, die als Schieberin und manchmal auch als Ms Johnson in den Schatten von Denver arbeitet. Als Runnerin hatte sie einen Ruf als mächtige Magieradeptin, die sowohl im Fern- als auch im Nahkampf hervorragend war. Heutzutage ist sie meist in ihrem Club, der One-Up Bar and Arcade, am östlichen Ende des Hubs anzutreffen. Cat ist eine Orkin, die Anfang dreißig zu sein scheint, mit grünen Augen, braunen Haaren und einer schlanken, aber athletischen Statur. Sie wurde in Schottland geboren, wuchs dort auf und hat immer noch einen ausgeprägten schottischen Akzent, obwohl sie die meiste Zeit ihres Erwachsenenlebens in Denver verbracht hat.

Als erfolgreiche Denveraner Schieberin verfügt Cat über viele Kontakte zu einheimischen Runnern, Schattenhändlern und Schattendienstleistern. Sie kann Runner miteinander in Kontakt bringen und Vorkehrungen treffen, damit sie nicht zurückzuverfolgende legale Gegenstände, aber auch streng regulierte (oder illegale) Waffen, Elektronik, Waren und Zauberformeln erwerben können. Sie kann Runner auch mit Dienstleistern in Kontakt bringen, die keine unangenehmen Fragen stellen, darunter Straßendocs, Mechaniker und Taliskrämer. Auf der anderen Seite wissen Runner in Denver, dass, wenn man tief genug gräbt, die Aufträge, die Cat als Ms Johnson erledigt, manchmal zur FRFZ-Regierung oder sogar zu Ghostwalker selbst zurückführen, was Spekulationen über ihre genaue Beziehung zum Weißen Wyrm anheizt. Seid also gewarnt: Wenn ihr einen von Cats Jobs annehmt, solltet ihr ihn sorgfältig prüfen – es könnte sein, dass ihr für einen Drachen arbeitet.

CAROL „CAT" MCTAVISH

K	G	R	S	W	L	I	C	EDG	M	ESS
7	6(10)	6(9)	5	4	6(9)	6	4	2	8	4,4

Initiative: 15 + 4W6
Handlungen: 1 Haupt, 5 Neben
Zustandsmonitor: 13/10
Verteidigungswert: 15
Vorteile: Katzenhaft, Restlichtverstärkung, Robust Gebaut 1, Talentiert (Feuerwaffen)
Nachteile: Abhängigkeit (Alkohol), Verpflichtungen 2 (Kinder)
Aktionsfertigkeiten (Würfelpools): Astral 11, Athletik 13, Biotech 12, Cracken 12, Einfluss 10 (Verhandeln +2), Elektronik 12, Feuerwaffen 22, Heimlichkeit 17, Hexerei 12, Mechanik 12, Nahkampf 18, Überreden 7, Wahrnehmung 11
Wissensfertigkeiten: Antike Videospiele, Denveraner Runner, Drachische Überlieferungen, Lokalwissen Denver, Magietheorie, Magische Gesellschaften, Metaebenen, Orkische Küche, Regierung von Denver, Schatten von Denver, Spionagetechniken
Sprachfertigkeiten: Englisch M, Japanisch 2
Initiatengrad: 8
Metamagie: Abschirmung, Adeptenzentrierung, Erweiterte Maskierung, Flexible Signatur, Kraftpunkt (2), Maskierung, Zentrierung
Adeptenkräfte: Astrale Wahrnehmung, Erhöhte Präzision, Gefahrensinn, Mystische Panzerung 4, Spurloser Schritt, Verbesserte Fertigkeit 3 (Feuerwaffen), Verbesserte Fertigkeit 3 (Nahkampf), Verbesserte Wahrnehmung
Zauber: Druckwelle, Feinde Entdecken, Heilen, Levitieren, Manablitz, Mode, Panzerung, Sanfter Fall, Stille, Telepathie, Typveränderung, Verbesserte Unsichtbarkeit, Wahrheit Prüfen, Zauberfinger
Rituale: Hüter
Bodytech: (alles Deltaware) Datenbuchse, Muskelstraffung 4, Smartlink, Synapsenbeschleuniger 3, Zerebralbooster 3
Ausrüstung: Cyberdeck [Spinrad Falcon; GS 2, A/S 5/4], Kommlink [Transys Avalon; GS 6, D/F 3/1], Vashon Island Ace of Cups [+4]
Waffen:
Cavalier Arms Crockett EBR [Scharfschützengewehr | Schaden 5K | HM/SM | 5/10/13/10/10 | 20(s) | Schalldämpfer, Schockpolster, Smartgunsystem, Zielfernrohr, Standardmunition]
Katana [Klingenwaffe | Schaden 4K | 10/–/–/–/– | Waffenfokus 8]

CAP'N KLUDGE

(EINFLUSSSTUFE 4)

Heutzutage nennt sich der Cap'n meist nur noch Kludge. Er ist nicht nur in Denver, sondern überall in den Schatten der Matrix als Griesgram bekannt. Tom Kwan (sein richtiger Name) ist heute Mitte fünfzig und war einst ein Wunderkind, das seinen Master in Informatik am MIT&T machte, noch bevor er fünfzehn war. Er wurde noch vor seinem Abschluss von Fuchi angeworben. Das hielt jedoch nicht lange an, und schon 2047 hatte sich der aufstrebende Star etwas zu tief in die Firmengeheimnisse gegraben und musste in die Schatten flüchten. Sein verspieltes Flummi-Icon und der Name Cap'n Kludge wurden in der Matrix schnell bekannt. Er wurde 2049 von Shiva in den Denver Data Haven gebracht und arbeitet seitdem mit dem Nexus zusammen – tatsächlich ist er länger dabei als jeder andere noch lebende Metamensch.

Seit Ghostwalker die Alpha Site zerstört hat, ist Kludge leicht paranoid geworden und glaubt (zu Recht), dass die Sicherheitsvorkehrungen der Beta Site keinem Angriff standhalten werden. Er hat sein eigenes Safehouse im Sunny Spire Condominium Complex eingerichtet, komplett mit einem Decker-Kokon, den er aus einem alten Valkyrie-Modul und einem gepanzerten Rigger-Kokon gebaut hat und der ein Fairlight Excalibur, eine Vulcan Liegelord und alle Anpassungen enthält, die für längere Arbeiten in heißer VR notwendig sind. Normalerweise verbringt Kludge seine Tage in seinem Kokon, wo er an der Konnektivitäts- und Kommunikationssoftware des Nexus arbeitet, oder er springt in eine der ramponierten Anthrodrohnen, die er in der Beta Site aufbewahrt, damit er an der Nexus-Hardware arbeiten kann, ohne die Sicherheit seines Kokons verlassen zu müssen.

CAP'N KLUDGE

K	G	R	S	W	L	I	C	EDG	ESS
3	3	3(4)	1	5	6(8)	6	2	4	2,28

Initiative: 10 + 2W6 (Matrix: 15 + 4W6/5W6)
Handlungen: 1 Haupt, 3 Neben (Matrix: 1 Haupt, 5 Neben)
Zustandsmonitor: 10/11
Verteidigungswert: 7 (Matrix: 13)
Vorteile: Analytischer Geist, Härtung, Vertrautes Terrain (Der Nexus)
Fertigkeiten (Würfelpools): Biotech 11, Cracken 16, Einfluss 4, Elektronik 16, Feuerwaffen 8 (Pistolen +2), Mechanik 13, Steuern 9 (Bodenfahrzeuge +2), Überreden 4, Wahrnehmung 10
Bodytech: Cyberaugen 3 [Betaware; Bildverbindung, Blitzkompensation, Kamera, Restlichtverstärkung, Sichtverbesserung, Smartlink], Cyberbuchse 4 [Betaware; D/F 7/6, +2 Matrix-Initiative], Reflexbooster 1 (Betaware), Riggerkontrolle 1 (Betaware), Schlafregulator, Zerebralbooster 2
Ausrüstung: Cyberdeck [Fairlight Excalibur; GS 6, A/S 9/8], Kommlink [Hermes Ikon; GS 5, D/F 3/0], Panzerjacke [+4], Riggerkonsole [Vulcan Liegelord; GS 5, D/F 6/5]
Waffen:
Ares Viper Slivergun [Schwere Pistole | Schaden 3K | HM/SM | 14/10/8/–/– | 30(s) | Schalldämpfer, Smartgunsystem, Ersatzmagazin, 60 Schuss Flechettemunition]

GOLDSMOKE

(EINFLUSSSTUFE 5)

Goldsmokes übliche Gestalt ist die eines Zwergs, aber er ist ein Drake, der eine drachische Gestalt hat, die er bei Bedarf einsetzen kann. Er kleidet sich gut und hat einen teuren Geschmack, aber er kann auch zu einem sehr stumpfen Instrument werden, wenn es nötig ist – und er hat Spaß, wenn das nötig wird.

Dennoch weiß er um den Wert einer guten Beziehung und wird die nötige Arbeit investieren, um sie aufrechtzuerhalten, insbesondere wenn er glaubt, dass die Beziehung zu einer guten Versorgung mit frischem Rindfleisch führen kann.

GOLDSMOKE

K	G	R	S	W	L	I	C	EDG	M	ESS
5[7]	5[6]	5	7[9]	5	5[6]	6	7	6	6	6

Initiative: 11 + 1W6
Handlungen: 1 Haupt, 2 Neben
Zustandsmonitor: 11[12]/11
Verteidigungswert: 10[19]
Vorteile: Infrarotsicht, Toxinresistenz
Bewegung: 10/15/+1 (auch fliegend)
Fertigkeiten (Würfelpools): Athletik 9[10] (Fliegen +3), Beschwören 13 (Herbeirufen +3, Binden +2), Biotech 7[8], Elektronik 8[9] (Computer +2), Exotische Waffen (Monofilamentpeitsche) 13, Feuerwaffen 8, Hexerei 13, Mechanik 7[8], Nahkampf 10[11]
Initiatengrad: 8
Metamagie: Abschirmung, Erweiterte Maskierung, Maskierung, Reinigung, Verbesserte Astrale Gestalt, Weissagung, Zauberformung, Zentrierung
Zauber: Jeder gewünschte
Drake-Kräfte: Drachensprache, Dracogenese 5, Dracomorphose, Dualwesen, Elementarer Angriff (Feuer), Gesteigerte Sinne (Breitbandgehör, Geruchssinn, Restlichtverstärkung), Mystischer Panzer 6, Natürliche Waffe (Biss/Klaue: Schaden 6K, 14/–/–/–/–), Panzer 12, Stummelflügel, Verstärkter Mystischer Panzer 2
Drake-Schwächen: Händezittern, Missgestaltet, Unvergesslich
Ausrüstung: Gepanzerter Kimono mit ballistischer Kapuze [+5, schnell zusammenlegbar für einfachen Transport]
Waffen:
Monofilamentpeitsche [Exotisch | Schaden 6K | 14/–/–/–/– | Angepasster Griff, Waffenfokus 4]
Anmerkung: Werte in eckigen Klammern gelten für die Drake-Gestalt.

KANGEE OHANZEE

(EINFLUSSSTUFE 4)

Mit seinen sechzig Jahren ist Kangee alt genug, um sich an die Zeit zu erinnern, als die Magie noch relativ neu in der Welt war. Krähe rief ihn, als er ein junger Mann war, und kurz darauf trat er den Sioux-Spezialeinheiten als Kampfschamane bei. Nach jahrzehntelangem Militärdienst wurde er für die Abteilung für verdeckte Operationen der Sioux-Regierung rekrutiert. Er wurde nach Denver versetzt, wo er den Straßennamen Crow of Shadows annahm. Er hat nun mehrere Jahre in Denver verbracht und sich ein Netzwerk aufgebaut, um für die Sioux-Regierung Informationen über Ghostwalkers Aktivitäten zu sammeln.

KANGEE OHANZEE

K	G	R	S	W	L	I	C	EDG	M	ESS
3	4	3	2	6	4	5	6	5	8	6

Initiative: 8 + 1W6 (Astral: 9 + 3W6)
Handlungen: 1 Haupt, 2 Neben (Astral: 1 Haupt, 4 Neben)
Zustandsmonitor: 10/11
Verteidigungswert: 6 (Astral: 5)
Vorteile: Erhöhte Konzentrationsfähigkeit 2, Erster Eindruck, Freundliche Geister (Geister des Menschen), Resistenz gegen Feuer, Schutzgeist (Krähe)
Nachteile: Ehrenkodex
Aktionsfertigkeiten (Würfelpools): Astral 11, Athletik 8, Beschwören 14, Einfluss 13, Feuerwaffen 9, Heimlichkeit 8, Hexerei 15, Nahkampf 9, Natur 11, Überreden 12, Steuern 7, Verzaubern 12, Wahrnehmung 11
Wissensfertigkeiten: Arkana, Magietheorie, Magische Bedrohungen, Metaebenen, Mythologie, Sioux-Politik
Sprachfertigkeiten: Englisch 3, Sioux M, Spanisch 2
Initiatengrad: 4
Metamagie: Exorzismus, Flexible Signatur, Maskierung, Zentrierung
Zauber: Attribut Steigern, Betäubungsblitz, Druckwelle, Feuerball, Gegenmittel, Stille, Trugbild, Wahrheit Prüfen, Wärmendes Heilen
Ausrüstung: Bereichsstörsender 5, Gefütterter Mantel [+3], Kommlink [Erika Elite; GS 4, D/F 2/1], Kontaktlinsen [Kap. 3; Infrarotsicht, Sichtverbesserung]
Waffen:
Fichetti Security 600 [Leichte Pistole | Schaden 2K | HM | 10/9/6/–/– | 30(s) | Abnehmbare Schulterstütze, Lasermarkierer]
Überlebensmesser [Klingenwaffe | Schaden 3K | 8/2*/–/–/– | * max. 20 m]

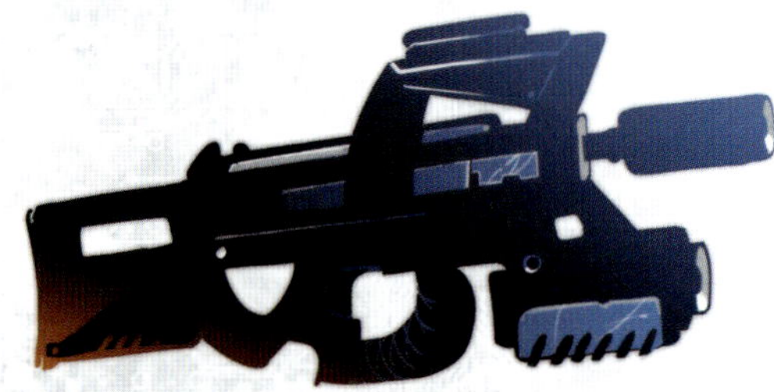

MR K

(EINFLUSSSTUFE 4)

Dieser männliche Mensch und Schieber will vor allem Aufgaben lösen. Er fungiert als Leiter einer Grauen Zelle (*Phantome,* S. 43). Er hat ein Hauptteam, das mit ihm zusammenarbeitet, aber er engagiert auch andere Leute, die sich für ihn um viele spezielle Aufgaben kümmern. Er und seine Zelle sind geografisch nicht an ein bestimmtes Gebiet oder eine Region gebunden, sondern werden zur Unterstützung anderer Zellen hinzugezogen, wenn größere und intensivere Aktionen durchgeführt werden müssen. Er besitzt magische Fähigkeiten, die auf eine ungewöhnliche Natur und umfangreiche Studien in den meisten magischen Bereichen, einschließlich hermetischer Magie, zurückzuführen sind. Er ist seit mehr als dreißig Jahren in den Schatten tätig und war zuvor als Guerillasöldner in den russisch-jakutischen Kriegen aktiv.

MR K

K	G	R	S	W	L	I	C	EDG	M	ESS
3	5	5	3	6	5	5	5	4	6	6

Initiative: 10 + 1W6 (Astral: 10 + 3W6)
Handlungen: 1 Haupt, 2 Neben (Astral: 1 Haupt, 4 Neben)
Zustandsmonitor: 12/11
Verteidigungswert: 5 (Astral: 5)
Vorteile: Robust Gebaut 2, Schnellheilung
Aktionsfertigkeiten (Würfelpools): Astral 9, Athletik 11, Beschwören 10, Einfluss 9, Feuerwaffen 10, Heimlichkeit 10, Hexerei 12, Nahkampf 10, Natur 11, Überreden 8, Verzaubern 9, Wahrnehmung 11
Sprachfertigkeiten: Englisch 3, Russisch M, Jakutisch 2
Initiatengrad: 1
Metamagie: Intensivierung
Zauber: Attribut Senken, Eisspeer, Elementarpanzerung, Energieball, Kampfsinn, Magie Analysieren, Reflexe Steigern, Schmerz, Verbesserte Unsichtbarkeit
Ausrüstung: Antimagiefokus 4 [Manipulation], Kommlink [Hermes Ikon; GS 5, D/F 3/0], Panzerkleidung [+2]
Waffen:
Betäubungsschlagstock [Knüppel | Schaden 5B(e) | 6/–/–/–/– | 10 Ladungen]
Ceska Black Scorpion [Automatikpistole | Schaden 2K | HM/SM | 10/9/8/–/– | 35(s) | Ausklappbare Schulterstütze]

MASQUE

(EINFLUSSSTUFE 4)

Der Mann, der sich als amerindianischer Schamane ausgibt und die Runner während *Mission 4* anheuert, ist ein Aztechnology-Agent. Seine Verkleidung und die Maskierung seiner Aura sollen sie glauben lassen, er sei Guide (ein freier Geist, der früher in Denver umherstreifte). Das ist aber alles nur ein Ablenkungsmanöver, um ihnen vorzugaukeln, dass sie für die NAN, Ghostwalker oder zumindest für jemanden arbeiten, der nicht zu Aztechnology gehört.

Tatsächlich ist „Masque" ein Spion des AAA-Konzerns. Er ist ein französischer Blutmagier, der für Dassault arbeitet und sich auf verdeckte Operationen spezialisiert hat. Seine Beherrschung der Metamagie Maskierung erlaubt es ihm, seine Aura zu maskieren und den Gestank der Blutmagie zu überdecken. Seine Verkleidung selbst beruht jedoch nicht auf Magie, sondern auf hochentwickelten Kosmetika. Er spricht fließend und akzentfrei mehrere Sprachen und ist ein Experte für Spionage.

Als Blutmagier, der vor allem während des Az-Am-Krieges eine Reihe von Gräueltaten begangen hat, ist er alles andere als ein „netter Kerl".

Ohne seine Verkleidung ist Masque ein weißer Mann Ende dreißig mit schwarzem Haar, einer Adlernase und kleinen blauen Augen. Diese drei Merkmale werden immer dann durch Kosmetika verändert, wenn er eine Verkleidung benutzt.

Im Rahmen dieser Kampagne wird er zu einem mächtigen, aber abstoßenden Verbündeten. Selbst wenn die Runner sein wahres Wesen erkennen und die Tatsache aufdecken, dass er ein Aztechnology-Agent ist, sollten sie erkennen, dass seine Ziele (MCT zu stoppen) mit ihren eigenen übereinstimmen können.

MASQUE

K	G	R	S	W	L	I	C	EDG	M	ESS
4	4	5	3	5	4	4	5	4	7	6

Initiative: 9 + 1W6 (Astral: 8 + 3W6)
Handlungen: 1 Haupt, 2 Neben (Astral: 1 Haupt, 4 Neben)
Zustandsmonitor: 10/11
Verteidigungswert: 7
Fertigkeiten (Würfelpools): Astral 9, Biotech 6, Einfluss 9 (Gebräuche +2), Elektronik 7, Feuerwaffen 6, Heimlichkeit 7, Hexerei 12 (Spruchzauberei +2), Nahkampf 7 (Klingenwaffen +2), Steuern 7, Überreden 11 (Verkleiden +2), Wahrnehmung 8
Initiatengrad: 3
Metamagie: Erweiterte Maskierung, Maskierung, Opferung
Zauber: Blutfrost, Blutmarionette, Dolmetschen, Düppel, Eingeweidenetz, Kochendes Blut, Levitieren, Magie Entdecken, Manafenster, Maske, Mode, Panzerung, Physische Maske, Reflexe Steigern
Ausrüstung: Kommlink [Transys Avalon; GS 6, D/F 3/1], Panzerweste [+3]
Waffen:
Beretta 201T [Leichte Pistole | Schaden 2K | HM/AM | 10/9/6/–/– | 21(s) | Abnehmbare Schulterstütze, angepasster Griff]
Ritualmesser [Klingenwaffe | Schaden 1K | 9/2/–/–/–]

MAGNUM

(EINFLUSSSTUFE 3)

Magnum ist ein zwei Meter großer Elf. Er ist Mitglied der von Mr K geleiteten Grauen Zelle, der er nun schon seit mindestens drei Jahren angehört. Er hat ein etwas ängstliches Wesen, aber wenn er sich auf eine Aufgabe konzentriert, ist er sehr überlegt in seinen Aktionen und Reaktionen.

MAGNUM

K	G	R	S	W	L	I	C	EDG	R	ESS
5	5	5(13)	6	3	5	4	4	4	4	2,4

Initiative: 17 + 5W6 (Matrix: 9 + 3W6)
Handlungen: 1 Haupt, 5 Neben (Matrix: 1 Haupt, 4 Neben)
Zustandsmonitor: 11/10
Verteidigungswert: 9 (Matrix: 9)
Fertigkeiten (Würfelpools): Athletik 9, Biotech 7, Cracken 9 (Matrixkampf +2), Elektronik 9, Feuerwaffen 10 (Gewehre +2), Heimlichkeit 10, Nahkampf 10 (Klingenwaffen +2), Tasken 8, Wahrnehmung 9 (Sicht +2)
Sprachfertigkeiten: Englisch 2, Japanisch M
Wandlungsgrad: 4
Echos: Lebendes Netzwerk, Neurofilter 2, Skinlink
Lebende Persona: Gerätestufe 4, Angriff 5, Schleicher 5, Datenverarbeitung 5, Firewall 5
Komplexe Formen: Editor, Emulieren (Ausnutzen), Emulieren (Babymonitor), Emulieren (Blackout), Emulieren (Schmöker), Puppenspieler, Reiniger, Resonanzspike
Bodytech: (alles Deltaware) Cyberaugen 4 [Bildverbindung, Blitzkompensation, Infrarotsicht, Kamera, Restlichtverstärkung, Sichtverbesserung, Sichtvergrößerung, Smartlink], Cyberohren 4 [Audioverbesserung, Audioverbindung, Balanceverstärker, Dämpfer, Richtungsdetektor], Knochenverstärkung 4, Reaktionsverbesserung 4, Reflexbooster 4
Ausrüstung: Panzerjacke [+4; Chemische Isolierung 4, Elektrochrome Modifikation, Feuerresistenz 4], Yamaha Kaburaya (schweres Motorrad; *Vollgas*, S. 25)
Waffen:
2 Ares Predator VI [Schwere Pistole | Schaden 3K | HM/SM | 10/10/8/–/– | 15(s) | Smartgunsystem, variables Munitionssystem, Waffenkamera]
Kampfmesser [Klingenwaffe | Schaden 3K | 8/2*/–/–/– | * max. 20 m]
Katana der Roten Samurai [Klingenwaffe | Schaden 4K | 10/–/–/–/–]
Ranger Arms SM-6 [Scharfschützengewehr | Schaden 5K | HM | 3/6/9/11/12 | 15(s) | Schalldämpfer, Schockpolster, Smartgunsystem, Zielfernrohr]

PERRI

(EINFLUSSSTUFE 7)

Über die Master-Systemadministratorin des Nexus ist nicht viel bekannt – Gerüchten zufolge schrubbt sie regelmäßig Informationen über sich aus der Matrix heraus. Bekannt ist nur, dass sie eine hochqualifizierte menschliche Technomancerin und die (adoptierte oder leibliche) Tochter des berühmten Deckers FastJack ist. Abgesehen von einer kurzen Karriere als Runnerin unter dem Straßennamen Skald Anfang der 70er hat Perri die meiste Zeit ihres Lebens im Denver Data Haven und im Nexus verbracht. Leute, die schon lange mit dem Nexus zu tun haben (wie Kludge), erinnern sich an sie als sehr junge Otaku, die schon 2054 in der Alpha Site lebte, und dass sie eine gemeinsame Vergangenheit mit Puck hatte, bevor dieser einer von Deus' Weißen wurde. Perri leitet derzeit ein Team von Technomancern und ist persönlich für die Betriebssysteme und Sicherheitsprotokolle des Nexus zuständig. Sie lebt in der Beta Site in der Nähe von Boulder und verlässt sie nur selten.

PERRI

K	G	R	S	W	L	I	C	EDG	R	ESS
3	3	5	2	6	7	6	5	5	9	6

Initiative: 11 + 1W6 (Matrix: 13 + 3W6)
Handlungen: 1 Haupt, 2 Neben (Matrix: 1 Haupt, 4 Neben)
Zustandsmonitor: 10/11
Verteidigungswert: 5 (Matrix: 20)
Vorteile: Analytischer Geist, Außergewöhnliches Attribut (Logik), Härtung, Vertrautes Terrain (Der Nexus)
Fertigkeiten (Würfelpools): Athletik 6, Biotech 10, Cracken 14, Einfluss 12, Elektronik 14, Feuerwaffen 7, Heimlichkeit 6, Mechanik 12, Natur 8, Steuern 7, Tasken 18, Überreden 9, Wahrnehmung 11
Wandlungsgrad: 7
Echos: Firewall-Upgrade 2, Lebendes Netzwerk, Schleicher-Upgrade 2, Skinlink, Übertakten
Lebende Persona: Gerätestufe 9, Angriff 7, Schleicher 10, Datenverarbeitung 10, Firewall 10
Komplexe Formen: Angriffs-Senkung, Angriffs-Steigerung, Emulieren (Biofeedback), Emulieren (Fessel), Emulieren (Gabel), Emulieren (Panzerung), Firewall-Senkung, Firewall-Steigerung, Petze, Puppenspieler, Schleicher-Steigerung, Signalschleier, Signalsturm, Zusammenflicken
Ausrüstung: Actioneer Geschäftskleidung [+2], Brille [Kap. 4; Blitzkompensation, Restlichtverstärkung, Sichtvergrößerung, Smartlink], Kommlink [Erika Elite; GS 4, D/F 2/1]
Waffen:
Colt Manhunter [Schwere Pistole | Schaden 3K | HM | 11/9/7/–/– | 14(s) | Smartgunsystem, Ersatzmagazin, Standardmunition]

DER FLÜCHTLING

Der Flüchtling ist ein disianischer Bürger, der vor einigen Jahrzehnten als Agent von Dis gedient hat. Aus unbekannten Gründen hat er sich für eine dauerhafte Umsiedlung auf die Erde entschieden und ist von den Native American Nations über den Pol bis nach Russland und Jakutien gezogen. Er ist ein begrenzt gestaltwandelfähiges Wesen, das zwischen drei Gestalten wechseln kann: einem geflügelten Gorilla, einem männlichen Menschen unterschiedlichen Alters und seiner natürlichen Gestalt, einem dreibeinigen Wesen mit sechs Armen, die in vierfingrigen Händen enden.

Seine Verwicklung in die Ereignisse im Vorfeld dieser Kampagne begann, als er von der Schwarzen Loge in Nowosibirsk (Russland) gefangen genommen wurde. Der jakutische Geheimdienst wurde auf die Situation aufmerksam und versuchte, ihn zu befreien, aber erst, als er schon zum Kapitelhaus der Loge in Denver transportiert worden war, wo er direkt ausgeforscht und verhört wurde. Der Flüchtling wurde von einem Team aus Agenten der Grauen Zelle aus diesem Kapitelhaus extrahiert. Die Details dazu finden sich in den Missionen dieses Buches. Der Flüchtling fungiert als Adept des Analytischen Pfades, der von bestimmten Disianern praktiziert wird und sie in die Lage versetzt, wie ein Technomancer zu funktionieren, ähnlich wie bestimmte Personen vom Seelie-Hof. Seine Fähigkeiten sind zum Zeitpunkt dieser Ereignisse nicht vollständig dokumentiert, sollten aber größtenteils von Technomancern inspiriert sein (mit Ausnahme seiner Fähigkeit, metaplanare Tore zu öffnen, die es ihm ermöglicht, zu verschiedenen ihm bekannten Metaebenen zu reisen).

Neue Adeptenkraft: Die Adeptenkraft Geistige Reflexe funktioniert ähnlich wie die normalen Verbesserten Reflexe von Adepten, aber sie verstärkt nur rein geistig abgeleitete Funktionen wie in einer virtuellen oder Matrixumgebung oder bei einem astral projizierenden Individuum. Jede Stufe dieser Kraft gewährt eine Erhöhung der Intuition um 1 sowie 1 zusätzlichen Initiativewürfel. Diese Adeptenkraft kostet 1 Kraftpunkt pro Stufe und kann maximal 2 Stufen haben.

Neue Metamagie: Maschinenbeherrschung ermöglicht es einer Person, eine Matrixumgebung zu betreten, ohne dass sie dafür ein Cyberdeck, Troden, ein Simrig oder ähnliche Hardware benötigt. Ähnlich wie bei den Talenten eines Technomancers verhält sich Maschinenbeherrschung wie ein vollwertiges Cyberdeck mit Kommlink. Die Matrixattribute werden auf die gleiche Weise berechnet wie bei einem Technomancer (*SR6*, S. 189). Eine Person mit dieser Metamagie kann Matrixprogramme emulieren (und sie wie ein Technomancer mit Karma kaufen), aber sie kann keine anderen Technomancer-Echos erlernen, keine Sprites kompilieren oder eigenständig Resonanzräume betreten. Ihr Matrix-Zustandsmonitor ist ihr Betäubungszustandsmonitor. Sie kann sich drahtlos mit der Matrix verbinden, als hätte sie eine Gerätestufe gleich ihrem Magieattribut. Sie hat nicht die Möglichkeit, ihre Attribute wie ein Technomancer zu steigern oder zu rekonfigurieren.

DER FLÜCHTLING

K	G	R	S	W	L	I	C	EDG	M	ESS
5	7	4	5	7	6	4	3	4	10	6

Initiative: 8 + 1W6 (Matrix: 10 + 5W6)
Handlungen: 1 Haupt, 3 Neben (Matrix: 1 Haupt, 5 Neben)
Zustandsmonitor: 11/12
Verteidigungswert: 5
Bewegung: 10/15/+2; 5/40/+3 (fliegend)
Vorteile: Analytischer Geist, Fotografisches Gedächtnis, Härtung, Überlebenswille 2
Nachteile: Berüchtigt (Dis), Verunsichert
Fertigkeiten (Würfelpools): Astral 9, Athletik 12 (Fliegen +2), Cracken 13, Einfluss 6, Elektronik 11, Heimlichkeit 11 (Stadt +2), Nahkampf 11 (Waffenloser Kampf +2), Überreden 6
Initiatengrad: 4
Metamagie: Adeptenzentrierung, Infusion, Maschinenbeherrschung, Maskierung
Adeptenkräfte: Analytik, Dreidimensionales Gedächtnis, Durchhaltevermögen 4, Eiserner Wille 4, Geistige Reflexe 2, Kalte Entschlossenheit 2, Magieabwehr 3, Mystischer Mantel 4, Schmerzresistenz 4, Sprachtalent
Kräfte: Gestaltwandel (Geflügelter Gorilla, Metamensch, Selbst), Metaplanares Tor, Natürlicher Zauberspruch (Physische Maske)
Anmerkung: Alle Attribute sind in allen Gestalten gleich, aber der geflügelte Gorilla hat Klauen und Reißzähne, die im Kampf eingesetzt werden können (Schaden 4K, 6/–/–/–/–).

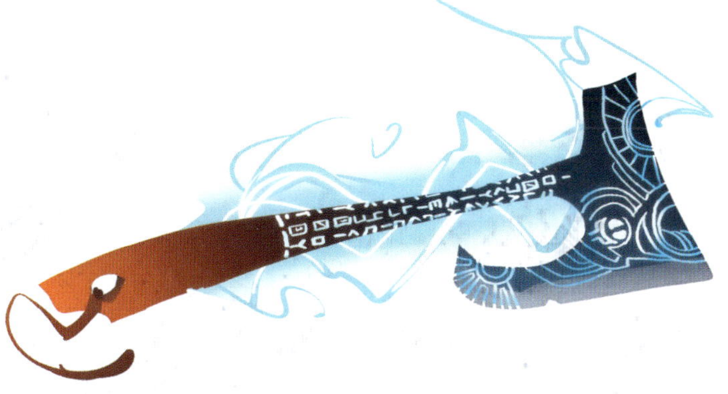

STILETTO

(EINFLUSSSTUFE 4)

Stiletto, auch bekannt als Professor Hanna Pierce (PhD/ThD), ist eine Elfe (wirkliches Alter unbekannt) und ehemalige Shadowrunnerin/Kampfmagierin, die es nicht nur geschafft hat, aus dem Geschäft auszusteigen, sondern auch mehrere Deals abgeschlossen hat, durch die sie als Studentin ans MIT&T kam und dort später zur Dozentin wurde. Mit einer neuen Identität und einem neuen Lebensziel wurde Professor Pierce eine Autorität auf dem Gebiet der experimentellen theoretischen und angewandten Magie. Aber man kann nie wirklich aus dem Schatten heraustreten, und so wurde Stiletto schließlich wieder aktiv, diesmal jedoch im Auftrag der Organisation, die nur als Graue Zelle bekannt ist. Ihr aktuelles Projekt für die Graue Zelle (zu der sie in einem Maß loyal ist, das an Besessenheit grenzt) ist die Erforschung – und hoffentlich die Zerstörung – der geheimnisvollen Maschinen, die nur als „Die Geräte“ bekannt sind.

STILETTO

K	G	R	S	W	L	I	C	EDG	M	ESS
3	4	4	3	6	6	5	5	8	10	6

Initiative: 9 + 1W6 (Astral: 11 + 3W6)
Handlungen: 1 Haupt, 2 Neben (Astral: 1 Haupt, 4 Neben)
Zustandsmonitor: 10/11
Verteidigungswert: 7 (Astral: 5)
Vorteile: Analytischer Geist, Astrales Chamäleon, Erhöhte Konzentrationsfähigkeit 3, Restlichtverstärkung, Talentiert (Hexerei), Willensstark
Aktionsfertigkeiten (Würfelpools): Astral 14, Beschwören 18, Einfluss 12 (Unterrichten +2), Elektronik 10, Feuerwaffen 8, Heimlichkeit 10, Hexerei 20, Nahkampf 7, Steuern 8, Verzaubern 16, Wahrnehmung 10
Wissensfertigkeiten: Akademia, Magietheorie, Magische Geschichte, Magische Traditionen, Meditationen, Spionagehandwerk
Sprachfertigkeiten: Aztlaner Spanisch 3, Deutsch 2, Englisch M, Französisch 2, Japanisch 3, Or'zet 2, Sperethiel 2
Initiatengrad: 4
Metamagie: Abschirmung, Flexible Signatur, Intensivierung, Maskierung
Zauber: Blitzstrahl, Energieblitz, Feinde Entdecken, Feuerball, Gegenmittel, Heilen, Leben Entdecken, Magie Analysieren, Magie Entdecken, Physische Maske, Reflexe Steigern, Stoß, Verbesserte Unsichtbarkeit, Wahrheit Prüfen
Ausrüstung: Brille [Kap. 4; Infrarotsicht, Sichtvergrößerung, Blitzkompensation, Smartlink], Kommlink [Transys Avalon; GS 6, D/F 3/1], Panzerjacke [+4]
Waffen:
Ares Crusader II [Automatikpistole | Schaden 2K | HM/SM | 9/9/7/–/– | 40(s) | Gasventilsystem, Smartgunsystem]

THOMAS WHITE FEATHER

(EINFLUSSSTUFE 6)

Einst ein aufsteigender Stern in der Abteilung für Matrix-Kriegsführung des PCC-Militärs, stieg White Feather schnell in den Rängen auf. Er erwarb sich den Ruf, außerhalb der Matrix genauso effektiv zu sein wie innerhalb, insbesondere wenn er eine Führungsrolle innehatte. Das PCC-Büro für Spionageabwehr wurde bald auf das Potenzial des jungen Deckers aufmerksam und rekrutierte ihn für verdeckte Operationen in L.A., Las Vegas und im PCC-Sektor von Denver. Der 55-jährige White Feather verfügt über jahrzehntelange Erfahrung in der Leitung von Schattenoperationen und ist seit mehreren Jahren für die Schattenoperationen der PCC-Regierung innerhalb der FRFZ zuständig.

THOMAS WHITE FEATHER

K	G	R	S	W	L	I	C	EDG	ESS
3	3	5(7)	3	5	5(7)	7	5	5	2,07

Initiative: 14 + 3W6 (Matrix: 15 + 4W6/5W6)
Handlungen: 1 Haupt, 4 Neben (Matrix: 1 Haupt, 5 Neben)
Zustandsmonitor: 10/11 (Matrix: 11)
Verteidigungswert: 6 (Matrix: 15)
Vorteile: Analytischer Geist, Außergewöhnliches Attribut (Intuition), Fotografisches Gedächtnis
Aktionsfertigkeiten (Würfelpools): Athletik 6, Biotech 10, Cracken 14, Einfluss 11, Elektronik 14, Feuerwaffen 9, Mechanik 12, Nahkampf 7, Natur 11, Steuern 12, Überreden 10, Wahrnehmung 12
Wissensfertigkeiten: Denveraner Politik, Matrix-Berühmtheiten, Matrix-Treffs, PCC-Politik, Schatten von Denver
Sprachfertigkeiten: Dakota 2, Englisch M, Japanisch 2, Hopi 2, Salish 2, Sioux 2, Spanisch 2, Stadtsprech 2
Bodytech: Cyberaugen 3 [Betaware; Bildverbindung, Blitzkompensation, Kamera, Restlichtverstärkung, Sichtverbesserung, Smartlink], Cyberbuchse 5 [Betaware; D/F 8/7, +3 Matrix-Initiative], Reflexbooster 2 (Betaware), Schlafregulator, Zerebralbooster 2
Ausrüstung: Automatischer Dietrich, Cyberdeck [Shiawase Cyber-6; GS 5, A/S 8/7], Datenwanze, Gefütterter Mantel und Panzerweste [+3], Kommlink [Hermes Ikon; GS 5, D/F 3/0], Zielgerichteter Störsender 6
Waffen:
Ares Predator VI [Schwere Pistole | Schaden 3K/3B | HM/SM | 10/10/8/–/– | 15(s) | Smartgunsystem, variables Munitionssystem, Ersatzmagazin, 16 Schuss Gelmunition (8 in jedem Magazin), 14 Schuss Standardmunition (7 in jedem Magazin)]
Ingram Smartgun XI [MP | Schaden 3B | HM/SM | 11/9/6/–/– | 32(s) | Gasventilsystem, Schalldämpfer, Smartgunsystem, Gelmunition]
Kampfmesser [Klingenwaffe | Schaden 3K | 8/2*/–/–/– | * max. 20 m]

VISHALA

(EINFLUSSSTUFE 5)

Das erste Wort, das einem in den Sinn kommt, wenn man Vishala sieht, ist „modelliert". Nichts an ihr ist dem Zufall überlassen, vom sorgfältig gestylten Bob-Cut bis hin zum Schnitt ihrer Hose. Vishala erweckt den Eindruck, als würde sie jede Nacht ihren Körper parken und aufladen, anstatt zu schlafen wie der Rest von uns.

Die meiste Zeit über trägt Vishala unauffällige, gepanzerte Geschäftskleidung mit einer leichten Ausbuchtung in der Jacke, wo ihre schwere Pistole den Faltenwurf der Kleidung stört. Sie trägt Anzüge von hervorragender Qualität, die sie eher nach ihrer Funktion als nach ihrem Aussehen auswählt, die aber dennoch ihre Größe zu unterstreichen scheinen. Kein Kleidungsstück weist Abnutzungserscheinungen auf und ihr Make-up ist nie verschmiert. Sie könnte durch eine Schlammpfütze laufen und käme sauber wieder heraus. Ihre einzige Affektiertheit ist, dass sie altmodische Zigaretten mit einer langen Zigarettenspitze raucht. Sie wird dies immer dann tun, wenn es gesellschaftlich akzeptabel ist.

Vishala hat die Absicht, zu den Mächtigen zu gehören. Im Laufe dieser Kampagne stößt sie auf einige Waffenforschungsprojekte und beschließt, sie für sich zu behalten. Zunächst versucht sie, dies vor ihrem Finanzier (dem PCC) geheim zu halten, aber trotz der Sorgfalt, die sie auf die anderen Aspekte ihres Lebens verwendet, kann sie nicht verhindern, dass Informationen über ihre Aktivitäten nach außen dringen. Ihre Fähigkeit, Dinge fast, aber nicht ganz, genügend geheim zu halten, um sicher zu bleiben, wird ihr schließlich zum Verhängnis, da die Leute, die sie im Laufe der Missionen verrät, ihr schließlich auf die Spur kommen.

Sie setzt darauf, dass sie die Forschungsergebnisse nutzen, einige Prototypen herstellen, das Gerät in die Produktion überführen und dann genug Geld verdienen kann, um sich entweder zur Ruhe zu setzen oder sich in eine sehr einflussreiche Position einzukaufen.

Vishala wurde im PCC geboren, beansprucht aber keine besondere Stammeszugehörigkeit für sich – stattdessen hat sie sich immer von der Konzernwelt gerufen gefühlt. Bevor ihre Eltern starben, verschafften sie ihr einen Job im mittleren Management von MCT, aber sie verstrickte sich jahrelang in die kleinliche Unternehmenspolitik, bis sie die glitzernde Abteilung für Schattenoperationen entdeckte, in der viel auf dem Spiel stand und es viel zu gewinnen gab. Seitdem ist sie in ihrem Element: Sie kauft und betrügt Shadowrunner und Schieber, um den Job für MCT und dann für den PCC zu erledigen. Jetzt ist sie an der Reihe.

VISHALA

K	G	R	S	W	L	I	C	EDG	ESS
4	4	4	3	6	5	5	5	3	5,2

Initiative: 9 + 1W6
Handlungen: 1 Haupt, 2 Neben
Zustandsmonitor: 10/11
Verteidigungswert: 6
Aktionsfertigkeiten (Würfelpools): Athletik 6, Einfluss 10 (Verhandeln +2), Feuerwaffen 9, Nahkampf 7, Überreden 12, Wahrnehmung 9
Sprachfertigkeiten: Englisch M
Bodytech: Cyberaugen 4 [Bildverbindung, Blitzkompensation, Infrarotsicht, Kamera, Restlichtverstärkung, Sichtverbesserung, Sichtvergrößerung, Smartlink], Cyberohren 4 [Audioverbesserung, Audioverbindung, Dämpfer, Richtungsdetektor]
Ausrüstung: Actioneer Geschäftsanzug [+2] *oder* (wie in der entsprechenden Mission angegeben) Ganzkörperpanzerung mit Helm [+7; Chemische Isolierung 4, Elektrochrome Modifikation, Feuerresistenz 4], Einweg-Kommlink [Renraku Sensei; GS 3, D/F 2/1; wird nur eingeschaltet, wenn sie die Runner oder Niki anruft, oder während eines Treffens], Feuerzeug, 3 Schachteln Zigaretten
Waffen:
2 Colt Manhunter [Schwere Pistole | Schaden 3K | HM | 11/9/7/–/– | 14(s) | Schalldämpfer, Smartgunsystem]

NIKI DIE GÄRTNERIN

(EINFLUSSSTUFE 4)

Niki ist freundlich und erweckt immer den Eindruck, als würde sie andere Kunden abwimmeln, nur um mit dir zu sprechen. Ganz gleich, ob sie mit dir über einen Auftrag verhandelt oder bei einem Glas Wein auf einen erfolgreichen Auftrag anstößt, sie nimmt sich in ihrem vollen Terminkalender Zeit für dich. Sie ist nach Schieberart schick gekleidet; aktuell gehören dazu hochwertige Panzerkleidung, ein Diamanthalsband und eine Dauerwelle.

Niki hat immer ein Lächeln auf den Lippen, vor allem, wenn sie über Geld redet, und immer, wenn sie jemand Neues kennenlernt. Sie unterhält sich gerne dort mit den Leuten, wo sie sind, und sie kann sich sehr gut einfügen. Sie würde sich bei einem Treffen mit Ghostwalker genauso wohl fühlen wie bei einer Gruppe von Straßenkehrern. Die perfekte Freundin.

Niki ist noch dabei, im Schieber-Geschäft Fuß zu fassen; sie will Brücken bauen, Geld verdienen und sich einen guten Ruf erarbeiten. Sie weiß, wie schwer es ist, sich in diesem Geschäft zu etablieren und zu überleben, aber sie weiß auch, dass sie gut darin ist, Verträge auszuhandeln und Arbeitsbeziehungen aufzubauen, dass sie hervorragend darin ist, Leute zu lesen, und dass sie absolut fantastisch darin ist, die schwierigen Kontakte auf der Straße und in den Schatten zu knüpfen, die sie braucht, um in der Schattenwelt erfolgreich zu sein. Im Moment denkt sie an die nächsten Monate, und je weiter die Missionen voranschreiten, desto zufriedener ist sie mit den Fortschritten der Runner.

Wenn sie Erfolg haben, wird auch Niki Erfolg haben, und sie vergisst die Leute nicht, die ihr auf diesem Weg helfen. Das funktioniert wunderbar, bis sie (unweigerlich) verraten wird, aber auch danach hat sie, wenn sie überlebt, die Verbindungen und den Ruf aufgebaut, um erfolgreicher als zuvor wieder zurückzukommen.

Es war nicht leicht, im Einzelhandel anzufangen und über den technischen Support die Karriereleiter hinaufzuklettern, und es war noch schwieriger, das bequeme Konzernleben hinter sich zu lassen, um als freiberufliche Schieberin zu arbeiten. Allerdings hat sie festgestellt, dass ihr Hintergrundwissen in Elektronik sehr nützlich ist – man weiß nie, wann man mal sein eigenes Kommlink auseinandernehmen muss, um nach RFID-Peilsendern zu suchen.

NIKI DIE GÄRTNERIN

K	G	R	S	W	L	I	C	EDG	ESS
3	3	3	2	5	6	5	5	5	5,9

Initiative: 8 + 1W6
Handlungen: 1 Haupt, 2 Neben
Zustandsmonitor: 10/11
Verteidigungswert: 7
Aktionsfertigkeiten (Würfelpools): Einfluss 11 (Verhandeln +2), Elektronik 11, Feuerwaffen 7, Heimlichkeit 7, Nahkampf 6, Wahrnehmung 10
Sprachfertigkeiten: Englisch M
Bodytech: Datenbuchse
Ausrüstung: Kommlink [Renraku Sensei; GS 3, D/F 2/0], Panzerjacke [+4], Suzuki Mirage
Waffen:
Browning Ultra Power [Schwere Pistole | Schaden 3K | HM | 10/9/6/–/– | 10(s) | Lasermarkierer, 100 Schuss Standardmunition]

WIDERSACHER

KONSTRUKTE DER NULLSEKTE

Die Nullsekte hat die Fähigkeit, Konstrukte zu erschaffen, die irgendwo zwischen IC, Sprites und echten Xenosapienten liegen. Es ist nicht bekannt, ob diese Konstrukte eine Art von freiem Willen haben oder ob sie lediglich Automaten sind, die geschaffen wurden, um die Anweisungen der Nullsekte auszuführen. Teams von Konstrukten scheinen miteinander zu kommunizieren, aber abgesehen von den Warnungen, die von den Schwarzen Warnungen ausgegeben werden, kommunizieren sie nicht mit anderen Icons.

Alle Konstrukte der Nullsekte agieren als Patrouille-IC und führen Matrixwahrnehmung aus, wenn sie nicht mit einer anderen Handlung beschäftigt sind; einige Arten imitieren auch die Angriffe anderer Formen von IC. Alle Konstrukte haben die Fähigkeit, der Matrix vorzugaukeln, dass es sich bei ihnen um eine legitime Komponente handelt, sodass sie nie einen Overwatch-Wert ansammeln.

SCHWARZE WARNUNGEN

Schwarze Warnungen dienen der Nullsekte als Wachposten für ihre Operationen. Anstatt Eindringlinge sofort anzugreifen, äußern sie eine Warnung, ein Gebiet sofort zu verlassen. Wenn die Warnungen ignoriert werden, gehen die Konstrukte rasch zum Angriff über. Sie sind vollkommen schwarz und sehen vage humanoid aus, aber mit zu langen Armen und Fingern, die in scharfen schwarzen Klauen enden. Die Gesichter der Schwarzen Warnungen sind glatt und strukturlos, ohne Augen und Nase, nur mit einem übergroßen, dreieckigen Mund voller scharfer Zähne.

SCHWARZE WARNUNGEN

A	S	D	F	W	L	I	C	EDG
7	6	4	4	3	5	6	2	2

Matrix-Initiative: 10 + 3W6
Matrix-Handlungen: 1 Haupt, 4 Neben
Matrix-Zustandsmonitor: 10
Matrix-Verteidigungswert: 10
Vorteile: Fnord, Rauschlos, Virtuelle Verarbeitung
Nachteile: Realitätsblindheit
Fertigkeiten: Cracken 4, Elektronik 4
Programme: Biofeedback, Fessel, Gabel, Panzerung, Tarnkappe
Angriffe:
Vernichtende Krallen [Matrixkampf | Schaden 5 | Angriffswert 14]
Zersetzen [Matrixkampf | Schaden 0 | Angriffswert 13 | Nettoerfolge senken das Attribut Firewall]

WEIẞE

Weiße erscheinen als helle, verwaschene Wesen und arbeiten mit den Schwarzen Warnungen zusammen, um bei Operationen die Umgebung zu sichern. Anstatt eine Warnung auszusprechen, halten sich Weiße zurück und sammeln so lange wie möglich Informationen über die Eindringlinge, bevor sie mit den Schwarzen Warnungen zusammen angreifen. Manche Leute berichten, dass sie, nachdem sie von einem Weißen studiert wurden, das Gefühl haben, dass er sie weiterhin beobachtet, wann immer sie in der Matrix sind – manchmal noch Monate danach.

WEIẞE

A	S	D	F	W	L	I	C	EDG
6	7	4	4	3	5	6	2	2

Matrix-Initiative: 10 + 3W6
Matrix-Handlungen: 1 Haupt, 4 Neben
Matrix-Zustandsmonitor: 10
Matrix-Verteidigungswert: 10
Vorteile: Fnord, Rauschlos, Virtuelle Verarbeitung
Nachteile: Realitätsblindheit
Fertigkeiten: Cracken 4, Elektronik 4
Programme: Biofeedback, Fessel, Gabel, Panzerung, Tarnkappe
Angriffe:
Nullzeichen [Matrixkampf | Schaden 1 | Angriffswert 13 | Nettoerfolge senken das Attribut Schleicher]
Vernichtende Krallen [Matrixkampf | Schaden 4 | Angriffswert 14]

ROTE GEFAHR

Rote Gefahren sind selten – zum Glück. Sie haben die gleichen Umrisse wie die anderen Nullsekten-Konstrukte, aber keinen Mund, und ihre Haut scheint von winzigen Tentakeln bedeckt zu sein. Tatsächlich bestehen sie aus Hunderten einzelner roter wurmförmiger Icons, die gemeinsam handeln. Sie schälen sich vom Hauptkörper ab, um in Massen anzugreifen, indem sie sich in Geräte hineinwinden. Wenn die einzelnen Komponenten einer Roten Gefahr in die Geräte eines PANs ausschwärmen, wird das regeltechnisch abgehandelt, als würden sie jedes Gerät mit *Brute Force* angreifen und sich User- und dann Admin-Zugriff auf die zu den Icons gehörenden Geräte verschaffen. Sobald sie die Kontrolle haben, führen sie nach dem Zufallsprinzip die Handlungen *Gerät steuern* (um eine zufällige Handlung auszulösen), *Programm abstürzen lassen*, *Gerät formatieren* und *Gerät neu starten* aus.

ROTE GEFAHR

A	S	D	F	W	L	I	C	EDG
7	6	4	4	4	5	3	3	2

Matrix-Initiative: 7 + 3W6
Matrix-Handlungen: 1 Haupt, 4 Neben
Matrix-Zustandsmonitor: 10
Matrix-Verteidigungswert: 10
Vorteile: Autorität, Rauschlos, Virtuelle Verarbeitung
Nachteile: Realitätsblindheit
Fertigkeiten: Cracken 6 (Matrixkampf +2), Elektronik 5
Programme: Ausnutzen, Biofeedback, Fessel, Gabel, Panzerung, Tarnkappe
Angriffe:
Datenspike [Matrixkampf | Schaden 4 | Angriffswert 13]

WISCHER

Diese Konstrukte arbeiten in Rudeln und sind nur dazu da, um Informationen zu löschen. Sie lassen sich nicht auf Kämpfe ein, und wenn sie angegriffen werden, versuchen sie zu fliehen und kehren zu ihrer zugewiesenen Aufgabe zurück, sobald es wieder sicher ist. Wischer erscheinen als farblose, durchscheinende Versionen anderer Konstrukte. Regeltechnisch verwenden Wischer die Handlungen *Sondieren* und *Hintertür benutzen*, um Zugang zu Geräten zu erhalten. Sobald sich ein Wischer in einem Gerät oder Host befindet, führt er *Datei editieren* und gegebenenfalls *Datei cracken* aus, bis alle Daten gelöscht sind (oder der Wischer zerstört wird). Wischer laufen immer auf Schleichfahrt und führen die Handlung *Verstecken* aus, wenn sie entdeckt oder angegriffen werden.

WISCHER

A	S	D	F	W	L	I	C	EDG
5	8	4	4	2	5	6	4	2

Matrix-Initiative: 10 + 3W6
Matrix-Handlungen: 1 Haupt, 4 Neben
Matrix-Zustandsmonitor: 10
Matrix-Verteidigungswert: 10
Vorteile: Rauschlos, Virtuelle Verarbeitung
Nachteile: Realitätsblindheit
Fertigkeiten: Cracken 4, Elektronik 4
Programme: Editieren, Gabel, Panzerung, Tarnkappe
Angriffe:
Keine

GRAUE JÄGER

Die Grauen Jäger sind die Killer der Nullsekte. Sie erscheinen als humanoide Gestalten, die lange graue Trenchcoats mit hohen Kragen und breitkrempige Hüten tragen. Wenn man genauer hinschaut, stellt man fest, dass ihre Haut die gleiche graue Farbe hat wie ihr Mantel und ihr Hut. Außerdem sieht man, dass sie die gleichen leeren, strukturlosen Gesichter und klaffenden Mäuler voller Zähne haben wie andere Nullsekten-Konstrukte. Graue Jäger können ihre Gegner beunruhigend gut einschätzen. Wenn sie glauben, im Vorteil zu sein, greifen sie direkt an, aber wenn nicht, legen sie einen Hinterhalt für ihr Ziel und setzen ihren Vorteil Autorität ein, um die Ausrüstung des Gegners zu hacken und zu sabotieren, bevor sie zuschlagen.

GRAUE JÄGER

A	S	D	F	W	L	I	C	EDG
12	6	5	5	2	7	2	1	3

Matrix-Initiative: 7 + 3W6
Matrix-Handlungen: 1 Haupt, 4 Neben
Matrix-Zustandsmonitor: 11
Matrix-Verteidigungswert: 12
Vorteile: Autorität, Rauschlos, Virtuelle Verarbeitung
Nachteile: Realitätsblindheit
Fertigkeiten: Cracken 5 (Matrixkampf +2), Elektronik 5
Programme: Gabel, Panzerung, Tarnkappe
Angriffe:
Teergrube [Matrixkampf | Schaden 1 | Angriffswert 16]
Vernichtende Krallen [Matrixkampf | Schaden 7 | Angriffswert 19]

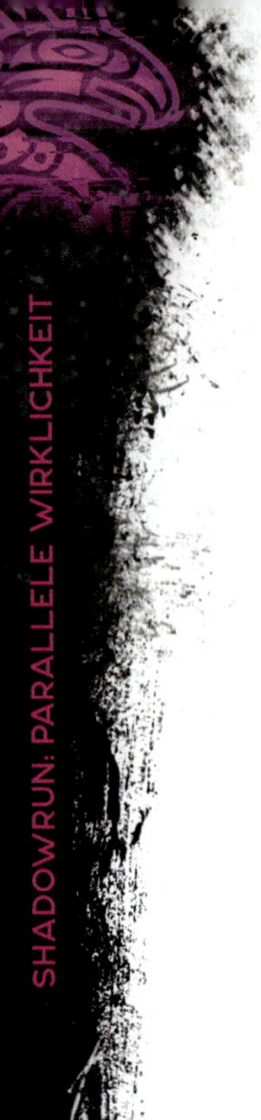

AUFSEHER

Dies sind die raffiniertesten und gefährlichsten Konstrukte der Nullsekte. Aufseher erscheinen als eine Version der Grauen Jäger, aber mit definierten, humanoiden Gesichtszügen. Sie sind die einzigen Konstrukte, die nicht einfarbig sind. Sie haben schwarze Mäntel und Hüte, schneeweiße Haut, blutrote Augen ohne Iris oder Pupille und einen dreieckigen Mund voller Haifischzähne wie die meisten Nullsekten-Konstrukte. Aufseher sind die rangniedrigsten Offiziere der Nullsekte, und ihre Oberherren beauftragen sie oft mit der Leitung von Teams untergeordneter Konstrukte, wobei manchmal Hunderte Konstrukte unter einem Aufseher dienen. Wie alle Konstrukte existieren Aufseher nur, um die Anweisungen ihrer Oberherren auszuführen. Sie lassen sich auf keine Art von Kommunikation ein; mit ihnen kann man weder verhandeln noch vernünftig reden, und sie lassen sich auch nicht einschüchtern. Tatsächlich besteht die einzige Möglichkeit, sie an der Erfüllung ihrer Aufgaben zu hindern, darin, sie zu vernichten.

AUFSEHER

A	S	D	F	W	L	I	C	EDG
12	8	8	10	7	7	5	3	Hoststufe

Matrix-Initiative: 13 + 3W6
Matrix-Handlungen: 1 Haupt, 4 Neben
Matrix-Zustandsmonitor: 13
Matrix-Verteidigungswert: 20
Vorteile: Autorität, Rauschlos, Virtuelle Verarbeitung
Nachteile: Realitätsblindheit
Fertigkeiten: Cracken 7 (Matrixkampf +2), Einfluss 1 (Einschüchtern +2), Elektronik 7
Programme: Ausnutzen, Biofeedback, Gabel, Panzerung, Tarnkappe
Angriffe:
Schwertbrecher [Matrixkampf | Schaden 1 | Angriffswert 20 | Nettoerfolge senken das Attribut Angriff]
Todesgriff [Matrixkampf | Schaden 6 | Angriffswert 20 | Spezieller Null-Angriff: Psychotropes Biofeedback]

NULL-VOR- UND NACHTEILE

SPEZIELLER NULL-ANGRIFF: PSYCHOTROPES BIOFEEDBACK

Aufseher können ihre Ziele mit psychotropem Biofeedback schädigen. Das bedeutet, dass die Aufseher Biofeedback-Schaden verursachen. Jedes Mal, wenn tatsächlich Schaden zugefügt wird, muss das Ziel eine Probe auf Willenskraft + Firewall gegen einen Schwellenwert gleich der Anzahl der Nettoerfolge des Angriffs ablegen, um nicht unter einer psychotropen Wirkung zu leiden.

Psychotrope Wirkungen sind kurzfristige emotionale Anpassungen, die [2W6 – Edge] Stunden lang andauern. Dazu können Wirkungen wie eine Abneigung gegen bestimmte Gegenstände oder Aktivitäten, das Verlangen nach einem bestimmten Produkt, Selbstzufriedenheit oder Lethargie, Schuldgefühle, Paranoia, eine Abneigung gegen die Matrix, Phobien usw. gehören. Auch der Verlust des Kurzzeitgedächtnisses ist eine Möglichkeit. Das Ziel kann nicht weitgehend außer Gefecht gesetzt oder in einen katatonischen Zustand versetzt werden, aber es wird sich ausgesprochen seltsam verhalten.

AUTORITÄT

Der Null überzeugt Geräte davon, dass seine Befehle von einer vertrauenswürdigen und privilegierten Quelle stammen: dem Besitzer. Immer, wenn ein Null die Handlung *Gerät steuern* oder *Befehl vortäuschen* durchführt, erhält er 1 Edge, das als Teil der Handlung ausgegeben werden muss und ansonsten verfällt.

FNORD

Ein Null kann sich vor GOD und jedem anderen in der Matrix verstecken, wenn er es wünscht. Damit ist kein regeltechnischer Mechanismus verbunden. Der Null verschwindet einfach in der Tiefe der Matrix.

RAUSCHLOS

Regeltechnisch sind die Null immun gegen Rauschen – zumindest gegen Rauschen, das durch Entfernung verursacht wird. Die Spielleitung kann entscheiden, dass die Null von anderen Rauschenquellen beeinflusst werden (z. B. solchen, die von einem Hacker oder einer Spamzone verursacht werden).

REALITÄTSBLINDHEIT

Als Kreaturen der Matrix haben die Null von bestimmenden Aspekten der physischen Welt bestenfalls keine Ahnung. Dinge wie Schwerkraft, Reibung und Trägheit sind für sie bedeutungslos. Die meisten haben noch nie etwas von der Fleischwelt gehört oder weigern sich einfach zu glauben, dass sie existiert. Infolgedessen haben Null mit diesem Nachteil wenig Kenntnis von der realen Welt und gewähren Gegnern 1 Edge, wenn sie mit der realen Welt interagieren oder anderweitig Wissen über sie ausüben.

VIRTUELLE VERARBEITUNG

Null führen in Wahrheit keine Programme aus. Die jeweils angegebene Liste ist nur eine Möglichkeit, einige ihrer Fähigkeiten zu simulieren. Sie führen immer alle ihre Programme aus.

WICHTIGE REGELN IN KÜRZE

Nachfolgend sind einige Regeln aus dem Buch aufgeführt, die hier zu Referenzzwecken gesammelt wurden.

DISSONANZPOOLS

(SIEHE S. 54)

Dissonanz ist eine ... Kraft? Substanz? Materie? Sache? –, die die Resonanz stört und es Technomancern erschwert, auf die Matrix zuzugreifen. Regeltechnisch funktioniert dies analog zu Manablasen, und zwar wie folgt:

KLEINER DISSONANZPOOL

Jeder Technomancer, der einen kleinen Dissonanzpool berührt, erleidet einen Würfelpoolmalus von -1 auf jede Probe, bei der Resonanz zum Würfelpool beiträgt.

MITTLERER DISSONANZPOOL

Jeder Technomancer, der einen mittleren Dissonanzpool berührt, muss 1 Edge mehr als üblich für Edge-Handlungen und Edge-Boosts ausgeben, bei denen Resonanz zum Würfelpool beiträgt.

GROẞER DISSONANZPOOL

Charaktere können bei Proben, bei denen Resonanz zum Würfelpool beiträgt, weder Edge erhalten noch ausgeben.

METAPLANARE ÜBERTRAGUNG

(SIEHE S. 80)

Physisch durch ein metaplanares Tor auf eine andere Metaebene zu reisen, ist etwas völlig anderes als eine Projektion oder die Verwendung eines astralen Tors. Physisches Reisen erschafft ein Phänomen, bei dem die örtliche Realität den Reisenden physische Veränderungen aufzwingt, damit sie sich den Regeln dieser Realität anpassen. Einige sind grundlegend, wie das Sprechen der lokalen Sprache oder das Wissen, dass Computer Zugang zu den lokalen Netzwerken haben. Andere Änderungen können darin bestehen, dass sich die Kleidung an die örtliche Mode anpasst, Pistolen zu Armbrüsten und Drohnen zu Vögeln oder anderen Tieren werden. Die am besten dokumentierten Beispiele für eine metaplanare Übertragung stammen von Besuchern des Seelie-Hofes in der Metaebene der Fae.

Die regeltechnischen Auswirkungen sind minimal – unabhängig von der Form der Ausrüstung bleiben ihre Funktion und ihr Profil genau gleich (s. *Hof der Feen* für ein ausführlicheres Beispiel).

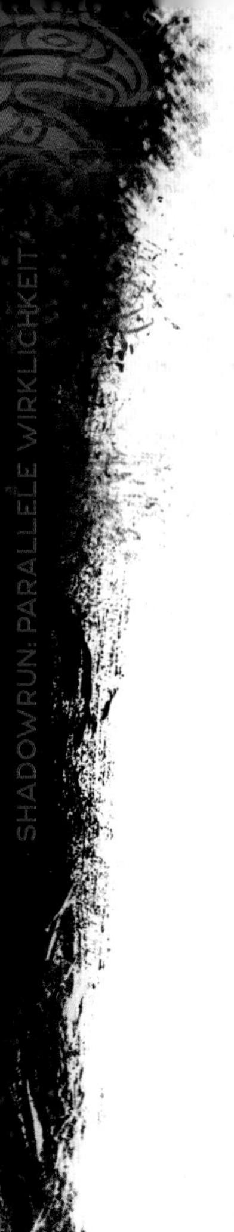

FUNDAMENTE VERWENDEN

(SIEHE S. 101)

Falls du das Matrix-Regelbuch *Auswurfschock* nicht hast, kannst du die in diesem Abschnitt vorgestellten verkürzten Regeln für Runs im Fundament eines Hosts bzw. in den Resonanzräumen verwenden.

Das Fundament eines Hosts kann nur über dessen Portal betreten werden. Das Finden des Portals erfordert eine Ausgedehnte Probe auf Elektronik + Logik (12, 1 Minute). Das Portal eines Hosts wird fast immer von IC bewacht. Das Öffnen des Portals erfordert eine Handlung *Gerät steuern* mit Admin-Zugriff, als ob das Portal ein vom Host getrenntes Gerät wäre; das Betreten ist eine separate Handlung *Host betreten*. Decker, die innerhalb des Fundaments operieren, müssen heißes Sim mit einem physikalisch modifizierten Sim-Modul verwenden, damit die für den umfangreicheren sensorischen Input erforderliche Bandbreite zur Verfügung steht. Diese Modifikation erfordert eine Ausgedehnte Probe auf Elektronik + Logik (6, 1 Stunde). Technomancer benötigen abgesehen von ihren natürlichen Fähigkeiten nichts, um im Fundament zu operieren; die meisten sagen sogar, dass es sich natürlicher anfühlt als in der normalen Matrix.

Hostfundamente sind hyperrealistisch, sogar noch realistischer als ein UV-Host, und ihre Version der Realität kann süchtig machen. Diese Realität, das sogenannte Paradigma, wird aus dem Unterbewusstsein des Benutzers zum Zeitpunkt des Betretens gezogen und kann buchstäblich alles sein, was man sich vorstellen kann. Sie wird außerdem bei jedem Betreten eines Fundaments anders sein. Die Ausnahme davon ist, dass dieses Paradigma von dem Ersten, der das Fundament betritt, festgelegt wird – jeder, der folgt, wird dasselbe Paradigma sehen, bis alle anderen das Fundament verlassen haben.

Alle Hostfundamente haben sieben Abschnitte oder Knoten, die jeweils eine eigene Funktion haben:

- **Das Portal:** Der Ein- und Ausgangspunkt des Fundaments.
- **Das Archiv:** Hier werden alle normalerweise unzugänglichen Dateien gespeichert.
- **Primärsteuerung:** Kontrolle über das Hostfundament.
- **Bühnensteuerung:** Kontrolle des Hosts außerhalb des Fundaments.
- **Sicherheitszentrale:** Kontrolle des IC innerhalb des Hosts.
- **Gerätesteuerung:** Kontrolle der an den Host angeschlossenen Geräte.
- **Der Nullknoten:** Die Energiequelle für den Host.

Nur ein Icon mit allen vier Matrixattributen (Angriff, Datenverarbeitung, Firewall und Schleicher) kann ein Fundament betreten. Beim Betreten eines Fundaments wird das normale Matrix-Icon in einen Fundament-Avatar umgewandelt, der dem Paradigma des Fundaments entspricht und aus dem Gedächtnis und dem Selbstbild des Hackers erstellt wird. In der Regel handelt es sich dabei um eine Kopie des Körpers und der Ausrüstung des Hackers in der realen Welt. Fundament-Avatare haben körperliche Attribute, die den unmodifizierten Matrixattributen der Cyberdeck-/Cyberbuchsen-Kombination oder der lebenden Persona entsprechen, die für das Betreten des Fundaments verwendet wurde. Programme, die die Matrixattribute erhöhen, funktionieren hier nicht, und die Attribute können nicht mehr geändert werden, sobald man das Fundament betreten hat.

Firewall = Konstitution

Schleicher = Reaktion

Datenverarbeitung = Geschicklichkeit

Angriff = Stärke

Handlungen, die im Fundament durchgeführt werden, ähneln denen in der realen Welt, aber sie ahmen die realen Fertigkeiten nur nach. In Wirklichkeit sind sie eine unterbewusste Anwendung einer Matrixhandlung und verwenden für den Würfelpool der Probe entweder Elektronik oder Cracken.

Soziale Proben = Cracken (Hacken)

Wahrnehmung, Körperliche Proben, Steuern = Elektronik (Computer)

Kampf = Cracken (Matrixkampf)

Technische Proben = Elektronik (Software) oder Cracken (Elektronische Kriegsführung)

Die Ausnahme sind Wissensfertigkeiten, die für das aktuelle Paradigma relevant sind und als Brücke zur Nutzung von Fertigkeiten neben Elektronik oder Cracken dienen. Ein Paradigma, das zum Beispiel das feudale Japan nachahmt, könnte einem Runner mit der Wissensfertigkeit Bushido-Philosophie erlauben, seine Fertigkeit Einfluss statt Cracken für Interaktionen innerhalb des Paradigmas zu verwenden. Das ist besonders nützlich für Nicht-Hacker, die über ein Tramper-Programm dabei sind.

Alle Resonanzhandlungen und Sprites funktionieren genauso wie außerhalb des Fundaments.

Kommt es im Fundament zu einem Kampf, so gelten die folgenden Regeln. Der Schadenswert von Angriffen beträgt entweder 3K oder 3B (nach Wahl des Angreifers), unabhängig davon, welche Form eine Waffe annimmt. Gegenstände wie Granaten (oder Zauber), die normalerweise eine Flächenwirkung haben, wirken nur auf ein einziges Ziel. Der Angriffswert errechnet sich unabhängig von der verwendeten Waffe immer aus Geschicklichkeit + Stärke des Avatars, der Verteidigungswert aus Konstitution + Reaktion des Avatars. Die Initiative innerhalb des Fundaments beträgt Reaktion + Intuition des Avatars + 1W6. Reflexbooster, Synapsenbeschleuniger sowie reflexsteigernde Zauber und Adeptenkräfte addieren ihre Bonus-Initiativewürfel, erhöhen aber nicht den Initiativewert. Riggerkontrollen fügen ihre Stufe ebenfalls dem Initiative-Würfelpool hinzu.

Jeder Metamensch, der mit einem Tramper-Programm in das Fundament gebracht wird, erzeugt seinen eigenen Fundament-Avatar. Tramper-Avatare sind nicht ganz so leistungsfähig wie der Hauptnutzer des Cyberdecks, da dieser erhöhte Datenfluss selbst die besten Decks und Köpfe belastet. Eine maximale Anzahl von Trampern gleich der Gerätestufe des Decks erleidet eine Senkung von -1 auf die körperlichen Attribute ihrer Avatare, basierend auf den primären Matrixattributen. Dieser Wert ändert sich für alle Tramper auf -2, wenn die Anzahl der Tramper die Gerätestufe überschreitet. Wenn zum Beispiel ein Cyberdeck mit Gerätestufe 3 einen bis drei Tramper mitnimmt, werden die körperlichen Attribute der Avatare aller Tramper um 1 gegenüber dem Primäravatar gesenkt. Bei einer Erhöhung auf vier bis sechs Tramper werden die körperlichen Attribute jedes Avatars um 2 gesenkt.

NEUES HACKING-PROGRAMM: TRAMPER

Mit diesem Programm kann ein Decker eine maximale Anzahl von Passagieren gleich der doppelten Gerätestufe des Cyberdecks auf einen Matrixrun mitnehmen. Diese Passagiere teilen sich den Sim-Output des Decks und sind anfällig für Auswurfschock und Angriffe. Sie haben keine Kontrolle über das Deck und keinen Einfluss auf die Handlungen des Deckers.

Die Handlungen der Avatare basieren auf den Matrixfertigkeiten, nicht auf den tatsächlichen Fertigkeiten des Runners (mit Ausnahme relevanter Wissensfertigkeiten, wie oben beschrieben), was bedeutet, dass die meisten Charaktere hier weit weniger effektiv sind als außerhalb der Matrix. Obwohl sie normalerweise für Untrainierte nicht verfügbar ist, kann die Fertigkeit Cracken hier von jedem genutzt werden (mit einem Würfelpool gleich dem verknüpften Attribut – 1). Magie funktioniert im Fundament nicht wirklich, aber das Gedächtnis und die Absicht des Zaubernden erzeugen einen Effekt, der auf dem Traditionsattribut basiert, so wie die Fertigkeiten und die Ausrüstung anderer Tramper eine Matrixfertigkeit emulieren. Drohnen können aus dem Gedächtnis erschaffen und Geister „herbeigerufen" werden, aber diese Konstrukte sind lediglich Erweiterungen des Fundament-Avatars, keine eigenständigen Wesenheiten. Die Handlungen einer Drohne oder eines Geistes, die einem Befehl folgen, treten an die Stelle der normalen Handlung des Avatars. Diese Regel gilt nicht für Sprites, die wie gewohnt kompiliert und verwendet werden können.

DAS BETRETEN DER RESONANZRÄUME

(SIEHE S. 103)

Die Resonanzräume sind eine Art Matrix-Metaebene aus reiner Information. Viele Technomancer glauben, dass jede Information, die jemals elektronisch existiert hat, irgendwo in den Räumen gespeichert ist, was bedeutet, dass sie riesig und voller Schätze sind, die unter Ozeanen von unsinnigen und nutzlosen Daten vergraben sind.

Wie in den meisten Teilen der Matrix erfolgt die Interaktion mit den Räumen in Form von visuellen Metaphern, aber anders als in der übrigen Matrix sind diese Metaphern nicht bewusst programmiert. Das bedeutet, dass sie vielfältig sind und sich manchmal verschieben – die Spielleitung kann bestimmen, was die Metapher ist und wie die Charaktere mit den Räumen interagieren.

Technisch gesehen können die Resonanzräume von jedem Teil der Matrix aus betreten werden, aber von Fundamenten aus ist es einfacher. Wenn man sich in einem Fundament befindet, kann man einen Weg in die Resonanzräume finden, indem man dieselbe Ausgedehnte Probe auf Elektronik + Logik (12, 1 Minute) ablegt, die man verwendet, um ein Fundament zu finden. An jeder anderen Stelle ist es viel schwieriger und erfordert eine Ausgedehnte Probe auf Elektronik + Logik (30, 1 Minute). Wenn einem Charakter die Würfel ausgehen, bevor er einen Weg in die Resonanzräume findet (s. *SR6*, S. 36), kann er erst nach 24 Stunden wieder nach einem Eingang suchen.

Es gibt keine genauen Proben für das Auffinden von Informationen in den Resonanzräumen, aber es sollte nicht einfach sein. Die Runner sollten sich an einer Reihe von feindlichen Sprites vorbeibewegen und manchmal mit ihnen verhandeln müssen. Gib ihnen nicht einfach Informationen, wenn sie die Resonanzräume besuchen, sondern lass sie dafür arbeiten.

MANABLASEN

(SIEHE S. 113)

Manablasen und -flüsse werden in *Arkane Kräfte* auf Seite 185 ausführlich beschrieben. Wenn du dieses Buch nicht hast, kannst du für die Zwecke dieser Mission die folgenden vereinfachten Regeln verwenden:

SCHWACHE MANABLASE

Würfelpoolmalus von -1 auf jede Probe, bei der Magie zum Würfelpool beiträgt.

MITTLERE MANABLASE

Edge-Handlungen und -Boosts für Handlungen, die das Attribut Magie verwenden, kosten 1 Edge mehr als üblich.

STARKE MANABLASE

Erwachte Personen können bei Proben, bei denen Magie zum Würfelpool beiträgt, weder Edge erhalten noch ausgeben.

MANAHOHLRAUM

In dem Gebiet kann keinerlei Magie gewirkt werden. Das schließt den Gebrauch alchemistischer Erzeugnisse ein.

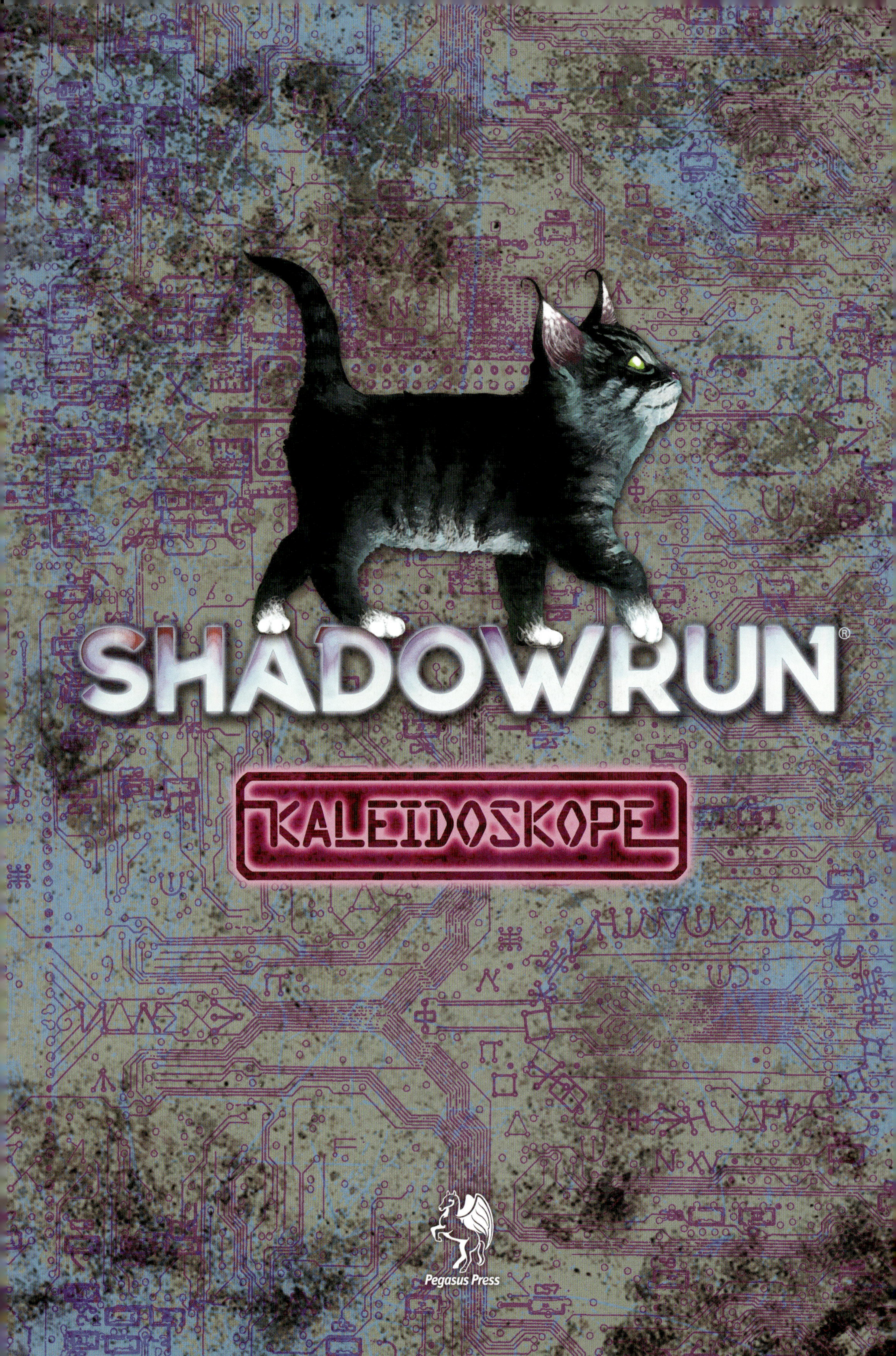
SHADOWRUN®
KALEIDOSKOPE
Pegasus Press

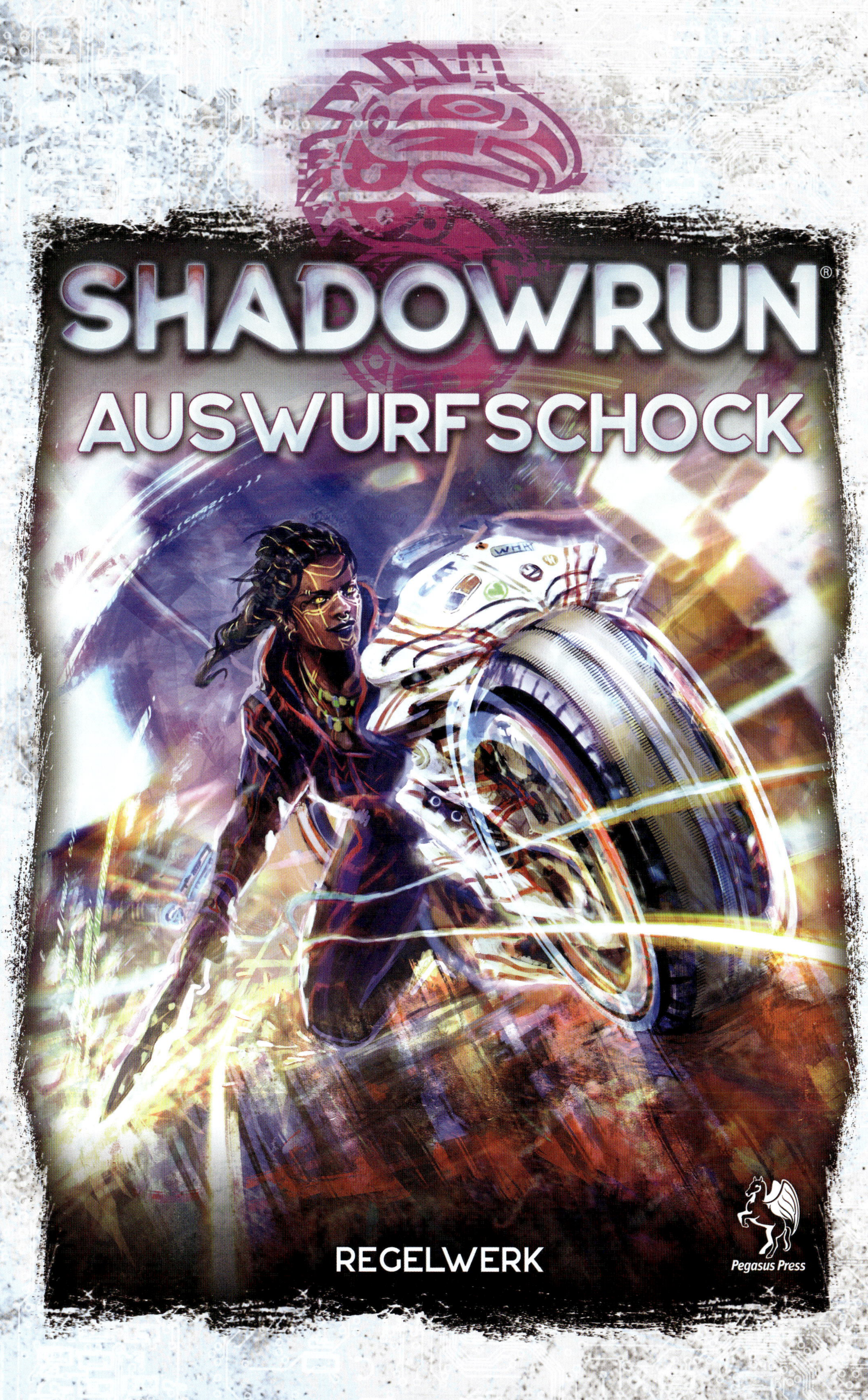
SHADOWRUN®
AUSWURFSCHOCK
REGELWERK
Pegasus Press

SHADOWRUN®
LÜCKEN IM CODE
QUELLENBAND
Pegasus Press

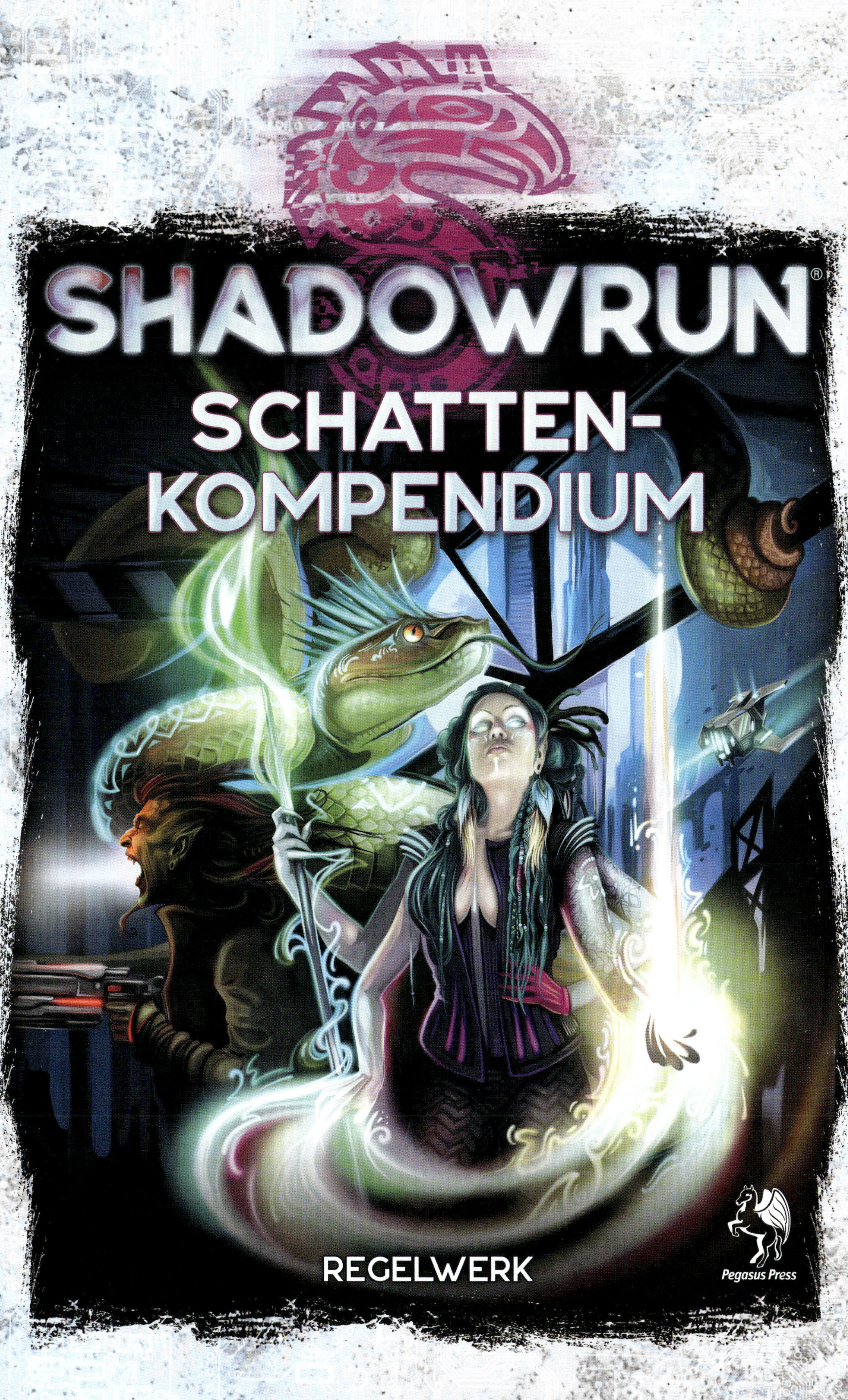
SHADOWRUN
SCHATTEN-
KOMPENDIUM
REGELWERK
Pegasus Press

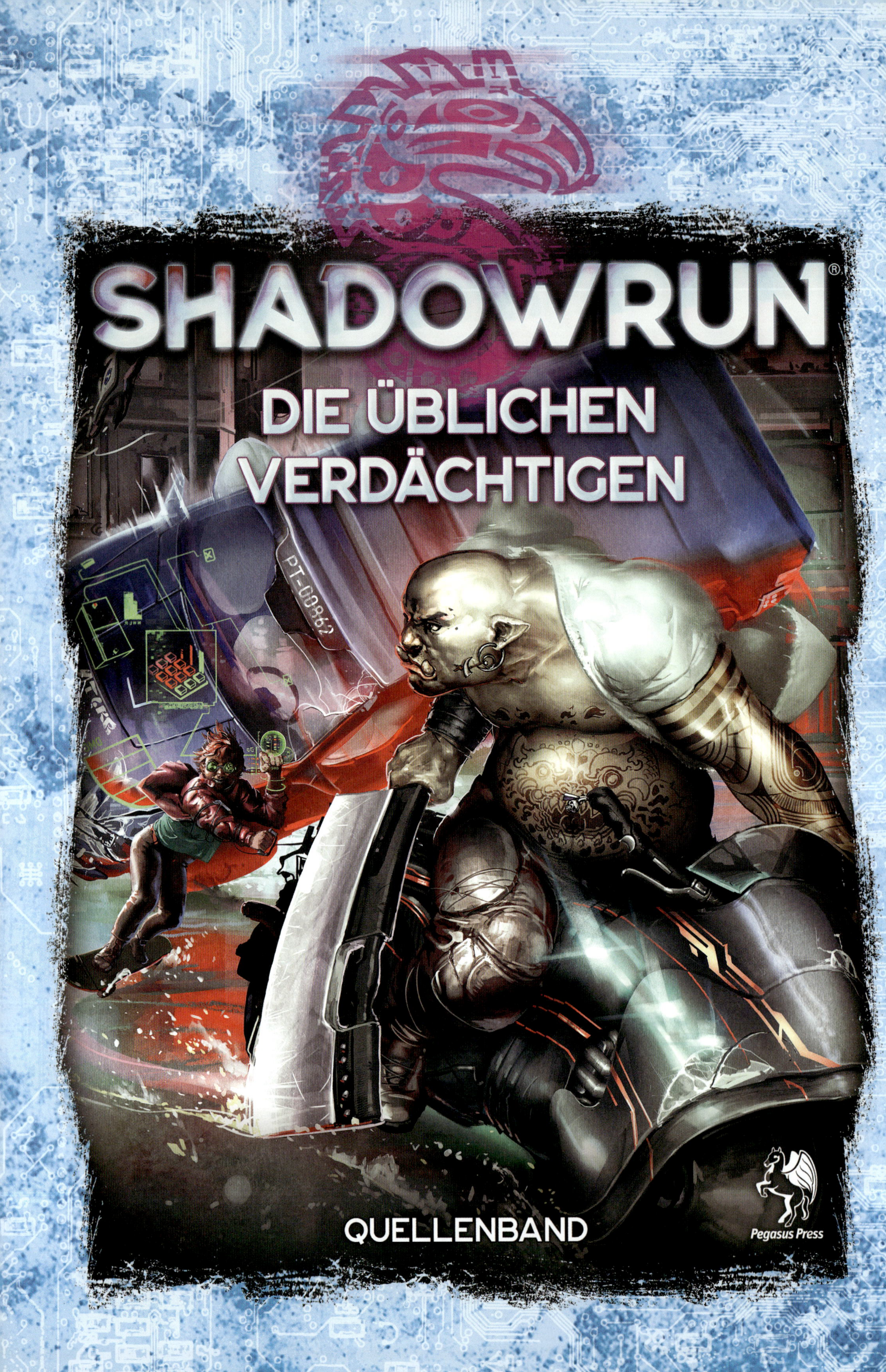
SHADOWRUN®
DIE ÜBLICHEN VERDÄCHTIGEN
QUELLENBAND
Pegasus Press

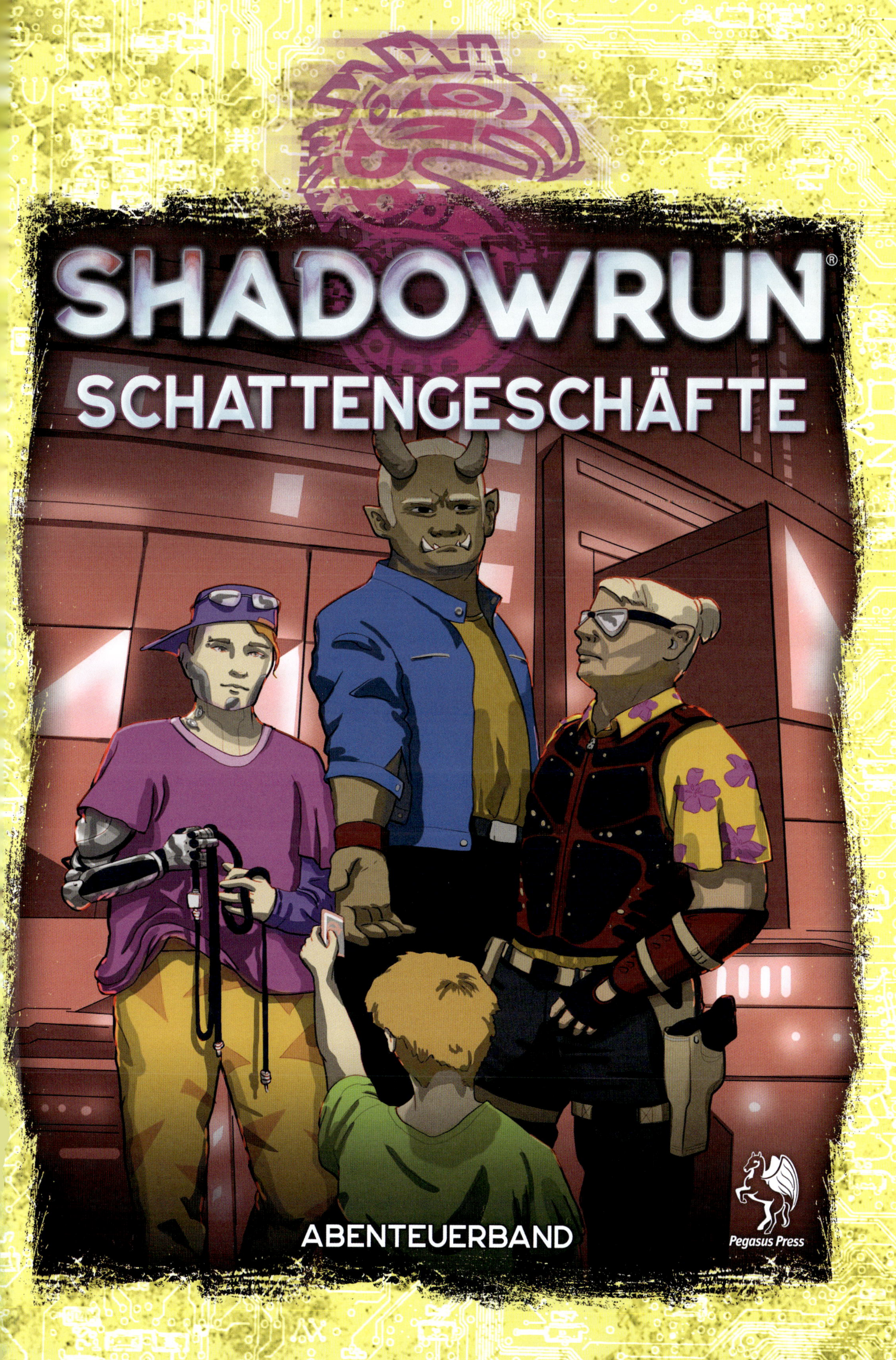
SHADOWRUN®
SCHATTENGESCHÄFTE
ABENTEUERBAND
Pegasus Press

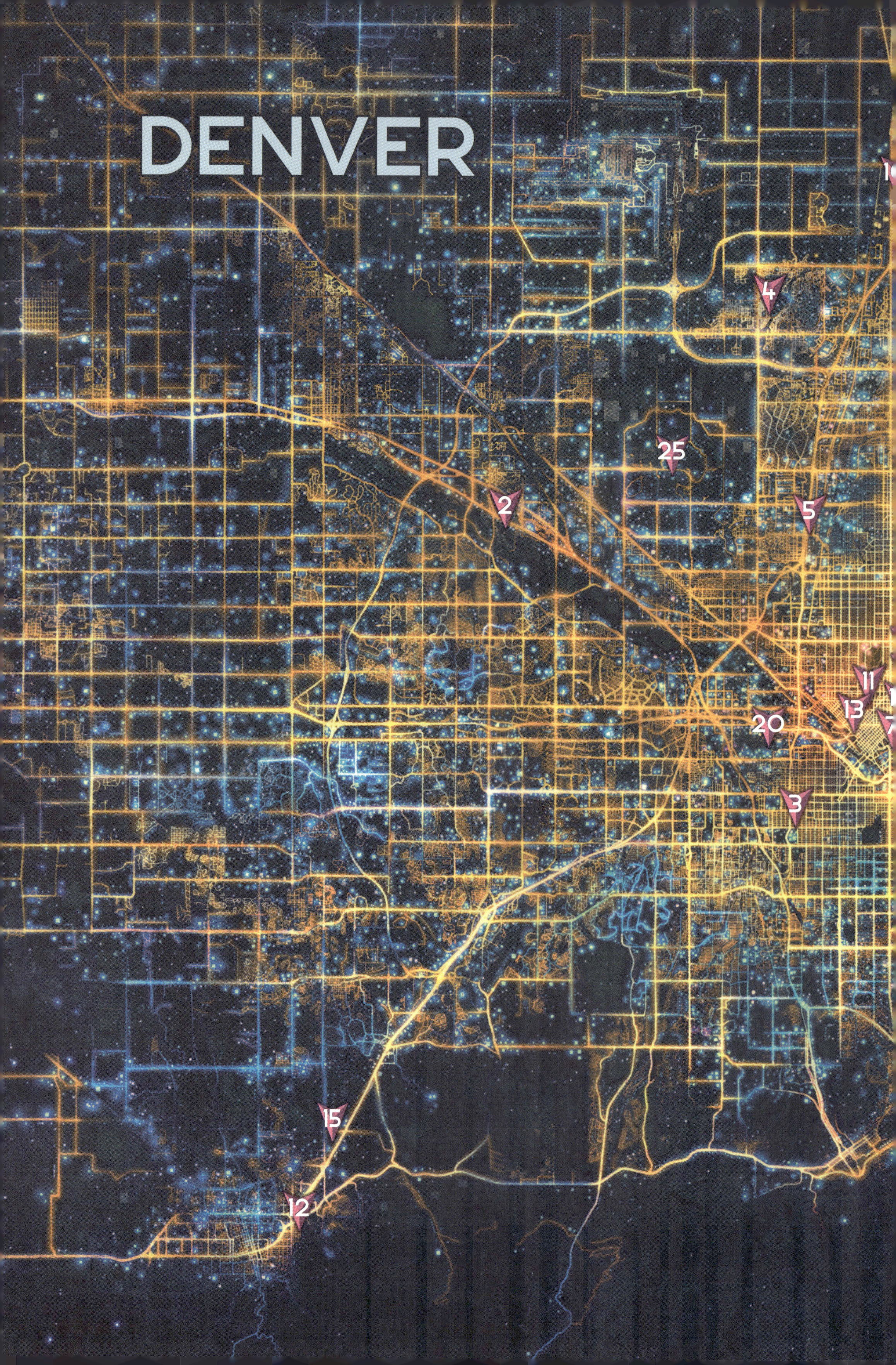
DENVER
4
25
2
5
11
13
20
3
15
12